"十二五"高等院校工商管理专业精品课程系列

工商管理系列教材

企业商业模式

理论与实务

THE THEORY AND PRACTICE OF

ENTERPRISE BUSINESS MODEL

余来文 封智勇 周 玫 孟 鹰/编著

THE THEORY AND PRACTICE OF ENTERPRISE BUSINESS MODEL

经济管理出版社
ECONOMY & MANAGEMENT PUBLISHING HOUSE

图书在版编目（CIP）数据

企业商业模式理论与实务/余来文等编著. —北京：经济管理出版社，2015.5
ISBN 978-7-5096-3652-7

Ⅰ. ①企… Ⅱ. ①余… Ⅲ. ①企业管理—商业模式—研究 Ⅳ. ①F270

中国版本图书馆 CIP 数据核字（2015）第 047794 号

组稿编辑：申桂萍
责任编辑：申桂萍　梁植睿　侯春霞　高　娅
责任印制：黄章平
责任校对：车立佳

出版发行：经济管理出版社
（北京市海淀区北蜂窝 8 号中雅大厦 A 座 11 层　100038）
网　　址：www. E-mp. com. cn
电　　话：(010) 51915602
印　　刷：三河市延风印装厂
经　　销：新华书店
开　　本：720mm×1000mm/16
印　　张：20.5
字　　数：402 千字
版　　次：2015 年 5 月第 1 版　　2015 年 5 月第 1 次印刷
书　　号：ISBN 978-7-5096-3652-7
定　　价：49.00 元

“十二五”高等院校工商管理专业精品课程系列编委会名单

前言

管理学大师彼得·德鲁克说过："当今企业之间的竞争，不是产品之间的竞争，而是商业模式之间的竞争。"可见，商业模式对于企业的价值已非同一般。有了一个好的商业模式，企业就成功了一半。没有一个好的商业模式，企业也就自然看不到未来。目前，小米已成为世界第三大或第四大手机制造商，2013 年，小米的营收为 265.83 亿元，净利润为 3.47 亿元。2014 年营收达到 700 亿元，2015 年将超过千亿元。小米的迅速崛起，就始于其独特的商业模式。正是这种商业模式，注定了小米的成功。小米的目标人群定位为初级用户，大多是年轻人，推出性能高且价格低的红米、小米手机，赢得了用户的"芳心"和口碑。为确保低价销售高质量手机，小米放慢了更新产品速度，保证每款手机都能在市场上长期存在，从而赢得了顾客，也获得了丰厚的利润。苹果手机则更多的是基于产品创新，依靠着一款 iPhone 手机，从 iPhone 1 演变到 iPhone 6，还有呼之欲出的 iPhone 7。苹果的很多利润来自于 iPhone 手机新产品，通过不停地更迭产品来维持盈利。可见，未来企业的竞争时代，商业模式要远胜于企业产品本身。

无独有偶，奥马转型，要做冰箱界的"小米"。商业模式这一新型的企业"病毒"已经开始从手机向冰箱"传染"了。从 2003 年白手起家到 2008 年成为国内冰箱行业出口冠军，奥马完成了 1.0 版本。2012 年成功登陆深交所，成为中国冰箱行业近年来唯一的上市企业，这是奥马 2.0 版本的高峰。2013 年奥马进入 3.0 版本，转型为中国冰箱界的"小米"，目标是五年内冰箱销量要突破 1000 万台。作为中国冰箱界最亮的黑马，奥马所凭借的也正是其成功的商业模式。处于红海的家电市场，奥马将自己定位为年轻人的冰箱，甚至在 2014 年初，不仅推出自有品牌"I'm cool"，还提出一个新概念：年轻人的第一台冰箱。通过整合各种企业资源，奥马将产品和成本做到极致，让性价比优势成为企业的标签。奥马的商业模式是"二八原则"，即只开发占市场总销量 80%以上的 20%那一部分产品，降低产品成本，将制造能力逼到极限，实现制造成本最优化和高质量。由此可见，小米和奥马的成功，为我们印证了好的商业模式是企业制胜的又一大法宝。

我们正处于商业模式时代！商业模式已经不再是概念、口号，而是在企业落地的应用和实践。无论是传统的家电、餐饮等企业，还是现代的高科技、互联网等企业，它们之间的竞争不仅是单纯的产品服务 PK，而且还上升到企业商业模式层面的大比拼。企业商业模式指出了企业的方向，引领了企业的未来。特别是企业转型升级在即，企业商业模式创新更是呼之欲出。可以说，商业模式创新已成为企业未来可持续发展的关键，也是企业在互联网时代的价值创造的基本逻辑。顺应互联网时代的新的、好的商业模式必然会取代原有的传统商业模式。这是时代的选择，历史的进步。企业只有顺势而为，方能在竞争中立于不败之地。

“企业商业模式”这个词热度持续升温，已成为人们的口头禅和流行语，更成为人们街头巷尾的热议话题，一时还成为当前研究的热点，吸引了越来越多的学者不断关注。第一，各行各业都有各自特色的商业模式，传统企业、互联网企业往往大相径庭。365 个行业的存在，让人有点目不暇接。第二，商业模式本身也要创新，所以传统商业模式很容易就被新的商业模式所替代。互联网思维的出现，更是让人惊讶不已。因此，企业商业模式本身就在变。要想把握住时代脉搏，紧握住企业命运，就必须要创新商业模式。我们深感企业商业模式理论体系之薄弱，这与当今商业模式的热度形成了鲜明对比。我们认为有必要让自己静下来尽快梳理一下企业商业模式理论体系，好跟上商业模式及其创新的快节奏，遂有了写作本书的冲动。一方面，本书是对之前关于商业模式系列研究的一种延续；另一方面，更是从理论深度和实践高度，对商业模式展开深入研究。在写作中，我们深刻意识到：商业模式博大精深，既有理论更有实务，所以才有《企业商业模式理论与实务》的构思，从商业模式的理论体系架构去解读商业模式，希望用此书借给读者一双慧眼，把企业商业模式能看得清清楚楚、明明白白。这也是我们的美好期待。

《企业商业模式理论与实务》教材主要定位读者群为：工商管理、创业管理、电子商务、金融类专业学生、企业经营管理人才、管理咨询顾问、投资人才。可以说，本教材不仅旨在面向经济管理类专业学生的培养学习，而且还对企业管理人员有一定的参考价值。当然，读者对这一类教材的阅读都应持批评的态度，而非照搬。本教材由余来文、封智勇、周玫、孟鹰编著，承担了从项目策划、拟订大纲及各章节详细的写作思路、内容的审定、提出具体修改意见与执笔修订、定稿等工作。同时，闽南师范大学管理学院林晓伟博士、江西财经大学研究生石磊、江西师范大学研究生吴丽琼和祝娟等参与了本教材相关章节的编写工作，具体参与编写人员分工为：第一章，孟鹰、封智勇；第二章，石磊、余来文；第三章，石磊、周玫；第四章，余来文、周玫；第五章，吴丽琼、余来文；第六章，孟鹰、吴丽琼；第七章，祝娟、余来文；第八章，孟鹰、祝娟；第九章，林晓伟、封智勇。当结束《企业商业模式理论与实务》的写作时，如果说最后成书是一个成果，那么这是一个众人智慧的集合。本书在写作过程中得到了南京大学商学院党委书记陈传明教授、江西理工大学党委书记叶仁荪教授、江西财经大学校长王乔教授、澳门科技大学协理副校长庞川教授等的指导和帮助，在此表示衷心的感谢。感谢经济管理出版社申桂萍主任在写作本书过程中给予的大力支持。

在这里，我们必须感谢本书参考文献的所有作者，没有你们的前期贡献，就不会有“巨人肩上”的我们。我们还必须感谢本书案例中的中国企业，没有你们的业界实践，《企业商业模式理论与实务》将成为“无本之末”。特别需要说明的是，本教材在编写过程中，学习、借鉴、吸收和参考了国内外众多专家学者的研究成果及大量相关文献资料，并引用了一些书籍、报刊、网站的部分数据和资料内容，尽可能地在参考文献中列出，也有部分由于时间紧迫，未能与有关作者一一联系，敬请见谅，在此，对这些成果的作者深表谢意。

限于编写者的学识水平，书中难免还有这样或那样的瑕疵，敬请广大读者批评指正，使本书将来的再版能够锦上添花！如您希望与作者进行沟通、交流，扬长避短，发表您的意见，请与我们联系。联系方式：eleven9995@sina.com。

目　录

第一章　商业模式时代

【学习要点】

☆ 了解新的商业文明和商业变革；

☆ 理解转型时代的思维变革、管理变革；

☆ 知晓互联网思维与企业成长的关系；

☆ 熟悉商业模式主导未来。

【章首案例】　　“今日头条”的成功

图片来源：www.toutiao.com.

2013 年，作为新闻客户端里的翘楚，搜狐新闻客户端安装激活量已经达到 1.85 亿，成为行业第一，但是风头却被成立一年多的“今日头条”抢了，后者的用户增长量远远超过了搜狐。专注做新闻的客户端却被搞技术搜索个性化推荐的平台超越，多少让人有些不是滋味。但既然存在就是合理的，那么“今日头条”是怎么做到的？

一、公司介绍

“今日头条”是北京字节跳动科技有限公司推出的一款基于数据化挖掘的个性化信息推荐引擎，于 2012 年 8 月上线，内容包含了新闻动态、图片以及各类短文，是国内移动互联网领域成长最快的产品服务之一。“今日头条”第一个版本于 2012 年 8 月上线，截至 2014 年 2 月，“今日头条”已经在为超过 9000 万的忠诚用户服务，每天有超过 1000 万的用户在头条上找到让他们了解世界、启发思考、开怀一笑的信息，并活跃地参与互动。“今日头条”的团队是一支拥有丰富创业及成熟公司经验的靠谱团队，聚集了来自一流学校和一流公司的顶尖人才，在推荐引擎、机器学习等技术领域拥有与世界级公司接轨的能力。公司正处于高速发展期，在创立一年之内，已成功获得了顶级 VC 和华尔街投资银行家的数千万美元的风险投资。

在人们的注意力从电脑屏幕向手持设备迁移的过程中，信息的产生、发布、流传、消费也都在经历巨大的变革：我们早就不再订阅传统的期刊杂志，甚至已经不再浏览传统的新闻网站；越来越多的人在写博客、刷微博，通过分享、转发、评论、点赞、点踩的行为来表达自己与信息之间的关系；我们花在手机上的时间比在电脑上还多，很多时候我们在吃饭的时候都在看手机……“今日头条”是为移动互联网而生的，是一个新型媒体的探路先锋，致力于在新的信息时代里为人们提供一个与众不同的、高效简洁的信息获取和分享的平台。

二、把握商业机会

这是一个大数据的时代，深刻地改变着人们的生活以及人们与世界交流的方式。其中最大的一个变化就是，我们需要放弃因果关系，转而注重相关关系，“是什么”远比“为什么”更加重要。

亚马逊充分利用了这种相关关系的技术，他们销售额的1/3都是来自于他们的个性化推荐系统。

“今日头条”的创始人张一鸣把这种“猜你喜欢”的推荐技术独立出来并发扬光大，把全网已有内容做精细化的分发和传播。这种理念是正确的，而且有技术支撑，市场也对正确的理念进行了回报。据称，“今日头条”的下载用户有1.2亿人，月活跃用户4000万人，每月还有近1000万元的广告收入。

就是这样一家全公司没有一个员工从事内容生产和推荐的企业，利用所谓的数据挖掘和算法推荐，把用户感兴趣的新闻搬来搬去。这就是“今日头条”的成功之道，平心而论，也是其过人之处（见图1–1）。

图1–1 张一鸣与“今日头条”：你关心的才是头条

资料来源：www.sootoo.com 速途网。

这种新闻聚合类的APP微门户不止“今日头条”一家，做得比它好的也大有人在，比如ZAKER、网易云阅读、搜狐新闻等。而且从用户体验的角度上说，“今日头条”也远不如前述几家，它所推荐的内容一是信息高度雷同，多是各种社交化媒体已经狂轰滥炸过的东西；二是生活小窍门一类的微信朋友圈过剩信息，也打着“头条”的名号出来蒙人；三是部分新闻来源不明，真实性似是而非。

“今日头条”就如同跑马圈地的帝国主义，在打开市场追求利润的道路上，凭借着不择手段、急功近利、突破规则等庸俗成功学的典型手法，赢得了资本的青睐，成为新媒体神话。

三、不做内容做平台

“今日头条”没有一个员工做内容的生产和推荐，只有少数几个人负责内容的违规审核。“尽量减少人为干预内容”、全部交给算法来解决，是“今日头条”的目标。

内容是媒体的，媒体可以在内容页放广告、做商业化的东西。相当于“今日头条”开个商场，让其入住，不收店租，也不要提成，只在商场的入口放广告牌。这个广告牌就是信息流广告，广告主除了各种消费品牌，还包括天猫、淘宝，以及酒仙网等电商购物平台。

据介绍，“今日头条”的广告收入增势很猛，但目前还不能全部覆盖人力成本、机房成本以及市场推广成本。有能力建设生态圈的公司才是好公司，而在“今日头条”的规划里，媒体将成为它们最重要的合作伙伴。在张一鸣为记者展示的尚在研发期的新版本里，“今日头条”联合了几千家媒体和为数众多的自媒体人。不过，“今日头条”目前能为这些合作伙伴带来的经济效益还不多，第一批享受到其上亿用户红利的媒体还没涌现出来。

当前传统媒体普遍面临着营收困境，就算有好内容、有粉丝，但单独建立广告团队，与广告主谈合作难度很大。在张一鸣看来，广告还是非常好的媒体变现手段，只是广告的形式在发生变化。“今日头条”目前思考的一大难题就是如何建立一个真正适宜生存的生态系统，帮助传统媒体更好地获得收益。

四、引进风险投资

据2014年6月3日消息，资讯类App“今日头条”所属公司北京字节跳动科技有限公司确认，该公司已完成C轮1亿美元融资。此次融资估值5亿美元，红杉资本领投，新浪微博跟投。

一家成立两年多的公司，一款自己不创造内容、仅为个人用户进行个性化推荐资讯内容的App，估值高达5亿美元。但挑战和麻烦也随之而来：一方面腾讯、搜狐新闻客户端已经陆续推出个性化推荐服务，这让它必须直面门户巨头的竞争，而“今日头条”如何更加精准地给用户推荐内容仍需苦练内功；另一方面则是版权问题，“今日头条”被指并不创造内容，大量内容被“今日头条”“拿来”使用、变现，“搬运的不仅是新闻，更是版权”，多家媒体更是直接发出抗议，声讨“今日头条”的侵权行为。

资料来源：作者根据多方资料整理而成。

在全球化、专业化、定制化的激烈动态经济环境下，当今企业必将处在剧烈的社会经济变革之中。伴随而来的是很多新兴企业的出现，新的商业模式呼之欲出。一批具有创新变革的商业模式的新兴公司，如小米、今日头条、饿了么、去哪儿网等进入我们的视线。可以说，我们已经步入了商业模式 PK 的时代。

第一节　我们正处于商业变革之中

当前，中国经济进入新常态，产业结构面临优化调整，同业竞争日趋激烈，互联网等新型业态推陈出新，企业处于商业变革之中。首先，中国经济进入新常态，商业环境日趋动态复杂。其次，互联网技术革命越来越猛烈。最后，移动互联网的颠覆不容小觑。具体如图 1–2 所示。

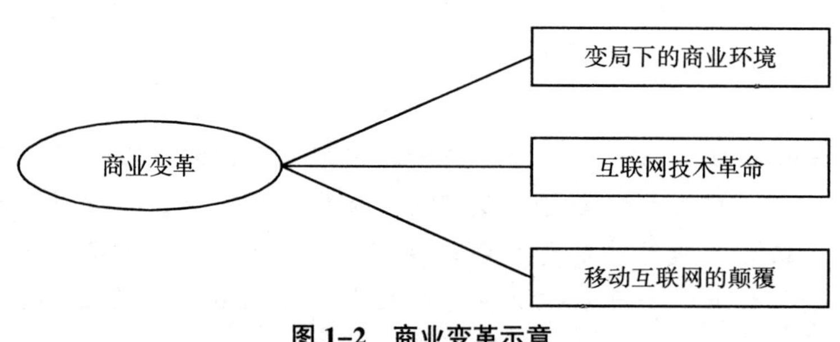

图 1–2　商业变革示意

一、变局下的商业环境

当前中国经济虽然进入新常态，但商业环境却表现得越来越动态复杂，处于变局之中的商业环境之中。其主要表现如下：

第一，中国经济进入新常态。当前，中国经济已经进入一个由高速增长向中高速增长过渡的新周期。一方面，从全球范围来看，2008 年国际金融危机以来，世界经济已由国际金融危机前的快速发展期进入深度转型调整期。另一方面，从内部环境看，增长速度进入换挡期，结构调整面临阵痛期，前期刺激政策消化期的“三期”叠加是当前中国经济的阶段性特征，是中国经济在以后很长一段时间都要面临的“新常态”。“新常态”既表明我国经济发展仍处于重要战略机遇期，又表明我国经济发展已经从单纯依靠速度的外延式增长时期转入了依靠创新驱动、结构升级、节能环保、统筹国内国外市场，以及大力推动城镇化为特点的中高速平稳增长阶段。中央经济工作会议强调，2014 年要把改革贯穿于经济社会发展各个领域、各个环节，要努力释放有效需求，充分发挥消费的基础作用、投资的关键作用、出口的支撑作用，把拉动增长的消费、投资、外需这“三驾马车”掌控好。在改革激发活力、新型城镇化和服务业加快发展、消费加快增长、外部环境总体向好等有利因素的支撑下，中国经济增长将保持在合理增长区间。

第二，日益复杂的商业环境。一个权威的国际组织最近发表了一份全球调研报告，认为中国已经超越了新加坡，一跃成为亚洲商业环境最好的国家。这项排名的指标，包括政治稳定性、信息技术的投入、劳动生产率以及对内直接投资等 22 项指标，其中中国的研发费用占 GDP 的比重明显提高，而劳动生产率也得到了大幅提升。这个组织认为，虽然中国经济出现了减速，但是并不代表经济增长可能性会降低。然而在另一方面，世界银行发布了 2014 年全球营商环境报告，中国的综合商业环境排名在 189 个经济体中仅仅列第 96 位，中国在开办企业、办理破产和跨境贸易等领域，跟其他国家依然有着不小的差距。

近几年来，随着中国经济总量的提升（位居世界第二），企业国际竞争力也明显增强，“引进来、走出去”的格局也发生了重大的变化，同时，发达国家正在进行着制造业的回归，发展中国家投资力度也在加大，这都在深刻地影响着国际资本的流向。尽管如此，中国利用外资加快发展的基本国策从来没有改变。截至 2013 年，中国累积使用外企直接投资已经是连续第 22 年位居发展中国家的首位，中国在利用外资发展经济的同时，外资企业也通过中国市场获益不菲。在对外企商会的一项调研中我们发现，在中国投资的外企有 85%以上是赚钱的，90%以上愿意继续在中国扩大投资，中国仍然被看作是在全世界最具有吸引力的一块投资地。随着国际资本流向的改变，创造公平有序的市场环境对于外资的吸引作用越发凸显。高质量的外资也就更加看重这个公平竞争的市场环境和一视同仁的政策环境，以及公正透明的法制环境，而并不是看重一时的优惠政策。因此政府将不断优化和规范营商环境，继续吸引外国企业来华投资兴业，同时学习国外先进技术和成熟的管理经验。

此外，新的信息和通信技术正在改变人类行为，这刺激了一系列新的商业模式的产生。信息技术革命其实就是一场社会革命。新的信息和通信技术正在导致人类行为的一些巨大转变，几乎改变了人们生活和互动方式。人类历史上第一次不再受到地域的限制，人类和全球网络的联系越来越紧密，因为地理因素已无关紧要，曾经是稀缺的信息现在也已经供过于求。现在的问题不是到哪里去找信息，而是如何确定哪些信息是真实的，传统权威的影响越来越受到削弱。社会生活形态的深刻变化，刺激了一系列的商业反应。传统商业模式正在受到改造，而更新更有效的商业模式不断在诞生。信息技术的发展使商业竞争越来越激烈。

第三，互联网商业时代已经到来。中国互联网第三次创业浪潮已经到来了，冬天里面也有春天。中国互联网第一次创业潮是 1997~2000 年，持续了四年，第二次创业热潮是 2003~2008 年，持续了六年，第三次热潮持续的时间会不会长一点？能够持续几年？尽管环境越来越严酷，但是互联网内在的生机、内生的发展力量似乎无法压抑。2010 年以来，创业热点、创新话题比过去任何一个时期都要多，而第三次创业热潮中的创新点、创业点尤其多。比如电子商务、团购、LBS、社区、游戏，以及基于移动互联的各种应用服务，地方、行业市场的垂直服务等。中国互联网用户基数已经接近 5 亿人，用户在互联网上的消费量前所未有，其他部分的花费也在快速提高。这是一个很可观、很可怕的市场基础，每个中国互联网用户每个月多花 10 元钱，这个市场就会有很可观的成长。移动互联正在成为中国互联网发展的关键催化剂，它将使得互联网市场深度发酵、快速发展。

基于开放、协作的发展潮流，互联网上未来会形成越来越多的共同体，即基于分工协作体系的利益共同体。2010 年前后互联网的气候、生态决定了大公司的定位和小公司的格局。未来的方向在于：大企业做平台，小企业做应用。未来会有五个主要的利益共同体，它们分别以社区、搜索、电子商务、应用商店、数字娱乐为核心，这是五个大的基于商业利益的共同体、协作体，也是互联网的五个“Big Thing”。大企业做平台，以技术—应用—用户—信息—资本—利益为纽带，每个网络共同体都能连接数十万个网站，聚合数万开发者，服务数亿用户，成为网中网。营销网络有望成为第六个。整个互联网的开放重构潮流，蕴含着生态系统各个组成部分的再供应。

伴随互联网和手机的普及与应用，移动互联网自然接踵而来。移动互联网不仅创造了更多的信息，而且还改变了信息和人的二元关系，让人成为信息的一部分，由此改变了人类社会的各种关系和结构，也因此会引起整个社会商业模式的变迁。移动互联网在资讯、沟通、娱乐、手机上网、移动电子商务等方面都有很好的发展前景，但是也面临着很大的困难。在移动互联网发展形势下，电信运营商面临技术、业务创新挑战。传统的电信运营商是一个网络运营商，竞争优势主要集中在网络层面，而移动互联网的优势竞争者在运算资源方面，在操作系统、终端有很多优势，竞争迫使电信运营商面临从未有过的技术创新压力。但是移动运营商在开展新型业务时，在经营理念、组织架构、互联网业务开发能力等方面还存在很大欠缺。

二、互联网技术革命

TCP/IP 技术已过中年，疲态显现，退出历史舞台将成为必然。那么未来的技术接班人将会有谁？预测这一时刻终将到来是容易的，而困难的是预测其何时会发生。

人类厌恶一成不变的生活，总希望有非破坏性而又具足够刺激性的事件发生。在技术领域，如果有人把一个新技术或新应用包装成一场即将到来的“革命”，总会博得眼球、媒体关注，也会有很多粉丝。当然，蒙的次数多了，也总会蒙对，然后成“神”。

现在的互联网技术已经启用了 30 年（自 1983 年 TCP/IP 正式启用算起），如果换算成人类的“代”，那已是 500 年前的事情了。以 TCP/IP 为代表的互联网基础设施技术存在重大缺陷，比如安全、服务质量保证和移动性支持等。因此自 20 年前，克林顿政府启动互联网商业化进程，互联网被“过早”地从实验室里放了出来，一直以来就有人预言互联网会崩溃。但让这些预言家失望的是，互联网至今仍靠“打针吃药”活着。

20 世纪 90 年代初浏览器的发明使得万维网（www）流量激增，有人预测会由于万维网（www）的 C/S 模型与 IP 模型不匹配，导致互联网在 1994 年前后崩溃，但业界发明了内容分发网络（CDN）技术，“疗效”还不错。21 世纪初视频应用兴起时，很多分析认为流量的增长速度远高于带宽的增速，互联网会很快崩溃，但业界发明了 P2P 技术，“疗效”虽不错但版权和可靠性等的副作用很大，于是又有了 iTunes 和云计算的发明。最近 20 年，不断有人预测 IPv4 地址耗尽，这会是一场迫在眉睫的灾难，但业界发明了 NAT 技术等，使地址空间延寿不少，但副作用是直接伤到了互联网的心脏——端到端透明。

TCP/IP 技术终将淘汰，而互联网会永生，因此需要培养未来互联网的“技术接班人”。典型代表是 2005 年前后提出的“未来互联网”，不主张“崇古”和“尊古”，不考虑与现有 TCP/IP 技术的兼容性，以“Clean-state”方式重新设计互联网。“后 IP 时代”、“NGN”、“NGB”等说法或明或暗也有这样的想法和做法。

预测互联网会发生技术革命是容易的，而困难的是预测何时会发生。问题产生答案，答案产生新问题。在一个系统中，问题和答案次序出现，系统复杂性也不断增加，但边际效益不断递减，如此循环直到整个系统的崩溃。

互联网也是一个系统。对互联网上层出不穷的问题，人们总是试图提供方法加以解决，从 PC、手机、电视再到各种物体上网，从尽力而为（Best Effort）到服务质量（QoS）保证等，提出了 DNS、MPLS、TLS/SSL、NAT、CDN、HTML5 等“答案”，然后又用 DNSSEC、NAT 穿越等解决这些“答案的问题”。

以 IETF 的互联网基础设施标准为例，30 年前启动 TCP/IP 时不到 1000 个，

20 年前商用时不足 1800 个，现在是 7026 个。其中在 2012 年 9 月到 2013 年 9 月，IETF 新发布标准达 300 多个。这里还没有把 ITU-T、3GPP、BBF 和 W3C 的标准计算在内。

任何一个系统的运转，都需要消耗外部资源。任何复杂系统的崩溃，都是因为外部能源供应不足。互联网的快速发展史，也是一个互联网系统自身不断快速复杂化的过程，是一个所消耗的资源快速增加的过程。

互联网主要需要：一是电力资源，二是计算资源。有数据显示，仅 IDC 的耗电量就占全球总发电量的 1.1%~1.7%。电力资源的供给是社会性的，也是互联网的一个“慢性病”。互联网每年需要大量新增的计算资源，主要靠摩尔定律，保证可以提供无限的廉价计算资源。

手机的出现，通信技术的革命，也是不得不提的一大革命技术。为了实现客户对通信业务种类及数量的需求，移动电话通信系统在经历了模拟、GSM 数字系统变革后，又提供了一种能够全球漫游、支持多媒体等数据业务且有足够容量的第三代移动通信技术，即码分多址无线电技术（CDMA）——数字蜂窝移动通信系统。码分多址无线电通信技术是第三代无线电通信技术，目前已在北美、东南亚和韩国大规模投入商用。以前的模拟手机只能在模拟网覆盖地区使用，GSM 手机只能在 GSM 网覆盖区使用，两大系统互不兼容，造成频率资源的浪费。采用 CDMA 技术的新型手机由于实行双模式，所以一是无论是在数字网，还是在模拟网覆盖的地区，都能自动转换工作方式，不但可以提高频率资源利用率 10~20 倍，而且给用户带来了方便；二是通话质量高，接近市话效果；三是发射功率在 0.1~2000 毫瓦，对人体辐射小；四是断话率低，保密能力强。因此，备受用户的青睐。另外，低地球轨道卫星开辟了移动通信的新领域，掀起了卫星全球移动通信的新浪潮。将多个卫星连接在一起，把地球天衣无缝地覆盖起来，由多个蜂窝交换机网可连通地球上任何一点，从而实现全球卫星移动通信，实现“电子地球村”的目标。

近些年，通信市场真正成了丰富的大市场，服务态度也有了较大的改善，手机资费也越来越低。手机的功能也在不断进化：由最初只能打电话、收发短信、储存电话号码的黑白屏手机到后来的彩屏手机；从单调铃声到 32 和弦再到现在的彩铃。再后来的手机又开发出了录音、拍照、摄像、打游戏、上网、炒股、看电视节目，当手机秘书……几乎到了无所不能的地步。如今的手机与网络通信等紧密地结合起来，两者的充分利用开创了一个全新的通信时代。QQ 等聊天工具和各种专业化 E-mail 都纷纷开通了手机版，这样网络和手机就实现了互通。

三、移动互联网的颠覆

《福布斯》最新的全球富豪榜向我们勾勒了新的财富版图。作为全球经济的

"晴雨表"，这个榜单向我们显示了包括谷歌、腾讯、阿里巴巴以及"造富神速"的 WhatsApp 的创始人们如何借助科技的创新改变了全球财富的版图。

不自觉之间，我们似乎又进入了一个创新的时代。德国人提出了制造 4.0 的概念，第四次产业革命之类的说法也渐渐流行。迄今为止，关于新的革命到底是指什么，众说纷纭，莫衷一是。有人说基于物联网的智能制造是第四次工业革命，也有人说包括能源、材料、生物、物联网等在内的一系列革命为第四次工业革命。

不管怎么说，变革确实在进行中。移动互联网就是十几年前互联网革命之后新的一波革命。正如互联网颠覆了传统，移动互联网又开始颠覆互联网。BAT 最近一两年的一系列收购，无非就是围绕移动的入口而大打出手。实时在线、便捷的交互以及可以移动定位，加上支付技术的革新，人类的生活正在进入移动的时代。

相比移动互联网的轰轰烈烈对人类的改变，机器与"物"的联结对人类的革新似乎更加润物细无声。感触技术的革命使得物联网技术正在掀起新一轮革命。如在航空事故中，飞机动力商就可以对安装在飞机上的动力进行跟踪、反馈和分析，从而为搜救提供更多新的信息。这还是一种商业模式的变化，动力提供商并不仅出售自己的产品，而且还基于这种所出售机械进行跟踪、分析与交互，给航空公司创造价值，创造出新的服务与收费模式。不仅如此，所有的制造过程也将可跟踪、追溯和交互，进而极大提升生产效率。生活家居的联结和手机等终端的互动所产生的智能家居，也成为未来最具有想象力的巨大产业，使得众多巨头争相进入。

2014 年在资本市场炙手可热的是机器人概念，这也是智能制造的一部分。人类将进入真正的按需制造的时代。这一切革命都是围绕着提高人类活动的效率来展开的。新的技术革命将不容小觑，正如几年前的互联网革命一样，它颠覆的是一个旧时代，创造的是一个崭新的未来。

商业模式时代专栏 1 阿里巴巴的移动互联网战略

图片来源：www.alibaba.com.

阿里巴巴集团经营多元化的互联网业务，致力于为全球所有人创造便捷的交易渠道。自成立以来，阿里巴巴集团建立了领先的消费者电子商务、网上支付、B2B 网上交易市场及云计算业务，近几年更积极开拓无线应用、手机操作系统和互联网电视等领域。集团以促进一个开放、协同、繁荣的电子商务生态系统为目标，旨在对消费者、商家以及经济发展做出贡献。作为国内互联网领域领军企业，阿里巴巴战略转型顺应了互联网产业发展的新趋势。

趋势一：移动互联网等新兴流量入口成为互联网领域竞争焦点。一直以来，谁掌控了流量，谁就掌控了互联网的核心动力。随着移动互联网领域发展，以社交网络、地理信息、智能语音等为代表的新兴流量入口，成为未来互联网领域竞争焦点。如阿里巴巴以5.86亿美元入股新浪微博，获取社交网络带来的新流量和更充分的数据交互，从而更精准、更好地提供服务。

趋势二：跨界经营将成为互联网领域常态。随着互联网和移动互联网成为信息传播和信息沟通的基础工具，越来越多的互联网企业凭借积累的用户优势开始跨界经营。如阿里巴巴发展支付宝、“余额宝”业务涉足金融行业，实施“菜鸟工程”，大力发展物流信息服务。

趋势三：大数据正成为互联网企业的核心竞争力之一。数据正成为整个社会的重要资源，充分利用并挖掘数据价值，实现巨大社会、经济效益已成为全球共识。尤其在以用户规模制胜的互联网和移动互联网领域，大数据正成为企业业务持续创新的原动力。如阿里巴巴已将实体类商品消费数据、服务类商品消费数据以及与金融相关数据等所有数据进行整合，并相继推出了淘数据、数据魔方、卖家云图等一系列数据产品，为客户提供数据分享、数据交流、数据分析等服务。同时也正是大数据，使得阿里巴巴跨界金融、物流等行业成为可能。如阿里巴巴小微信贷业务就是通过积累的数据评价客户的信用，根据信用为客户提供贷款服务的。可见，当互联网上的用户代表了互联网市场，用户数据分析就决定了未来市场洞察，也决定了企业核心竞争力。

资料来源：作者根据多方资料整理而成。

第二节　企业转型悄然而至

商业模式时代的到来、互联网新兴企业的大量出现，不仅颠覆了传统企业的思维方式，而且也在改变未来企业竞争的格局。可以说，要用互联网思维来运作企业，传统企业转型迫在眉睫，这该算是“不是秘密的秘密”，甚至有人调侃说“转型找死，不转型就等死”。

一、传统企业或转型或等死

最近两三年无疑是移动互联网风生水起的时期。我们见证了小米以前所未见的速度令所有对手侧目，见证了百度以前所未见的数字让收购充满了想象，见证了腾讯以前所未见的决心为革命写下注脚。当互联网企业在台前备受关注的同时，另一场充满硝烟的革命也在幕后残酷地进行着，那就是传统企业的互联网转型。说它们传统，其实并非它们只做硬件，也并非它们不触网，而是它们的模式比互联网企业要重，它们的历史比互联网企业要厚，它们的牵挂比互联网企业要浓。它们都有过曾经的辉煌，但面对不可阻挡的移动互联网大潮，它们陷入彷徨，陷入挣扎。它们是运营商，是金融机构，是连锁店，是软件公司……它们渴望转型，但它们也心存恐惧。就像流行语所说的：不转型是等死，转型是找死，但至少还有一线生机。怀着对这一线生机的渴望，它们上路了。传统企业对于移动互联网的理解并不比互联网企业差多少，转型的必要性早已不需要讨论，对产品和用户体验的重视也早已成为重中之重。但现实却总是过于“骨感”，转型项目的效果始终难尽如人意。正应了一句老话：“成也萧何，败也萧何。”检验出往日成功的模式不能再沿用在移动互联网时代，要像微信那样从内部革命成功，需要的不仅是决心，更是模式的重造。商业模式的重造又分为决策模式的重造、研究模式的重造和协作模式的重造，如图 1-3 所示。

图 1-3　商业模式的重造

第一，决策模式的重造。传统企业对于传统质量的重视要比今天的互联网企业强得多。诸如永远的 Beta 版、销售工程机、“边上线边打补丁”这些在互联网企业中的常态行为对于传统企业而言都是几近疯狂的自杀行为。因此，它们的管理更偏保守，需要更多的决策流程来防范出现质量风险，但质量的内涵随着移动互联网的普及也在不断外延。今天的质量不仅是传统意义上的质量，也包括了设计的质量、创新的质量、差异化的质量……传统的决策模式将过多的关注放在了传统的质量风险控制上，而忽视了外沿的质量提升能够产生的补偿性作用，于是，创新在传统决策模式下举步维艰，产品自觉地回到保守的方向上。只有意识到管理层对于产品的细度管理（Micro-managing）不再适用于移动互联网时代，传统企业才有可能将转型的步子加大加快。虽然难免会出现这样或那样的问题，但这本就是转型的自然体验。

第二，研究模式的重造。尽管大多数互联网企业的研究很粗糙，但不得不承认传统企业的研究和互联网企业相比更显粗糙。与决策模式类似，体验时代将研究的外延也从传统的市场研究扩展到用户研究。在很多企业的理解中，研究主要为创新服务，为创新提供支撑，但研究的作用远不止于此。研究应该为产品提供支撑，让产品的整个生命周期都可以建立在对用户的准确理解之上。这意味着在产品周期的前端可以对用户的动机、需求和场景有更深入的认识，在产品周期的后端也可以对设计、使用和体验有更全面的保障。未来的市场竞争将在很大程度上依赖于研究能力的竞争。互联网企业看似离用户很近，但事实上传统企业更具备走近用户的条件与能力。研究模式的重造将会让传统企业在产品思考上有机会超越互联网企业。

第三，协作模式的重造。用户体验虽然被不断强调，但能真正将用户体验融入产品开发流程的企业并不多见。让单独的一个用户体验团队来完成所有的用户体验工作是脱离现实的一厢情愿行为。用户体验需要产品开发的每个职能单位的共同付出才能获得保障。产品、设计、开发、测试、用户体验、运营这些基本职能之间的相互吐槽已经见怪不怪。当每个职能单位只考虑自身利益，只在意自身风险的时候，产品的风险便失去控制。传统企业习惯的流水线作业模式在移动互联网转型中必须要打破。不同职能的快速组合、快速迭代、快速分离是新协作模式的特点。很多传统企业的产品迭代周期是两个月或更长，这与互联网速度相去甚远。只有协作的效率和效果得到提升，传统企业才能够以互联网速度奔跑。

商业模式时代专栏2　盛大的转型：是自我覆灭还是战略升级

图片来源：www.sdo.com.

作为领先的互动娱乐媒体企业，盛大网络通过盛大游戏、盛大文学、盛大在线等主体和其他业务，向广大用户提供多元化的互动娱乐内容和服务。目前，盛大要做互联网文化领域全球领先的投资控股集团（见图1–4）。

图 1-4 盛大网络：做互联网文化领域 全球领先的投资控股集团

一、盛大互联网因子

据内部人士透露，转型升级后的盛大主要有四个业务布局模块：文化不动产、股权投资（PE）、风险投资（VC）和对冲基金。靠山吃山，这四大业务板块运营的背后，都是基于对“互联网文化领域的经验及资源”的多年洞察。

文化不动产领域已经成为盛大一个新的增长点，其资产规模已经超过数十亿元。譬如，2013 年 9 月盛大天地项目的“青春里”一期开售，创下连续三个月楼盘销售冠军的惊人业绩，让陈天桥尝到了“从线上到线下”跨越式发展的甜头。

在 PE 方面，连同盛大游戏、盛大文学、盛付通、有你（Youni）、盛大云等目前盛大可直接管理的资产，价值保守估计高达 200 亿~250 亿元人民币的规模。可以说，互联网内容领域的“重磅资产”仍然在盛大手上。

在 VC 领域，盛大旗下有最大的电子票务平台——格瓦拉、最大的气候生活服务 App——墨迹天气、最大的动漫网站——有妖气（十万个冷笑话的原创网站）等身影。现在酷 6 和 ISpeaker 的加入，让市场对综合娱乐社区的整合也有了想象的空间。专注 VC 的“盛大资本”目前管理 4 只基金，投资项目近百个，覆盖项目的持股市值近 60 亿元。

二、盛大的战略升级

面对 BAT“大者恒大”的强势地位，现今中国互联网江湖的生存模式正变得日益局促。要不被 BAT 看上收购，要不就在巨大的压力中面临死局，能单骑突围的只是少数幸运儿。

如果盛大跟 BAT 对抗，中国互联网江湖也许最多多了一个 BATS、SBAT（后面这个不大中听）。此次盛大的战略转型升级，或许是对当下互联网企业生存模式的新探索。其路子，还是陈天桥的老风格“不走寻常路”。

当年率先在游戏行业转型免费模式时，陈天桥说过一句话："如果我和竞争对手都在直道上跑，我们可能都没有机会互相超越；但是到了弯道，我就有超过的机会。"当时"休克"了一个季度，盛大起死回生，半年多后，盛大创业绩新高。

"以前陈天桥是和对手在一起跑，现在他可能想在天上飞。"某位接近陈天桥的人士如此评价。"你得用新思维、新模式去看盛大的新玩法，如果只用现在互联网的格局去判断盛大的战略，可能会看不懂他。"

据说，对执行文化地产使命的"盛大天地"，陈天桥希望能够将"虚拟世界现实化"和"现实世界虚拟化"，将虚拟和现实两个世界打通。从这个表述看，被公认为"互联网战略家"的陈天桥，其互联网精神内核及打法仍在。只不过，他越来越懒得对外解释。

该人士称，"作为投资控股集团，也许有一天，盛大可能确实会和我们目力所及的互联网业务撇清关系。但无论如何，盛大的互联网基因不会丢失，盛大的互联网情结不会抛弃。他看似跑偏，其实只是换了种方式与互联网对话。"

如此，与其慨叹少了一个互联网数字英雄，还不如欢迎陈天桥进入了许多新产业。在跨界和互联网结合上，人类正在不断突破想象。

资料来源：作者根据多方资料整理而成。

二、企业的互联网化

对于互联网，许多企业家的感觉都是模棱两可，似乎企业已经进入离不开但又觉得离得很远的境地，不知如何前进，尤其是没有互联网基因的传统企业，更不知道自己是不是已经互联网化了。那么传统企业进入互联网，究竟要经过怎样的历程呢？企业处于互联网化的哪个阶段？前面的目标是什么？具体如图1-5所示。

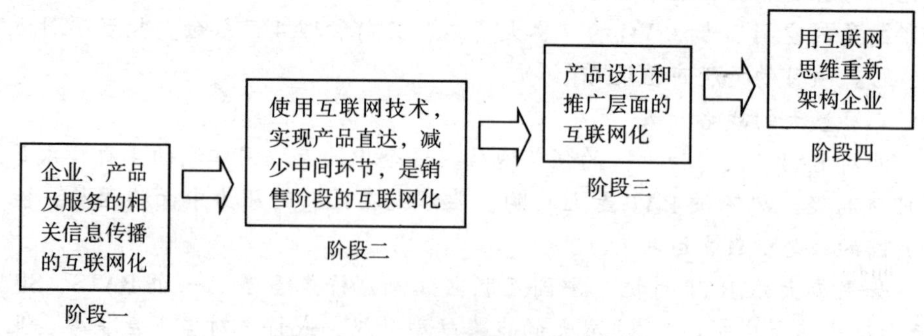

图1-5　企业互联网化的四个阶段

首先是企业、产品及服务的相关信息传播的互联网化。在这个阶段，企业通过互联网的各种工具，实现品牌展示、产品宣传等功能，把自己的企业及相关产品、服务，用网页的形式做初级的展示，这是在传播层面的互联网意识，是初级互联网思维模式。在这个层面上，企业试图通过实现网络营销，做出引流的效果，吸引客户到达自己的网站，这是互联网营销的初级阶段。

其次是使用互联网技术，实现产品直达，减少中间环节，是销售阶段的互联网化。企业已经开始使用互联网，实现产品销售，这是互联网销售阶段，也是我们所说的电子商务阶段。

再次是产品设计和推广层面的互联网化。在这个环节中，客户不仅是消费者，还可以是企业产品设计者，甚至是产品的推广者。通过 C2B 模式，不仅使消费者参与到产品设计和研发环节，更要消费者作为粉丝，参与产品的推广和销售本身。在这个层面，要看的是客户的参与度，客户的参与度表现在参与产品设计建议和产品销售的推动。有了客户深度的参与，产品的销售才能自动化和简约化，也可以说是供应链互联网化阶段。

最后是用互联网思维重新架构企业。必须要了解什么是互联网思维，怎样用互联网思维架构企业。

第三节　互联网思维与企业成长

互联网思维的出现，不仅颠覆企业原有的思维方式，而且给企业带来转机，即运用互联网思维发现商业模式的能力。很多企业不仅伴随互联网出现而冒了出来，而且借用互联网思维大行其道。

一、互联网思维的产生

互联网思维，就是在（移动）互联网、大数据、云计算等科技不断发展的背景下，对市场、对用户、对产品、对企业价值链乃至对整个商业生态重新进行审视的思考方式。

那么，互联网思维又是怎么产生的？生产力决定生产关系，互联网技术特征在一定程度上会影响到其在商业层面的逻辑。工业社会的构成单元是有形的原子，而构成互联网世界的基本介质则是无形的比特。这意味着，工业文明时代的经济学是一种稀缺经济学，而互联网时代则是丰饶经济学。根据摩尔定律等理论，互联网的三大基础要件——带宽、存储、服务器都将无限指向免费。在互联网经济中，垄断生产、销售以及传播将不再可能。

一个网状结构的互联网，是没有中心节点的，它不是一个层级结构。虽然不同的点有不同的权重，但没有一个点是绝对的权威。所以互联网的技术结构决定了它内在的精神，是去中心化，是分布式，是平等。平等是互联网非常重要的基本原则。

在一个网状社会，一个“个人”跟一家“企业”的价值，是由连接点的广度跟厚度决定的。你的连接越广、连接越厚，你的价值越大，这也是纯信息社会的基本特征，你的信息含量决定你的价值。所以开放变成一种生存的必须手段，你不开放，你就没有办法去获得更多的连接。

所以，互联网商业模式必然是建立在平等、开放基础之上，互联网思维也必然体现着平等、开放的特征。平等、开放意味着民主，意味着人性化。从这个意义上讲，互联网经济是真正的以人为本的经济。

农业文明时代，最重要的资产是土地和农民，工业时代最重要的资产是资本、机器（机器是固化的资本）、流水线上被异化了的人。工业时代早期考虑最多的是异化的人，因为人也被当作机器在处理。人只是流水线当中的“螺丝钉”。

到了知识经济的时代，最核心的资源一个是数据，另一个是知识工作者，就是德鲁克在 20 世纪末讲的 Knowledge Worker。企业的管理也会从传统的多层次走向更加扁平、更加网络、更加生态的方式。让 Knowledge Worker 真正能够创造价值，变成任何一个组织和整个社会最重要、最需要突破的地方。

二、互联网思维对企业的颠覆

淘汰你的不是互联网，而是你不接受互联网。互联网思维成为强劲的热潮，对中国企业产生巨大的影响，深入骨髓并带来管理变革。互联网思维下企业管理将呈现出哪些新的方向？具体如图 1–6 所示。

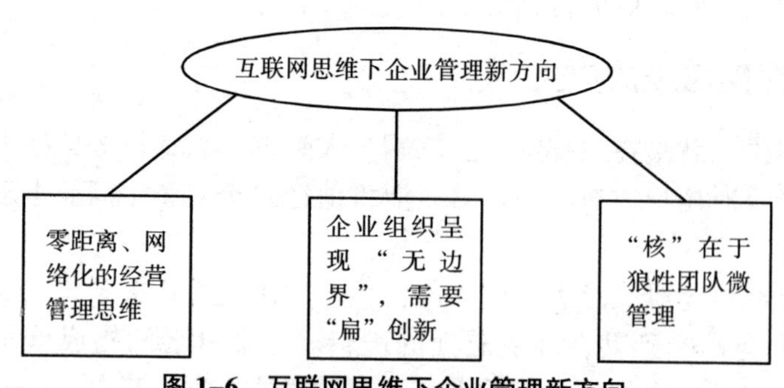

图 1–6　互联网思维下企业管理新方向

第一，互联网思维是零距离、网络化的经营管理思维。最早百度董事长李彦宏在 2011 年的演讲中提及互联网思维，意指基于互联网的特征来思考。小米的崛起让互联网思维大行其道，经营思路可用四个词概括——“专注、极致、口碑、快”。360董事长周鸿祎认为互联网时代的关键词为用户至上、体验为王、免费的商业模式、颠覆式创新。腾讯董事长马化腾总结了通向互联未来的七个路标：连接一切、互联网+、开放协作、消费者参与决策、数据成为资源、顺应潮流的勇气、连接一切的风险。虽然表述不同，但相同点主要在于：互联网时代，企业必须重视用户至上、创新、开放协作和网络化；互联网不仅是技术更是一种思想。

第二，互联网思维下，企业组织呈现“无边界”，需要“扁”创新。互联网思维下，企业将会发生改变，表现在：其一，企业由有边界变成无边界。海尔首席执行官张瑞敏认为：“原来的企业就像一个个堡垒，而网络化让企业没有了边界，这是最重要的改变。”以往企业和用户、员工之间处于信息不对称的状态，而现在用户、员工甚至比企业知道的还多。传统企业正三角组织的组织结构（最上面是领导，对员工的行动进行命令）由于缺乏创新性和组织流程过于臃肿，无疑与“求快”的互联网时代不再相符。其二，组织创新成为企业面临的最大挑战，扁平化结构被看好。伦敦商学院教授加里·哈默尔认为，只有拥有扁平化组织、行动快于改变的公司才能拥有未来。小米的组织架构只有三级：七个核心创始人—部门领导—员工，注重小团队运营，快速的流程可以让事情做到极致。欧普照明董事长王耀海认为，未来企业必须减掉最少七成以上的审批流程，向超级扁平化结构发展，每个人都要成为前线战场的指挥官。其三，企业管理文化要求更创新、开放、包容。无论何种组织结构，员工的创新性如何是测试该组织结构是否合适的重要标尺。恒信钻石机构董事长李厚霖认为，“互联网思维模式的重点，是自下而上地思考问题，企业必须真正让员工当家做主”。恒信通过员工职工代表大会、我为公司献一计、高管分享会等方式让员工做决定，实行自我管理。东莞人力知本俱乐部总经理曾强提出，“互联网思维下，管理者要深入了解员工的需求，从而将信息转换渗入到企业产品研发中。”互联网思维的兴起，带来了开放、自由、分享、协作的互联网精神，管理者必须以一种去权力化的平民意识，将员工当作事业的合作伙伴和朋友对待。

第三，互联网思维下管理模式改变，“核”在于狼性团队微管理。由于组织结构趋于扁平化，并以小团队的形式进行企业运营，因此成功管理好小团队被企业更加重视。首先，具有“狼性”、注重协作的小团队更适合互联网时代。2011年百度董事长李彦宏在内部邮件中提出：百度必须鼓励狼性文化、迎接移动互联网时代的变化、保持小团队精神。苏宁近期再次呼吁回归狼性精神和团队协作。苏宁董事长张近东提出，在互联网时代，不是对手的成了对手，不是同行的成了同行，面对新老对手的挑战，企业必须回归狼性文化。张近东还强调，苏宁必须改变当下体系庞大导致协作越来越难的局面，全面加强团队之间的协作。其次，用“微”管理打造狼性团队。一些管理者将互联网思维融入日常团队管理，移动化管理被更加看重。例如，小米团队之间尽量不开会不发邮件，多用米聊沟通，连报销都在米聊截个图即可。更多企业在微信群中进行团队业务交流，专业的微信团队管理工具也因势诞生，近期由老牌协作厂商摩卡软件研发的微信团队管理轻应用“摩卡团队管家”人气高涨。沃尔沃大区销售总监刘惠表示，这一工具让团队执行不仅有迹可循，而且更加敏捷化。她出差很久，也无须担心团队工作，因为通过“团队管家”，团队成员每天可以像写微博一样撰写日报汇报工作情况，像微信一样请求指示、接收指派任务，还可以请假、定点签到等。她可以利用碎片化时间，全面“掌”控和分配团队工作情况。团队的狼性敏锐意识也得到更好的激活，一旦团队成员发现了市场信息，可以随时通过同事圈与其他成员分享。摩卡软件总经理潘韬认为，“企业管理模式必须向‘微管理’转变。”潘韬的解释是，传统严苛而缓慢的汇报关系和运营流程已经落伍，实时化、互联网化和移动化管理是互联网思维下企业管理模式转变的新特点，企业应采用微型的、敏捷的、自组织的新型管理模式。“摩卡团队管家”旨在加强上下级的团队协作，同时具备“免费”和“无须下载”两大鲜明的互联网特征，非常适合互联网时代中小团队“微管理”使用。

商业模式时代专栏 3　布丁酒店的互联网思维

图片来源：www.podinns.com.

布丁酒店（POD INN）创立于2007年12月。布丁酒店是中国第一家时尚、新概念的连锁酒店，致力于为顾客创造快乐、自由、时尚的休息体验。布丁酒店以时尚、自助乐活、文化交流为客房营销宗旨，兼顾时尚、温馨、个性和环保并重，为年轻白领、商务人士和个性化的人群提供时尚、环保、简洁、张扬个性的客房服务。布丁酒店是年轻白领出行的首选，是商务人士的好伙伴。截至2013年10月，布丁酒店遍布北京、上海、杭州、重庆、广州、丽江、成都、武汉、沈阳、厦门、西安、武汉、天津、南京、乌鲁木齐、银川等50多个城市。布丁酒店的互联网思维运作如下：

第一，经营用户到“90后”身边去。布丁酒店的商业逻辑是：锁定用户，为其定制产品，然后经营用户。

“我的客户喜欢什么，我们就到哪里去。”和朱晖一起创业的史央清现担任住友酒店 COO，她的宗旨就是，真正地服务好“85 后”、“90 后”这群人，“他们爱用小米的产品，那么我们就成为第一家可以在小米电视上下单的酒店”。

因为“85 后”、“90 后”是互联网的原住民，所以布丁酒店不仅提供他们需要的住处，更知道利用互联网工具吸引他们来，黏住他们。

利用互联网吸引用户，也是史央清始终强调的用户思维，这是做好商业的首要因素。仅次于它的是产品思维，“将用户吸引来了，一定要用超预期的产品体验黏住他们。”从而诞生了第三个关键因素——口碑思维，让用户觉得好，并让他有通道去参与、去传播。按照小米合伙人黎万强的理解，这三个层次恰好就是互联网思维的内核。

在移动互联网领域，住友酒店集团已形成了一个产品群，布丁、智尚、漫果各自有各自的微信公众账号用以细分品牌，但还有一个独立的 App 客户端，所有移动端的流量都会汇流至此。目前，来自移动端注册用户为 140 万人，每天的订单量已达 5000 多个，同比增长 12%，占整个在线订单量的 65%左右。

用移动互联网产品经营用户，并将用户导流至实体门店，这是典型的 O2O 特征。但住友酒店更大的理想是：在 O2O 的时代做好布局，最后过渡到 C2C 的时代，让用户自己来维护产品、吸引其他用户。

第二，布丁酒店：我们一起微信吧。作为一家成立刚六个年头的经济型连锁酒店，布丁酒店的目标客户定位于 18~35 岁，以大学生和都市白领为主。他们追求新潮、充满活力、个性化十足，绝大多数是微信用户。对微信关注半年时间后，2012 年下半年，布丁酒店着手布局，并于同年 11 月携手微信团队开通了微生活会员卡公众账号，成为微信第一批合作的生活服务类商家，享受微信开发团队定制化服务。

如今，你只需要通过扫描二维码或搜索“布丁酒店”公众账号，点击“关注”，便可成为布丁酒店微生活会员，除可到店领取奖品外，还可随时享受会员礼遇，比如订房可享受 92 折，输入所在位置，还可搜索到附近的门店及其信息等。更重要的是，通过微信将布丁酒店会员卡“装 ”进了手机。目前该账号会员用户已达到 54 万人，平均每天订单 219 个。

资料来源：作者根据多方资料整理而成。

三、互联网思维下的企业成长

现在互联网思维渐渐成为最根本的商业思维。互联网已经渗透到企业运营的整个链条中，从基础应用（如发 E-mail、微信发通知、百度查信息）到商务应用（如在线协同办公、在线销售、在线客服），乃至用互联网思维去优化整个企业经营的价值链条。

在互联网的思维下企业要想转型成长必须做好以下几点，如图 1-7 所示。

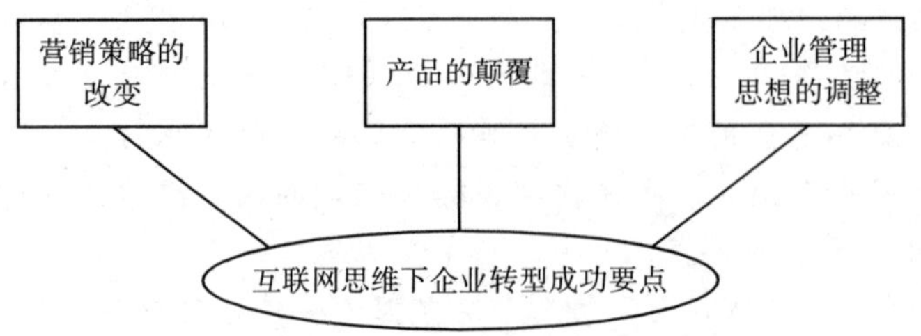

图 1-7　互联网思维下企业转型的成功要点

首先，营销策略的改变。无论是诺基亚的倒下、任天堂的老去，还是微软的疲软，我们都应该看到上一代以功能著称的产品正在走下神坛，功能比拼已经不是撒手锏。面对产品越来越丰饶的今天，“80 后”、“90 后”更向往价值观层面的契合和精神引领，也需要更强的群体认同感，甚至在消费行为上更容易相互影响。这种精神需求催生了很多亚文化现象，而社区、博客、论坛更是为亚文化的诞生和传播提供了水土丰美的牧场，创造了亚文化产生的技术背景和条件。如今，“80 后”、“90 后”身边充斥着比以往任何一个时代更多的媒体介质，这里面所蕴藏的各种亚文化声音使得人们比以往任何一个时代更早地感受到当下的情景，传统的口号式鼓动和广告式推广只能让人们再一次感到窘迫的压力。因此，品牌的影响已经慢慢从大平台转向小圈子，从改造社会的大话题转向改造自己，从被动的接受指导变为我对你故事和价值观的认可……任何新品牌的崛起一定是在当前时代背景下，戳中了代表未来一代的精神诉求，并以这个点为中心完成从亚文化市场到大众市场的跨越。了解你的时代背景，了解这个时代的客户环境，这才是成功营销的本质。

其次，产品的颠覆。革命性的技术都有一些共同点，最开始的时候，它们都是质量很差的，差到你可以完全忽视，所以它们更像是小玩意儿，风险也很高。比如，200 年前，当蒸汽船出现时，远洋帆船嘲笑它们为玩具，但它们却忽视了蒸汽船可以逆风逆流，直到有一天全球性的帆船产业消失了；20 世纪 60 年代本田发明减少燃料的电动引擎也不被当时巨无霸 GM 所关注，但是这些日本汽车企业不断改良，它们取得了巨大成就，而 GM 却破产了；传统打印产业对点矩阵的不屑一顾成就了后来的喷墨打印。正因为它们出现时的低质、亚文化特性，甚至“恶搞”，很容易遮盖了它们背后的严肃性和创新性。事实上，这一代拥有比上一代人更为丰富的社群资源，互联网的思维更是提供了更低门槛的创作机会，提供了对经典元素的解构、戏仿、拼贴。我们不能忽视这些一开始看上去弱小的产品结构，以及在这些平台上所产生的二次创造，当诺基亚高层嘲讽第一代 i-Phone 根本不经摔时，谁能预见后来智能手机及上面繁花似锦的 App 主宰了现在的移动互联网。传统企业产品上最大的挑战不是来自已有技术的优化，不是来自同重量级产品的竞争，虽然你的公司一直在往上走，但具有破坏力的东西却在另一面悄然盛开，这里才是革命的发源地。

最后，企业管理思想的调整。在转型大潮下，技术的创新不是问题，商业模式也足够重要到时时引起大家的关注，但唯有管理，其实很重要，却往往被大家忽视。一个伟大的企业，往往在其过去的发展过程中会形成规范的组织结构、完善的考核体系和优秀的战略管理，但是这些在过去几十年所沉淀下来的管理体系是否适合新战略的管理需求？过去企业雇用的是工人的手，过去可以通过标准化、量化的工作正在被智能设备所取代，工业时期的“劳动分工原理”、“制度化管理理论”等传统管理思想已经越来越不适合现在的社会需求。为什么腾讯会采用项目组机制并允许彼此之间进行竞争，为什么阿里会提出小而美的公司结构，为什么海尔会实践“倒三角”理论来挑战过去“科层制”的管理结构，现在越来越多企业“去中心化”的特征是否得到我们足够的注意？未来的企业都是一个扁平化的组织，没有过多的层级结构。除了行政、法务、财务、人力资源这些“支持部门”，以及信息中心这样的“平台部门”之外，其余的全部是以“产品”为中心的项目团队。这样的项目团队将来也许会有十几个之多，并且它的存在也是动态的，盈利即生，亏损即亡。团队内部的结构也是扁平的，以产品经理和客户经理为代表，实现不同工种人员的跨界合作。不同项目团队之间也许会存在某种竞争，但更多的应该是为响应客户需求而进行协同作战，相互取长补短，共同营造生态化、“动成长”的新型组织形态。从这种管理思想的调整可以预见：越来越多的巨无霸将形成这种“大平台+小团队”的组织结构，纵向压缩组织，使组织扁平化，横向实现集成，形成团队化的工作方式，推行并行工程。调整后，企业也将面临流程的重组、文化的重塑和信息系统的重建。

互联网思维是一种时代转型的信号，企业必须勇敢地面对这种冲击，主动变革比创业本身更需要勇气，所围绕的是新时代下顾客的生活方式，而不是互联网本身，所要克服的是过去的成功所造成的惯性思路。在这次浪潮的冲击下，总会有一批企业被淘汰，但当越来越多的传统企业明白时代转型的要义后，依旧可跳上一曲优美的华尔兹，来一次华丽的转身。

商业模式时代专栏 4　万科的 OC 闭环商业模式

一、公司介绍

万科企业股份有限公司成立于 1984 年，于 1988 年进入房地产行业，1991 年成为深圳证券交易所第二家上市公司。经过二十多年的发展，成为国内最大

图片来源：www.vanke.com.

的住宅开发企业，目前业务覆盖珠三角、长三角、环渤海三大城市经济圈以及中西部地区，共计53个大中城市。近三年来，年均住宅销售规模在6万套以上，2011年公司实现销售面积1075万平方米，销售金额1215亿元，2012年销售额超过1400亿元。销售规模持续居全球同行业首位。

二、万科开启全新“OC闭环”商业模式——无缝寻访、无缝定制、无缝服务

2014年6月，百度与万科正式确立战略合作伙伴关系，双方合作围绕万科商用旗下的万科广场、生活广场、邻里家产品系展开基于“百度LBS技术”进行的初步探索，旨在打造“运营商、商户、消费者”的商用生态系统。

同年9月11日，北京万科宣布与链家达成战略合作，并推出“OC闭环”商业模式，将从寻访、定制、服务三个方面入手，打造线上房源查询平台，成立线下签约中心。另外，万科还专门为此建立了全新商业模式的技术支持系统——“链万家”，称此系统能够提供海量信息迅速查询，打通产业链。

无缝寻访——共同打造线上房源查询平台；共建线下“交易签约中心”；并增设29个链家管理大区“中心店”开辟“万科专区”，作为万科客户专属终端服务平台。

无缝定制——共建数据挖掘系统，实时收集、跟踪、分析购房者的消费行为数据；与购房者及时互动、了解购房者在购买过程中的决策变化；为购房者提供个性化建议，提升消费体验。

无缝服务——万科“6+2步法”再升级，在客户购房体验的各个环节搜寻房源、比较房源、咨询购买、产品体验、产品分享，为购房者提供贴心无缝服务（见图1-8）。

三、做互联时代的职能开发商——共建全新技术支持系统“链万家”VHDM

万科与链家共同发布合作开发的、全新商业模式的技术支持系统——“链万家”VHDM（V-Homing Data Mining System）。“链万家”数据挖掘系统通过线上数据导入、跟踪、挖掘，指导线下营销实操动作。届时，万科将为客户全面提供“3H服务”——V-hour（敏捷）、V-hunch（精准）、V-homage（感悦）。

V-hour（敏捷）——“链万家”系统累积大数据存储和调用，以“好房子送上门”的服务理念，实现敏捷服务。

V-hunch（精准）——“链万家”系统通过对客户个人属性和消费行为、偏

图 1-8　万科的 OC 闭环商业模式

好和决策分析，通过数据挖掘技术，实现产品与客户的最大限度对位，实现量身定制房源的精准服务。肖劲表示："对于万科而言，营销依然回归产品本身，找对客户、理解客户需求、做对的产品、提供更为全面和优质的服务，以此为基础是一切创新的可能。"

V-homage（感悦）——"链万家"系统服务在提升客户消费体验的同时，也尊重市场规则、打通产业链间经脉并实现共赢，开辟了房产营销崭新模式。用毛大庆先生的话来说，"这开辟了房地产行业营销的'桃花源'"。做互联时代的职能开发商，创新不意味着抛弃老朋友，而是形成肩并肩的信任，共同拥抱未来新的成功。

资料来源：作者根据多方资料整理。

第四节　商业模式主导未来

在互联网时代，给企业带来的最大挑战往往不是技术创新本身，而是企业管理方式上的变革与创新。为了应对企业管理新变革，我们必须要尽快具备运用互联网思维发现商业模式的能力。可见，互联时代的企业，一要有互联网思维，二要找到适合自己的商业模式，这样的企业才有未来。

一、用互联网思维发现商业模式

当前，互联网经济正给各种行业带来巨大的影响和冲击，例如邮政传统业务就受到互联网经济的深刻影响。无论是一夜之间冒出的顺丰“嘿客”店还是中国邮政和阿里巴巴的联姻，说到底都是互联网思维，力求把线上线下资源充分整合，以最低的成本实现效益最大化。毫不夸张地说，在互联网时代，任何一个行业要获得成功并非只是开个微信公众服务平台那么简单，而是必须具备运用互联网思维发现商业模式的能力。

那么，如何用互联网思维引领企业发展呢？首先是思想观念的转变。思想观念包括意识、思考方式、行为习惯、营销模式等。例如，某中央级大报在众多纸媒逐步走下坡路的时候成功入驻搜狐新闻客户端的案例。虽然这几年很多报纸、杂志停刊，但是这份报纸为何刚入驻搜狐新闻客户端就获得了百万元级的广告投放？这就是它积极应对互联网时代到来，及时与互联网思维接轨带来的结果。

其次，应及时调整转变企业运行体制和机制。在这个“快鱼吃慢鱼”的时代，企业内部的沟通、流程化运作应该避繁就简，尽快实现扁平化管理，方可跟上互联网时代的步伐。引进“外援”也很重要，当然，更需引进竞争机制，以此来增加企业的活力与狼性，促进企业自内而外产生质变般的转型。

最后，迫切急需强化企业内部自上而下的执行力。国有企业的短板之一就是执行力差。执行力差，再好的理念和战略也只能被延误或者夭折。众所周知，再好的经营发展理念也需要人去执行，但最后胜出的却一定是执行力极强的企业。所以，传统企业的转型必须先从转变思维入手，融入互联网思维，才会走得更稳、更快。

商业模式时代专栏 5　平安好车：用互联思维打破二手车市“瓶颈”

图片来源：www.pahaoche.com.

平安好车于 2013 年 3 月在上海注册，是隶属于平安集团旗下的创新型子公司。当前阶段平安好车以“帮卖二手车”为切入点，主要为广大车主提供二手车资讯、车辆检测、车辆帮卖和车险、车贷等金融服务。平安好车作为平安集团进驻二手车行业的开拓者，也用其本身的专注、极致、口碑和快捷，为广大车主车商提供了一个全新的二手车交易平台。

平安集团则以10亿元的手笔投资平安好车，力图打造一个集车辆交易、汽车金融和汽车服务三大块于一体的“一站式”汽车服务平台。从2013年3月宣布成立开始，到现在短短一年多的时间，平安好车便已经扩张至全国13个重点城市。

第一，展开商业模式想象力。目前来看，大部分二手车电商网站的商业模式都非常简单：一方面，向卖车人收取几百元的检测费用；另一方面，每笔交易成功后，向车商收取3%左右的交易佣金。不过，这只是个起点，仅靠这样简单的盈利模式显然不可能受到资本的青睐，事实上，在二手车的产业链条里蕴藏着众多新的商业机会。

很多人奇怪为什么平安集团这样一个传统金融巨头会进入二手车这样一个行业，答案就在于二手车业务具有与平安集团现有业务整合的潜力。

2013年，平安集团先后成立了平安好车和平安好房两家公司，眼下还在筹建平安医药健康平台。按照平安集团官方的说法，这些新业务其实是平安集团“医、食、住、行”四大互联网门户战略的组成部分，平安集团希望互联网全面渗透大众生活服务，再将其引导到金融服务上来。

第二，建立全国物流体系。六年前创建了平安集团电销车险业务的杨铮，开始了平安“车金融”的探路。

据平安好车高级副总裁孙国斌透露，2014年，平安好车计划完成26个全国主要城市布局，同时搭建全国物流体系，实现二手车的全国流通。

“先进行全国的网点布局，有了全国网点，才有全国的车源，这很重要，因为二手车交易的问题之一就是区域不流通；同时我们准备搭建全国物流平台，如果异地的卖家和买家达成购买协议，我们会把一个城市的车运到另外一个城市。”杨铮说。

信息不透明制约了二手车交易。“年轻人有购买二手车的需求，最大的顾虑是二手车信息不透明，不知道真实的车况。”某二手车经销商说。

“我们将推出全国认证质量保证体系，公开透明，逐渐形成行业标准。我们保证经过平安好车质量检验的车况真实有效，如果检验结果不对，我们承担损失。”杨铮说。

第三，加强客户黏性。据了解，平安好车向B端经销商收取3%的手续费，C端的个人卖家不收费，实际上，3%的手续费一直没有收取，“现在对C端和B端都是免费，希望能吸引更多个人卖车者和经销商来到好车平台，增加客户流量。”

杨铮一再强调，平安集团的意图不在二手车市场。“多家经销商担心我们做大后会抛弃他们，直接做C2C（个人卖车者对个人买车者），但我们不会这么做，因为目的不在二手车，而是在金融。”

“作为集团互联网金融的一部分，我们的作用就是挖掘衣食住行玩中‘行’的部分，挖掘汽车上下游的金融需求。”但仅仅挖掘出来还不够，还要形成客户黏性。“一般的保险客户，一年交一次保费，没有用户黏性。我们无论建立二手车行业检验质量保证标准，还是实现全国物流、提供融资等，都是为了让与车相关的客户觉得有用、好用、经常用，形成黏性，这样才能产生金融生活服务的可能性。”

此次平安好车进驻二手车电商市场，也意欲打造一个集交易、金融、汽车服务于一体的O2O综合金融电子商务平台。通过其强大的平安集团品牌和信誉的保证，从“帮卖二手车”到后续的车险车贷服务的提供，再到今后日常汽车保养维护的规划，甚至是利用大数据来为客户提供各种增值服务，平安好车势必会掀起二手车市场全新的变革。

资料来源：作者根据多方资料整理而成。

二、互联网时代企业管理的新变革

互联网带来大变革、大颠覆，通过无数人的体验、思考与快速传播，人们对此已有普遍的共识。但这远远不够，下一步最艰难、最急需、最熬时间、最具挑战性的将不是技术，而是与之相适应的管理变革与创新。在某种程度上管理比技术更重要，但管理变革与创新总落后于技术变革与创新，成为障碍与“瓶颈”。我们拥有21世纪互联网驱动的业务模式和流程，但普遍使用的却是源于工业时代的管理实践，主要是20世纪中期的管理流程体系与19世纪的管理原则，与正在发生的巨大技术变革相比，管理创新如同爬行的蜗牛，没有跟上新经济时代的步伐，因而特别需要一批互联网时代管理创新的实践者、研究者们在第一线案例与素材基础上总结、提炼新型管理原则、模式与工具。

从大工业革命时代到移动互联网时代，一个多世纪以来，技术的进步引发了一次又一次的生产力革命，也推动着管理思想和实践的变革。在《财富》500强企业的名单上，有超过100家企业是在1880~1929年创建的。尽管有些企业最初的名称和现在已经不一样了，但很多公司都始于这个时代，如可口可乐、IBM、波音、福特汽车等。这一时期处于历史的第三次技术进步周期中，是电气与钢铁的时代——电力的广泛应用促进了社会化大生产，通信与交通行业的革命性进步催生了大规模营销和跨地区贸易。工业的增长导致了大型企业的产生，大型企业需要在企业活动和员工之间建立一种正式的结构，从而对管理程序的正式化提出了需求，人类科学管理的历史也就由此萌芽。一百年转眼就过去了，很多东西都已经改变——随着科技和文化的进步，整个人类社会的生活方式、思维方式以及追求目标都已经和一百年前有了很大不同。管理的基础已经改变，但现在大多数企业的管理基调似乎还停留在大机器时代。这就是为什么会产生越来越多管理冲突和无效的原因。回顾一下管理与技术交互发展的历史，就知道现代管理已经到了大变革的前夜。对中国企业来说，在充分学习和吸收了西方管理思想之后，如何结合互联网与中国传统文化两大元素，探索出互联网时代的中国管理模式，更是值得整整一代企业家为之奋斗的目标。具体如表 1-1 所示。

表 1-1　互联网时代企业管理新变革

方向	变革内容
环境	互联网时代企业运营环境的变化
范围	企业管理范畴和边际的变化
结构	企业组织结构的变革
运营	企业运营方式的变革
企业家	企业家素质与能力的提升

第一，高度关注互联网时代企业运营环境的变化。互联网时代的一个趋势是，消费者主导市场的力量越来越强，企业靠大规模生产的方式强推市场已经难以成功。在市场“倒逼”的形势下，企业如何将“战场”前移，以快速反应的组织方式和柔性化的生产方式应对多变、个性化的市场，成为制胜的关键。

第二，高度关注企业管理范畴和边际的变化。传统生产条件下，企业管理活动局限于工厂区域这个空间范围，信息化、网络化将这个厂域空间大大延伸，以价值增值过程和相关利益者关系形成“链条”，又以“上下游、国内外、点对点”为基础形成网络，在看似无形的超视距范围内实现有形管理，在全球可以方便地实施异地同步的零时差运作，企业由此获得了前所未有的发展空间。对具有后发优势的我国企业来说，借此机遇，重新谋划全球战略布局，适逢其时。

第三，高度重视企业组织结构的变革。工业经济时代，企业内部主要实施金字塔式组织结构，强调的是自上而下的集中式管理。这种组织方式虽有它的合理性，但应对今天迅速变化的市场和追求个性化需求的客户显然难以适应。互联网时代的企业组织，必须变革内部严密的层级结构和部门分割，更加贴近市场，进入市场，让生产过程通过流程化、标准化、模块化更加敏捷、灵活，让内部各职能机构之间边界更加具有柔性，更加强调团队之间的自主协同。企业内部的组织再造或重组，涉及方方面面权责利的调整，往往成为改革的难点，需要下很大的决心才能成功。

第四，高度重视企业运营方式的变革。在用户主导和技术引领的互联网时代，信息流成为企业的生命线。必须将企业的运营活动纳入信息化轨道，建立以流程为基础、整合标准和制度的管理体系，使整个生产经营系统既透明又可控。

第五，高度重视员工管理方式的变革。网络时代的员工富有朝气，追求时尚，重视参与，崇尚个人价值的实现。现代企业必须建立起一套制度和机制，使员工个人的知识和才智能够转化为企业的知识资产，实现员工与企业的共同发展。

第六，重视企业家素质与能力的提升。互联网时代的企业家，显然应该比以往的企业领导者具备更多的新知识、新能力。比如，他们要有更加高瞻远瞩的全球化视野，了解并且掌握信息化、互联网环境下企业发展的总体趋势；能深刻洞察信息化、互联网给企业的发展和管理带来的潜在影响；要有更强的上下游、国内外资源的整合能力；要有不断否定自我、持续创新的勇气，带领企业始终不脱离时代的创新潮流等。

【章末案例】 苏宁转型为云商模式

图片来源：www.suning.com.

一、公司介绍

苏宁是中国商业企业的领先者，经营商品涵盖传统家电、消费电子、百货、日用品、虚拟产品等综合品类，线下实体门店达 1600 多家，线上苏宁易购位居国内 B2C 前三位，线上线下的融合发展正引领零售发展新趋势：正品行货、品质服务、便捷购物、舒适体验。苏宁云商集团股份有限公司原为苏宁电器股份有限公司，2013 年 2 月 19 日，公告称由于企业经营形态的变化而拟将更名。2013 年 11 月 19 日，苏宁在美国硅谷启动了首家海外研究院。2014 年 1 月 27 日，苏宁云商收购团购网站满座网。2014 年 2 月 7 日，苏宁宣布已经通过国家邮政局快递业务经营许可审核，获得国际快递业务经营许可。苏宁由此成为国内电商企业中第一家取得国际快递业务经营许可的企业。

2006 年公司上线 SAP/ERP 系统，依托信息系统的支撑，建立内部共享服务平台，有效实现企业分散经营、集约管理的目标；与此同时，不断优化供应链，提升管理效率；多年的经营积累，苏宁已经构建了面向内部员工的管理云、面向供应商的供应云以及面向消费者的消费云，并逐步推进“云服务”模式的全面市场化运作，2011 年以来陆续推出苏宁私享家、云应用商店、云阅读等。可以看出，经过前期的创新实践和积累铺垫，苏宁在 2013 年迎来了跨越式的发展。苏宁要做“店商+电商+零售服务商”的云商苏宁，并将通过新模式服务全行业、全社会。未来十年苏宁电器将不再是传统家电连锁企业，而要做中国的“沃尔玛+亚马逊”。苏宁围绕云商模式，从组织架构、年度计划、经营策略、人员任命等方面进行了全面部署，以确保云商模式的全面落地。在苏宁的变革背后，可以看到的是电商时代的崛起，网购规模逐年提升，网络交易额占社会消费品零售总额的比例也在大幅上升。此外，电商已经开始冲击传统零售业，导致百货、超市、家电连锁、家居建材等各行业都纷纷涉足电商。

二、苏宁转型的背景

苏宁（Suning）在中国的几乎每一条主要商业街上都有门店，这使它成为知名度最高的本土品牌之一。目前该公司正谋求转型，将自身发展成为一家类似中国沃尔玛与亚洲亚马逊合体的巨头。按销售额计算，苏宁是中国第二大电器零售商。走进苏宁在上海新开张的超级旗舰店，可以清楚看到苏宁的转型进程已然启动。进店后顾客首先看到的不是电冰箱或 DVD 播放机，而是化妆品。位于上海的这个店面是苏宁在国内开设的 20 家 Expo 超级店之一，旨在将苏宁从商业街上的电器商店转型为一家横跨线上与线下的全品类零售商，销售从电饭煲、婴儿尿布到图书等的各种商品。该公司计划在未来三年中开设 400 家超级店，其中最大的一家面积将达到 1.8 万平方米。同时，苏宁以 6600 万美元的价格收购了线上婴儿用品零售商红孩子（Redbaby），这是苏宁计划进行的多项收购和合作之一。苏宁的目的是实现业务多元化，跨越当前竞争激烈的电器行业，开拓利润率更高的业务领域。苏宁表示，红孩子将有助于吸引女性消费者，利于苏宁开拓高速增长的婴儿用品领域。

中国大陆经济增长放缓使苏宁受到沉重打击。受电器补贴终止以及新屋销售放缓的影响（这是电器销售的两大推动因素），电器销售额大幅跳水。2012 年上半年苏宁的净利润较上年同期下降 29%，降至 17.5 亿元（合 2.78 亿美元），而苏宁股价在过去的 12 个月里下跌了 30%。总部位于美国的电器零售商百思买去年关闭了在华的自有品牌门店。消费者可以在网上以更便宜的价格买到同样的产品。

电子商务愈加流行、线下连锁巨头业务模式产生的问题以及过于快速的业务扩张都迫使该公司采取新的商业战略，力求将苏宁打造成“沃尔玛和亚马逊”的结合体，以期融合线上和线下业务。苏宁的现有商业模式正在慢慢失去活力。

电器零售领域的竞争已经走到了价格大战的境地，线上零售商京东商城提出了将电器毛利率砍至零点的口号。苏宁和国美作为电器销售市场的领导者，则提出将把价格降至低于京东或与之相当的水平。但中国国家发改委在一项初步调查中发现，京东、苏宁和国美都存在打折之前先提价或者在库存有货的情况下告知消费者商品已售完的弄虚作假行为，这三家零售商可能将面临处罚。如果你处在苏宁的位置上，你必须有所行动。你的成本比竞争对手高，但不能以和竞争对手同样的价格销售商品。不过，宣布将出售更多类型的商品并说服消费者购买绝非易事。目前苏宁正在扩张线上零售业务，该公司收购了一些与电器毫无关系的电商品牌，并试图与服饰零售商凡客等商业伙伴结成合作关系。

三、苏宁转型的阵痛

根据最新的数据，京东、天猫、唯品会的搜索指数在2014年4月13日的前30天同比分别增加了73%、127%、60%，在移动端的增长趋势更是惊人，分别同比增长了111%、275%、135%，而第三大综合电商平台苏宁易购最近30天却仅取得8%的同比增长，对比2013年12月的数据，竟然还呈现下滑趋势。这个被传统零售行业寄予厚望的企业竟然在电商如火如荼之时的2013年第四季度只有2.9%的利润率，几乎是处于停滞状态。而同期，当当网2013年第四季度营收同比增长了22%。利润下滑的主要原因是：线上线下同价给苏宁的毛利率带来了巨大的冲击，同时为了扩大市场份额，加大促销推广力度，对公司毛利率水平带来了影响。作为传统企业电商转型的佼佼者，苏宁的转型阵痛的原因有以下几点：

首先是线上线下的同价策略。苏宁2013年最核心的电商策略就是线上线下同网同价，而且很长一段时间都作为其主要营销噱头。互联网最大的特点之一就是消除信息不对称，苏宁在3C领域的线上价格跟京东相比已经毫无优势，而苏宁的线下价格也是跟线上一样的，这就等于是给自己挖坑告诉别人不要指望线下能有多优惠吗?

其次是多品类全线出击策略。从苏宁易购网站上已经看到苏宁从卖电器到卖衣服、卖生活用品无所不包，俨然是另外一个京东。苏宁易购给自己的定位是综合性电商，苏宁在全品类上牵涉的精力实在太多，擅自进入不熟悉的领域只会加速衰落。因为收购了红孩子后，本来非常不错的收购标的却被整合进了苏宁易购，稍微有点优势的母婴市场没能获得独立发展的大好机会，实在令人惋惜。所幸苏宁已经发现了问题，2014年把红孩子独立了出来。

最后就是落后的电商营销策略。苏宁的电商营销策略更多的还是借助于传统门户网站banner广告、线下分众框架传媒来推广，这些广告费的很大部分估计都是打了水漂，而在精准营销上的广告投入却明显不足。

苏宁的管理体系是比别的零售企业先进很多的，很多国内零售企业的SAP是在近几年才全部上完的，而苏宁2005年SAP就上线完成了，现在苏宁的物流已经升到LES。它的物流能力已经不仅是原来的“进销存”了，原来的物流基本上是从厂家出来到门店结束，现在是整个全管，涵盖了毛细物流，甚至第三方合作的快递。但是，这个大切换（从SAP到LES），搞得内部十分痛苦和挣扎。苏宁上来就崇洋媚外，用IBM的系统做B2C，困难重重。甚至有人认为，这个系统基本上快把苏宁整“残废”了。现在迫不得已，全自己重新做了。在内部的决策流程上，为了完成正规化管理，张近东花费了很长的时间完成了权力上收。原来管理没到位的时候，权力不上收，采、销地方平台解决了，大区就是一个独立王国，容易出状况，张近东就一个一个地收，现在建立了 60 个大区的 DC（仓储配送中心），采销一体化，管理终于走上正规。可是一做电商才发现，指挥系统全部失灵，因为任何决策都要上到最高层，批准之后再下来。原来苏宁已经是行业老大了，基本定义市场价。能够定义市场价的时候，这种模式很好，现在游戏规则变了，不能定义市场价格了，可能是京东或者淘宝在定义市场价格，跟它们的价格走的话，原来定的所有考核指标全都打破，原来利润是集团总部管理的，各地只负责销售额。现在怎么办？谁敢拍板说降价？店里可用的价格空间是有边界的，是浮动率的，低价格根本过不了系统这一关，提交不了订单。再一点就是缺货，当不能够掌控这个市场的时候，出来一个破坏格局的人，在那边玩命卖小米，可是苏宁门店手里没货。所以，门店受到了很大冲击，然后又给门店自主权，以战养战，可是只要一放开，门店就敢卖得比易购还便宜。只要一放自主权，市场就乱；但一收就死。顾客还投诉，你们门店卖得比苏宁易购卖的还便宜，苏宁易购还说什么全网最低价？

现在，苏宁的同价策略是不是就可以避免上述问题呢？如果线上线下同价，所要解决的“市”和“场”分离是苏宁和京东的问题。如果线上线下不同价就变成了“市”和“场”的分离是门店和网站的问题，是苏宁网站和京东的问题，而且步骤不一致，给人的错乱感更难受。即使它不同价，应对竞争一样很困难，而且内部的管理问题更复杂。

所以，苏宁的采购、物流、IT 系统、促销、定价、客户服务，没有一个地方是顺的。以前客服不需要承担这么大压力，现在是卖 100 单，就接到 3~5 个投诉电话：怎么还没到货？怎么退货？问题一堆。对于苏宁的问题，没有谁一下子能说得清，而且观点差别很大，这个坊间热议的企业转型，何时可以尘埃落定？

四、苏宁转型进入战略实施阶段

苏宁二次转型的战略布局阶段已经结束，现在进入战略实施阶段。作为一家拥有 18 万名员工、1600 余实体店面的全国领先零售企业，苏宁的一举一动都受到市场关注。从 2009 年至今，关于苏宁二次转型的议论始终在持续。苏宁云商 2013 年年报透露，公司 2013 年在大陆地区新开店面 97 家，关闭 176 家，净减少店面 79 家。有人质疑实体店面遭到大幅缩减，是由于公司互联网转型所累。在近年转型的过程中，苏宁投资最大的部分还是在店面上，比如自建店面建设。但这种项目并不是租赁店面的几百万元，而是几亿元或者几十亿元的投入。虽然目前自建店面的比例还很低，但是规模比较大。尽管2013年的零售店面有所减少，但是2014年已经基本完成了店面布局的调整，苏宁还是会继续开实体店。尽管店面的数量很重要，但店面结构和功能的转变才是转型的灵魂。今后不能把互联网和实体店对立起来，一定要让实体店向互联网店转变，一定要让实体店拥抱线上平台、拥抱互联网，而这正是苏宁自建实体店面的原因。目前，很多店面可能在未来转型中的空间有限，充其量连接物流互动与线上互动。但是在其他的功能上，比如说产品的展示、品牌的推广、顾客的体验、本地化的生活，这些功能在一些店面里并不具备，3000多平方米的租赁店面不具备这样的延展性。对于转型过程中所面临的困难，孙为民毫不避讳，他坦言，战略执行所要付出的代价和努力不亚于战略布局的问题，因为战略是对模式的探索，而现在则面临具体的操作。现在，在执行力方面也遇到了挑战，这不仅是一个态度问题，也是能力问题，这是需要解决的。在转型过程中，挑战之一是苏宁内部的创新学习，挑战之二则是由于互联网上的知识更替很快。

2014年7月8日，苏宁众包正式上线。2014年是苏宁的创新之年，公司将围绕“一体两翼”的互联网战略做更多的互联网产品。互联网产品要能够和用户形成更有效的互动，能够更好地提高顾客的黏性和体验，包括众包平台在内，实际就是通过C2B2C的反向定制，从顾客需求出发延伸到产品设计，这实际上是一种非常典型的互联网采购模式。苏宁多年来积累了大量的客户和渠道资源，希望能够与上游的资源展开合作。过去就是和工厂合作，现在希望再延伸到设计等环节，在产品的概念阶段、产品的中试阶段就介入，搭建这个平台后，再引进其他资源，希望把资本、第三方检测机构，包括媒体资源整合起来，希望苏宁众包作为一个平台，使其他资源形成一个联盟。

全世界零售商一旦做到一定规模以后，必须要涉足自主产品。零售商做自主产品的目的是通过真正意义上的商品经营，了解市场和顾客。所以，做自主产品非常锻炼零售商的能力。但这绝不意味着零售商要去做制造业，还是要围绕顾客和商品这两个维度来做。

五、变革创新之路

正面交锋的芸芸电商中，苏宁是唯一的A股上市公司，这使其在盈利和市值方面承受着沉重的压力。

当前，苏宁的线上业务中品类尚不够丰富，用户体验还难称完美，交易量也还没有领先，双线融合有诸多问题需要完善，电商新贵强手对其屡屡叫板、挑战，包括投资人在内。人们更为担心的是，苏宁线上线下的左右手互搏，会侵蚀利润，带来变革成本、转型的阵痛。苏宁最大的对手是自己，只有勇于否定自己、善于自我超越，才可能取得成功。南京商界某资深高管、苏宁当年的竞争对手说，老牌电商烧钱多年，而苏宁易购全面发力，还只是这两年的事，但它已经成为线上第三，这就是苏宁的应变能力和可怕之处。作为民营企业的强者，苏宁拥有与生俱来的机制优势、创新基因，从来就不惧竞争。幼年时苏宁狼性十足，做过品类杀手、价格屠夫、传统业态的颠覆者，一路在大风大浪中搏杀成长；现在苏宁的实力早已今非昔比，是只正值青壮年的老虎。转型不可能一蹴而就，应该多给它点时间。

巧合的是，张近东在评价某 B2C 电商那次咄咄逼人的公开挑战时，也举重若轻地说了句：初生牛犊不怕虎。他说，从 1990 年创业始，一路走来遇到过形形色色的各种对手，在规模还很小时曾遭遇南京八大国有商场联手挤压，但苏宁以小博大，出奇制胜，在南京轰动一时，被称为“小舢板大战八大航母”。到后来两强争霸，甚至全球 500 强的跨国零售企业进军中国时，苏宁从来都是主动迎战，都笑到了最后。

苏宁发力互联网零售，完全是按照自己的节奏，市场已被培育，技术、环境等条件渐趋成熟，而平台电商此时已消耗甚大。苏宁在线下积蓄、优化多年，完全是有备而来，后发制人。今后，单一线上、线下都不能包打天下，融合是大势所趋，人们往往认为线下向线上不易，殊不知线上向线下更难。对于苏宁来说，线上的人才、技术引进都不是问题，但电商要向线下融合，则需要多年的投入和培育，门槛之高堪称难以逾越。

2013 年以来，部分实体店商重拳出击网上业务，对“传统平台电商还以颜色”。他们认为，纯电商只能是一种过渡模式，至今仍没有盈利的 B2C 独立电商企业。随着 4G、移动互联网时代的全面到来，线上线下完美融合的 O2O 模式才是零售业变革发展的方向。苏宁是其中的典型代表和急先锋，转型最为坚决、彻底。传统零售业插上互联网的翅膀，曾经被认为是巨大包袱的线下资源转瞬之间就能点石成金，天平将重新向拥有线上线下全渠道的零售商倾斜。在美国，前十大电商有九个来自于传统零售企业。

深入考察苏宁近年来在物流、信息流、资金流等资源方面的布局和优化，苏宁转型变革的路径和前景得到了人们的认可。未来，苏宁将步入到以核心能力建设形成产品定制包销、物流供应链、商品和消费者数据化、品牌和促销的社会化推广，以及资金增值管理等服务的多维价值创造阶段，单纯的商品进销差价不再是业绩增长引擎，也就是说它将成为一家全新的科技型公司。当然，从投资的角度短期看，苏宁目前的市值有些大。但凭借线下第一、线上第三的综合优势，清晰且坚定推进的新商业模式将释放出巨大的动能，有望引领苏宁携智能搜索、大数据、云计算和互联网金融王者归来。业内高度看好苏宁对上下游整合、集成控制的能力，统领全产业链相关资源、持续业态创新的力量。未来，集大成者可得天下。转型尚未成功，苏宁仍需努力。苏宁变了，变的是苏宁的销售方式，变的是苏宁的服务方式，苏宁不再是一个零售企业，变成了一家高科技公司；苏宁又没有变，不变的是苏宁还是会销售一件又一件的商品，还是会服务一个又一个顾客！

资料来源：作者根据多方资料整理而成。

【本章小结】

人类社会每次经历的大飞跃，最关键的并不是物质催化，甚至不是技术催化，本质是思维工具的迭代。一种技术从工具属性到社会生活，再到群体价值观的变化，往往需要经历很长的过程。

当今时代正处于第三次工业革命的"后工业化时代"，意味着工业时代正在过渡为互联网时代。工业化时代的标准思维模式是大规模生产、大规模销售和大规模传播，这三个"大"可以称为工业化时代企业经营的"三位一体"。工业化时代稀缺的是资源和产品，资源和生产能力被当作企业的竞争力。但是在互联网时代，这三个基础被解构了。

互联网时代的商业思维是一种民主化的思维。消费者同时成为媒介信息和内容的生产者和传播者，通过买通媒体单向广播、制造热门商品诱导消费行为的模式不成立了，生产者和消费者的权力发生了转变，消费者主权时代真正到来。

【思考题】

1. 近年来出现了哪些技术革命？
2. 互联网思维下企业思维与管理将呈现出哪些新的方向？
3. 什么是互联网思维？
4. 企业如何运用互联网思维发现新商业模式？

第二章　认识商业模式

【学习要点】

☆ 了解商业模式理论的发展进程；

☆ 理解商业模式的内涵；

☆ 知晓商业模式的重要性；

☆ 掌握商业模式的分类；

☆ 区分商业模式与运营模式和盈利模式。

【章首案例】　　湖南电广传媒的风险投资模式

一、公司介绍

图片来源：www.tik.com.cn.

湖南电广传媒股份有限公司（以下简称“电广传媒”，证券代码000917）成立于1998年，截至2013年12月31日，公司总资产为169.41亿元，归属于母公司所有者的净资产为95.08亿元。目前公司已形成“传媒+投资”的发展战略，经营范围覆盖有线电视网络运营、创业投资、影视节目内容、广告、旅游酒店等产业。公司以湖南、北京、上海、广州、深圳为发展重心，经营地域辐射全国，是拥有国家级重点实验室和博士后科研流动工作站的大型综合性文化传媒公司。

二、电广传媒的三大投资业务和五大投资方向

电广传媒的经营业务主要包括网络业务、传媒业务、投资业务三大块。首先是网络业务。①在三网融合形势下，转型为综合信息服务商。②全省网络实现“一张网”格局。③跨区域发展取得先机，公司积极推进跨区域的并购合作。其次是传媒业务。公司以市场为导向，以品牌树影响，先后投资拍摄了1300多集（部）有影响、有效益的电视剧、电影，已形成了独特的影视剧制作能力。最后是投资业务。公司以深圳达晨创投为核心，打造专业的PE/VC投资基金管理平台。与此同时，电广传媒形成了五大投资方向，具体阐述如下：

第一，湖南国际影视会展中心。湖南国际影视会展中心注册资本为2.4亿元，本公司占51%的股份。经营范围包括：影视拍摄基地、国际会议接待、展览、住宿、餐饮及与之配套的商业零售。2003年，湖南国际影视会展中心成为湖南第一家、全国第三家“5A级绿色饭店”，接待包括许多国家重要领导以及国际知名人士在内的中外宾客20余万人次，经营上呈现出稳步向上的良好发展势头。

第二，艺术品投资。在2011年春季拍卖会中，以4.255亿元成交的齐白石作品《松柏高立图·篆书四言联》买家浮出水面。同年6月13日，中国证券报《收藏投资导刊》主编尧小锋在微博中透露：《松柏高立图·篆书四言联》的买家为湖南电广传媒集团，并已经解款；并透露，湖南电广自2006年开始艺术品投资业务，至今已经收藏了齐白石、徐悲鸿、张大千等数百幅书画精品和油画、古董重器等，并于2010年成立了北京中艺达晨艺术品投资管理有限公司，建立了艺术基金。

第三，长沙世界之窗。注册资本1亿元，是本公司相对控股的子公司，本公司占49%的股份。企业类型是合资经营（港资）。经营范围包括：世界之窗旅游景区及其配套设施的建设与经营，包含主题公园、影视拍摄基地、艺术表演、旅游、酒店经营、康乐中心及配套商业服务。长沙世界之窗集世界奇观、古今名胜、世界民居、各国民俗风情及民族歌舞于一园，设计上独具匠心、风格别致，体现了自然与人文并重，历史、现实与梦想共存的新建筑风格，是华南地区的重要旅游景点。

第四，成立媒体公司。电广传媒先后成立了北京远景东方影视传播有限公司、北京韵洪广告有限公司、广州韵洪广告有限公司等，经营影视节目制作、发布及设计，制作和代理发布国内及外商来华广告，电视广告代理等。

第五，成立投资公司。电广传媒成立了上海锡泉投资有限公司和深圳市荣涵投资有限公司。经营范围为实业投资，高科技项目投资，企业购并、重组，投资管理及其以上相关业务的咨询服务；还包括国内贸易等。上海锡泉投资有限公司和深圳市荣涵投资有限公司的设立为电广传媒的产业发展与资本市场的良好结合建立了一个流畅的运行通道，将为公司传媒业务的高速发展和资源扩张提供强劲的支持。

为更好地实施本公司传媒主业发展战略，电广传媒拟投资设立电广传媒影业投资（北京）有限公司（以下简称“影业公司”）。拟成立的影业公司注册资本为5000万元，本公司将占其95%的股份，影业公司高管团队将占其5%的股份。影业公司成立后，将通过参股一些大型电影项目获取投资收益，同时提高公司在业内的品牌声誉；进而购买剧本版权、签约知名导演、自行融资、独立监督制作、独家监控发行，逐渐增强团队对电影项目全程的运营能力；在具体条件满足后，建立若干独立工作室，建立与发行公司、院线的战略合作，在电影产业链上进行品牌延伸，形成电广传媒影业的核心竞争力。

三、电广传媒的风险投资模式

电广传媒的风险投资占其收入的很大比重，风险投资模式也是电广传媒的核心业务之一。经过近些年的发展，风投业务取得了很大的成功，不仅给公司带来了巨额利润，而且打造出了自己的品牌，在国内拥有一定的品牌号召力。

在创投领域风光无限的电广传媒不仅没有满足于现有的成果，反而加快了创投业务的发展步伐，不过这种步伐更多地着力于创投业务管理模式上的转型——利用达晨创投的品牌，通过与国际资本合作、设立有限合伙创投基金等方式募集资金并进行专业化管理，实现“品牌+资金”的双融合，达晨创投转变为一家纯正的 VC 基金管理公司。

达晨创投成立于 2000 年 4 月，是第一批按市场化运作设立的内资创业投资机构。公司成立 14 年来，聚焦于文化传媒、消费服务、现代农业、节能环保四大投资领域，并以其严谨的投资态度、专业的投资理念、卓越的创新精神和优良的投资业绩发展成为中国创投行业名列前茅的企业，被推选为中国投资协会创业投资专业委员会副会长单位、深圳市创业投资同业公会副会长单位、深圳市国际商会副会长单位。

2013 年公司基金投资管理业务（主体为达晨创投）实现了业绩的小幅增长，更为难得的是在严峻的融资环境下，公司在期内仍然实现了资产管理规模的快速增长，期末管理基金总规模达到 150 亿元，较 2012 年末增加 40 亿元。储备项目方面，至报告期末达晨创投管理的投资项目已达 218 个，累计完成投资近 80 亿元，其中 IPO 排队项目有 21 个。由于达晨的收入来源包括固定管理费和收益分成两方面，后续随着 A 股市场 IPO 节奏恢复正常，公司将小幅受益。另外，公司艺术品投资业务已经投资收藏了齐白石、徐悲鸿等中国名家的 170 多件艺术精品，管理资金规模已达到 20 亿元。2013 年，该项业务实现了部分艺术品退出，投资回报理想，取得收入 4.7 亿元，毛利率高达 75.8%。

通过为市场资金提供专业化、市场化管理，达晨创投在有效控制创投业务中存在的高风险的同时，也获得了专业化管理带来的高额稳定收益。目前，达晨创投一方面可以从所管理的基金中每年稳定地获得基金管理费；另一方面，如果所投项目成功退出，公司则可以作为基金管理人按一定的比例取得管理绩效分成，这一比例一般是在 20%以上。

电广传媒的风险投资模式是公司在不断发展中探索出来的，这种模式的成功有其必然性。依托于集团的大力支持，电广传媒锐意进取，不断完善风险投资模式。电广传媒稳步推进创投业务，重点投资成长期项目，配置一批上市预期明确的后期项目，加大对单个项目的投资额。同时，公司将积极推动已投项目的上市工作，同时认真做好创投项目二级市场的退出工作。这些都是电广传媒风险投资模式成功的关键。今后电广传媒要继续加大创投业务，实施进得来、出得去的战略，以利润为目标导向，走出自己的风险投资模式。

四、结论与启示

2013 年，电广传媒实现公司营业收入 51.03 亿元，实现归属于母公司所有者的净利润 4.84 亿元。电广传媒的成功给我们如下启示：

第一，加强新业务研发布局。信息技术的进步，促进了跨电脑、手机、电视等多种终端的融合型新媒体业务的快速发展。以移动互联网为代表的新媒体，凭借平台科技化、受众年轻化、信息双向化、业务延伸化等特点，已经成为人们生活的重要组成部分。2014 年移动新媒体的商业化必将全面加速，4G、云科技、物联网、大数据等已从概念到落地商用，移动互联网正在引起传统行业的变革。行业发展生态已经发生了重大变化，公司的发展已经进入一个全新的历史转折时期。公司将加大对新媒体的研究、开发，搞好顶层设计，转变发展思维，在有线网络、传媒内容、旅游业务等板块做好与新媒体的对接，确保公司在新媒体业态的拓展上有重要突破。

第二，强化主业经营。有线网络业务和有线网络集团要进一步理顺管理体制机制，进一步激活子公司发展动力和活力，全力拓展市场，创新营销模式，实施好以视频基础业务为主导、以宽带增值业务为突破、以差异化信息服务产品应用为抓手的经营策略。主要有四项重点工作：一是以业务发展为中心，不断扩大用户规模，着力提升用户 ARPU 值；二是以网络提速提质为保障，切实整治建设网络和运营支撑平台，全面提升网络承载能力和水平；三是以激发活力为抓手，创新、理顺管理体制机制，切实增强经营发展的内生动力；四是借助互联网思维，借鉴互联网模式，积极探索移动互联网业务开发。

第三，完善公司治理和内控，合理发展风险投资模式。全面推进公司内控制度建设；进一步做好公司信息披露、市场形象维护工作；加强公司市值管理，制定市值管理中长期规划；进一步完善子公司治理结构；做好重点单位、重大投资项目的审计监察工作；继续抓好公司“三考”工作，重点解决子公司经营班子中存在的突出问题，提高公司治理和管理水平。

资料来源：作者根据多方资料整理而成。

商业模式是企业的根本，每个企业都有自己的商业模式。商业模式涉及企业运营的方方面面，可见，商业模式对企业的价值何其重大。既然商业模式对企业如此重要，那么企业在创立之初便要选择好适合自己的商业模式。

第一节　商业模式的理论回顾

最近，有关商业模式的热度持续升温，不仅成为人们茶前饭后闲聊的热门话题，也开始受越来越多的学者关注。一下子，商业模式各种学说如雨后春笋般出现，不禁让人们对商业模式联想翩翩，更是坠入云里雾里。为此，我们对商业模式理论进行梳理。我们按照商业模式的概念演变、理论综述和未来趋势三部分分别加以阐述。

一、商业模式的概念演变

商业模式是创业者创意，商业创意来自于机会的丰富和逻辑化，并有可能最终演变为商业模式。其形成的逻辑是：机会是经由创造性资源组合传递更明确的市场需求的可能性，是未明确的市场需求或者未被利用的资源或者能力。尽管它第一次出现在 20 世纪 50 年代，但直到 20 世纪 90 年代才开始被广泛使用和传播，已经成为挂在创业者和风险投资者嘴边的一个名词。

有一个好的商业模式，成功就有了一半的保证。商业模式就是公司通过什么途径或方式来赚钱。简言之，饮料公司通过卖饮料来赚钱；快递公司通过送快递来赚钱；网络公司通过点击率来赚钱；通信公司通过收话费赚钱；超市通过平台和仓储来赚钱等。只要有赚钱的地儿，就有商业模式存在。

随着市场需求日益清晰以及资源日益得到准确界定，机会将超脱其基本形式，逐渐演变成为创意（商业概念），包括如何满足市场需求或者如何配置资源等核心计划。

随着商业概念的自身提升，它变得更加复杂，包括产品/服务概念、市场概念、供应链/营销/运作概念，进而这个准确并差异化的创意（商业概念）逐渐成熟，最终演变为完善的商业模式，从而形成一个将市场需求与资源结合起来的系统。具体如图 2–1 所示。

商业模式是一种包含了一系列要素及其关系的概念性工具，用以阐明某个特定实体的商业逻辑。它描述了公司所能为客户提供的价值以及公司的内部结构、合作伙伴网络和关系资本等用以实现（创造、推销和交付）这一价值并产生可持续盈利收入的要素。

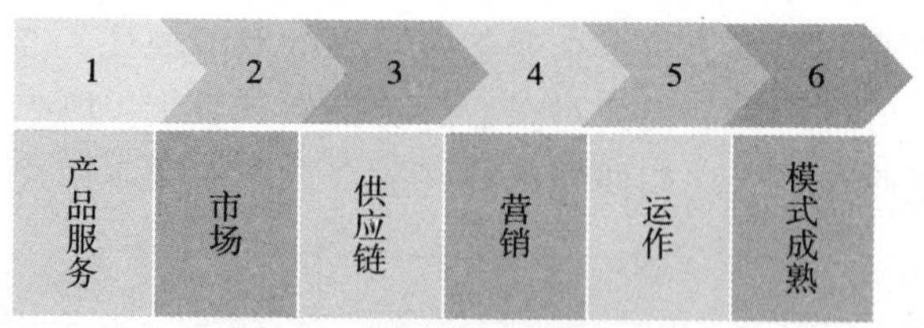

图 2-1 商业模式的发展路径

在文献中使用商业模式这一名词的时候，往往模糊了两种不同的含义：一类作者简单地用它来指公司如何从事商业的具体方法和途径，另一类作者则更强调模型方面的意义。这两者实质上是有所不同的：前者泛指一个公司从事商业的方式，而后者指的是这种方式的概念化。后者观点的支持者们提出了一些由要素及其之间关系构成的参考模型，用以描述公司的商业模式。

管理学大师彼得·德鲁克说："当今企业之间的竞争，不是产品之间的竞争，而是商业模式之间的竞争。"在经济日益信息化和全球化的今天，商业模式的重要作用已经得到社会各界的高度重视。但对于商业模式的理论研究尚不够系统、完善，本章节对商业模式的相关理论进行综述，希望能够对后续研究有所帮助。

关于商业模式的概念，国外学者 Morris（2005）对已知的一些主要定义进行了归纳，将其划分为三类：经济类、运营类和战略类，并认为应该用一种整合的视角来重新认识商业模式这一概念。国内学者原磊（2007）借鉴 Morris 的分类观点，并进一步指出各类定义的递进趋势，即从经济类定义向运营类、战略类和整合类定义递进。无独有偶，国内学者王水莲等（2014）对国内外主要文献进行分析后，发现学者们对商业模式概念的研究大体上符合以方法论链式演进为特征的认知逻辑。因此，基于认知方法论的链式演进逻辑将商业模式概念认知过程分为朴素认知、组分探析、系统建模三个阶段，并对每一阶段的研究状况进行梳理。至今为止，关于商业模式的真正含义（见图 2-2），理论界没有形成统一的权威解释，归纳起来大致可以分为三类：

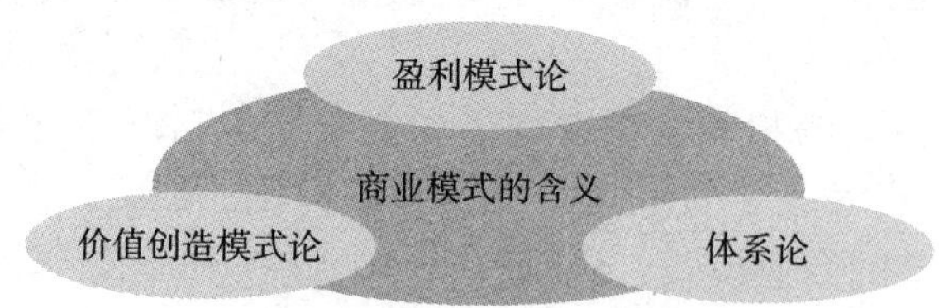

图 2-2 商业模式的含义

第一，盈利模式论。此种理论认为商业模式就是企业的运营模式、盈利模式。埃森哲公司的王波、彭亚利（2002）认为，对商业模式可以有两种理解：一是经营性商业模式，即企业的运营机制。二是战略性商业模式，指一个企业在动态的环境中怎样改变自身以达到持续盈利的目的。迈克尔·拉帕（2004）认为，“商业模式就其最基本的意义而言，是指做生意的方法，是一个公司赖以生存的模式，一种能够为企业带来收益的模式。”他认为，商业模式规定了公司在价值链中的位置，并指导其如何赚钱。

第二，价值创造模式论。此类理论认为商业模式就是企业创造价值的模式。阿米特和左特（2000）认为，商业模式是企业创新的焦点和企业为自己、供应商、合作伙伴及客户创造价值的决定性来源。Petrovic 等（2001）认为商业模式是一个通过一系列业务过程创造价值的商务系统。马格利·杜波森等（2002）认为，商业模式是企业为了进行价值创造、价值营销和价值提供所形成的企业结构及其合作伙伴网络，以产生有利可图且得以维持收益流的客户关系资本。阿福亚赫和图西（2000）提出，应当把商业模式看成是公司运作的秩序以及公司为自己、供应商、合作伙伴及客户创造价值的决定性来源，公司依据它使用其资源、超越竞争者和向客户提供更大的价值。周永亮（2007）认为，企业的商业模式是企业将人才、技术、品牌、外部资源等诸要素巧妙而有机地融合在一起，并为企业创造价值的独有运营模式。钱志新（2008）认为，商业模式是企业市场价值的实现模式，并把企业比喻成一个“黑箱子”，一侧输入的是经营资源，一侧输出的是企业价值，实现这种中间价值转换的就是商业模式。刘玉芹和胡汉辉（2010）认为，商业模式是为实现顾客价值而进行价值创造的过程。

第三，体系论。此类理论认为商业模式是一个由很多因素构成的系统，是一个体系或集合。马哈迪温（2000）认为，商业模式是对企业至关重要的三种流量——价值流、收益流和物流的唯一混合体。托马斯（2001）认为，商业模式是开办一项有利可图的业务，是涉及流程、客户、供应商、渠道、资源和能力的总体构造。贝因霍克和卡普兰（2003）强调了商业模式的综合性、直觉和创造精神。翁君奕把商业模式界定为由价值主张、价值支撑、价值保持构成的价值分析体系，是提供了商业模式创意构思和决策的一种思维方法。罗珉、曾涛和周思伟（2005）认为，商业模式是一个组织在明确外部假设条件、内部资源和能力的前提下，用于整合组织本身、顾客、供应链伙伴、员工、股东或利益相关者来获取超额利润的一种战略创新意图和可实现的结构体系以及制度安排的集合。袁新龙和吴清烈（2005）认为，商业模式可以概括为一个系统，它由不同部分、各部分之间的联系及其互动机制组成；它是指企业能为客户提供价值，同时企业和其他参与者又能分享利益的有机体系；它包括产品及服务流、信息流和资金流的结构，包括对不同商业参与者及其角色的描述，还包括不同商业参与者收益及其分配的划分。李振勇（2009）认为，商业模式是为实现客户价值最大化，把能使企业运行的内外要素整合起来，形成一个完整的、内部化的，或利益相关的、高效率的、具有独特核心竞争力的运行系统，并通过最优实现形式满足客户需求、实现客户价值，同时使系统达成持续盈利目的的整体解决方案。

综上，这三类理论是从不同的角度论述了商业模式的内涵。将盈利模式论从企业运营的角度切入，认为商业模式就是企业如何因应环境变化合理配置内部资源实现盈利的方式，比较浅显易懂。价值创造模式论主要从价值创造的视角来考察商业模式，认为商业模式是企业创造价值的决定性来源。体系论强调了商业模式的综合性，研究的视角更宽泛、更全面，能够从各个维度更系统地诠释商业模式的实质，应是我们研究的重点。无论以上哪种定义，其实都为了回答同一个问题，即企业“做什么，如何做，怎样赚钱”。

二、商业模式理论的综述

对于商业模式的研究，已成为当前研究的一大新兴领域。通过对现有的大量文献的搜集和整理，不难发现，在对商业模式的研究中，其构成要素往往成为最有热度、最吸引眼球的研究热点。

在商业模式的构成要素方面，基于对商业模式剖析的深度、广度和详细程度的不同，不同研究者提出了商业模式包括少则两种，多则 9 种的构成要素。其中，Morris 等（2003）对商业模式的组成要素进行了总结，认为有的要素专门适用于电子商务领域，有的则适用于一般的公司和企业。Morris 认为，商业模式的构成既有相同之处，也有很多的变化。不同成分的变化数量从 3~8 种不等。在上述不同的项目中，总共有 24 种商业模式构成要素，其中有 15 种是经常被提起的。其中提起最多的是企业的价值提供或价值定位（12 次）；利润/收入/业务模式（包括收入源泉）（10 次）；顾客界面或顾客关系（8 次）；合作伙伴及其作用（7 次）；内部基础设施或连接的活动（6 次）；目标市场/市场定位（5 次）。这些项目可能会存在重复之处。有鉴于此，本节对已有的商业模式构成要素相关研究成果进行汇总，如表 2-1 所示。

表 2-1 商业模式的构成要素一览表

维度	有代表性学者	代表观点
两大维度	Magretta（2002），Zhenya Lindgardt 和 Martin Reeves（2009）	Zhenya Lindgardt 和 Martin Reeves 认为，商业模式由价值定位和业务模式两个基本部分组成
三大维度	Timmers（1998），Amit（2001），陈翔（2005），李东（2006）	Timmers 认为，商业模式构成要素包括产品/服务/信息流结构、参与主体利益和收入来源
四大维度	Markides（1999），Hamel（2000），Dubosson-Torbay 等（2001），Betz（2002），Gartner（2003），翁君奕（2004），原磊（2007），Johnson（2008），李振勇（2009）	Gartner 认为，商业模式构成要素包括市场提供物、能力、核心技术投资、盈亏平衡。原磊认为，商业模式构成要素包括价值主张、价值网络、价值维护和价值实现

续表

维度	有代表性学者	代表观点
五大维度	Horowitz 和 Viscio 等，Donath（1996），Timmers（1998），Donath（1999），Lambert（2003），Muller 等（2005），栗学思、彭歆北等（2008）	Timmers 认为，商业模式构成要素包括产品/服务/信息流结构、业务参与者及作用、参与者利益、收入来源和市场营销战略
六大维度	Bell 等（1997），Chesbrough 等（2000），Alt 等（2001），Thomas（2001），Morris M. 等（2003），Zhenya Lindgardt 等（2009），曾涛（2006，2008），朱武祥、魏炜（2009）	Morris M. 等认为，商业模式构成要素包括供给品相关因素、市场因素、内部能力因素、价值战略因素、经济因素、个人/投资者因素。朱武祥、魏炜认为，商业模式构成要素包括定位、业务系统、关键资源能力、盈利模式、自由现金流结构和企业价值
七大维度	Gordijn 等（2002），Petrovic 等（2001），Linder 等（2001），陈明、余来文（2010）	Linder 等认为，商业模式构成要素包括定价模式、收入模式、渠道模式、商业流程模式、基于互联网的商业关系、组织形式、价值主张。陈明、余来文认为，商业模式构成要素包括战略定位与行业选择、创业团队与创业精神、创业型企业盈利模式、创意能力与核心技术、资源整合能力、创业融资与风险投资和价值创新
八大维度	Afuah，Weill 等（2001）	Weill 等认为，商业模式构成要素包括战略目标、价值主张、收入来源、成功因素、渠道、核心能力、目标顾客和 IT 技术设施
九大维度	Osterwalder（2005），Alexander Osterwalder，Yves Pigneur（2011），方志远（2012）	Osterwalder 等认为，商业模式构成要素包括价值主张、目标顾客、分销渠道、顾客关系、价值结构、核心能力、伙伴网络、成本结构和收入模式

有的学者将商业模式构成要素浓缩成两种维度，如 Magretta（2002）指出商业模式仅包括产生部分和售出部分。Zhenya Lindgardt 和 Martin Reeves（2009）认为，商业模式由价值定位和业务模式两个基本部分组成。有的学者则将商业模式构成要素扩展成九种维度，Osterwalder 等（2005）认为，商业模式构成要素包括价值主张、目标顾客、分销渠道、顾客关系、价值结构、核心能力、伙伴网络、成本结构和收入模式。Alexander Osterwalder、Yves Pigneur（2011）认为，商业模式构成要素包括重要伙伴、关键业务、核心资源、价值主张、客户关系、渠道通路、客户细分、成本结构和收入来源。方志远（2012）提出了一个包含九要素的商业模式分析模型，这些要素包括业务价值模式、战略模式、市场模式、营销策略、管理模式、资源整合模式、资本运作模式、成本模式和营收模式。

可以说，商业模式构成要素目前存在少则 2 种，多则 9 种维度。学者提及最多的要属三大维度、四大维度和六大维度。三大维度观点持有者包括 Timmers（1998）、Amit（2001）、陈翔（2005）、李东（2006）等；其中，Timmers（1998）认为，商业模式构成要素包括产品/服务/信息流结构、参与主体利益、收入来源。四大维度观点持有者包括 Markides（1999）、Hamel（2000）、Dubosson-Torbay 等

(2001)、Betz (2002)、Gartner (2003)、翁君奕 (2004)、原磊 (2007)、Johnson (2008)、李振勇 (2009) 等；其中，Gartner (2003) 认为，商业模式构成要素包括市场提供物、能力、核心技术投资和盈亏平衡。原磊 (2007) 认为，商业模式构成要素包括价值主张、价值网络、价值维护、价值实现。六大维度的观点持有者则有 Bell 等 (1997)，Chesbrough 等 (2000)，Alt 等 (2001)，Thomas (2001)，Morris M. 等 (2003)，Zhenya Lindgardt 等 (2009)，曾涛 (2006，2008)，朱武祥、魏炜 (2009)；其中，Morris M.等 (2003) 认为，商业模式构成要素包括供给品相关因素、市场因素、内部能力因素、价值战略因素、经济因素、个人/投资者因素。朱武祥、魏炜 (2009) 认为，商业模式构成要素包括定位、业务系统、关键资源能力、盈利模式、自由现金流结构和企业价值。

此外，还有五大维度、七大维度和八大维度的提法。持有五大维度观点的学者包括 Horowitz、Viscio 等，Donath (1996)，Timmers (1998)，Donath (1999)，Lambert (2003)，Muller 等 (2005) 和栗学思、彭歆北等 (2008)；其中，Timmers (1998) 认为，商业模式构成要素包括产品/服务/信息流结构、业务参与者及作用、参与者利益、收入来源和市场营销战略。持有七大维度的观点有 Gordijn 等 (2002)，Petrovic 等 (2001)，Linder 等 (2001)，陈明、余来文 (2010)；其中，Linder 等 (2001) 认为，商业模式构成要素包括定价模式、收入模式、渠道模式、商业流程模式、基于互联网的商业关系、组织形式、价值主张。陈明、余来文 (2010) 认为，商业模式构成要素包括战略定位与行业选择、创业团队与创业精神、创业型企业盈利模式、创意能力与核心技术、资源整合能力、创业融资与风险投资和价值创新。持有八大维度观点的有 Afuah (2001)、Weill 等 (2001)；其中，Weill 等 (2001) 认为，商业模式构成要素包括战略目标、价值主张、收入来源、成功因素、渠道、核心能力、目标顾客和 IT 技术设施。

在这些学者的研究结论中，总共提及了近 80 种不同的构成要素。其中价值、收入、资源、产品、顾客是出现频率最高的要素。由此可见，商业模式无论是包括几大维度构成的，其最终还是为了实现价值创造的目的。

三、商业模式理论的未来趋势

对商业模式的研究工作，目前国内学术界是从现象本身开始的，目的在于“成功经验推广”。尽管现象类商业模式研究经历了从个案分析到行业分析、具体实现和创新设计的递进，体现了典型的知识学习过程，但由于此类研究过于直观和具体，无法由抽象化、概念化的要素和关系构成参考模型，因而阻碍了研究成果的推广。

经济类商业模式可以抽象与概括为企业获取利润的逻辑——这并不是因为研究者没有意识到其他方面的内容，而是在他们看来，一个成功的商业模式首先必须是能够盈利，而且这种简化处理可以省却许多“麻烦”。如果我们接受此类看法，那就可以分析“原子型企业”、产业链、“网络型企业”来获取利润和竞争优势的路径选择问题；即便不接受这种方法论，它的抽象与概括也不失为一次成功的尝试，为后续研究提供了一种分析的规范。

认识商业模式专栏 1

鲁商集团（600223）打造全新商业模式：“店”商+电商

LUSHANG 鲁商集团

图片来源：www.lshjt.com.cn.

一、公司介绍

山东省商业集团有限公司（简称“鲁商集团”）是 1992 年底由山东省商业厅整建制转体组建的大型国有企业，经营范围包括现代零售、房地产、生化制药、酒店旅游、文化传媒、物产、教育、金融等多个领域。

零售业是鲁商集团的主业，以中国驰名商标——“银座”为依托，经营有高档百货、大型超市、购物中心、现代家居、电子商务、便利店等多种业态和绿色食品、珠宝、红酒、电器等多个专业公司，在山东、河北、河南、江苏等地拥有大型百货店 72 家、大型综超 104 家、城市综合体购物中心 2 家、家居专业店 9 家，并与我国台湾地区统一超商合资经营“统一银座”便民超市 190 多家，企业规模居山东零售业首位、全国零售业前列。

面向未来，鲁商集团根据宏观经济走向和企业实际情况，研究确定了 2010~2020 年的“双千亿”战略目标：力争到 2015 年，销售收入超过 1000 亿元；到 2020 年，销售收入超过 2000 亿元，努力把鲁商集团打造成为中国具有较强实力和较高知名度的大型服务业企业集团。

二、鲁商集团的创新 O2O 模式：“店”商+电商

鲁商集团正打造新的商业模式，争取做到线上线下协同发展，并按照消费者的需求延伸服务。面对网购的冲击，传统零售企业一方面应当进行商品结构调整；另一方面，更应当提升服务品质，强化体验功能，让顾客来店消费成为一种享受。毋庸置疑，线下的体验功能是线上商家无法超越的，所以，线上电商无法完全取代实体商业，未来发展的趋势应该是“店”商+电商。线上快捷便利，线下体验丰富，对消费者来说，两者各有优势，只有线上线下融合发展，在两线交融之间寻找到平衡点，才能做到线上线下共同发展。

鲁商集团顺应潮流，积极在电子商务上布局，拥抱信息革命推动的第三次零售浪潮，加快转型，但是更多则注重内涵提升。电商蚕食并不是实体零售衰

退的唯一原因，缺乏模式的创新才是传统零售商的通病。未来的商业，线上电商将会成为实体商业的一种工具。

面对网购的冲击，传统零售企业一方面应当进行商品结构调整；另一方面更应当提升服务品质，强化体验功能，让顾客来店消费成为一种享受。鲁商集团正是沿着O2O模式并创新，将线上的消费者带到线下门店，去享受切实的服务。线上部分可以作为降低渠道成本、提升销售空间的平台，但真正想给客户创造价值仍离不开线下的服务。与此同时，鲁商集团已与新加坡一家机构共同成立了鲁商电子商务研究院，强化技术创新和模式攻关，利用人才和技术优势，加快发展速度，并将整合集团的线上与线下资源，借电商将旗下零售业、文化娱乐业、一卡通等多产业的资源优势，一起打包纳入电子商务平台，并通过打造新的平台，做到网上网下并驾齐驱。

三、结论与启示

作为山东服务业第一企，鲁商集团曾连续9年创造了销售收入和利税两项指标同比增幅均在30%以上的奇迹，面对2014年严峻的经济形势，鲁商集团上半年的增速仍在20%以上。究其原因，这主要是由于找到了一个好的发展模式和思路。目前商业已经成为中国竞争最为激烈的行业，企业发展的关键是要有创新的意识，商业模式的创新是企业长足发展的生命力。

资料来源：作者根据多方资料整理而成。

第二节 商业模式的内容、特征与作用

虽然商业模式定义和构成要素各有不同，但是我们还是有必要对商业模式构成内容、特征及其作用进行分析。只有把握商业模式的基本内容，才能深刻理解商业模式的内涵。

一、商业模式的内容

我们知道，标准的企业运作流程是：钱—物—钱。开始的“钱”指的是资本，包括资产和资金；“物”指的是产品，包括有形产品和无形服务；最后的“钱”是开始资本的增值。任何的企业都是围绕钱—物—钱来进行运作的，这样才能支撑业务的循环。延展开来看，不管是扩张型企业、成熟型企业、成长型企业、创业型企业，还是制造业、服务业、流通业、互联网、投资，企业生存的根本是创造符合客户需求的物，也就是说要实现客户需求，满足客户需求，最终实

现客户价值，从而实现利润。在这个过程中企业内的各种要素，如产、供、销、研、财等，都是围绕着企业的价值主张来创造价值的，一句话，都是围绕满足客户需求、实现客户价值来服务的。同时，在这个创造价值的过程中还包含了供应链、企业内部运营、分销链，一直到价值交换与转移的全过程（见图 2-3）。

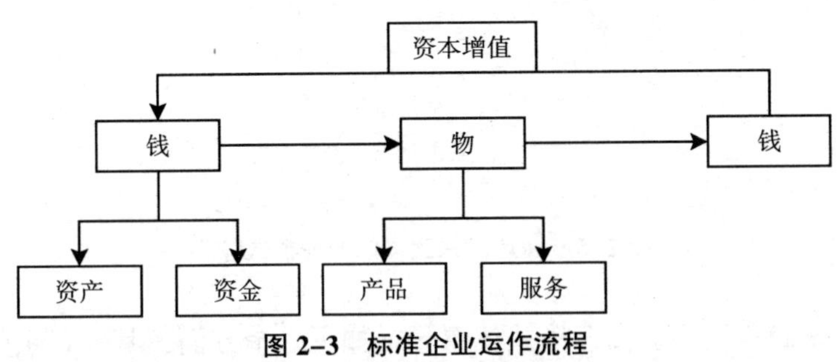

图 2-3　标准企业运作流程

商业模式有三个层次，一是战略层面，二是营运层面，三是经济层面（见图 2-4）。对于商业模式的把握需要问六个问题：①怎样创造价值；②为谁创造价值；③竞争力和优势来源；④与竞争对手的差异；⑤怎样赚钱；⑥时间、空间和规模的目标等。

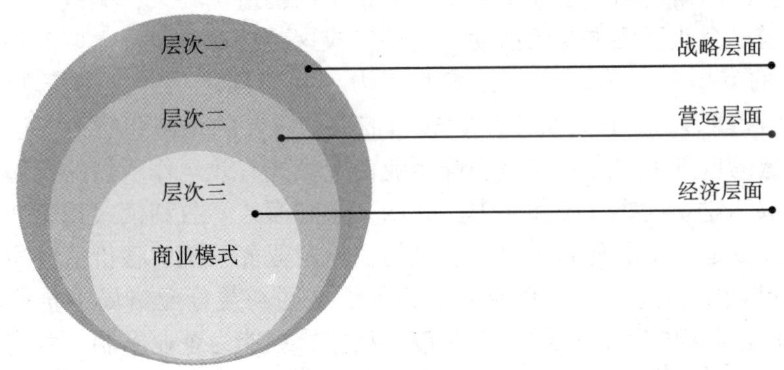

图 2-4　商业模式的三个层次

在进行大多数关于商业模式，尤其是与网络经济相关的探讨时，商业模式被直观、狭义地等同于盈利模式，即企业如何盈利。实际上，盈利模式仅仅是企业商业模式中的一个构成部分。

对于商业模式内容，不同研究者从不同视角对其加以解读。其中，魏炜、朱武祥等（2009）在《发现商业模式》一书中，就提出了完整的商业模式体系，包括定位、业务系统、关键资源能力、盈利模式、自由现金流结构和企业价值六个方面。这六个方面相互影响，构成有机的商业模式体系，如图 2-5 所示。

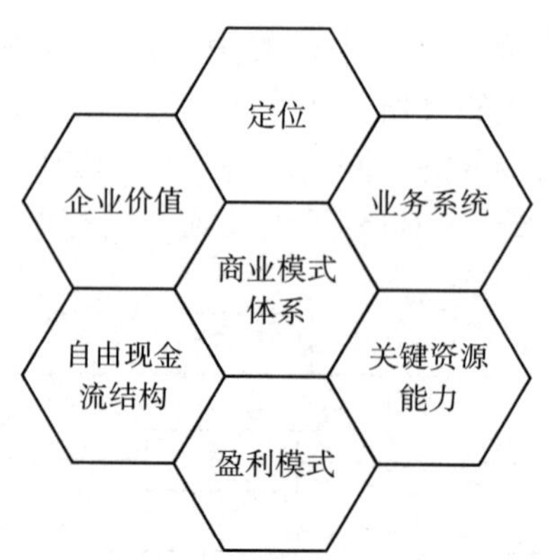

图 2–5 魏炜、朱武祥的商业模式体系

魏炜、朱武祥认为，商业模式体系包括如下六个方面：其一，定位。一个企业要想在市场中赢得胜利，首先必须明确自身的定位。定位就是企业应该做什么，它决定了企业应该提供什么特征的产品和服务来实现客户的价值。定位是企业战略选择的结果，也是商业模式体系中其他有机部分的起点。其二，业务系统。业务系统是指企业达成定位所需要的业务环节、各合作伙伴扮演的角色以及利益相关者合作与交易的方式和内容。我们可以从行业价值链和企业内部价值链以及合作伙伴的角色两个层面来理解业务系统的构造。其三，关键资源能力。业务系统决定了企业所要进行的活动，而要完成这些活动，企业需要掌握和使用一整套复杂的有形和无形资产、技术和能力，我们称之为“关键资源和能力”。“关键资源和能力”是让业务系统运转所需要的重要的资源和能力。任何一种商业模式构建的重点工作之一就是明确企业商业模式有效运作所需的资源能力，如何才能获取和建立这些资源和能力。其四，盈利模式。盈利模式指企业如何获得收入、分配成本、赚取利润。盈利模式是在给定业务系统中各价值链所有权和价值链结构已确定的前提下，企业利益相关者之间利益分配格局中企业利益的表现。良好的盈利模式不仅能够为企业带来利益，更能为企业编制一张稳定共赢的价值网。其五，自由现金流结构。自由现金流结构是企业经营过程中产生的现金收入扣除现金投资后的状况，其贴现值反映了采用该商业模式企业的投资价值。不同的现金流结构反映企业在定位、业务系统、关键资源能力以及盈利模式等方面的差异，体现企业商业模式的不同特征，并影响企业成长速度的快慢，决定企业投资价值的高低、企业投资价值递增速度以及受资本市场青睐程度。其六，企业价值。即企业的投资价值，是企业预期未来可以产生的自由现金流的贴现值。

基于互联网思维，余来文等（2014）在《企业商业模式：互联网思维的颠覆与重塑》一书中指出，企业应根据自身条件，基于互联网思维不断创新商业模式来抓住终端消费者，其中互联网思维的商业模式主要体现在战略定位、资源整合、盈利模式、营销模式、融资模式和价值创造六个方面（见图 2–6）。

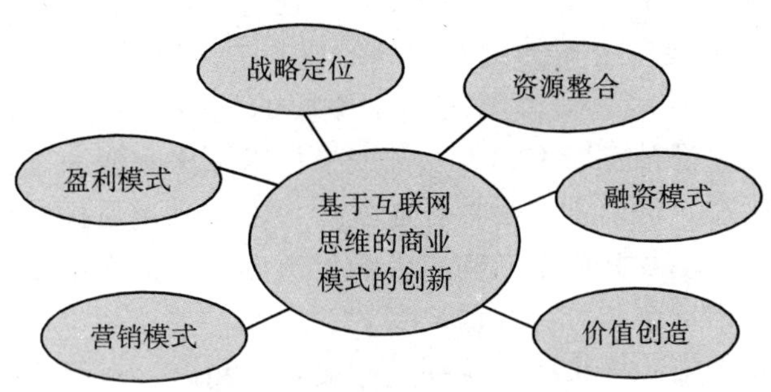

图 2–6 互联网思维商业模式

第一，战略定位。战略定位就是将企业的产品、形象、品牌等在预期消费者的头脑中占据有利的位置，它是一种有利于企业发展的选择，也就是说它指的是企业如何做事吸引人。对企业而言，战略是指导或决定企业发展全局的策略，它需要回答四个问题：企业从事什么业务；企业如何创造价值；企业的竞争对手是谁；哪些客户对企业是至关重要的，哪些是必须要放弃的。

第二，资源整合。在战略思维的层面上，资源整合是系统论的思维方式。就是要通过组织和协调，把企业内部彼此相关但却彼此分离的职能，把企业外部既参与共同的使命又拥有独立经济利益的合作伙伴整合成一个为客户服务的系统，取得“1+1>2”的效果。在战术选择的层面上，资源整合是优化配置的决策，就是根据企业的发展战略和市场需求对有关的资源进行重新配置，以凸显企业的核心竞争力，并寻求资源配置与客户需求的最佳结合点。

第三，盈利模式。盈利模式是在给定业务系统中各价值链所有权和价值链结构已确定的前提下企业利益相关者之间利益分配格局中企业利益的表现；盈利模式是企业在市场竞争中逐步形成的企业特有的赖以盈利的商务结构及其对应的业务结构。

第四，营销模式。营销模式是一种体系，而不是一种手段或方式。目前公认的营销模式从构筑方式上划分，有两大主流：一是以市场细分法，通过企业管理体系细分延伸归纳出的市场营销模式；二是以客户整合法，通过建立客户价值核心，整合企业各环节资源的整合营销模式。基于互联网思维的营销模式之一就是粉丝经济即让用户参与品牌传播。我们的品牌需要的是粉丝，而不只是用户，因为用户远没有粉丝那么忠诚。粉丝是最优质的目标消费者，一旦注入感情因素，有缺陷的产品也会被接受。未来，没有粉丝的品牌都会消亡。

第五，融资模式。从广义上讲，融资也叫金融，就是货币资金的融通，即当事人通过各种方式到金融市场上筹措或贷放资金的行为。从狭义上讲，融资即是一个企业的资金筹集的行为与过程，也就是公司根据自身的生产经营状况、资金拥有的状况，以及公司未来经营发展的需要，通过科学的预测和决策，采用一定的方式，从一定的渠道向公司的投资者和债权人去筹集资金，组织资金的供应，以保证公司正常生产需要，经营管理活动需要的理财行为。目前，从消费到储蓄、从产品到梦想，都被互联网思维以及网络技术深深改变。

第六，价值创造。价值创造是指企业生产、供应满足目标客户需要的产品或服务的一系列业务活动及其成本结构。影响价值创造的因素主要有：投资资本回报率；资本成本；增长率；可持续增长率。

可以说，魏炜和朱武祥主要是从利益相关者的角度，对商业模式体系进行构建。魏炜认为，商业模式实际上非常简单，就是所构建的利益相关者的交易结构，这个交易结构的差异决定了企业价值，我们可以从定位、业务系统、盈利模式、关键资源能力、现金流结构和企业价值这六个角度，剖析企业的交易结构密码。余来文则是从整合的视角，对互联网下的企业商业模式进行解读。未来的竞争，不再是产品的竞争，不再是渠道的竞争，而是资源整合的竞争，是终端消费者的竞争，谁能够持有资源，持有消费者用户，不管他消费什么产品、消费什么服务，都能够在盈利的时候保证自己的利益，立于不败之地。

企业要一时盈利并不难，难的是要能持续盈利，企业必须要使自己的商业模式有别于其他企业。企业的商业模式要和别人的不同，也就是说每个企业的商业模式具有独特性、创新性，并且还要让其他企业不能马上模仿、不易模仿或模仿有一定壁垒。同时客户的需求和潜在需求要能不断满足，对客户价值的挖掘、满足、实现是一个不中断的过程，也就是价值最大化的过程。另外还要有正确的最佳实现形式对接客户需求，还要能随时变化与时俱进，随着环境的变化、竞争格局的变化随时调整自身的商业模式。同时还要考虑企业是在一个产业价值链上生存的特点，企业与企业的竞争往往不仅是企业间的竞争，更重要的是每个企业所属产业价值链的竞争。随着竞争的不断加剧、企业联盟的建立和发展，今后的竞争不再是企业与企业之间的竞争，也不是单一线性价值链之间的竞争。企业正从独立创造价值走向合作创造价值，有多条价值链构造企业价值网。在价值网中，企业可将众多的合作商连在一起，通过有效的资源整合，构成快速、可靠、便利的系统，以适应不断变化的市场环境。价值网通过网络的弹性适应市场的不确定性，以增强价值、创造方式来满足顾客多样化的需求，从而实现企业价值最大化。

因此，商业模式本质上是客户价值实现与创造的逻辑。它的内涵可以描述为：为实现客户价值最大化，把能使企业运行的内外各要素整合起来，形成一个完整的、内部化的，或利益相关的、高效率的、具有独特核心竞争力的运行系统，并通过最优实现形式满足客户需求、实现客户价值，同时使系统达成持续盈利目标的整体解决方案。

二、商业模式的特征

商业模式的特征如图 2-7 所示。

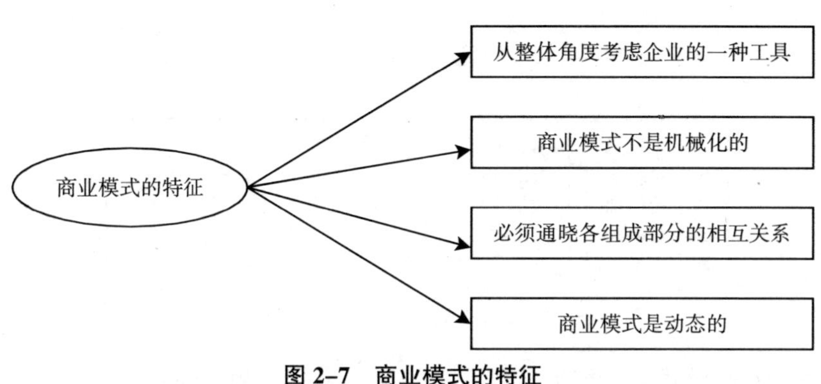

图 2-7　商业模式的特征

第一，商业模式是从整体角度考虑企业的一种工具。思考商业模式的一个有效办法是在分析外部现实和内部活动的时候，对所希望实现的财务目标有个总体的意识。

第二，商业模式不是机械化的。其中的有些内容——比如历史盈利状况数据——是可以量化的，但许多却是不可量化的。每一个步骤都需要做出判断。必须评估那些不可量化的因素——比如趋势的性质和效果、新法规的影响、周期性变化与结构性变化之间的区别、业内有些对手相对更加成功的原因和对客户群构成的威胁。必须将事实与假设区分开来，必须用大量事实来检验做出的假设，其中不仅包括外部现实，还包括企业的能力。

第三，必须通晓各组成部分的相互关系。商业模式的全部价值要通过连接其所有组成部分来实现。通过应用商业模式来分析企业，要求细致地审视其所有三个部分，并在制定决策、执行行动计划的时候认清它们彼此之间的连接性和关系。这就要求量化和非量化的判断、讲究实效、诚实的理智、可靠的信息来源，以及准确预测和判断风险。

第四，商业模式是动态的，不是静止的。几乎可以肯定需要数次返工——也许是很多次——这样才能一开始就把模式做对。之后需要定期进行检验——当认定外部环境和企业的内部能力已经出现变化时再不断更新。但是，只要坚持对自己企业的商业模式采取实事求是的态度，则无论对该模式的哪些部分进行修订，它都能保持前后的一致性。

三、商业模式的作用

商业模式对企业至关重要，其作用体现在如下四个方面（见图 2-8）：

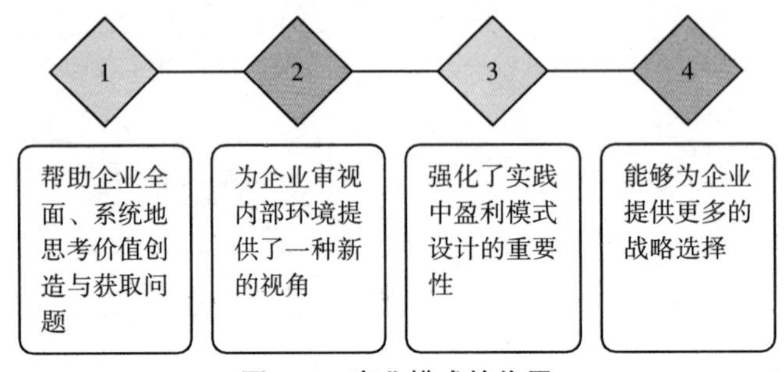

图 2-8　商业模式的作用

首先，商业模式研究能够帮助企业全面、系统地思考价值创造与获取问题。“逻辑”是战略必须考虑的内容，而在商业模式内涵中，“逻辑”更是占据了核心地位。商业模式作为计划工具的最大优势就在于把注意力放在了如何把系统的各构成要素整合成一个整体来运行这个问题上。在实践中，叙述性测试是为判断商业模式是否可行必须进行的检验之一。

其次，商业模式概念为企业审视内部环境提供了一种新的视角。商业模式不仅着眼于外部需求，而且还侧重于描绘企业的价值创造、传递和获取方式，因此为企业分析和评估内部环境提供了一种更加全面的视角。在分析中，商业模式不仅有助于企业明确自己与其他企业之间的分工和联系方式，还有助于企业从中识别和确定关键的资源和流程。因此，企业不但可以通过商业模式来界定自己的业务或经营边界，而且还能把其他企业的价值创造与获取内容纳入自己的视野，从而明确自身的核心优势。可见，与价值链分析相比，商业模式分析内容更加丰富，有助于企业从更加宏观的视角来观察和发现自己的优势和劣势，并且更容易发现自身存在的战略问题。从这个意义上讲，商业模式为战略分析提供了一种新的工具。

再次，商业模式概念强化了实践中盈利模式设计的重要性。从价值获取的角度看，传统的战略理论认为企业凭借战略资源就可以获取竞争优势，但相关解释侧重于经济学视角，缺乏实践可操作性。

最后，商业模式分类研究能够为企业提供更多的战略选择。类型研究是商业模式研究的重要组成部分，并且提炼总结出了不少针对不同行业的商业模式类型，甚至一些具有一定普适性的商业模式类型，可供企业在设计自己的商业模式时参考。如果企业在实践中能够灵活变通，那么就能实现商业模式创新。综上所述，商业模式类型研究能够服务于不同的企业、不同的目的，对于商业模式事前的规划设计、事中的调整创新以及事后的总结提炼，都具有重要的参考价值。

认识商业模式专栏 2　爱定客：C2B 打造商业模式

图片来源：www.idx.com.cn.

爱定客成立于 2012 年，属于 C2B 模式的社会化电商。爱定客不仅包含多样定制品类，有 3C 类、服装类，还有箱包类，更以“模拟店面”的方式呈现了开店平台上的众多个性品牌小店，这是爱定客全球首创的零库存、零成本开店模式，面向所有有志创业的人群，只需要有想法，零资金也能创业开店。

与其他网站的开店平台有着根本的不同，在爱定客开店不需要积压库存，不需要解决物流，不用开店保证金服务费，甚至不需投入人力搞客服，爱定客将其称为“托管式”运营，店主只需要在爱定客的网站上挑选品类完成设计，自主定价，就可以轻易上架销售并且还可在任何个人网站等进行商品或是店铺的推广，轻松地赚取分成，其他“烦恼事”均可以托管给爱定客完成。从传统的角度观察，爱定客仅仅是一家集设计、生产、销售于一体的制鞋厂。可互联网时代的到来注定让它如此非凡。

在这家“店铺”，由客户设计自己的鞋子，爱定客负责生产，并直接由快递送到客户手中。

爱定客的网站并不仅是一个销售渠道，更是自由设计师展现自我的平台。在爱定客的网站上，由网友来充当设计师的角色，设计出自己心目中的鞋子，而另一些网友则负责找出自己喜欢的款式，提交订单后由爱定客生产并配送。设计师在爱定客不需要在产品生产、发货、售后等环节浪费精力，只需要负责生产出受消费者喜爱的款式即可。

爱定客就像一个宽容的市场，只要有能力的设计师都可以参与进来，而每个设计师的收益则由产品的受喜爱程度决定，充分竞争的市场氛围会驱使爱定客网站的产品越来越优秀。

普通的客户将在这里获得更好的客户体验。截止到目前，已经有 33 万用户在爱定客定制了将近 36 万件商品。在网站评价详情里，多数消费者认为爱定客的鞋子材质很好，穿着很舒服。

在用户反馈中，也有用户提到了对发货速度的惊讶。爱定客 CEO 党启元表示，这也是爱定客追求的一个方向。传统定制从提交需求到制成产品，一般需要 30 天的时间，在某些极端领域，甚至需要数年的等待，爱定客在这方面需要花费多长时间呢？

党启元给出的答案是7天，这也成为爱定客对生产商的一个考核标准。“旧时王谢堂前燕，飞入寻常百姓家”，彼时象征高端的定制产品在互联网时代以亲民的姿态重生，并使消费者收货更快，用良好的体验打造属于每个消费者的“私人定制”；使设计师专心于设计，用充分竞争让设计师越来越优秀。

资料来源：作者根据多方资料整理而成。

四、商业模式与其他模式的异同

与企业盈利模式和运营模式相比，企业商业模式还是有很大不同的，具体区别如下：

第一， 商业模式与盈利模式的异同，如表2-2所示。

表2-2 商业模式与盈利模式的异同

	区别	联系
商业模式	解决企业“做什么，如何做”问题的具体方法；互联网企业的外在商务构架	商业模式与盈利模式是统一的
盈利模式	解决“怎样赚钱”的问题；企业最终获利的内在源泉	

商业模式是关于解决企业“做什么，如何做”问题的具体方法。如互联网经济的商业模式是指网络运营商、设备制造商、终端提供商、ISP等产业链的各个环节在整个产业生态环境中的位置、相互关系，以及采取什么样的经营手段，向互联网市场提供什么样的产品和服务。

盈利模式是要解决“怎样赚钱”的问题，是企业获取利润的最终方法和途径。如互联网经济的盈利模式是关于企业如何利用互联网来获取利润的问题。

两者是相互区分但又相互联系和统一的整体。一般而言，提供什么样的产品和服务是企业获取利润的直接源泉。但在互联网环境里，许多情况中，采取什么样的商业模式并非是获取盈利的最终手段。如相对于一个以提供信息服务为主的门户网站来说，通过收费信息服务获得盈利，其商业模式与盈利模式是统一的一体，但更多情况中，门户网站是通过提供免费信息产品和服务来凝聚人气，吸引广告商投放广告来获得收入，这里，真正的盈利模式应为广告盈利模式。

所以，商业模式是互联网企业的外在商务构架，而盈利模式则是企业最终获利的内在源泉。

第二， 商业模式和运营模式的异同，如表2-3所示。

表 2-3　商业模式与运营模式的异同

	区别	联系
商业模式	为实现客户价值最大化，使企业达成持续盈利目标的整体解决方案，偏重于如何赚钱	商业模式与运营模式是统一的
运营模式	运营模式就是经营方法，偏重于赚钱过程中的管理	

商业模式的定义是为实现客户价值最大化，把能使企业运行的内外各要素整合起来，形成一个完整的高效率的具有独特核心竞争力的运行系统，并通过最优实现形式满足客户需求、实现客户价值，同时使系统达成持续盈利目标的整体解决方案。

运营模式则定义为对企业经营过程的计划、组织、实施和控制，是与产品生产和服务创造密切相关的各项管理工作的总称。运营模式简单来说就是经营方法。所谓资本运营，就是对集团公司所拥有的一切有形与无形的存量资产，通过流动、裂变、组合、优化配置等各种方式进行有效运营，以最大限度地实现增值。从这层意义上来说，我们可以把企业的资本运营分为资本扩张与资本收缩两种运营模式。

所以说，商业模式偏重于如何赚钱，运营模式偏重于赚钱过程中的管理。但两者之间还是统一于企业之中。

第三节　企业商业模式的八大维度

了解商业模式的重要一步，是需要考察商业模式的理论维度。描述商业模式的理论维度与描述人的个性和身体特征的方式非常相似。事实上，影响商业模式的因素有许多，商业模式的理论维度不仅是研究范围的确定和出发点的界定，更重要的是它决定了商业模式的取向或指向。结构性维度是商业模式的内生性变量，反映的是商业模式的内在特征。主要可以分为八个维度，如图 2-9 所示。

第一，价值主张。价值主张是指厂商要为顾客解决什么样的问题，厂商想为顾客提供什么样的价值。随着厂商间的价值定位不同，厂商的活动也将会产生不同的差异，通过厂商所有活动的设计与执行，厂商将其价值主张传递给顾客，并为厂商和个人创造价值。价值主张是指厂商实际提供给顾客的特定利益组合，即指厂商提供哪些利益给顾客。厂商经由经营使命提出战略的整体目标：要设计什么样的商业模式来完成何种目标或提供何种产品给市场。价值主张是指提供技术上的价值给予顾客，而厂商必须先定义厂商要提供何种商品及顾客如何使用产品。

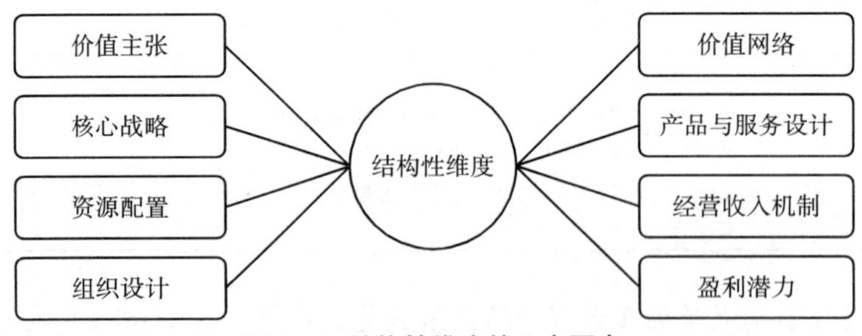

图 2-9　结构性维度的八个要点

第二，核心战略。核心战略是指厂商决定用何种方式将所拥有的资产和资源转换成对顾客有意义的价值。这需要厂商运用市场细分来决定要给顾客提供哪些价值，并决定在这些细分市场中能为顾客提供具有什么样差异性的价值。当然，这需要企业考虑产业结构、可能的竞争者、供货商、顾客、潜在竞争者、替代品之间的关系，并思考厂商与这些要素之间的关系及竞争者可能采取的活动将会对厂商造成什么样的影响，并预测其可能的影响。

第三，资源配置。资源配置是指厂商为了实现其为顾客提供价值的主张对其资产、资源和流程所进行的安排。一般来说，厂商的资产、资源包含厂商的设备、厂房、品牌、专利权、知识、技能、能力、顾客资料等。这些资源是可以帮助厂商提供出不同于竞争者的差异化价值或是能够为顾客创造出独特价值的资源。因此，这些资源必须为厂商所专有（资源必须是稀有的、无法模仿、无法取代），且厂商的流程也必须要能与这些资源相配合，使厂商可以整合这些资源为顾客创造价值。

第四，组织设计。组织设计是指厂商将其自身组织结构形态调整成适合其资源配置与核心战略所进行的工作。一般来说，厂商的组织设计必须以价值主张和价值定位为导向，以组织结构形态配合核心战略、资源配置。在具体的组织架构设计时，必须考虑其流程是什么，怎样使厂商将其资源转换为对顾客价值最大化的产出。需要注意的是，商业模式设计包括了利用外部商业伙伴来为顾客创造价值。因此，组织设计的内容应当包括整个价值链的设计。当然，并不是所有商业伙伴都会主动参加某个厂商的商业模式，有一些商业伙伴是被动的，像提供补充品的厂商就是常见的被动伙伴。

第五，价值网络。当厂商决定某些营运活动是需要外包的，就可以通过外部的商业伙伴来为顾客共同创造价值。一般商业伙伴包括供货商、经销商、合伙人、战略联盟伙伴。厂商与商业伙伴间必须有一个沟通渠道与协调机制，而这是需要厂商去创造的。如果厂商与商业伙伴能一致地为顾客创造价值，就需要整合为一个完整的价值网络。如果厂商在价值网络的整合行动中失败，就将会使提供给顾客的价值大幅度下滑。

第六，产品与服务设计。不论厂商如何定义其价值主张，但消费者所能感受到的是厂商所提供的产品与服务。因此，产品与服务设计非常重要。厂商应确保其产品与服务与其价值主张一致，甚至是整个产品与服务的配套措施也应与其价值主张一致。一致性，将会提高顾客对于产品或服务价值的感受，忽略任何一个环节都会使得厂商为顾客提供的价值受到损失。

第七，经营收入机制。厂商的经营收入机制设计决定了如何对顾客收取费用和收费的标准。一般来说，厂商的经营收入模式需要与其成本结构相匹配，厂商必须思考经营收入模式既能够被顾客所接受，又能支撑厂商的成本结构。当厂商决定了经营收入机制与产品价格，并衡量了厂商经由其他活动所产生的成本，厂商将能够计算出目标利润。

第八，盈利潜力。商业模式创新的目的就是帮助厂商获得财富，因而商业模式设计中盈利潜力是一个最关键因子。商业模式创新就是厂商通过整体性思考其产生成本与创造价值的活动来获得盈利潜力扩大的过程。为了使企业能够成长，厂商必须向投资者提供足够的资产报酬率来吸引投资者进行投资，使整个商业模式得以被创造及扩展。当决定厂商的成本结构与收益模式时，也决定厂商能拥有多少价值，而这也是商业模式是否可以存续的最关键因子。

认识商业模式专栏 3　飞格达：商业模式设计助力企业成长

图片来源：feigeda.com.pe168.com.

深圳市飞格达电子有限公司成立于 2005 年 1 月，是一家专门从事液晶显示屏（LCD）及液晶显示模块（LCM）系列产品研发、生产、销售的高科技民营企业。公司产品涵盖了 TN、HTN、STN、FSTN 等 LCD 面板产品，COB、TAB、COG 等液晶显示模块（LCM）产品，TFT、CSTN 等彩色 LCD 显示产品。产品广泛应用于通信、钟表、数码电子产品、家用电器、工业控制、仪器仪表、车载显示器、彩屏显示等领域。产品销往全国各地和我国港澳地区，部分产品出口欧洲、美洲、亚洲等国家和地区。公司具有丰富的制造经验、可靠的生产工艺、先进的设备、高效的管理，并以合理的价格、快速的交期，以及完善高效的技术支持竭诚为客户提供研发、生产与售后一条龙服务，现已迅速发展为国内同行业最优秀的制造商之一。

飞格达属于传统的液晶显示屏 LCD 及液晶显示模块 LCM 系列产品研发和

生产销售的企业，其中MP3屏幕就是主要的产品，在2005~2006年的时候，这个行业已经竞争激烈，之后不断有相关企业倒闭关门，飞格达也在思考怎么进行商业模式变革的问题。原来行业内MP3的业务系统是：“产品组装商”处于主动位置，收集“客户”需求，并向“设计公司”提出设计需求；设计公司选取“各零配件制造商”的零配件进行组合设计；“产品组装商”根据设计方案向“零配件供应商”采购配件进行组装，然后卖给“客户”，但是现在这种商业模式已经濒临死亡，怎么创新、重新构建商业模式呢？

飞格达作为“零配件制造商”进行了全方位的思考，着眼于处理好各利益相关者的交易结构。首先利用本来就不充裕的资金以较低的价格吸纳原材料增加库存，这样做的好处是大大缩短了交货时间，把原来的15天缩短到3天，为“产品组装商”带来了更快的市场反应速度，同时自己业务量增加，周转率加快，得到了良好的现金流。其次协调第二利益相关者“设计公司”的交易结构：经过多年的发展，MP3市场的LCD和LCM设计已经达到了标准化水平，这给飞格达一个新的发展思路：制作了几十种标准的产品样本，分发给二十几家设计公司，和他们订好协议，一旦设计中采用了飞格达的电子产品就可以享受一定比例的提成，从而和设计公司之间达成利益分配结构。经过这样的模式构建，飞格达在MP3市场份额上扶摇直上，从无名小卒成了行业老大。其业务系统如图2-10所示。

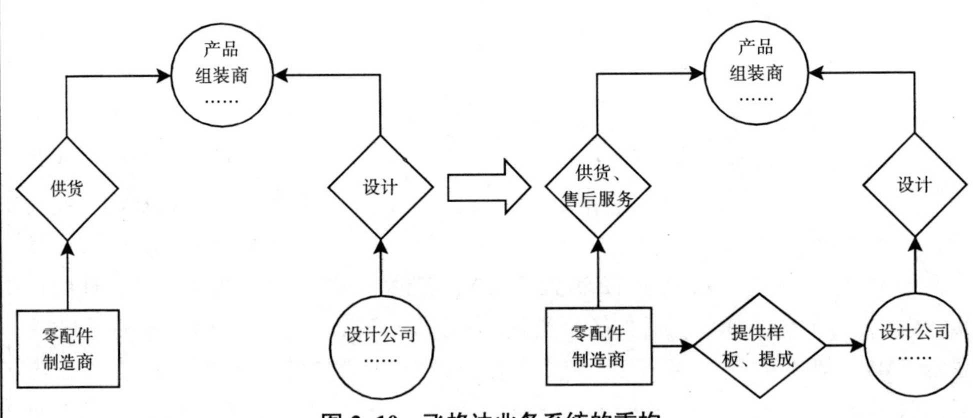

图2-10 飞格达业务系统的重构

飞格达把部分利益让给了不相关的合作伙伴“设计公司”，从而形成了新的交易结构，让自己获得了更多的商业机会。其他如“深圳地铁早8点报”免费送阅给上班族，赚取广告商的钱；征途游戏大批量的前端环节免费，只赚取后面高阶环节游戏迷中的高端客户的钱等，都是商业模式设计范畴。

资料来源：作者根据多方资料整理而成。

第四节 企业商业模式的核心原则

商业模式的核心原则是指商业模式的内涵、特性，是对商业模式定义的延展和丰富，是成功商业模式必须具备的属性。企业能否持续盈利是我们判断其商业模式是否成功的唯一的外在标准。持续盈利是对一个企业是否具有可持续发展能力最有效的考量标准，盈利模式越隐蔽，越有出人意料的好效果。

一个成功的商业模式不一定是在技术上的突破，而是对某一个环节的改造，或是对原有模式的重组创新，甚至是对整个游戏规则的颠覆。商业模式的核心原则是指商业模式的内涵、特性，是对商业模式含义的延伸和丰富，是成功商业模式必须具备的属性。它包括：客户价值最大化原则、持续盈利原则、资源整合原则、融资有效性原则、组织管理高效率原则、创新原则、风险控制原则和合理避税原则八大原则，如图 2-11 所示。

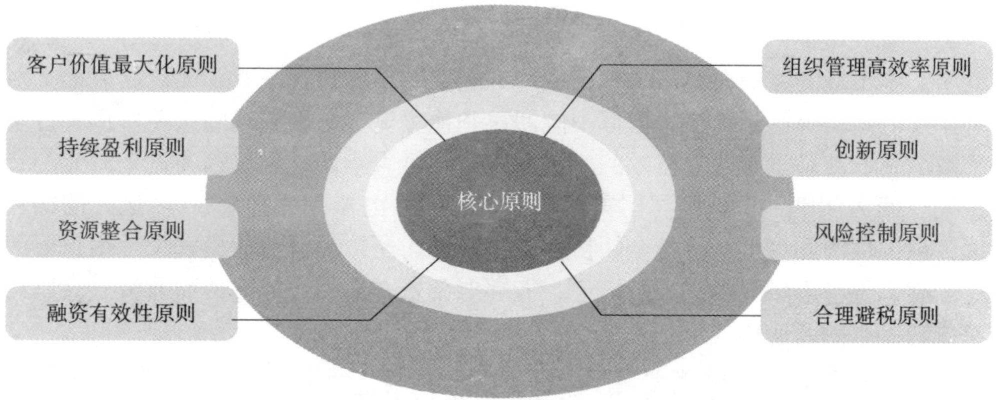

图 2-11 商业模式的核心原则

第一，客户价值最大化原则。一个商业模式能否持续盈利，是与该模式能否使客户价值最大化有必然关系的。一个不能满足客户价值的商业模式，即使盈利也一定是暂时的、偶然的，是不具有持续性的；反之，一个能使客户价值最大化的商业模式，即使暂时不盈利，但终究也会走向盈利。所以我们把对客户价值的实现再实现、满足再满足当作企业应该始终追求的主观目标。

第二，持续盈利原则。企业能否持续盈利是我们判断其商业模式是否成功的唯一的外在标准。因此，在设计商业模式时，盈利和如何盈利也就自然成为重要的原则。当然，这里指的是在阳光下的持续盈利。持续盈利是指既要盈利，又要能有发展后劲，具有可持续性，而不是一时的偶然盈利。

第三，资源整合原则。整合就是要优化资源配置，就是要有进有退、有取有舍，就是要获得整体的最优。在战略思维的层面上，资源整合是系统论的思维方式，是通过组织协调，把企业内部彼此相关但却彼此分离的职能、把企业外部既参与共同的使命又拥有独立经济利益的合作伙伴整合成一个为客户服务的系统。资源整合的目的是要通过组织制度安排和管理运作协调来增强企业的竞争优势，提高客户服务水平。

第四，创新原则。三星董事长李建熙说："除了老婆和孩子外，其余什么都要改变！"时代华纳前首席执行官迈克尔·恩说："在经营企业的过程中，商业模式比高技术更重要，因为前者是企业能够立足的先决条件。"商业模式的创新形式贯穿于企业经营的整个过程之中，贯穿于企业资源开发研发模式、制造方式、营销体系、市场流通等各个环节，也就是说，在企业经营的每一个环节上的创新都可能变成一种成功的商业模式。

第五，融资有效性原则。融资模式的打造对企业有着特殊的意义，尤其是对中国广大的中小企业来说更是如此。我们知道，企业生存需要资金，企业发展需要资金，企业快速成长更是需要资金。资金已经成为所有企业发展中绕不过的障碍和很难突破的"瓶颈"。谁能解决资金问题，谁就赢得了企业发展的先机，也就掌握了市场的主动权。从一些已成功的企业的发展过程来看，无论其表面上对外阐述的成功理由是什么，但都不能回避和掩盖资金对其成功的重要作用，许多失败的企业就是没有建立有效的融资模式。如巨人集团，仅仅因为近千万元的资金缺口而轰然倒下；曾经与国美不相上下的国通电器，拥有过 30 多亿元的销售额，也仅因为几百万元的资金缺口而销声匿迹。所以说，商业模式设计很重要的一环就是要考虑融资模式。可以说，能够融到资并能用对地方的商业模式就已经是成功一半的商业模式了。

第六，组织管理高效率原则。高效率，是每个企业管理者都梦寐以求的境界，也是企业管理模式追求的最高目标。用经济学的眼光衡量，决定一个国家富裕或贫穷的砝码是效率，决定企业是否有盈利能力的也是效率。按现代管理学理论来看，一个企业要想高效率地运行，首先要解决的是企业的愿景、使命和核心价值观，这是企业生存、成长的动力，也是员工干好的理由。其次是要有一套科学实用的运营和管理系统，解决的是系统协同、计划、组织和约束问题。最后还要有科学的奖励激励方案，解决的是如何让员工分享企业的成长果实的问题，也就是向心力的问题。只有把这三个主要问题解决好了，企业的管理才能实现高效率。现实生活中的万科、联想、华润、海尔等大公司，在管理模式的建立上都是可圈可点的，也是值得我们学习的。

第七，风险控制原则。设计再好的商业模式，如果抵御风险的能力很差，就会像在沙丘上建立的大厦一样，经不起任何风浪。这个风险指的是系统外的风险，如政策、法律和行业风险，也指的是系统内的风险，如产品的变化、人员的变更、资金的不继等。

第八，合理避税原则。合理避税，并不是逃税。合理避税是在现行的制度、法律框架内，合理地利用有关政策，设计一套有利于利用政策的体系。合理避税做得好也能大大增加企业的盈利能力，千万不可小看。

认识商业模式专栏 4 晶科能源：构建新能源商业模式

图片来源：www.jinkosolar.com.

一、公司介绍

晶科能源控股有限公司（纽交所代码：JKS），是世界领先的太阳能光伏企业。生产基地位于江西省上饶以及浙江省海宁，全球营销中心位于中国上海浦东新区。此外，公司建立了全球化的营销布局，在中国上海、中国北京、新加坡、德国慕尼黑、美国旧金山、澳大利亚昆士兰、加拿大安大略省、意大利博洛尼亚、瑞士楚格、日本东京以及南非开普敦分别设立了子公司。

晶科能源生产优质的硅锭、硅片、电池片以及高效单多晶组件，据 2013 年全年度财报，硅锭、硅片、电池片垂直一体化产能达到约 2.0 吉瓦，组件产能达到约 2.1 吉瓦。晶科能源专注于为客户提供世界领先水平的光伏产品，营销网络遍及欧洲、美洲以及亚太多个国家，包括了意大利、德国、比利时、西班牙、美国、加拿大、澳大利亚、中国、印度、日本以及南非等主要光伏市场。

二、晶科能源的新能源商业模式创新

我国能源结构高度依靠燃煤，环境污染压力大，必须尽快提升新能源的比例。光伏发电是清洁能源，要完善可再生能源商业模式，确保风电和太阳能电站的并网及运行发电，及时发放对可再生能源发电的电价补贴，以促进可再生能源产业持续、稳定、健康发展。

由《中国能源报》主办的“2014 全球新能源企业 500 强”评选活动中，鉴于晶科通过不断的技术创新、工艺精进和商业模式的突破保持行业领导地位，并带领行业首次走过光伏寒冬，提振产业信心，以及在对分布式在中国的推广和发展中所做出的突出贡献，组委会经过评选，授予晶科能源“卓越贡献企业”荣誉称号，与此同时晶科能源董事长李仙德荣膺“全球新能源功勋人物”奖项。

自 2006 年成立以来，晶科能源凭借其公司不断的技术创新、产业链优化、卓越的产品性能、最佳制程经验，以及业务创新和推动客户成功，铸就了强有力的行业地位和领先优势。晶科目前已拥有全球员工15000人，分别从事制造，研发，销售，客户支持和服务，业务流程运营，电站投资、开发和运维。从传统制造企业到全方位清洁能源提供者和服务商，晶科能源将和业界同仁及伙伴一起，共同打造全新的生态系统，持续引领光伏行业健康发展，推动太阳能改善人居生活环境，推进未来绿色能源应用和智慧城市建设。

三、结论与启示

只有行业拥有成熟的商业模式，才会吸引投资者来投资，解决光伏企业普遍面临的现金流问题。要形成一个成熟的商业模型，市场化与资本化是两个重要前提，其中，资本化包括两个重要的方面，首先要解决行业先期投资方面的问题，其次要解决企业及项目的长期融资方面的问题。

应提高光伏企业在资本市场上的优先性，这就需要为可再生能源发电企业建立快速通道，使它们能够在上市、发债等资本市场融资渠道得到一定的优先性，解决企业做大做强的资本需求。同时，打开大型投资基金进入光伏市场的大门。

资料来源：作者根据多方资料整理而成。

【章末案例】 中工国际发展国际技术与服务商模式

一、公司介绍

图片来源：http://www.camce.com.cn.

中工国际工程股份有限公司（简称“中工国际”）是经中华人民共和国商务部批准，由国内著名的外贸公司、设计院、机械制造商和施工单位共同发起设立的股份有限公司。中工国际于2006年6月在深圳证券交易所挂牌上市（股票代码：002051）。

中工国际具有丰富的国际工程总承包管理经验，截至目前，已完成了数十个大型交钥匙工程和成套设备进出口项目。已完成的项目获得了所在国家业主的广泛认可和好评。

二、经营运作

中工国际主营业务是国际工程总承包，经营范围包括：承包各类境外工程及境内国际招标工程；上述境外工程所需的设备、材料出口；对外派遣工程、生产及服务行业所需的劳务人员（不含海员）；经营和代理各类商品及技术的进出口业务（国家限定公司经营或禁止进出口的商品及技术除外）；经营进料加工和“三来一补”业务；经营对销贸易和转口贸易。在十多年的发展过程中，中工国际始终致力于培育核心竞争力，大力发展商务能力、项目管理能力、融资能力和并购重组能力，在行业中建立了良好的声誉，形成了比较独特的竞争优势。目前，公司已形成了商务能力、融资能力、并购能力、项目管理能力四大核心能力。

第一，推进管理体制机制改革。针对当前日益复杂的市场形势，公司将对机制进行调整，在各区域同步推行事业部制，充分激发业务活力；在条件成熟的市场，推进境外分、子公司属地化经营。

第二，加强四项能力建设。积极引进市场开发人才，提高现有人员的能力，不断提升开发能力；完善内部合作机制，利用好各专业支撑平台，提升公司的专业能力；提高属地化运作水平，积极提升公司的投标能力；积极拓展融资渠道，创新融资模式，提升融资能力。

第三，大力加强市场开发。当前，国际工程承包市场开始复苏，新兴国家市场和发展中国家市场基础设施投资需求仍然旺盛，中国的经济外交不断带来发展机遇，国家的支持与服务政策不断升级。公司将抓住机遇，落实开发成果，推动项目签约和生效。

第四，制定落实支柱市场规划。公司要建立专门机制，引导资源向支柱市场和重点市场集中，推动经营方式由项目导向向市场导向转变，实现深度开发。

第五，稳步推进投资和贸易业务。公司将加强对投资业务的整体规划，合理安排短期和中长期投资项目比例，确保公司资金安全。完善对投资项目的管理体系建设，对已投资项目进行后评价。公司的贸易业务将以海外市场为依托，不断寻觅贸易机会。

第六，做大国内业务，落实两个市场。公司将以中工武大设计研究有限公司作为国内业务平台，抓住国家推动新型城镇化和农业现代化的契机，拓展国内工程市场，积极开发总承包业务。将以北京沃特尔公司为平台，发展环保产业，围绕工业废水“零排放”解决方案构建核心竞争力，积极寻觅工业污水处理、海水淡化工程领域的业务机会，快速做大规模。

三、中工国际正向国际技术与服务商模式进行转型

中工国际原来是国际工程施工商业模式，这种模式只是施工盈利的模式，处于产业链的低端，附加值较低，技术含量低，只是凭借低成本获得项目，没

有核心竞争力，并且往往受制于发包方，自身并无太多话语权。中工国际在国际工程承包受托国外的工程，并负责按规定的条件承担完成某项工程任务。国际工程承包是一种综合性的国际经济合作方式，是国际技术贸易的一种方式，也是国际劳务合作的一种方式。综合来说，中工国际原有的施工模式并不能给中工国际带来较高的利润和品牌影响力，中工国际急需转型。

中工国际的公司目标是做“国际知名工程服务商”。中工国际是一家帮助国内具有国际工程施工资质的公司开拓海外市场的服务类公司，其本身并不具体施工，中工国际完全是轻资产类型的公司。“做国际知名工程服务商”是中工国际在全球经济一体化的发展大背景下的长期愿景，面对国际工程承包的巨大发展空间，公司将以“传递中国工程价值”为使命，不断进行服务模式的创新，整合市场资源，为客户创造价值，以高于行业发展增长速度，实现公司的持续稳定增长。

国际工程承包是一个进入壁垒高但竞争激烈的行业。中工国际始终遵循市场竞争的原则，从市场开发与项目跟进到工程管理与风险流程控制，均做到了完全的市场化。面对国际竞争，中工国际始终做到胸有成竹。

国际经济形势的好转带动国际工程承包领域的快速发展，特别是中国政府对发展中国家援助项目及金额的大量增加是驱动中工国际长期增长的主要因素。中工国际现执行的合同订单和已签订待生效的合同订单能够保证公司未来几年业绩的稳定增长。与相关行业公司相比，公司的盈利能力水平较高。虽然公司的毛利率出现下滑趋势，但公司的销售净利率仍然能够维持在较为稳定的水平上。

总体来说，中工国际向国际技术与服务商转型是非常成功的。商业模式的转变不仅为公司带来了更高的利润率，也为公司找到了持续稳定的业务增长点。公司自身没有工程承包队伍，资产利用率及运营效率均很高，公司成功的主要原因在于公司具有丰富的国际贸易经验和良好的市场信誉，同时与国内的工程承包商及银行建立良好的合作关系。但归根结底，商业模式的成功转型是保证公司前进的不竭动力。

四、结论与启示

第一，认清形势，果断转型。“产业链延伸”——以设计实力和品牌为关键能力，为业主提供的服务从设计延伸到工程总包，使原有营销成果产生数倍于原设计业务的利润，突破了原有市场增速的制约。中工国际正是凭借产业链升级，成功转型。

第二，国际工程服务商模式的优势。“去施工化的国际工程服务商”——以产业链整合和项目管理能力为关键能力，为工程业主提供成套设备进口并管理项目施工，为施工方提供项目资源和项目管理，从而实现超越投行的人均产值，并摆脱了单个细分工程领域的有限市场空间。国际工程服务商与国内及海外政府都建立了良好关系，拥有强大的海外项目管理专业人才队伍，与众多分包商建立了长期战略合作关系，从而能够为海外业主提供成套设备进口和工程承包，为施工方提供项目资源和项目管理，既满足了海外业主对工程施工的需求，又满足了国内设备和生产力输出的需求，同时被业主和分包商所依赖，形成三方共赢的稳定的交易结构，并使公司可以不直接从事施工业务，产能能够横跨多个细分工程领域，摆脱单个细分市场空间的限制，实现由多个领域多个国别市场驱动的稳定增长。

第三，选择适合自己的商业模式。工程咨询公司以其设计或项目管理优势为关键能力，通过有效的商业模式拓宽市场，弱化需求波动的影响，打造出稳定增长的路径。

资料来源：作者根据多方资料整理而成。

【本章小结】

本章通过对商业模式的简单介绍，使读者大致了解商业模式的起源、构成、原则和作用等。在分析商业模式过程中，主要关注一类企业在市场中与用户、供应商、其他合作伙伴的关系，尤其是彼此间的物流、信息流和资金流。任何一个商业模式都是一个由客户价值、企业资源和能力、盈利方式构成的三维立体模式。成功的商业模式要能提供独特价值，有时候这个独特的价值可能是新的思想，而更多的时候，它往往是产品和服务独特性的组合。这种组合要么可以向客户提供额外的价值；要么使得客户能用更低的价格获得同样的利益，或者用同样的价格获得更多的利益。运用恰当的商业模式，不仅能帮助企业获取当前利润，更能在长远阶段助力企业成长。所以说，商业模式对企业有非常重要的作用。

【思考题】

1. 什么是商业模式?
2. 商业模式的内容包括什么?
3. 商业模式的特征是什么?
4. 商业模式的要素和作用有无内在联系?
5. 商业模式有哪些分类?
6. 商业模式和运营模式、盈利模式的区别是什么?

第三章　商业模式的理论模型

【学习要点】

☆ 比较传统商业模式与现代商业模式；

☆ 掌握云计算、物联网、大数据和互联网思维合计四大现代商业模式；

☆ 理解企业商业模式的构成要素；

☆ 掌握商业模式的理论模型。

【章首案例】　中铁铁龙集装箱物流公司的物流模式

CRT 中铁铁龙集装箱物流股份有限公司
CHINA RAILWAY TIELONG CONTAINER LOGISTICS CO.,LTD.

图片来源：www.chinacrt.com.

一、公司介绍

中铁铁龙集装箱物流股份有限公司成立于 1993 年 2 月，1998 年 5 月在上海证券交易所上市，成为中国铁路第一家 A 股上市公司，股票简称“铁龙物流”(代码：600125)。入选沪深 300 指数股和近五年沪深股市“最佳成长公司 50 强”企业及“大连市文明单位”和“大连市首批 A 级纳税信誉等级单位”。

公司成立以来，凭借得天独厚的资源优势，秉承“创新、务实”的经营宗旨，将资本市场与铁路产业有机结合，不断创新管理体制和经营方式，不断提升经营规模和经营质量，形成了特种集装箱运输、铁路货运与临港物流和房地产开发等主营业务格局。经历市场的不断洗礼，公司已经发展成为资产质量优良、主营业务突出、盈利能力强、管理现代化的企业集团，是铁路行业探索现代物流业的示范性企业。

二、公司经营运作方式

目前铁龙物流经营铁路特种集装箱物流业务、铁路货运与临港物流业务、房地产开发业务三种主营业务，具体如下：

第一，铁路特种集装箱物流业务。特种集装箱物流业务是公司战略性板块，拥有干散、冷藏、化工罐、木材、汽车箱五大类共11种箱型，开展了钢材、粮食、矿石、水泥及冷鲜、液体化工品等运输。干散货箱开行了中石化普光硫磺全程班列；冷藏箱开展了冷鲜全程物流；不锈钢罐箱开发了张裕新疆葡萄汁全程物流。中铁铁龙特种箱分公司、北京特种箱技术开发中心、江西铁龙分公司及大连物流分公司负责运营。

第二，铁路货运及临港物流业务。公司拥有沙鲅铁路支线全部资产，开展了铁路货运、仓储及货代等业务。沙鲅支线东起哈铁沙岗站，西止营口港前鲅鱼圈站，背靠沈大高速和202国道，是哈大铁路连接营口港的重要铁路运输通道和东北连通环渤海经济带的重要枢纽，辐射东北。它全长14.17公里，电气化复线，自动化调车，拥有独特的区位和资产优势。中铁铁龙沙鲅铁路分公司及铁龙营口实业公司负责运营。

第三，房地产业务。公司拥有国家房地产开发二级资质，坚持“以人为本、创造卓越、理性发展、智慧经营”的发展理念，以先进的设计、现代的管理、铁龙的品牌以及持续开发运营能力，累计开发了多项知名楼盘。在建项目为“铁龙、连海金源”高端住宅。大连铁龙房地产开发有限公司是该业务的运营单位。公司本着审慎原则，稳步推进“连海金源”销售和山西开城项目的建设，加强在售楼盘营销，房地产业务2013年全年实现销售收入1.55亿元，同比降低10.12%。

第四，其他业务。公司其他业务主要包括商品混凝土生产销售、酒店业、出租车等，报告期内公司加强此类业务风险管理，控制相关业务的规模，共计实现营业收入0.46亿元，较上年同期降低46.50%。

三、铁龙物流模式分析

收购铁路特种箱业务以来，公司通过多项经营举措实现“保增长、求创新、促发展”，特种箱保有量持续增长，发送量大幅提升，同时产品结构也得到不断改善。截至2013年底，特种箱共有五大类十一种箱型、保有量3万余只，约占铁路集装箱保有量的25%。公司收购铁路特种箱业务之后不断在产品研发方面增加投入，近年推出了不锈钢框架罐箱、冷藏箱、沥青箱、大容积罐箱、粮食箱等新箱型，2014年上线危险品罐箱、卷钢箱等箱型。同时，公司在改变物流模式、延伸物流服务上继续投入人力、物力以改变经营方式，新开发了如山东—新疆氧化铝、铝锭三角运输等全程物流项目，并在这个过程中不断提升特种箱利润水平。

目前铁路特种箱的主要竞争对手是汽车运输，特别是500~1000公里短途汽车运输方式。近年来，汽运市场利润不断被人力成本上升和规范化市场下高涨的违规费用挤压，而铁路运力随着高铁陆续开通不断释放，运输效率不断提升，特别是国家对环保措施的实施力度不断加大，将有效促进铁路特种箱业务在今后几年的迅速发展。外部环境方面，宏观经济形势及行业政策给公司发展带来一定的不确定性。一是终端市场需求不旺盛，导致部分化工厂新建项目延后，物流需求增速放缓，制约特种箱规模的快速扩张；二是物流行业"营改增"全面实施，虽然长期来看有利于公司发展，但短期内对经营业绩产生不确定影响。2013年实施的铁路货运组织改革，虽然铁路集装箱承运主体发生改变，但公司特种箱经营模式依然保持不变，业务经营保持稳定。

从目前集装箱运输行业整体来看，铁路集装箱体量较小，尚不具备很大的行业影响力，但就铁路集装箱运输行业而言，公司有着较为明显的优势，这种优势近年来在部分西部区域的发展尤为明显，且将成为铁路特种箱业务未来发展的重要方向。

公司发展战略依托铁路网络优势，开展铁路特种集装箱全程物流业务，构建全国性、网络型现代物流企业。铁路特种箱、货运及临港物流业务属公司战略性业务板块。公司将持续配置优质资源，积极发展特种箱业务，稳步发展沙鲅铁路货运及临港物流业务。房地产业务属风险控制型业务板块，是战略性业务成长期的利润补充，将随战略业务规模放大逐步控制规模，减少资金占用。其他业务属于效益监控型业务板块，不再新增投资。

四、成功经验

第一，特种箱业务转型升级，核心优势不断加强。铁龙物流以其特种箱业务为核心业务，在保持原有竞争优势的同时，公司不断对特种箱结构进行调整和优化，提升了特种箱业务的盈利能力和市场竞争力，为未来业务的拓展打下良好的基础，铁路货运运力的释放将为公司特种箱业务的推进提供更加广阔的发展空间，公司的核心优势将不断加强。

第二，铁路货运稳中发展，同步推进运贸业务。公司经过前期酝酿和积累，货运业务逐步增加。2012年，公司完成了沙鲅铁路二期扩能改造，运能提升近80%，彻底解决了营口港的铁路运输"瓶颈"。此外，公司还成立了营口国际物流贸易公司拓展临港物流和运贸业务，公司在该区域内的总体经营能力明显上升，而2013年第一季度，来自于该区域的运贸业务增速也比较快，预计沙鲅线全年的增长有望达到 10% 以上。

第三，线下物流增长快速，盈利水平大幅提高。线下物流是公司的传统业务，盈利水平稳定，但毛利率较低。公司对其低毛利率积极进行改进，对此块业务大力支持，随着线下物流业务的拓展，规模优势将得到显现，公司高端业务的推进也有望带动全程物流盈利能力的提升。

资料来源：作者根据多方资料整理而成。

商业模式是企业经营的根本。企业商业模式研究自然会成为一个颇为时尚且极具价值的研究热点。一方面，很多企业家都乐于去讨论适合自身企业的商业模式这一话题；另一方面，越来越多的研究者更是乐于去研究各类企业商业模式。为此我们对企业商业模式展开了深入研究，并提出原创的商业模式模型，即企业商业模式可归结为五大要素，即企业定位、盈利模式、资源整合、平台战略、价值创造。

第一节　企业常见的商业模式

企业种类越来越多，既有传统企业，也有高科技企业，包括云计算、物联网、大数据企业等。那么，企业商业模式自然也有很多种类。为此，我们分别对传统企业、高科技企业，如云计算、物联网、大数据等企业的商业模式分别进行论述。

一、传统企业商业模式

传统企业商业模式是与现代企业商业模式相对应的，传统商业的发展经历了近百年的时间，商业模式也非常丰富，有专业商店、百货店、超级市场、便利店等。每一种商业模式的出现都有其必然性，同时对原有的商业模式会带来一定的冲击。

最基本的传统商业模式就是“店铺模式”，具体点说，就是在具有潜在消费者群的地方开设店铺并展示其产品或服务。一个商业模式，是对一个组织如何行使其功能的描述，是对其主要活动的提纲挈领的概括。它定义了公司的客户、产品和服务，它还提供了有关公司如何组织以及创收和盈利的信息。商业模式与公司战略一起，主导了公司的主要决策。商业模式还描述了公司的产品、服务、客户市场以及业务流程。

大多数的商业模式都要依赖于技术。互联网上的创业者发明了许多全新的商业模式，这些商业模式完全依赖于现有的和新兴的技术。利用技术，企业可以以最小的代价，接触到更多的消费者。

典型的传统的商业模式是厂家—代理商—零售商—客户，它的特征是各级从上级进货，买断上级的商品所有权，赚取差价，代理销售的品牌数量有限，供货渠道较稳定（见图 3–1）。

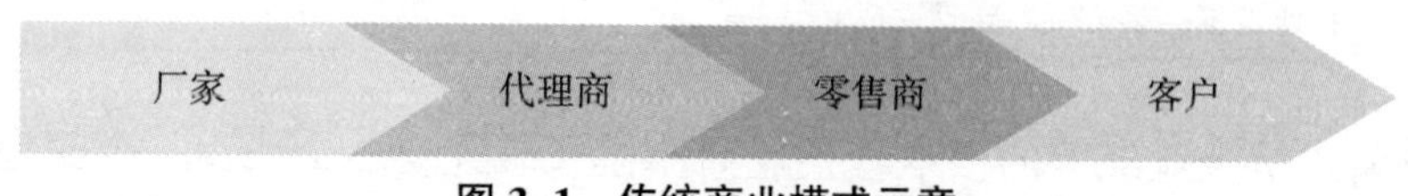

图 3–1　传统商业模式示意

传统的商业销售模式重渠道建设、人员促销和商品展示，利用广告营销活动扩大品牌及商家知名度。重权威机构对产品的认证，但对产品在实际消费中的质量及厂家、商家的售前、售中、售后服务水平重视不够，更主要的是没有全面、客观地对比质量及服务水平。

与新兴的无店铺商业模式相比，传统的店铺零售模式有着许多的弊端与不足（见图 3–2）。

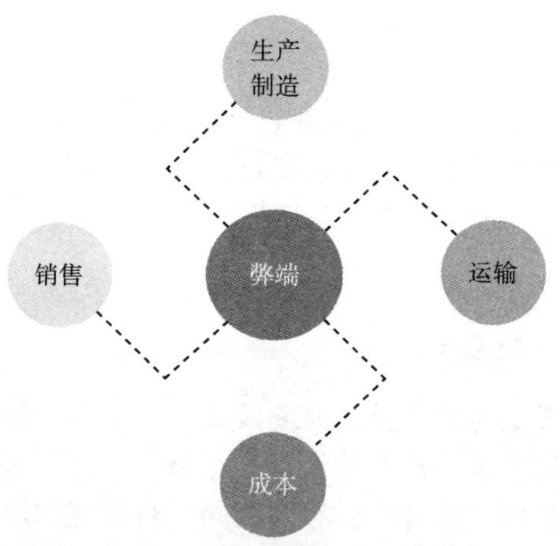

图 3–2　传统的店铺零售模式的弊端与不足

第一，传统商业模式在生产制造方面的弊端。由于传统商业模式中制造商直接面对的并不是消费者而是中间商、零售商，所以生产商并不能第一手了解到消费者对于产品的评价及建议、要求，从而具有一定的滞后性。

第二，传统商业模式在运输环节上的弊端。从生产商到中间商再到零售商最后到消费者的售货模式明显不能再满足现代生活的需要，因为这种传统的模式与生产商直接到消费者的无店铺模式相比，造成了很多人力、物力和财力上的浪费。就拿水果销售来说，传统的销售模式中，水果从很远的地方运到中间商再到零售商，在这个运来运去的过程中，不仅增加了交易的成本，而且造成了巨大的浪费。

第三，传统商业模式在成本上的不足。由于其在生产运输环节的不足，使其交易成本增加，最终导致由于产品价格高而使其竞争力下降，这都是不利于企业发展的。

第四，传统商业模式在销售方面的不足。随着人们时间观念的增强及社会老龄化的趋势，越来越多的人不愿意采用传统的购物方式买东西。因为传统的购物方式既花费时间又花费精力，而且并不一定能够买到满意的商品。传统的销售不仅在消费者方面不讨好，而且销售商还要雇用一大批销售人员，这无疑又增加了销售成本。所以在销售方面，传统商业有着其无法避免的弊病。

二、高科技企业商业模式

相对于传统企业，高科技企业的商业模式肯定有所差别。一般来说，高科技企业商业模式为研发—销售的一种高风险高盈利商业模式。因为高科技企业所从事的大多数为一般企业所没有涉及的高技术方面，其研发成本高，同时也面临研发失败的风险，所对应的就是研发成功后的垄断优势，由此会给企业带来高利润。由于高科技企业种类很多，我们主要试图对轻资产企业、云计算企业、物联网企业、大数据企业进行分别分析。

（一）轻资产企业商业模式

轻资产企业商业模式，顾名思义，就是企业以较低的资产来运营，此类商业模式的总体思路就是轻资产、重运营。轻资产企业商业模式一般将产品制造和零售分销业务外包，自身则集中于设计开发和市场推广等业务。市场推广主要采用产品明星代言和广告的方式。“轻资产运营”模式可以降低公司资本投入，特别是生产领域内大量的固定资产投入，以此提高资本回报率。

轻资产的商业模式即以很少的投入资金通过互联网等先进媒体首先迅速壮大起来，并且通过扔掉庞大的、笨重的上游制造业和下游物流业，专注于中间销售、产品质量和品牌建设等，即为典型的轻资产商业模式。

轻资产商业模式的突出内容是轻资产，具有门槛低、公司运转方便等。资产运营是一种以价值为驱动的资本战略，是网络时代与知识经济时代企业战略的新结构。轻资产运营必须根据知识管理的内容和要求，以人力资源管理为纽带，通过建立良好的管理系统平台促进企业的生存和发展。在某些方面可以“轻”，但是稍有不慎就会满盘皆输。其独特的商业模式决定其特点，如图 3–3 所示。

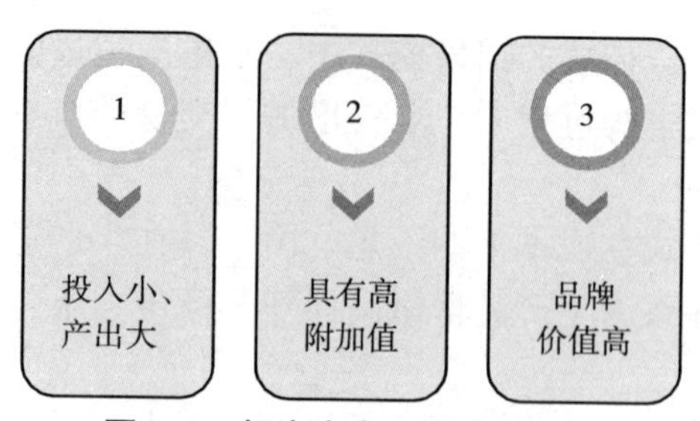

图 3-3　轻资产商业模式的特点

第一，投入小、产出大。作为轻资产模式的典型，凡客诚品于 2007 年以最初的 475 万元成立，不到 4 年创造出市值 32 亿美元的成绩，不得不引起人们惊叹。当然，这得益于良好的市场细分，同时市场空间足够大。

第二，产品必须具有高附加值。由于在轻资产公司一般都是需要通过迅速占领市场的同时获得市场认可，传统品牌都是在通过数年积淀在公众心目中留下印象。所以，轻资产模式下的公司在产品方面必须要有自己的特色，并且有高附加值，才能得到社会的认同。

第三，品牌价值高。品牌价值是一个企业的灵魂，塑造一个好的品牌需要多年的时间，而轻资产模式下的品牌在很短的时间内就可以让一个企业广为人知。品牌知名度打开并不代表该产品具有很高的品牌价值。

此外，对于轻资产模式的运营，包括如下一系列要素，如图 3-4 所示。

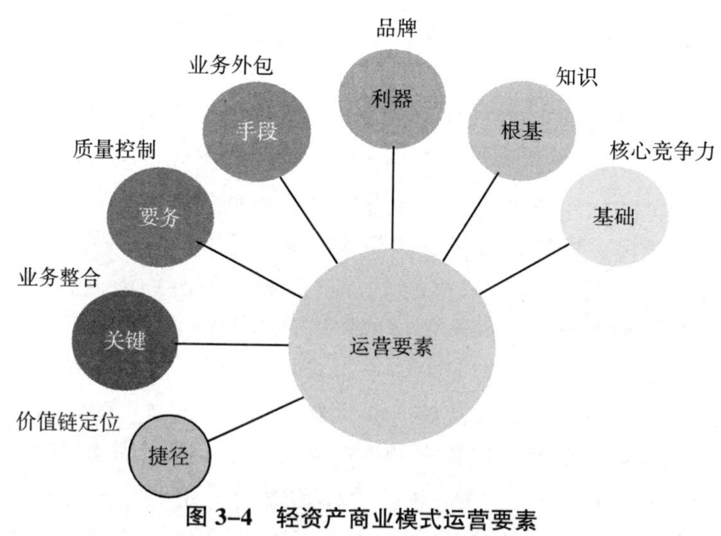

图 3-4　轻资产商业模式运营要素

第一，运营轻资产的基础：核心竞争力。精准地得知自身的核心竞争力所在，才能知道该怎么去专注、该怎么去放弃、依托什么去运营、运用什么方法手段去进行市场扩张。光明乳业正是因为具备了突出的营销能力和品牌优势，同时在得到了市场甚至竞争对手的认同，才成功实现低成本扩张和轻资产运营。

第二，运营轻资产的根基：知识。以智力资本等作为基础，企业才能够在市场运营中运用杠杆，以小博大。任何企业的研发能力、管理能力、创新能力、营销能力、公关能力、文化能力、整合能力等归根结底都是知识。

第三，运营轻资产的利器：品牌。品牌是形态上的无形资产，它不出现在公司的资产负债表上。但品牌却能够集中体现企业的核心竞争力，是最具价值的轻资产。

第四，运营轻资产的主要手段：业务外包。要实现轻资产运营就必须实现业务外包。

第五，运营轻资产的要务：质量控制。业务外包由于不能亲自控制产品质量，在生产过程中对于供应商的选择严格把关是很重要的。

第六，运营轻资产的关键：业务整合。轻资产运营的过程中包含着大量复杂的业务外包，因此业务整合就显得尤为重要了。

第七，运营轻资产的捷径：价值链定位。之所以能实现轻资产，主要还是基于价值链定位，利用价值链上的一切资源加以整合并为我所用。

商业模式理论模型专栏1　绿城“轻资产”棋局

一、公司介绍

图片来源：www.chinagreentown.com.

绿城房地产集团有限公司（以下简称“绿城”）是中国知名的住宅物业开发商之一，以优秀的房产品质量占据行业内的领先地位。历经20年的发展，以浙江省为主要基地，项目遍布浙江省内经济最发达的城市，包括杭州市、宁波市、温州市、台州市、绍兴市以及省内的全国经济百强县市，其业务规模庞大，并拥有广泛的知名度。

作为一家以“精品物业营造专家”闻名业内的房地产开发企业，绿城已成功出品别墅、多层公寓和高层公寓等系列精品住宅。在系列精品住宅的基础上，绿城开发的大型社区和城市综合体项目，站在城市发展的高度，综合住宅、酒店、商场、写字楼、学校等商业和公建物业，肩负起更多人群对品质生活的理想。

二、绿城房产的合营模式

绿城的合营业务，是指其与合作方各出一部分资金成立合资公司共同开发项目——其中绿城的出资额往往低于50%，主要负责项目设计、建设、销售及物业管理。项目开发完成后，绿城除了按股权比例分红，还要按销售额或利润额提取一定比例的管理费用。

近年来，绿城大量采用合营模式加速布点，扩大规模。根据绿城2013年年报，在大本营浙江省杭州市，绿城总共拥有34个项目，其中仅6个项目由绿城享有100%权益；在浙江省内（不含杭州），绿城总共拥有33个项目，其中29个为合营模式取得。

在绿城新进入的北方和中西部市场，合营模式更成为破冰的主要工具。绿城在海南、新疆、长沙、天津、青岛、济南和北京等各省市、地区的项目中，均采用合作方式取得和开发土地。

观察绿城合营业务的合作方，不难发现，多是资金充足的国企，或者是有土地资源的地方性中小开发商。土地和资金是房地产开发环节中最重要的两项资源，又正是绿城短板，对于追求快速周转、规模取胜的绿城来说，虽然收益被摊薄，但合营模式仍是规避短板的一条可选捷径。

三、绿城的基金管理

公司正与金融机构探讨发起以房地产股权投资为主要方向的基金管理业务，为“轻资产”运行开辟新的模式和渠道。2014年绿城中国将运用合作及基金投资，有选择地进行三四线城市的业务拓展。

而在“轻资产”战略下，已经先行一步的代建模式目前运行良好。绿城中国估计，到2014年年底，正式代建项目会超过100个，可收金额可能会超过2000亿元，其中政府代建项目更是增长迅速。发展速度和规模都超出了绿城中国的预期。

四、轻资产未来布局：代建

绿城的代建布局并非突发奇想，而是脱胎于绿城原有的合营业务。此番绿城将其延伸成为代建公司，并决心将其确定为集团未来发展的大方向，这仍是一步险棋。对于资产负债率一直居高不下的绿城，此举或可部分缓解资金紧张局面，从容放手扩张规模，但也意味着从每个项目中的获利将降低，收益将被摊薄，而且也将持续考验绿城集团的资源整合能力、项目把控能力、风险评估能力和人才输出能力。

绿城代建公司业务主要为向合作伙伴提供品牌输出与建设管理服务，业务模式包括承揽土地资源委托代建、投资资本委托代建和政府安置房委托代建三种。代建公司总经理曹舟南解释称，代建公司的合作对象有三种：一是项目持有者，即由对方提供开发用地和全部的开发投资，绿城承担开发任务；二是资本市场资源，即通过成立平台公司募集资金，绿城负责开发建设，并与投资方共享收益；三是政府机构，即由绿城承建政府安置房建设，收取一定比例的费用。

资料来源：作者根据多方资料整理而成。

（二）云计算企业商业模式

基于高速网络和虚拟化技术的快速发展所诞生的云计算将会极大地改变人们获得信息、货物和服务的方式，即云计算将引起商业模式的极大变革。从这个角度出发，云计算是一种全新的商业模式。

从全球整个云计算市场环境来看，云计算的的确确由概念渐渐走向实践，走向了发展初期。从国内云计算市场来看，中国云计算市场也开始了它的“婴儿期”，虽市场规模尚小但其发展势头不容小觑。目前，无论是互联网企业还是电信运营商或是设备制造商，皆纷纷发力云计算。为抢占壮大自己的云计算市场规模，各方可谓是各显神通，凭借自己的优势在云计算上找到商机，这其中最重要的就是对云计算商业模式的摸索。根据不同的厂商、分析师和 IT 用户对云计算的看法，我们将云计算商业模式细分，如图 3–5 所示。

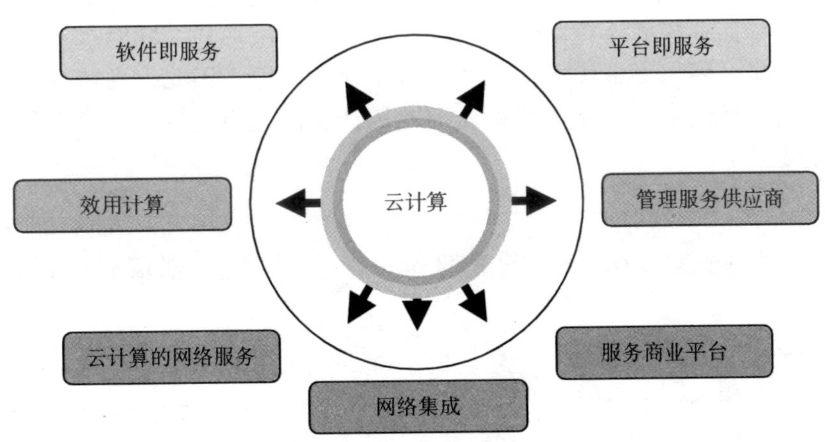

图 3–5　云计算企业商业模式

第一，软件即服务。这种类型的云计算是采用 Multitenant 架构通过网络浏览器将单个的应用软件推广到数千用户。从用户角度来看，这意味着他们前期无须在服务器或软件许可证授权上进行投资；从供应商角度来看，与常规的软件服务模式相比，维护一个应用软件的成本要相对低廉。

第二，效用计算。早期的企业主要将效用计算作为补充，不会应用在关键性任务需求上。但是时至今日，效用计算逐渐在数据中心开始占据一席之地，一些供应商向用户提供解决方案来帮助 IT 企业从商业服务器开始创建数据中心。

第三，云计算的网络服务。网络服务与软件即服务是密切相关的，网络服务供应商提供 API 能帮助开发商通过网络拓展功能性，而不只是提供成熟的应用软件。

第四，平台即服务。平台即服务是软件即服务的变种，这种形式的云计算将开发环境作为服务来提供。你可以创建自己的应用软件在供应商的基础架构上运行，然后通过网络从供应商的服务器上传递给用户。

第五，管理服务供应商。管理服务是云计算最古老的形式之一，管理服务是面向 IT 厂商而并非最终用户的一种应用软件，诸如用于电子邮件的病毒扫描服务或者应用软件监控服务。

第六，服务商业平台。服务商业平台是软件即服务和管理服务供应商的混合体，这种云计算服务提供了一种与用户相结合的服务采集器。在贸易领域中应用最为普遍，诸如费用管理系统能允许用户在用户设定的规格范围内从普通平台上订购与所要求的服务和价格相符的旅游产品或者秘书台服务，就好比一个自动化服务局。

第七，网络集成。云基础服务的集成尚处于初始阶段。在云计算时代，产品的竞争力决定了商业模式的形态，财富的分配形式是由云计算产品的生态形式决定的，商业模式本身不会改变这种分配形式。这和传统的商业模式有很大的差别，传统商业模式不仅可以改变产品价值的分配形式，同时也可以改变产品价值的数量，所以商业模式决定了传统企业的成败。因此，在传统的商业模式里，开发人性的弱点是主要目标，而在云计算商业模式里，开发产品的竞争能力是主要目标。

商业模式理论模型专栏 2　紫光股份：“云计算机”创新商业模式

UNIS 紫光

图片来源：www.thunis.com.

一、公司介绍

紫光股份有限公司成立于 1999 年 3 月 18 日，是经国家经贸委批准，主营信息产业的高科技 A 股上市公司，是清华大学为加速科技成果产业化成立的全国第一家综合性校办企业。2014 年入选中国梦 50 科技公司。

紫光股份有限公司以“品牌、资源、资金”为发展支点，以“简单、高效、健康”为管理思想，以“一主两翼”为战略构架，在适度均衡发展“科技地产”和“科技投资”两只羽翼的同时，大力提升“科技经营”主业，重点聚焦 IT 服务领域，精心打造“云—网—端”IT 产业链，全面深入云计算、移动互联网和大数据处理等信息技术的行业应用，推动智慧城市建设，助力智慧中国梦想，努力成为现代信息系统建设、运营与维护的全产业链服务提供商，向强大的IT服务平台型企业加速迈进。

二、“云计算机”创新商业模式

随着互联网的高速发展，网络数据迅猛增长，云计算的概念也随之而来，但与国内外众多IT企业提供云计算解决方案不同的是，紫光股份在云计算行业应用领域大胆创新，率先推出全球首台“云计算机”。云计算机的面世将改变传统的IT基础设施架构及系统集成商业模式，从而为客户的IT系统带来更高的可靠性、更灵活的扩展性和更低的总体拥有成本（Total Cost of Ownership，TCO）。

目前，国内企业要想生产云计算机还需要一定的技术储备和研发时间。国外IT企业考虑到自身的商业模式，并没有向市场推出云计算机产品，而是按照传统商业模式将硬件、软件及实施等分开，各自高价销售，并且让客户持续支付高额的运维费用。

现如今，随着业务和数据的不断增加，企业只能不断扩建机房，增加服务器，但这种方式只能使IT系统变得越来越复杂，后期运维成本越来越高，系统宕机事故也越来越多，紫光股份推出的云计算机正是解决了这一问题。紫光股份将“云计算机”定义为：采用与个人计算机和超级计算机完全不同的分布式体系架构、借助于云计算的虚拟化技术、由多个成本相对较低的计算资源融合而成的一台具有强大计算能力的计算机。它可高效支持大数据处理、高吞吐率和高安全信息服务等多类应用需求，其计算能力和存储能力可动态伸缩并无限扩展。

由于云计算机可以通过虚拟化软件将不在同一地方的不是一个单体的设备集成为一体，而且云计算机采用的是标准配置，因此硬件价格也相对较低，这就使得更多的企业可以买得起。云计算机采用自动化管理软件，对各个应用软件、计算单元和存储单元进行自动化管理，从而减少人力管理，促使运行维护管理简单化，大幅度降低IT运营维护成本，使企业能够用得起。此外，由于云计算机采用的是紫光股份专门开发的快速部署软件，因此，为客户安装的技术人员不像传统安装服务器需要高端技术人员，一般技术人员就可以迅速安装。与传统的IT系统部署相比，可节省90%以上的部署时间。

三、结论与启示

紫云模式是一种成功的商业模式，转变以往的项目形态和服务形态。云计算带来了产业的变革，也给紫光软件带来了新的契机。在某种程度上可以将紫光软件的新业务理解为以云计算为基础的系统集成和营运服务业务，并产生自主的核心技术、产品及服务。紫光软件将建立自己的业务团队，以业务为导向，研发自有的核心技术，形成核心竞争力；以发展区域（城市）云业务为目的，引进当地政府资源，建立本地团队，开展基于本地的运营和服务业务；以服务费收入为主，脱离对资质的依赖，形成可复制可持续的商业模式；以业务为核心，逐步加大投入。

紫光软件将成为紫光股份 IT 发展方向的主力，在云计算、IT 运维服务等方面取得先发优势，积极推动紫光股份实现现代信息系统建设、运营与维护的全产业链服务提供商战略目标。

资料来源：作者根据多方资料整理而成。

（三）物联网企业商业模式

物联网的商业模式应用主要是在电子商务方面，我国的物联网发展起步比较晚，其运行主体和要素主要有运营商、传感设备生产商、系统集成商、软硬件制造商、内容服务提供商、被联物体和用户等。企业应根据物联网自身的商业特点，按照不同行业的市场需求和个体关系特点，设计对应的商业模式。

物联网将互联互通的网络概念进一步延伸到现实生活各个物质实体，把在互联网和电信领域取得成功的新一代 IT 技术运用到各行各业，并通过智能感知识别、通信网络以及智能运算平台的技术设备，形成对每一个网络节点进行识别、定位、监测、管理和操控的网络系统。基于此，物联网除了扩大网络覆盖的广度和深度，最重要的是通过技术和应用，彻底改变人们的生活方式和习惯，形成规模化的应用，产生新的经济增长点。因此，发展物联网除了加快技术研发和产品设计，还要加快产业社会化进程，形成规模化商业应用。由于物联网产业链较为复杂，涉及商用主体类型较多，因此必须根据其自身商业特点、不同行业市场需求以及个体关系特点，设计相应的商业模式。

作为互联网业和电信业衍生的新形态，物联网需要从这两个领域获取商业模式经验。互联网发展已由传统盈利模式研究转向价值网络体系和商业生态系统的研究，着重于挖掘、掌握、导向乃至创造市场需求，同时分析商业模式系统中个体的竞合关系以及物流、资金流、信息流和价值流的表现，使系统动态发展，与外界互动协同发展，同时研究政府等个体在商业模式中的作用，将从盈利为主的商业模式概念转成改革生活方式、提供公共服务的方向。

目前的物联网商业模式研究，比较集中的研究方向是分析商业模式运营核心平台的搭建以及市场运营过程运营商、系统集成商、服务提供商等主要个体的相互关系、服务提供方式和收入分配方式。目前我国物联网发展有以下四大类商业模式，如图 3-6 所示。

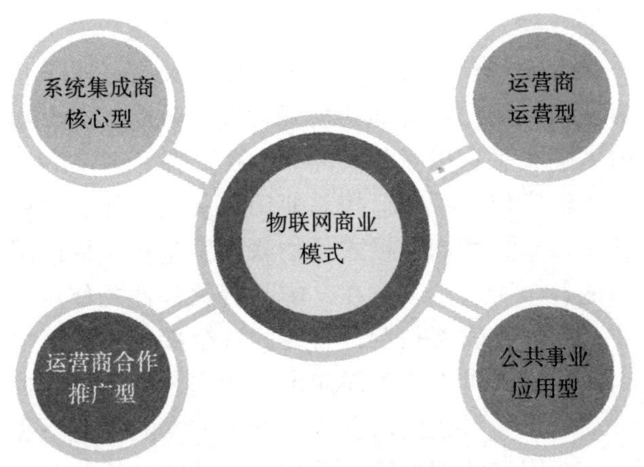

图 3-6 物流网商业模式

第一，系统集成商核心型。这类商业模式的主要特点是：由系统集成商租用电信运营商网络，通过整体方案连带通道一起向用户提供业务。这是目前使用较多的商业模式。因为物联网应用均是特殊行业中的个体内部实现，且企业专业化特征较为明显，需要由行业内专业的系统集成商提供服务，特别是行业壁垒高、对应用要求复杂的行业更需要系统集成商的存在。此类系统集成商一般是第三方企业，拥有较强的软硬件开发和集成能力，同时在行业当中拥有较高的地位。在此类商业模式中，系统集成商主要是收益获得者和收入分配者。技术水平是此类商业模式的核心，主要适用的用户是企业客户，实际的应用类型以采集类为主，而由于运营商非主体性和网络短程性的特点，其应用范围应该是固定区域空间内的数据实时采集和检测，具体可应用于环保监控、自动水电表抄送、智能停车场、电梯监控、自动售货机等。

第二，运营商运营型。这类商业模式主要是由电信运营商向使用物联网业务的企业客户直接提供通道服务。客户除了提供资源之外，剩下的网络租用和运营都由运营商来完成。这主要是由于运营商的专营网络可以为企业提供，而企业本身又没有相应的开发能力。目前比较典型的应用体现在电力、交通等行业，运营商为企业提供数据通道，根据需求集成软硬件终端，按包月或流量计费。

第三，运营商合作推广型。这类商业模式体现为双主体，即运营商与系统集成商或相关的服务提供商合作。系统集成商开发业务方面，电信运营商负责业务平台建设、网络运行、业务推广及收费。电信运营商一般占主导地位，同时也是其进入物联网市场的主流模式。在此类商业模式中，运营商是核心、是技术进步的主要接收和应用者，同时其也集成软硬件，并针对市场提供服务。在实际运营中，个体间的合作竞争现象比较普遍，系统的效率可以达到最大值，其他个体对于运营商业务的所谓竞争和替代也是一种提升服务能力、通过价值交换提高附加值的手段。从此类商业模式的应用类型和范围上看，可以覆盖所有的业务和行业模式，其区分的关键在于物联网技术的发展程度以及市场对于其接受情况。

第四，公共事业应用型。此类商业模式一般由政府等公共事业部门搭建公共平台。客户租用或者购买平台以及相关的软硬件产品，并支付相关通信费用。在这类模式下，GPS 车辆定位、视频监控是使用最多的应用，其中也可能由通信运营商搭建相关公共平台。该类商业模式是物联网民生化应用的最直接体现，可以贯穿于物联网发展的各个阶段，政府在其中起着关键性的作用，其对于技术、市场的把握非常重要；同时在发展初期，必要的资金投入也是不可缺少的。在物联网发展初期，此类商业模式可以作为面向市场的主要政策推广模式，主要的公共事业平台以此类模式搭建，可让用户在政府承担成本的情况下免费体验物联网的应用，从而有利于培养用户的相关使用习惯，为物联网行业其他类型的业务推广打下基础。

（四）大数据企业商业模式

随着互联网的极大普及，大数据概念应运而生且越发重要。在诸多领域，大数据浪潮正引致颠覆性创新，也必将带来制度变迁。因此，深入挖掘大数据业务的商业模式必将成为企业的竞争战略之一。

当今时代，数据正以爆炸式的速度增长，并且 90%的数据都是在过去两年内创造出来的。打破相互独立的数据系统，实现标准化操作是大数据面临的主要任务。新技术打破了数据的独立性，提高了数据的分析能力，刺激了新的商业形式的出现。

大数据产业链自底向上主要由三层构成。第一层是企业内部交易数据和企业外部的用户行为数据、物联网数据等，这一层次的主要任务是数据的采集、存储和传输等工作。第二层是信息层，去粗取精，提炼后形成价值密度更高的信息。这一层次可以产生诸如数据包销售、租赁等业务模式，也会诞生一批靠搜集各类数据为主业的公司，如区域数据提供商。第三层是知识层，对于知识的利用需要人工介入以外，主要还需要融合行业信息。具体来看，围绕上述三个层次衍生出六种主要的业务模式，如图 3-7 所示。

第一，租售数据模式。将产业定位在大数据采集和整理阶段，通过收集、整理、过滤、校对、打包、发布等一系列流程后，实现数据的增值，这就是租售数据模式。作为中国领先的导航地图、动态交通信息及汽车综合信息服务提供商，四维图新致力于为全球客户提供专业化、高品质的电子地图数据产品和服务。其拥有全国最大的高质量导航电子地图数据库，建成了以北京为中心、覆盖全国的本地化导航电子地图数据采集更新体系，在基于静态的地图数据基础上不断加入实时动态的交通信息、丰富的生活信息和全面的地理信息。

租售数据模式对于数据提供商来说具有极大的价值，因为这一模式能使其拥

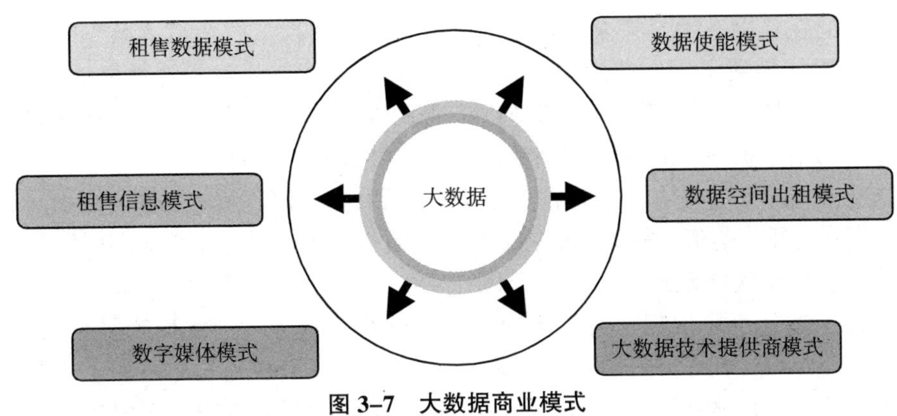

图 3-7　大数据商业模式

有很强的话语权。由于数据的稀缺性，数据提供商位于产业链的有利位置，具有较强的议价能力、较强的竞争优势以及良好的成长空间。

这一模式的关键成功因素是大数据的采集和维护，企业要将在经营中接触到的大量实时数据进行汇总记录并校对，加工成客户所需的数据才能销售获利。

第二，租售信息模式。将产业定位在大数据整理和分析阶段，采编各类信息、数据，建设和维护数据平台，并通过各类渠道将信息传递、推广、销售出去，这就是租售信息模式。成立于 1982 年的美国彭博资讯公司是目前全球最大的财经资讯公司，其仅用了 22 年的时间，就使它的金融数据市场的销售收入超越了具有 150 年历史的、世界上最大的资讯公司——路透集团。彭博公司是全球商业、金融信息和财经资讯的领先提供商，通过其强大的信息、专家和咨询网络为全球重要的决策制定者带来关键信息。彭博公司的优势在于通过创新的技术来快速、精准地传递数据、资讯和分析工具。

租售信息模式能够成为企业竞争的法宝，企业结合终端业务比竞争对手更及时、更客观地提供相关信息和资讯给广大用户，可以抢占更多的市场份额。这一模式的关键成功因素是采编各类信息资讯，要做到这一点，企业应建设和维护大型数据平台，并协同多种渠道进行信息和资讯的推广。

第三，数字媒体模式。将产业定位于媒体上，利用数据挖掘技术帮助客户开拓精准营销，企业收入来自于客户增值部分的分成，这就是数字媒体模式。这类企业成长非常快，一般擅长数据挖掘分析技术，帮助一些数据大户如银行、运营商等开展新的业务。亿赞普（北京）科技有限公司是一个高科技公司，基于技术和商业模式的创新，搭建了全球化的云媒体平台。亿赞普目前已拥有 56 项国际核心专利，尤其在大数据处理和数据分类技术上处于国际领先地位。亿赞普云媒体平台创新的商业模式，包含了电信业、媒体、电子商务、广告服务等行业，构建了一条全新的数字媒体服务产业链，将助推互联网媒体产业链转型升级。

传统的互联网营销是完全碎片化的，广告主每一次广告投放的数据难以进行关联和复用，导致了广告费用的浪费。数字媒体模式基于领先的数据挖掘技术，解决了这一难题，不仅实现了跨媒体的广告调度，而且帮助广告主不断积累和复用自己的营销数据库，实现了营销活动的持续性和科学管理。

这一模式的关键成功因素是基于大数据分析和挖掘而积累的互联网知识。其基于知识模式的经济价值和社会价值还远远没有发掘出来，其发展空间不可估量。

第四，数据使能模式。将产业定位在某一具体行业，通过大量数据支持，对数据进行挖掘分析后预测相关主体的行为，以开展业务，这就是数据使能模式。最典型的是小额信贷公司，在大数据时代，评估这些小微企业甚至个人还款能力的技术手段有了巨大进步，通过分析这些企业往来的交易数据、信用数据、客户评价数据等，完全可以掌握它们需要的资金量，甚至可以测算它们可能的还款时间，放贷风险大为降低。目前基于数据分析的小额信贷公司如雨后春笋，国内具有代表性的公司是阿里巴巴旗下的阿里巴巴金融。阿里巴巴金融承担阿里巴巴集团为小微企业和网商个人创业者提供互联网化、批量化、数据化金融服务的使命，其通过互联网数据化运营模式，为阿里巴巴、淘宝网、天猫网等电子商务平台上的小微企业、个人创业者提供可持续性的电子商务金融服务，向这些无法在传统金融渠道获得贷款的弱势群体提供“金额小、期限短、随借随还”的纯信用小额贷款服务。

数据使能模式依据大数据技术开展高收益、低风险的业务，为企业创造新的盈利模式。未来将会有更多的数据使能型的业务模式出现，它们将具备创新业务的特质。

这一模式的关键成功因素是维护数据的真实性和完整性，并适时进行风险分析。数据越完善，风险越低，越有利于保证企业的高收益。

第五，数据空间出租模式。将产业定位于大数据计算基础设施上，通过出租一个虚拟空间，从简单的文件存储，逐步扩展到数据聚合平台，这就是数据空间出租模式。Dropbox 是一个网络存储服务、网络备份工具和文件同步工具，其在线存储服务通过云计算实现互联网上的文件同步，用户可以存储并共享文件。用户可以通过 Dropbox 桌面应用软件，把档案放入指定文件夹，然后档案就会被同步到云端，只要用户在其他设备上登录自己的 Dropbox 客户端，就可以访问和管理自己 Dropbox 上的文件。数据空间出租模式给个人和企业用户提供了实用的文件同步、备份、共享工具。另外，也可以很方便地分享给其他人。自动备份的功能则大大提高了文件的安全性。

这一模式的关键成功因素是平台的开发和维护，因为这一模式普遍的运作方式将后台自动备份指定的文件夹内容放到云空间上，所以往往需要一个功能十分强大的开发平台来支撑。

第六，大数据技术提供商模式。将产业定位于大数据技术和工具上，围绕Hadoop架构开展一系列产品研发、技术服务，或是开发非结构化数据处理技术，这就是大数据技术提供商模式。狭义的大数据技术相关公司围绕Hadoop技术，提供大数据存储、检索、数据挖掘等应用。就广义而言，大数据的核心技术之一是非结构化数据的处理技术，包括语音、视频、文本、图片等。拓尔思是国内非结构化信息处理的龙头企业，公司专注于海量非结构化信息处理为核心的软件研发、销售和技术服务，其大数据管理系统V7.0兼容Hadoop标准支持PB级海量数据管理。

大数据技术提供商模式迎合了大数据时代对海量数据进行挖掘整合的需求，而且移动互联时代的海量消费数据给其发展带来了巨大的市场空间和成长机会。这一模式的关键成功因素是准确把握技术发展方向并保证提供优质的技术服务。同时，公司应构建清晰的营销网络架构，并且针对不同客户群体提供差异化服务，保证满足重点客户的定制化需求。

商业模式理论模型专栏3　新东方：基于大数据的O2O模式

一、公司介绍

图片来源：www.xdf.cn.

北京新东方教育科技（集团）有限公司，总部位于北京市海淀区中关村，是目前中国大陆规模最大的综合性教育集团，同时也是全球最大的教育培训集团。公司业务包括外语培训、中小学基础教育、学前教育、在线教育、出国咨询、图书出版等各个领域。除新东方外，旗下还有优能中学教育、泡泡少儿教育、前途出国咨询、迅程在线教育、大愚文化出版、满天星亲子教育、同文高考复读等子品牌。公司于2006年在美国纽约证券交易所上市，是中国大陆第一家在美国上市的教育机构。

二、新东方的大数据战略

大数据时代不仅给新东方带来了危机感，而且也给新东方带来了新机会。作为全球最大的搜索引擎，百度每天搜索达到60亿次，每月有关教育的搜索达到5.5亿次，每次搜索需求的背后都是用户的一次非常明确的需求。随着大数据的到来，大数据的规模和大数据的处理能力，将决定未来企业的核心竞争力。培训教育机构过去靠经验传承、靠市场敏锐的经营模式势必遭遇颠覆性的改变。

与其等待大数据的冲击，不如引入大数据的管理。新东方的做法不能说走在整个培训教育行业的前端，但总归是带着庞大的新东方寻求大数据时代的突破。

虽然托福培训只占新东方全部业务的10%，但托福考试却是实实在在的刚性需求。2013年，前往美国留学的中国学生人数达到23万；2014年，留学美国的中国学生人数预计突破28万。如此巨大的留学规模，注定了参加托福考试培训的庞大学生群体。如果说过去的新东方托福培训“以我为主”，那么大数据时代的新东方托福培训必将转向“以学生为主”，随需应变。

在与百度营销研究院的战略合作中，新东方还将针对雅思、SAT及中考、高考等国内外一系列考试培训进行大数据研究和分析，以期继续领先国内的竞争对手。

三、新东方的O2O模式

所谓的O2O对新东方这样的线下培训巨头而言可能开始是Offline To Online，而不是Online To Offline。但是在业态成熟之后，并不排除Online To Offline的反哺。总之，线上线下的结合应该是未来教育培训行业的一种最常规的模式。

目前在在线教育盈利模式并不是很清晰的情况下，传统线下培训机构首先应该做的是引入线上教学的因素，使之成为一个工具，一个完善授课的工具，一个扩大宣传与影响的工具，一个反击对手的工具，以这样的模式切入到线下教学应是最佳的选择。

当主体盈利的线下培训逐步植入线上的基因之时，无疑为未来的O2O模式打下了坚实的基础。从现实看，“E学”的推出应该是朝着这样的方向在推进。进一步完善“E学”，并进一步推进教学工具的拓展是新东方稳步进军线上教育的妙招。当然“E学”只是一个最基本的原型，其功能偏弱，教师授课显著不如线下……这些都是新东方进军在线培训要努力去解决的问题。

无论从人力还是财力上，新东方这样的培训巨头支持一个线上直播平台的运作是绰绰有余的，而且新东方真正的直播系统建成后，不同于其他线上机构，它通过O2O模式即时就可以从自己的线下学生群体中招收到学生，产生直接的运营收入，又能成为服务于线下教学的增值服务。

综上所述，新东方建成线上平台，既可以直接成为各个学校新的教学模式、教学产品，也可以整合线下，形成线上线下结合的新产品形态，为学校增值。

四、结论与启示

新东方在线被称为新东方互联网战略的一大重点，即发展纯商业的在线学习。受益于集团大数据的整合和挖掘，未来在线提供的产品将会更加智能化。

新东方的优势是教学内容，而有的互联网公司有渠道，有的有流量优势，有的则技术领先，所以两者未来会考虑各种各样的联合，不会仅限于和一家绑定。新东方发力互联网要比互联网发力教育会稍微容易一些，因为教育不光需要投钱，还需要投入时间，不花费十年八年的时间是很难了解透彻的，它需要长时间的积累。未来理想的教育模式应该是面授和线上有机结合、两条腿走路。

资料来源：作者根据多方资料整理而成。

三、互联网思维商业模式

顾名思义，互联网思维商业模式就是基于互联网思维构建的商业模式。互联网思维的核心是开放、平等、互动、合作，相对于以大规模生产、大规模销售和大规模传播为特征的工业化思维而言，互联网思维将通过对市场、用户、产品、企业价值链乃至整个商业生态的审视和重构，带领人类进入一个以开放、平等为特征的信息化革命的全新时代。

互联网思维商业模式就是指以互联网为媒介，运用互联网思维，整合传统商业类型，连接各种商业渠道，具有高创新、高价值、高盈利、高风险的全新商业运作和组织架构模式，包括传统的移动互联网商业模式和新型互联网商业模式。

互联网思维商业模式中有三个层次，最底层以产品为中心，其次以平台为中心，而最高层是以社区为中心。这样就会出现社群商业：内容+社群+商业。内容是媒体属性，用来做流量的入口；社群是关系属性，用来沉淀流量；商业是交易属性，用来变现流量价值。用户因为好的产品/内容/工具而聚合，然后通过社群来沉淀，因为参与式的互动、共同的价值观和兴趣形成社群而留存，最后有了深度联结的用户，用定制化 C2B，用交易来满足需求，一切水到渠成。商业社群生态的根本价值是实现社群中的消费者不同层次的价值满足。

首先，在内容上“一切产业皆媒体”。移动互联网的出现，使得人与人之间的协作效率大大提高，同时也使得信息的生产和传播效率大大提高。在人人都是媒体的一种社会化关系网络中，内容即广告，优质的内容是非常容易产生传播效应的。“一切产业皆媒体”，“目光所及之处，金钱必然追随”。企业所有经营行为本身就是符号和媒体，从产品的研发、设计环节开始，再到生产、包装、物流运输，到渠道终端的陈列和销售环节，每一个环节都在跟消费者和潜在消费者进行接触并传播着品牌信息，包括产品本身，都是流量的入口，一切都是媒体。对小米来讲，小米的所有产品都是媒体，对可口可乐来讲，每一瓶的包装也是媒体(个性昵称瓶案例)。企业媒体化已经成为必然趋势，企业需要的是培养自己的媒体属性。很多企业为此开始进驻各个碎片化的社会化媒介渠道，管理者也纷纷上阵经营起自媒体。这是好事，但很多人误解培养媒介属性，把媒介作为简单的信息发布渠道，却未深思“媒体也要产品化”——冰冷的类广告灌输、自我夸夸其谈已不再有效。媒体即产品，将媒介传播本身视为一个需耐心打磨的产品，激发参与感，构建社群才是获得口碑引爆的关键。再简单点说，新媒体格局与传统媒体的根本不同在于认同。在新媒体格局下，唯有认同才能产生价值。没有认同，用传统媒体的方式饱和轰炸、喊破嗓门，都白搭。

其次，在社群上“一切关系皆渠道”。互联网出现之前，品牌厂商或者零售商需要通过不断地扩展门店来尽可能地接触目标消费人群，互联网的出现，打破了空间限制，使得人们可以足不出户就能够买到各种各样的商品。这样的商业现象就意味着一种商业逻辑的更迭——由抢占“空间资源”转换为抢占“时间资源”。时间资源即用户的关注度，当用户大规模向移动互联网、社交网络迁移的时候，品牌商和零售商也要逐渐转移自己的阵地。传统的实体渠道逐渐失效，取而代之的是线上的关系网络，这种关系网络更多地体现在微博、微信、论坛这样可以互相影响的社会化网络。小米手机通过小米社区和线上线下的活动，聚合了大量的手机发烧友群体，这些米粉通过这个社会化网络源源不断地给小米手机的产品迭代提供建议，同时又在不断地帮助小米做口碑传播，这群人就是小米的粉丝社群。今天讲社群，特指互联网社群，是一群被商业产品满足需求的消费者，以兴趣和相同价值观集结起来的固定群组。它的组成是“臭味相投”的消费者，它的特质是：去中心化、兴趣化，并且具有中心固定边缘分散的特性。

最后，在商业上“一切环节皆体验”。社群的背后不单是粉丝和兴趣，还承载了非常复杂的商业生态。究其根本原因，就是人的社会化的必然性。只是说现在我们关注的社群生态是基于商业和产品的，以互联网为载体跨时间和地域扩散。商业社群生态的根本价值，是实现社群中的消费者不同层次的价值满足。举一个比较容易懂的例子，我们以前居住只要有个房子就行了，但是竞争凸显，开发商想了一个妙招，卖房子之外还送你读小学，家里的院子里还有各类的商铺，有会所供你平时休闲娱乐，出远门还带个保姆帮你看房，通过这些来增加你买房和住房的附加值，慢慢地形成了一种生态系统，形成了一个生活和商业业态的闭环，这样的生态模式逐渐发展完善，为消费者提供多维度的服务，就变成了一个完善的商业体系。当下十分热门的“智慧社区”，就是基于这样的商业逻辑。万科、龙湖、远洋等地产商和物业管理公司，都在利用互联网的做法去改造传统物业，建立以住宅区居民为核心的商业生态，从而颠覆传统的物业管理商业模式，其本质也是一种社群商业模式。社群商业是一个具有增量思维的“微生态”，生态系统天然多样。在社群商业模式之下，内容如同一道锐利的刀锋，它能够吸引研究和满足用户的基础需求，切开一条入口，但它无法有效沉淀粉丝用户，社群就成为了沉淀用户的必需品，而商业化变现则是衍生盈利点的有效方式。三者看上去是三张皮，但内在融合的商业逻辑是一体化的。未来的商业是基于人而非基于产品，是基于社群而非基于厂商。社群商业本质就是用户主导、数据驱动的

C2B 商业形态，目前这种商业形态才刚刚开始而已。

从互联网角度来看，互联网经过这些年的不断发展，其衍生出的商业模式很多也很复杂，但从整体来说，大多数都包括以下四种商业模式，如图 3–8 所示。

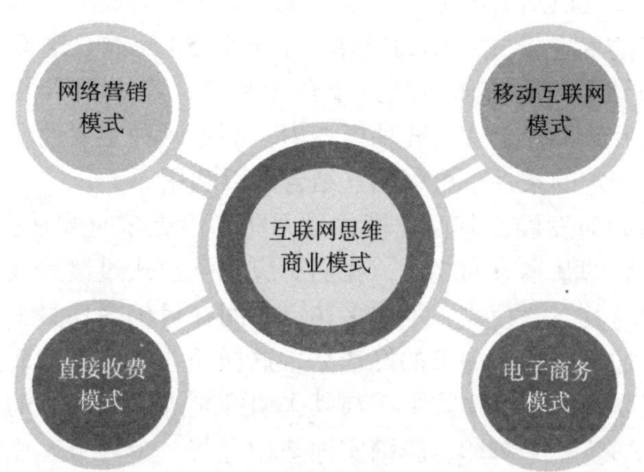

图 3–8　互联网思维商业模式

第一，网络营销模式。依靠在网络上出售广告服务，向个人和企业收取费用来实现盈利就是一种网络营销模式。这些年，中国互联网网络广告的市场也得到了飞速发展。特别是以主要互联网公司，包括新浪、腾讯、百度、搜狐等公司，它们当中有一部分很重要的收入模式还是来源于互联网广告。例如，新浪主要依靠很多知名品牌的广告，而百度的广告比较多的是来源于很多中小企业等，但这两者最终还是通过企业利用互联网进行网络推广来获得利润。

第二，直接收费模式。通过向用户直接收取服务费用，例如收费网络游戏。但现在我们发现，网络游戏未来也可能会利用广告投放来获得相应的收入，例如在游戏当中植入广告等。但从目前来看，主流的收费模式还是向用户直接收取游戏服务费用。

第三，移动互联网模式。通过向手机等通信设备终端用户收费。最典型的例子是电信运营商的 SP 业务（SP，也就是 Service Provider，意思是服务提供商，指的是在电信运营商提供的平台下通过彩信、彩铃、短信等手机增值服务盈利的机构）。尽管近年来 SP 业务有所下滑，但移动互联网的发展还是不断崛起，其中隐藏的各种机会都还是很大。

第四，电子商务模式。对于互联网的功能，很多人会有不同的看法，有的人把它当作一种媒体，有的人会把它当作一种工具，有的人则把它当作一个平台，这个产业的规模无论有多大，但关于互联网的商业模式才刚刚开始发展不久，尤其是在电子商务领域，例如单从这两年来看，各种电商平台异军突出，出售的商品琳琅满目。电子商务也是非常有潜力的一种商业模式，相信今后在很多的行业都会有发展的前景。

其实，总体来说，互联网发展的商业模式虽然层出不穷，但万变不离其宗。此外，我们还应该意识到：不是说简单的获利就是好的商业模式，只有可持续盈利的发展才是好的商业模式。比如说你路上捡到50元钱，这肯定不能算作一种商业模式，而应该是一种侥幸。从这个角度来说，在中国取得成功的互联网公司，其商业模式大致都在上述的四种模式内，而这四种主要商业模式之间也有着密切的关系，在一定的条件下可以相互结合加以利用。

无论互联网如何发展，其商业模式是方向，但更多时候是服务和商品本身。在确定互联网发展的基本方向之后，我们更应该从模式过渡到实践，不应该空谈商业发展模式，与其空谈模式，不如多花点时间在目标客户身上，深入挖掘客户的需求，做出更加符合用户需求的好产品，这样商业模式自然而然地会被客户接受。因此，在互联网的商业模式上，与其去研究别人已经拥有的成功模式，还不如从当下做起，一步一个脚印，脚踏实地地做好每一个环节，创造属于自己的互联网商业传奇。

商业模式理论模型专栏4　探路者：用互联网思维重塑商业模式

图片来源：www.diaoye.net.

一、公司介绍

北京探路者户外用品股份有限公司（以下简称“探路者”）成立于1999年1月，公司通过品牌塑造与推广、产品研发设计、营销网络建设与优化、供应链整合与管理，在全国建立连锁零售网络及电子商务销售系统。2009年10月30日，探路者在创业板上市，成为全国创业板首批28家企业之一（股票代码：300005）。

探路者以“打造卓越品牌，分享户外阳光生活”为使命，将品牌定位为“追求科技创新，为勇敢进取的人提供安全舒适的户外运动装备”，广泛采用新材料、新技术、新工艺，产品覆盖户外生活各个领域。

互联网快速发展给传统品牌发展提供新机遇。2014年，在探路者成立15周年之际，公司也揭开了战略发展的新篇章。在互联网思维的引领下，探路者明确了一系列战略新构想，多品牌战略持续深化发展；以战略性并购的新加坡Asiatravel网站为基础，搭建服务于全球户外运动和深度体验式旅行的服务平台；进一步加强户外垂直电商多元化、成熟化运营。一个品牌的发展，不只是赢在起点，更重要的是赢在转折点。

二、探路者用互联网思维构筑户外生态系统

探路者的新战略涉及在线旅游、电商 O2O、户外 LBS、智能穿戴等市场热点，从制造商转变为“户外整体方案服务商”，这对探路者来说是个艰难的切换，因为这是用互联网思维改造传统企业，在用平台思维改造一个传统企业。

在线旅游和电商 O2O 是最主要的战略方向，户外 LBS 以及可穿戴设备是这个平台生态链上的一环。户外消费者不仅需要公司所提供的户外衣服、背包，以及各种设备，还需要专业的社交、地图等服务，这就是制造商转变为“户外整体方案服务商”的前提。探路者之前在各大电商平台销售、微信游戏营销等方面就取得了很好的进展，在收购绿野网之后，探路者切入了广阔的户外在线旅游服务市场，这是 O2O 战略的重要推进。此外，探路者还成立了专门的户外旅游产品开发团队，进一步强化绿野户外活动的优势，4 月份海外旅游板块“绿野优品”即将上线；绿野网今年的目标是成为户外用户和供应商的应用平台，明年计划由北方向南方以及全国推广。未来基于该平台将吸引广大的户外爱好者，给客户提供户外活动所有环节的服务，获得平台收入、装备推荐分成、户外保险等增值服务，并通过该平台实现与客户的双向沟通，获得产品反馈，从而设计出更适销的产品，实现 C2B 的环节。

绿野网为户外爱好者量身定制的手机 GPS 软件“六只脚”是一款户外LBS软件，不同于功能同化的百度地图、高德导航等导航应用，“六只脚”行踪主要面向户外爱好者，满足驴友户外所需的记录、浏览、分享户外线路（GPS 轨迹），提供强大的 GPS 轨迹记录、便捷的轨迹分享，并与“六只脚”网站完美对接，可随时浏览网站上超过 5 万条的户外线路。从阿里巴巴全资收购高德地图，腾讯推出 SOSO 地图来看，基于地图的 LBS 是实现 O2O 战略必不可少的。“六只脚”现在主要是提供线路，但探路者有可能基于“六只脚”提供更多的 LBS 服务。

智能穿戴与户外活动具有天然的适配性，是除了 PC 端、APP 之外又一个重要的入口，而且未来市场空间巨大。去年“双十一”之际探路者推出了蓝牙智能手环，正式开始了智能穿戴的尝试，今年为智能穿戴成立了单独的事业部，足可见对这块业务的重视，而且探路者又一次走在了同行的前面。未来的智能穿戴将关注与其现有产品的融合，使客户黏性进一步提升。

三、结论与启示

探路者积极拥抱互联网，用互联网思维（用户体验、数据、互动）搭建了新的战略体系：“多品牌、户外旅行服务平台和户外垂直电商。”通过商品+服务+社区模式，三大战略有望打通，构建互联网思维下的户外生态系统；通过线上线下的平台，增强与用户的互动交流来挖掘用户需求；根据用户需求，探路者可以提供户外商品+户外旅行服务+户外增值服务的完整解决方案。公司还对组织架构进行事业部改革，按户外细分的领域以及两个新品牌划分六大事业部：徒步、旅行、登山、DISCOVERY、ACANU、智能穿戴，事业部制的改革更加贴近消费者需求，有利于激发员工的积极性和能动性。成功的商业模式、快速的市场反应和合理的产品定位，都助力于探路者更快地向前发展。

资料来源：作者根据多方资料整理而成。

第二节　商业模式的构成要素

由于不同的企业各构成要素不同，整合形式不同，也就决定了不同的企业有着千差万别的商业模式。有一万个企业就有一万种商业模式。事实上，谁也不能否认，无论偏僻山村的杂货店，还是繁华都市的巨型企业，无论传统的手工企业，还是现代化的 IT 公司，从最原始、最简单的组织，到最庞大、最复杂的机构，无一例外，都拥有自己的商业模式。

企业经营也有“道、法、术、器”四个层面，商业模式就是“道”，是商道的最高境界。如果企业总是沉湎在“法、术、器”里找出路的话，就会很辛苦，而企业只有以商业模式为王道。我们通常用模型来对现实各界中的复杂问题进行简单的、具有代表性的描述。模型使得我们可以抛开所有复杂的特点，直接理解个体的本质。从这个思路出发，我们可以抛开战略、过程、战略单元、规则等制度，以及工作流程和系统方面的复杂细节，直接给商业模式下一个定义，但是即使我们知道商业模式是一种简单的商业逻辑，我们依然需要用一些要素来描述这种逻辑。通过对现有的结果分析，我们认为有八大方面的要素可以帮助我们描述一个商业模式，具体如图 3-9 所示。

第一，核心竞争力。核心竞争力是公司执行其商业模式所需的能力，即企业或个人相较于竞争对手而言所具备的竞争优势与核心能力差异。核心竞争力是企业竞争力中那些最基本的能使整个企业保持长期稳定的竞争优势和获得稳定超额利润的竞争力，是将技能资产和运作机制有机融合的企业自身组织能力，是企业推行内部管理性战略和外部交易性战略的结果。现代企业的核心竞争力是一个以知识、创新为基本内核的企业某种关键资源或关键能力的组合，是能够使企业、行业和国家在一定时期内保持现实或潜在竞争优势的动态平衡系统。

第二，价值主张。价值主张是公司通过其产品和服务所能为消费者提供的价

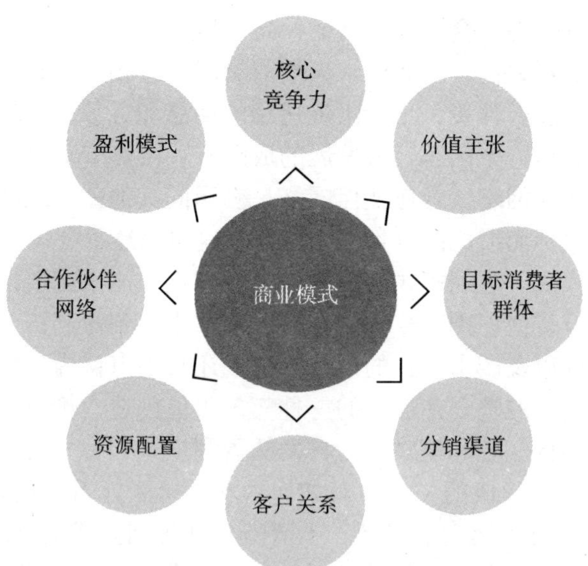

图 3–9　商业模式的构成要素

值体现了公司相对于消费者的实际应用价值。在蓝海战略中，价值主张是指企业或品牌所制定的蓝海战略，需要达到市场消费诉求的兴奋点，在满足市场诉求关注的同时，企业还需要获利。这里的企业获利，不是单方面的，是市场、企业、个人三方面可以获得的价值主张，包括公司通过其产品和服务所能向消费者提供的价值。价值主张确认公司对消费者的实用意义。品牌价值主张不仅包括提供给消费者的利益，而且还包括品牌对社会、对人等的态度和观点。消费者的利益可以通过调查得到。品牌对社会的态度和观点主要来自对社会行业潮流的把握。

第三，目标消费者群体。目标消费者群体是公司所瞄准的消费者群体。这些群体具有某些共性，从而使公司能够（针对这些共性）创造相应的价值。定义消费者群体的过程也被称为市场细分。

第四，分销渠道。分销渠道是公司用来接触消费者的各种途径，涉及公司如何开拓市场和实战营销策略等诸多问题。由于我国个人消费者与生产性团体用户消费的主要商品不同，消费目的与购买特点等具有差异性，客观上使我国企业的销售渠道构成具有两种基本模式：企业对生产性团体用户的销售渠道模式和企业对个人消费者销售渠道模式。

第五，客户关系。客户关系是公司同其消费者群体之间所建立的联系，具有多样性、差异性、持续性、竞争性、双赢性的特征。它不仅仅可以为交易提供方便，节约交易成本，也可以为企业深入理解客户的需求和交流双方信息提供机会。

第六，资源配置。资源配置指对相对稀缺的资源在各种不同用途上加以比较作出的选择。资源是指社会经济活动中人力、物力和财力的总和，是社会经济发展的基本物质条件。在社会经济发展的一定阶段，相对于人们的需求而言，资源总是表现出相对的稀缺性，从而要求人们对有限的、相对稀缺的资源进行合理配置，以便用最少的资源耗费，生产出最适用的商品和劳务，获取最佳的效益。资源配置合理与否，对一个国家经济发展的成败有着极其重要的影响。

第七，合作伙伴网络。合作伙伴网络是公司同其他公司之间为有效地提供价值并实现其商业目标而形成的合作关系网络，这也描述了公司的商业联盟范围。

第八，盈利模式。盈利模式是公司通过各种收入流来创造财富的途径，是对企业经营要素进行价值识别和管理，在经营要素中找到盈利机会，即探求企业利润来源、生成过程以及产出方式的系统方法。还有观点认为，它是企业通过自身以及相关利益者资源的整合并形成的一种实现价值创造、价值获取、利益分配的组织机制及商业架构。盈利模式分为自发的盈利模式和自觉的盈利模式两种，前者的盈利模式是自发形成的，企业对如何盈利、未来能否盈利缺乏清醒的认识，企业虽然盈利，但盈利模式不明确、不清晰，其盈利模式具有隐蔽性、模糊性、缺乏灵活性的特点；后者，也就是自觉的盈利模式，是企业通过对盈利实践的总结，对盈利模式加以自觉调整和设计而成的，它具有清晰性、针对性、相对稳定性、环境适应性和灵活性的特征。

以上八种要素决定了商业模式的制定和应用。凡是成功企业都是在一个有效的商业模式下运营的。只要对这些企业的商业模式系统地加以分析，管理者就会明白，这一模式是如何运用某些关键资源和关键流程，以盈利方式实现强有力的价值主张。在这一认识的基础上，他们就可以判断，是否可以用统一模式来有效地实现截然不同的客户价值主张，或者为了抓住机遇是否需要建立一个全新的商业模式，以及如何建立新商业模式。

商业模式理论模型专栏 5　外卖 O2O：“饿了么”的商业模式

一、公司介绍

图片来源：m2.ele.me.

“饿了么”整合了线下餐饮品牌和线上网络资源，用户可以方便地通过手机、电脑搜索周边餐厅，在线订餐、享受美食。与此同时，“饿了么”向用户传达一种健康、年轻化的饮食习惯和生活方式。除了为用户创造价值，“饿了么”率先提出 C2C 网上订餐的概念，为线下餐厅提供一体化运营的解决方案。

二、“饿了么”的商业模式

在业务结构方面，“饿了么”的主营业务是小店外卖，针对的用户以中低端用户为主，客单价在10~20元。未来，将涉足客单价更高的中端餐饮外卖。

“饿了么”的线下门店推广团队约有100余人，占公司总人数的一半左右。“饿了么”并未寻求第三方团队的帮助，在它看来，第三方团队虽然掌握大量线下资源，但团队的不稳定性会给自己带来巨大威胁。

在大区化推进上，“饿了么”的线下拓展方式并不是以城市为单位，而是以“大区为单位”，每个大区会有1~2人进行推广，同时配备数名短期兼职员工。目前，仅北京就拥有超过20个大区，而二三线城市中，一个城市就有10个左右的大区。

“饿了么”的物流配送模式与推广不同，在物流方面“饿了么”主要与第三方公司进行合作，如在北京，与“饿了么”主要合作的公司是美食送，在联合创始人康嘉看来，“饿了么”对物流的关心主要基于配送速度和食品保鲜程度来衡量。

“饿了么”的盈利模式并非依靠外卖抽成，而是主要依赖服务年费。一般一家餐饮店每年需要交5000元左右的费用。同时，对于希望在“饿了么”上进行搜索推广的用户，其同时会收取“排名费”。

三、未来的思考

进入中端餐饮：与淘点点、美团、大众点评涉足诸多O2O业务不同，“饿了么”目前下一步专注于外卖市场。康嘉表示，未来“饿了么”将逐渐渗入中端餐饮市场。目前，这一市场的客单价平均为30~50元，且利润很高。在切入这一市场后，“饿了么”将针对这一市场推出小范围的抽成盈利方式。

对会员体系的思考：会员体系是“饿了么”一直在思考的问题，目前的“饿了么”并未与商家在CRM会员体系层面进行打通。“饿了么”当下的主要接入方式是帮助商家在PC或移动端安装商家客户端。但这一系统并未与商家内的其他系统打通。

会员体系的构建目前正在讨论范围内，在切入更多商家后，相当于曾经是会员的用户在外卖中很难享受到优惠，这会造成用户体验的降低，最终导致用户流失。

相比其他餐饮O2O形式，外卖的用户留存率更高。同时，在O2O行业中外卖是最为本地化的一类产品。其用户的购买行为和购买数据均将其称为这一区域的O2O用户参照物。同时，外卖的模式相对清晰也相对“干净”，用户并不需要思考太多，便可完成下单。

资料来源：作者根据多方资料整理而成。

第三节　构建企业商业模式理论模型

我们要对一种商业模式进行分析，主要是从五个方面进行。五条路径决定了商业模式的框架，是商业模式理论模型的基本点。

根据上述对各种商业模式的解剖，加上对商业模式构成要素的分析，我们认为企业商业模式可归结为五大要素：企业定位、盈利模式、资源整合、平台战略、价值创造。正是由于这五大构成要素的有机组合，我们构建出了企业商业模式的理论模型，如图 3-10 所示。

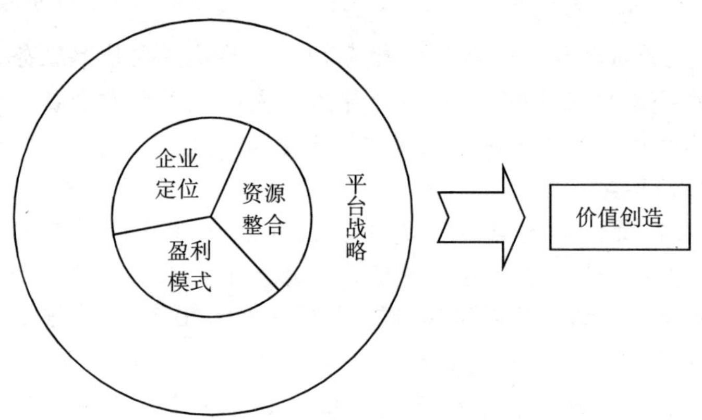

图 3-10　企业商业模式理论模型

第一，企业定位。企业定位是指企业通过其产品及其品牌，基于顾客需求，将其独特的个性、文化和良好形象塑造于消费者心目中，并占据一定位置。企业定位对于绝大多数的生产型企业还是一个模糊的概念，没有充分将其利用起来。从产品定位、品牌定位、企业定位三者的关系层次来看，一般企业定位要经历的过程是：从产品、品牌、企业定位三者一体化到三者分离，后者相对于前者越来越概括和抽象，越来越多地用以表现理念。

第二，盈利模式。盈利模式是企业的运营标的之一。盈利模式指按照利益相关者划分的企业的收入结构、成本结构以及相应的目标利润。

第三，资源整合。资源整合是企业战略调整的手段，也是企业经营管理的日常工作。整合就是要优化资源配置，就是要有进有退、有取有舍，就是要获得整体的最优。

第四，平台战略。平台战略的精髓，在于打造一个完善的、成长潜能强大的

“生态圈”。它拥有独树一帜的精密规范和机制系统，能有效激励多方群体之间互动，达成平台企业的愿景。综观全球许多重新定义产业架构的企业，我们往往就会发现它们成功的关键——建立起良好的“平台生态圈”，连接两个以上群体，弯曲、打碎了既有的产业链。

第五，价值创造。价值创造是指企业生产、供应满足目标客户需要的产品或服务的一系列业务活动及其成本结构。通过企业定位、盈利模式、资源整合形成平台战略，而平台战略的目标就是价值创造。对企业来说，价值创造主要体现在三个方面：经济效益提高、经营风险降低、扩展潜力增强；对于客户来说，价值创造就是消费体验提升、消费者满意度增强。

一、企业定位

一个企业从诞生起，就应该有自己的市场定位，市场定位简单地说就是确定销售场合和消费群体。销售本企业的产品是在南方市场还是在北方市场，是在城市市场还是在农村市场，是在大城市市场还是在中小城市市场。具体来说，市场定位的内容如图 3-11 所示。

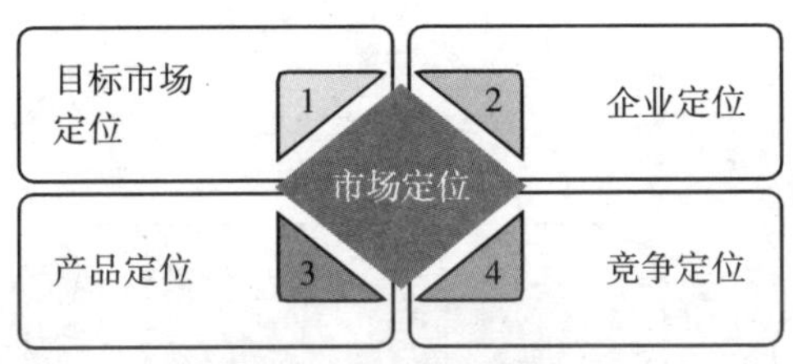

图 3-11　市场定位的内容

第一，目标市场定位。企业必须根据自身优势锁定确定目标市场。要注意企业过度分散资源最后导致企业在各个目标市场都未能有所建树的问题。

第二，企业定位（树立企业品牌）。企业销售的产品往往与顾客对品牌的认可起到重要的联系。认识产品实际上是从认可产品的品牌开始的。品牌定位必须以产品定位为基础，通过产品定位来实现。成功的品牌作为一种无形资产会与产品脱离而单独显示其价值。一个良好的企业形象和较高的社会地位不仅会得到消费者的认可，而且还会得到与企业有关的所有人员和机构的认可，包括供应商、批发商、零售商、政府、新闻机构等，企业活动所有的环节——产品、生产、推销、广告、价格等也都会对企业定位产生影响。

第三，产品定位。产品定位是某个具体的按照消费者的需求生产的产品。产品定位是所有定位的基础。因为企业最终销售出去的是产品，消费者对企业的认可也是通过产品作为媒介的，没有产品在消费者头脑中的鲜明形象就不用再谈品牌及企业在消费者头脑中的优先地位。例如当人们谈到计算机时，毫无疑问想到的是联想公司；谈到飞机，立即想到波音公司等。

第四，竞争定位。就是确定企业相对于竞争者的市场位置，企业要准确分析自身产品与竞争对手产品在成本及品质上的优势，以优势对劣势打击竞争产品，占领市场。

市场定位的关键是企业要设法在自己的产品上找出比竞争者更具有竞争优势的特性，如产品成本、品质及用性等优势。竞争优势一般有两种基本类型：一是价格竞争优势，即在产品同等质量的条件下比竞争者定出更低的价格。这就要求企业在原料采购、优化生产工艺及减少运营费用方面来降低单位成本。二是产品质量或使用性竞争优势，即能提供竞争对手所不能提供的品质或使用性来满足顾客的需求。例如信阳核工业恒达实业公司硅微粉产品在产品白度上达到国内第一，客户在初次见到产品时即产生好感，继而使用在涂料产品中更有利于产品颜色的调配。这就要求企业努力在产品原材料、生产工艺及产品后处理等方面做大量的工作以提高产品质量。因此，企业市场定位的全过程可以通过以下五大阶段来完成，如图 3-12 所示。

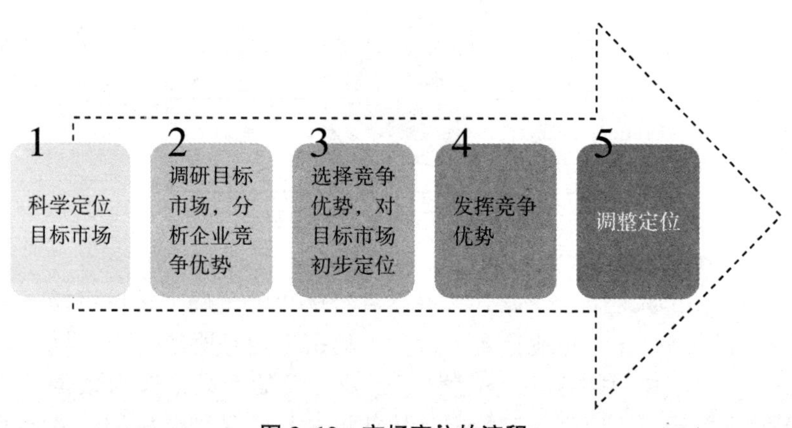

图 3-12　市场定位的流程

第一，科学定位目标市场。任何企业都没有足够的人力资源和资金满足整个市场或追求过大的目标市场，只有扬长避短，找到有利于发挥本企业现有的人、财、物优势的细分市场，才不至于在庞大的市场上瞎撞乱碰。企业必须根据其可生产的产品，由企业市场部调研选择产品的目标市场，这就必须深入分析目标市场的进入难度、目标市场对产品各技术指标的要求、目标市场竞争对手的获利情况、目标市场价格水平、目标市场的容量大小及回款情况等指标，进行分析，综合考虑，选择最适合企业的目标市场。

第二，调研目标市场，分析企业竞争优势。调研目标市场需要摸清：一是各竞争对手产品种类、价格体系及产品品质的优劣点；二是目标市场上客户对各产品种类的需求量。继而企业须根据调研的市场情况分析本企业产品以何种类、何卖点进入市场。这就需要企业市场人员做大量的工作，必须认真细致地对目标市场进行调研，与大量客户面对面进行交流和咨询，总结并分析有关上述问题的资料（调研数据必须精确周到，这是后续工作的基础），做出科学预测。

第三，选择竞争优势，对目标市场初步定位。竞争优势即企业能够胜过竞争对手的能力。选择竞争优势实际上就是一个企业与竞争者各方面实力相比较的过程，更是前期销售策略制定的比较决策过程。

企业应制定一个完整的比较指标体系，以保证准确地选择相对竞争优势，制定符合市场实际的销售政策。企业必须分析、比较企业与竞争者主要在技术开发、原材料采购、生产能力、质量控制（产品稳定性）、市场营销水平、财务制度六个方面的优势和劣势，从而选择最适合本企业的优势项目或其组合，以准确定位企业在目标市场的位置，为企业制定产品销售策略打下基础。

第四，发挥竞争优势。这一阶段的主要任务是企业要通过一系列的人员上门推销、网络宣传等销售活动，将其产品独特的竞争优势准确传播给潜在客户，让客户认知产品，打击竞争对手，以占领市场。为此，企业定位其一应区别并优于竞争对手，将企业竞争优势发挥到极致。其二应使目标客户了解并认同本企业的市场定位。

第五，调整定位。在准确定位目标市场和发挥竞争优势后，企业还应关注目标市场新产品或替代品的出现，即当竞争对手研发新的在价格、品质上对客户更有吸引力的产品；或替代品威胁，即替代品在价格或对客户产品性能提高上的竞争力。这就要求企业技术创新能力强，能够率先推出性能价格比较高的新产品，就可以在竞争中保持领先优势。否则应考虑调整定位企业目标市场或调整公司产品，增加产品用性，以满足客户不断的新的需求。

二、盈利模式

关于盈利模式，大多数文献仅是对一些成功企业的经营管理分析、归纳总结盈利模式所包含的内容、应满足的条件进行了说明，尚无一个明确的定义。一种观点认为，盈利模式是对企业经营要素进行价值识别和管理，在经营要素中找到盈利机会，即探求企业利润来源、生成过程以及产出方式的系统方法。还有一种观点认为，它是企业通过自身以及相关利益者资源的整合并形成的一种实现价值创造、价值获取、利益分配的组织机制及商业架构。

简单地讲，就是一件产品的利润有多少，整个企业的利润有多少。盈利模式是在给定业务系统中各价值链所有权和价值链结构已确定的前提下企业利益相关者之间利益分配格局中企业利益的表现。

因此，盈利模式就是企业赚钱的渠道，即通过怎样的模式和渠道来赚钱。盈利模式是企业在市场竞争中逐步形成的企业特有的赖以盈利的商务结构及其对应的业务结构，如图 3–13 所示。

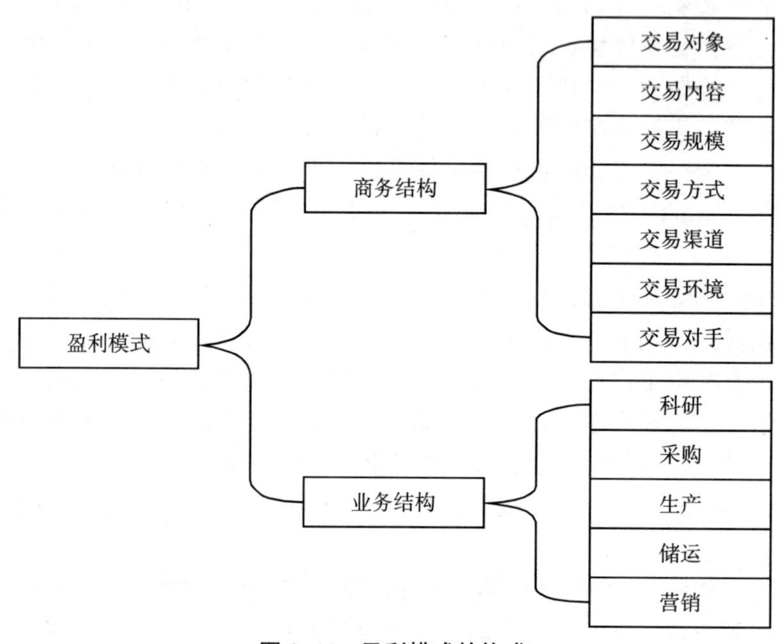

图 3–13　盈利模式的构成

企业的商务结构主要指企业外部所选择的交易对象、交易内容、交易规模、交易方式、交易渠道、交易环境、交易对手等商务内容及其时空结构；企业的业务结构主要指满足商务结构需要的企业内部从事的包括科研、采购、生产、储运、营销等业务内容及其时空结构。商务结构反映的是企业内部资源整合的对象及其目的，业务结构反映的是企业内部资源配置情况。商务结构直接反映的是企业资源配置的效益，业务结构直接反映的是企业资源配置的效率。

任何企业都有自己的商务结构及其相应的业务结构，但并不是所有企业都盈利，因而并不是所有企业都有盈利模式。

三、资源整合

资源整合是企业战略调整的手段，也是企业经营管理的日常工作。整合就是要优化资源配置，就是要有进有退、有取有舍，就是要获得整体的最优。资源整合是指企业对不同来源、不同层次、不同结构、不同内容的资源进行识别与选择、汲取与配置、激活和有机融合，使其具有较强的柔性、条理性、系统性和价值性，并创造出新的资源的一个复杂的动态过程。在介绍资源整合内涵的基础上，提出了企业资源整合过程模型，分析了企业资源整合能力，旨在为企业提供如何提升资源整合能力，进而增强企业竞争优势提供建设性建议。

按照企业之间整合资源的方式不同，可以把资源整合分为三种形式：横向整合、纵向整合和平台式整合，如图 3–14 所示。

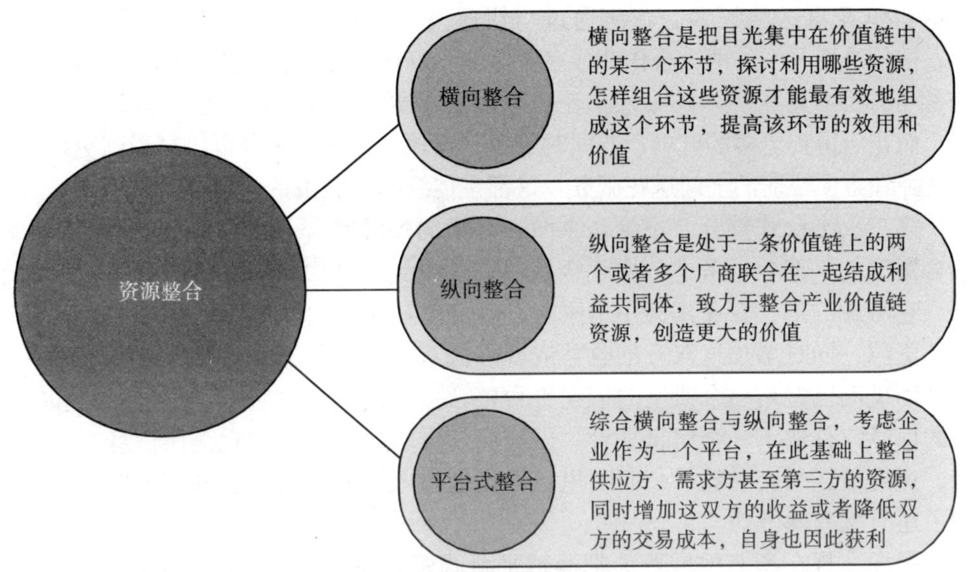

图 3–14　企业资源整合的形式

第一，横向整合。横向整合是把目光集中在价值链中的某一个环节，探讨利用哪些资源，怎样组合这些资源，才能最有效地组成这个环节，提高该环节的效用和价值。它与纵向资源整合不同，纵向资源整合是把不同的资源看作是位于价值链上的不同环节，强调的是每个企业要找准自己的位置，做最有比较优势的事情，并协调各环节的不同工作，共同创造价值链的最大化价值。横向整合的资源往往不是处于产业链内，而是处于本产业链外。

第二，纵向整合。纵向整合是处于一条价值链上的两个或者多个厂商联合在一起结成利益共同体，致力于整合产业价值链资源，创造更大的价值。

传统的“原材料供应—设计制造—产品分销”就是一条典型的纵向价值链，企业在其中要考虑的问题是：自己是否处于价值链上最有利的位置？自己是否在做最适合自己、最能发挥自己优势的工作？如果不是，自己在哪些环节上没有相对优势？应整合哪些具有相对优势的资源？又如何整合？

例如，按照传统的经营方式，花店从花农处采购鲜花，然后再卖给顾客，几十年来都是如此。但是，这并不意味着它是最好的经营方式。某花店放弃传统的经营方式，而与花农和快递公司结成战略联盟。花店作为一个鲜花的订购中心，顾客到这里订购鲜花（可通过网络或电话订购），花店记录下顾客订购的花的种类和数量以及顾客希望送达的地址和希望送达的时间。同时，把顾客需要的花的种类和数量信息发给花农，通知花农准备鲜花，然后把顾客订购的花的种类和数量以及顾客希望送达的地址和希望送达的时间等信息发给快递公司，由它从花农处取得鲜花再送给顾客。花店通过与快递公司的合作，整合快递公司的运输资源，把传统情况下的两方合作变成三方联盟。新的战略联盟大大扩展了生意量，每个参与方都获得了更多的收入：花农可以卖出更多的花，快递公司得到更多的生意，而花店得到更多的订单，并同时节省了运输成本，顾客也可以享受到更多的鲜花选择和方便快捷的上门送花服务，这都是传统的花店做不到的。

第三，平台式整合。不论是纵向还是横向资源整合，都是把企业自己作为所整合资源的一部分，考虑怎样联合别的资源得到最佳效果。平台式资源整合却不同，它考虑的是，企业作为一个平台，在此基础上整合供应方、需求方甚至第三方的资源，同时增加这双方的收益或者降低双方的交易成本，自身也因此获利。

阿里巴巴就是一个典型的搭建平台整合资源的例子。它整合了供应商和需求方的信息，打造了一个信息平台。供应商和需求商可以通过它交换信息、互通有无，达到最佳的交易效果，而阿里巴巴则通过收取服务费而盈利。类似的成功的例子还有携程网等。

同样，现在所有的展览会都通过平台式资源整合方式打造供求双方的平台，通过满足双方各自的需求而盈利。一个展会至少要整合三方面的资源：一是参展商；二是专业观众；三是为展会服务的服务商，如物流商、酒店、搭建商、保洁、安保、展馆、旅游商等。

四、平台战略

平台战略就是构建多主体共享的商业生态系统并且产生网络效应，实现多主体共赢的一种战略格局。平台生态圈里的一方群体，一旦因为需求增加而壮大，另一方群体的需求也会随之增长。如此一来，一个良性循环机制便建立了，通过此平台交流的各方也会促进对方无限增长。通过平台模式达到战略目的，包括规模的壮大和生态圈的完善，乃至对抗竞争者，甚至是拆解产业现状、重塑市场格局。

五、价值创造

价值创造成为企业发展的目标。价值创造对企业尤为重要，主要表现在以下两方面：

第一，价值创造是企业的战略选择。在市场经济中，价值创造应成为企业经营者的目标。价值创造涉及企业的经营理念、运行机制、功能结构等，渗透在企业的各项管理中。价值经营理念深刻影响着企业的发展。基于价值的管理对于企业捕捉商机、促进增长至关重要。优势劣势的转变是转眼间的事，衡量企业成功的标准是机会丧失的多少，不是一时赚钱的多少，因此企业最重要的是关注市场盲点，通过基于价值管理来增强捕捉市场机会的能力。

第二，加强对价值来源、价值创造问题的深入研究成为实践对理论提出的重要课题。唯有不断创造价值，企业才能在激烈的市场竞争中占据一席之地，得到持续发展。建立起以创造价值为根本的系统管理，用价值来衡量企业的经营管理成果，造就"生命型企业"，才是企业生存和发展的根本。因而，加强对价值来源、价值创造问题的深入研究成为实践对理论提出的重要课题。

综上所述，商业模式的五大要素并不是孤立存在的，而是在运营中相辅相成的。企业定位是商业模式的起点；盈利模式是企业成长的动力；资源整合是企业发展的保障；而平台战略是企业快速实现目标的捷径。最后，前四大要素都是服务于价值创造的，价值创造是企业的最终目的所在，也是商业模式的终点。这五大要素互为一体，都是商业模式变革中的一份子。

【章末案例】　　**汉得信息的商业模式创新**

图片来源：http://www.hand-china.com/cn/.

一、公司介绍

上海汉得信息技术股份有限公司（以下简称汉得信息）设立于2002年7月，经过多年的经营发展，汉得信息已成长为中国内陆人员规模最大、服务范围最广、客户群体最多的IT咨询服务公司之一，在ERP实施咨询领域具有较高的知名度和影响力。

汉得公司于2011年2月1日成功登录中国深圳交易所创业板市场（股票代码为300170）。汉得公司的成功上市，标志着公司进入了一个新的阶段，面对新的发展平台和目标，公司将进一步加强在人才招聘引进、培养及市场开拓等方面的力度，力争成为未来中国IT服务行业的领军者，为中国的信息产业培养更多更优秀的复合型人才。

二、经营运作

汉得信息的服务领域涉及企业信息化的各个方面，包括业务流程优化管理与 IT 规划、高端 ERP 软件（ORACLE 及 SAP 全线产品）实施、软件离岸外包开发（Offshore Developing）、信息系统长期支持维护服务、信息化应用产品培训、大型 IT 系统定制开发与信息系统集成等服务。

汉得信息研究、开发和生产计算机软件、信息系统和网络产品，从事信息系统和数据管理系统的安装以及信息系统的集成，提供技术开发、咨询服务以及与该服务相关的客户支援服务，提供整体企业信息系统解决方案，销售公司自产产品（其中涉及许可证经营的凭许可证经营）。

汉得信息是我国本土领先的 IT 咨询企业，多年来致力于为企业提供高端 ERP 实施服务，公司主营业务收入显示了良好的增长态势。公司拥有一支经验丰富、人员稳定的实施技术团队和一套国内领先的标准化实施服务体系。依托自身不断积累的行业经验与业务技术水平，公司可以针对客户不同的信息化需求提供 ERP 系统平台或者 ERP 系统中某几个功能模块，如 FIN（财务管理）、CRM（客户关系管理）、SCM（供应链管理）、HRM（人力资源管理）、PLM/PDM（产品生命周期管理）、EAM（设备管理）、PM（项目管理）等的实施服务。公司已成功为近 500 家来自于不同行业的公司提供 ERP 实施及外包服务，拥有松下电器（中国）有限公司、九阳股份有限公司、青岛澳柯玛股份有限公司、深圳中兴通讯股份有限公司、日立电梯（中国）有限公司、上海日立电器有限公司、中国国际海运集装箱（集团）有限公司、中国外运、五羊—本田摩托（广州）有限公司、佳通轮胎股份有限公司、美国铝业公司、北京医药集团有限责任公司、光明乳业股份有限公司、青岛啤酒股份有限公司、中国中纺集团公司、中国中钢股份有限公司、北京新浪信息技术有限公司、腾讯科技（深圳）有限公司、阿里巴巴（中国）网络技术有限公司、中国太平保险集团公司、广东发展银行股份有限公司、中国移动通信集团广东有限公司等众多优质客户。

首先，ERP 实施服务行业龙头企业。公司主营 SAP、Oracle 等高端 ERP 软件的实施服务，在国内行业地位领先。ERP 实施服务占总收入比连续三年超过 65%，且增长稳健。在最近三年，SAP 中国区软件收入一直保持较高的增速，公司的主营业务在未来依然能够保持坚实增长，为公司贡献稳定收入与利润。

其次，以显著优势切入供应链金融领域，创造发展良机。公司在供应链金融领域的核心优势在于——现有的客户主要为大型企业，供应链上企业数量繁多且资金流动量大。以大型企业为切入点，为其供应链上下游的中小企业提供基于供应链的资金服务，既能够利用核心企业对其供应链的控制力明显降低平台的推广成本，又可在核心企业的信用背书下明显降低信用风险。一旦顺利铺开，不仅能为公司打开巨大的市场空间，更能以低边际成本的平台化运营显著优化公司现有的盈利模式。

最后，外延式扩张主客观条件皆已具备，可使预期水到渠成。公司主营业务同行领先，客观需要外延拓展打破“天花板”。而且上市以来收购的标的体量整体偏小，因此收购意愿越发强烈。在并购方向中，企业认为向产业链上游的 IT 咨询和下游的企业应用及解决方案延伸是最有可能的并购方向。

三、从原有模式到大数据商业模式的转型

在信息化高速发展的今天，IT 咨询业已经成为将先进的管理思想、全新的商业模式与现代 IT 技术手段有机融合，推动企业提高信息化运作效率和最优商业目标达成的重要行业。

汉得信息原有的商业模式较为单一，在互联网并未普及的时代，汉得信息仅仅利用已有的产品为企业提供服务，没有实际应用大数据。对于国内企业而言，在大型设备与基础软件方面尚无法与全球 IT 巨头匹敌。不过，在应用软件、IT 服务的多个细分领域，国内企业已积累了客户基础与行业、项目经验，有望借大数据的兴起而获得增长助力。汉得信息是我国本土领先的 IT 咨询企业，多年来致力于为企业提供高端 ERP 实施服务。目前公司可以针对客户不同的信息化需求提供 ERP 系统平台或者 ERP 系统中某几个功能模块。在云计算、大数据等新技术推动下，更多的国内管理软件厂商将通过针对个性化需求，提供量身定做型服务，加快云计算布局等方式来突围。汉得信息具有高效的成长模式，具体表现如下：

第一，高端 ERP 服务龙头企业。“ERP 实施服务”是在企业 ERP 系统建设过程中，由专业的咨询顾问和企业项目人员协同运作，按照企业的实际需求提供的专业化和个性化服务。ERP 实施服务属于 IT 咨询的范畴，是连通标准化 ERP 产品与企业 ERP 需求之间的桥梁。

汉得信息主要针对 Oracle、SAP 等高端 ERP 软件提供实施服务。Oracle与SAP 的 ERP 软件产品是目前世界上功能最为全面、技术最为先进的高端 ERP 软件，公司提供的实施服务覆盖了全国范围的客户，并且涉及了各类行业专业领域。

公司在 Oracle 和 SAP 等高端 ERP 实施服务市场中均拥有稳定的客户基础。公司已成功为近 500 家来自于不同行业的公司提供 ERP 实施及外包服务，拥有松下电器、青岛啤酒、新浪、腾讯科技、阿里巴巴、太平保险、广东发展银行、中国移动通信等众多优质客户。

第二，IT 咨询业需求旺盛。ERP 软件的实施，不仅是 IT 纯技术的工作，更是一项管理改造的过程。对较复杂的 ERP 项目而言，实施周期一般在一年以上。因此，ERP 实施服务在 ERP 软件应用中占据着越来越重要的地位。

伴随全球经济的逐步回暖，行业用户自身业务收入将会出现稳步的上升，为其 ERP 等信息化投资提供了良好的基础条件。在全球金融危机的冲击下，后危机时代的企业日益认识到快速响应市场变化和客户需求、敏捷生产、降低成本、集团管控、流程规范、效率提升等在竞争中的重要作用，而 ERP 的投资可以辅助用户达成上述目标、提升综合竞争力，从而催生新 ERP 项目的上马和旧系统的升级，驱动全球 ERP 实施服务市场长期向好的趋势。

第三，募投项目扩大领先优势。募集资金投向“ERP 实施服务平台建设项目”、“海外 ERP 软件外包开发中心建设项目”、“应用产品解决方案项目”和“ERP 运维服务中心建设项目”，项目总投资约 3.12 亿元。募投项目一方面将进一步提高公司研发和创新能力，巩固在 ERP 实施服务领域的领先优势，提升 ERP 实施服务能力；另一方面将进一步提高公司在解决方案和外包开发等领域内的服务能力，拓展实施服务的业务范围，推动公司业绩的快速增长。

四、汉得信息商业模式创新路径

在新时代新背景下，汉得信息进行了大胆的创新，发力点就在于商业模式的创新上。汉得信息在战略定位、盈利模式、资源整合、平台战略、价值创造五个方面进行了商业模式的重构。

1. 战略定位

对于国内企业而言，在大型设备与基础软件方面尚无法与全球 IT 巨头匹敌。不过，在应用软件、IT 服务的多个细分领域，国内企业已积累了客户基础与行业、项目经验，有望借大数据的兴起而获得增长助力。

汉得信息是我国本土领先的 IT 咨询企业，多年来致力于为企业提供高端 ERP 实施服务。目前公司可以针对客户不同的信息化需求提供 ERP 系统平台或者 ERP 系统中某几个功能模块。

从公司所处的行业基本面看，市场研究机构 IDC 发布的报告显示，去年全球软件行业总收入同比增长 3.6%。IDC 认为，数据表明全球软件行业正步入更为保守的增长期，预计今年全球软件行业收入增速为 5.7%。IDC 预计，协作应用将是未来几年软件行业收入增速最快的一个类别，此类软件中，云计算产品的生产量将超过其他软件类别，这也是一个新的软件投资热点。IDC 称，在 2012~2017 年，结构性数据管理软件的五年复合增长率将达到 9.3%，是所有软件类别中最高的。数据管理是信息驱动经济的核心组成部分，在大数据分析的具体实施上发挥着关键作用。

在云计算、大数据等新技术推动下，更多的国内管理软件厂商将通过针对个性化需求，提供量身定做型服务，加快云计算布局等方式来突围。汉得信息具有高效的成长模式，其大数据商业模式将给公司带来巨大成长空间。

2. 盈利模式

汉得信息的盈利模式是出售服务。自 2012 年第四季度开始，汉得信息陆续接到一些大型国企的订单，而在以前，大型国企的 ERP 实施大多交给国际厂商，这也印证了在经济下滑环境中，客户对性价比的重视和公司竞争力的提升。2014 年上半年，公司在国企客户的开拓仍然保持了良好的势头。

诸多信息显示，汉得信息正酝酿并购整合以加速扩张。公司在今年一季报中提出，会从发展战略规划角度出发，适时进行收购兼并，实现扩大业务规模、补充现有业务空白等战略目标。

在经营上，公司的另一看点是海外市场。2014 年 6 月底，汉得信息网站披露，日本子公司与日立 Solution 合作，利用 OracleEBS 系统为 NTLTechnology 实施会计、销售、采购和生产管理系统。公司网站称，今后将以本案作为实际成果，向日中企业提供低成本且短交货期的系统构建服务解决方案。

战略性订单作为标杆案例推广，是服务型公司的典型业务模式。历史上，汉得信息曾获得华为、阿里巴巴、中纺集团等标杆案例，并成功复制至各自行业的多家企业。

IT 咨询服务业务需要对客户有很深入的了解，在交付过程中厂商的咨询顾问与客户的员工长期面对面处于同一工作场所，因此 IT 咨询服务在客户关系和满意度上拥有很强的正反馈效应。这种极强的正反馈效应最终铸就了 IT 咨询服务极高的用户黏性，再加上汉得信息近乎 100%的老客户续约率，IT 咨询服务本质上是一项永远做不完的业务，公司因此构筑了一种雪球式的成长模式：老客户业务不断，每年的新客户到第二年就变成了老客户，一层一层覆盖，最后业务规模越滚越大。

3. 资源整合

公司多年来专注于发展高端 ERP 实施服务业务，各项主营业务均围绕 ERP 实施服务展开，业务分类清晰，重点明确，经过多年的发展，在该领域内已具有较强的竞争优势。公司在行业中的竞争优势主要体现在：

第一，服务经验优势。公司立足服务业务多年，有大量的服务经验，可以及时合理地为客户提供服务。公司长期从事 ERP 实施服务业务，自成立伊始，公司就非常重视 ERP 实施服务实施方法论和解决方案的系统总结和应用，并通过有序引进、持续培训等方式逐步完善项目服务团队，为项目的正常运行和质量提供保障。

第二，客户资源优势。公司提供的实施服务覆盖了全国范围的客户，并且涉及了各类行业专业领域。自公司成立以来，始终坚持贴近客户的策略，通过优质和全面的服务与客户建立了长期的合作关系。公司在 Oracle 和 SAP 等高端 ERP 实施服务市场中均拥有稳定的客户基础。

成立至今，公司已成功为近 500 家公司提供了 ERP 实施服务。公司发展初期以制造业客户为主要实施服务对象，在制造业内形成了较强的品牌影响力。在随后发展过程中逐步实现了客户群体的拓展，在其他众多行业内也树立了良好的品牌形象。

第三，人力资源优势。作为具备人力资本密集特性的现代高科技服务类企业，公司十分重视企业文化的建设，积极倡导“Better Experience，更好体验”的经营理念，构建企业感恩文化，努力为客户提供更好的服务体验，为员工提供更好的工作体验。通过实施经验的积累和标准化实践，公司在人才梯队建设方面取得了良好成果。公司在人才招聘、人才培养和激励等方面采取了一系列的措施，包括：核心员工拥有企业的股权，使其得以共享企业发展带来的收益；具有完善的培训与考核体制，为人才的进一步发展提供良好的平台；加强企业文化建设，为员工提供良好的工作氛围。

通过上述一系列措施的实施，公司的高级顾问和核心员工的稳定度高，新进员工的成长速度快，为企业的持续发展提供了有力的保障。

4. 平台战略

汉得信息在大数据时代构建了服务平台，包括融资租赁行业解决方案、金融保险行业费用管控解决方案、医疗行业解决方案、大型制造行业解决方案、贸易行业解决方案、保险行业解决方案、电信运营行业解决方案、玻璃行业解决方案、机械行业解决方案、流通行业解决方案、建材陶瓷行业解决方案、汽车制造行业解决方案等。

在汉得信息的服务平台上，企业可以各取所需，极大地方便了各企业对自己所需服务的定位，使之拥有更好的服务体验。

5. 价值创造

公司持续专注 Oracle、SAP 高端 ERP 软件的实施服务，在本土实施服务商中建立了领先优势。公司实施服务主业稳健发展，支撑业绩较快增长。2007~2014 年，公司营业收入年均增长 27.2%，归属母公司股东的净利润年均增长 27.4%。

汉得信息在不断给客户创造价值的同时，也实现了自己的价值增值。首先，汉得信息获得了较高的营业利润，这也为汉得信息的后续发展提供了充足的资金支持；其次，汉得信息创造了自己的品牌价值，客户是最好的广告，汉得信息拥有一大批稳定客户，这些客户又会不断给汉得信息带来优质的客户资源，逐渐形成了汉得信息的品牌价值；最后，汉得信息实现了社会价值，汉得信息在自身发展的同时，不忘为社会做贡献，使自己与社会同进步。

五、结论与启示

汉得信息依靠文化与客户满意度打造的本土IT咨询龙头企业：汉得信息目前已成长为中国本土人员规模最大、客户群体最多的IT咨询服务公司之一。总结其成功经验，有以下几点：

第一，把握时代潮流。当今时代，互联网技术飞速发展，大数据、物联网、云计算等新技术不断出现，这也是企业的机会所在，信息产业链是未来掘金主流。汉得信息成功的关键在于把握住了时代的潮流，其立足于大数据产业链的服务端，具有战略眼光。

第二，创新商业模式。商业模式决定企业的运行模式和盈利模式，好的商业模式是成功的前提。汉得信息的商业模式与大数据紧密结合，摒弃以前单一的商业模式，将这一全新的大数据商业模式发扬光大，也使自己立于不败之地。

第三，发展平台战略。平台战略是汉得信息成功的捷径，平台战略的精髓，在于打造一个完善的、成长潜能强大的“生态圈”。它拥有独树一帜的精密规范和机制系统，能有效激励多方群体之间互动，达成平台企业的愿景。综观全球许多重新定义产业架构的企业，我们往往就会发现它们成功的关键——建立起良好的“平台生态圈”，连接两个以上群体，弯曲、打碎了既有的产业链。

资料来源：作者根据多方资料整理而成。

【本章小结】

本章首先主要介绍了现如今各种流行的商业模式，其中包括传统商业模式和非传统商业模式，而非传统商业模式又以物联网商业模式、大数据商业模式、云计算商业模式、互联网思维商业模式最为重要，也最为前沿。其次我们又介绍了商业模式的构成要素，其中包括核心竞争力、价值主张、目标消费者群体、分销渠道、客户关系、资源配置、合作伙伴网络、盈利模式八种。最后是本章的又一重点——商业模式的理论模型，我们一般从企业定位、盈利模式、资源整合、平台战略、价值创造五个方面进行分析。只有从理论模型出发，结合实际，企业才能找到适合自己的商业模式。

【思考题】

1. 传统商业模式和现代商业模式的区别在哪些地方？

2. 云计算、物联网、大数据和互联网思维四大现代商业模式各有哪些特点?
3. 现代商业模式之间有没有内在联系?
4. 轻资产商业模式有什么好处?
5. 企业商业模式构件的要素有哪些?
6. 平台战略为什么会成功?优势在哪里?

第四章 企业定位

【学习要点】

☆ 了解企业定位的含义；

☆ 准确把握企业定位；

☆ 理解构建用户思维；

☆ 掌握互联网产品。

【章首案例】 正益无线：用互联网思维做企业移动平台

图片来源：www.3g2win.com.

如今，业务管理移动化不再是个“狼来了”的口号，移动技术、移动信息化正在给企业管理模式、运营模式带来革命性的变化和创新。在这波移动浪潮的变革中心，以正益无线 AppCan 为代表的移动技术与应用平台提供商犹如 IT 产业链里冉冉升起的新星，它们理念前沿、技术先进，更为重要的是没有传统软件企业的旧有思维模式和思想包袱，能够轻装上阵为广大开发者和企业提供移动技术与服务。为此，让我们来了解一下正益无线 AppCan 的成长之路及其给市场带来了怎样的期望。

一、移动技术基因

20 世纪 80 年代，大哥大作为移动通信的鼻祖发明上市，手机通话是那个年代唯一的通信需求，此后随着短信、彩信、运营商网络的接入，特别是智能手机的发展，手机的功能与应用开始变得丰富起来。在此背景下，从手机软件设计起家的正益无线 AppCan 创始人王国春，敏锐地嗅到了支撑智能手机功能运行的软件平台在将来会有非常广阔的市场。

在大家的视线被 IOS 和 Android 吸引的同时，王国春所想到的问题是：该怎么把这两个平台交互使用呢？王国春看到，如此多的智能操作平台不可能同时支持所有各款机器。凭借其对手机操作系统的深入了解，再加上多年的手机浏览器引擎开发经验，2009 年底王国春在北京中关村创立了正益无线（www.3g2win.com），开始着手研发跨平台的移动应用开发系统。到 2010 年下半年，这套跨平台移动应用开发系统雏形推出，面向个人及各种组织团队开发者提供 B2D 跨平台移动应用开发工具，帮助广大的移动开发者降低 APP 开发门槛，高效快速地开发移动应用，并且提供一系列增值服务。这款工具在 2011 年被正式命名为 AppCan，如图 4-1 所示。

图 4-1　正益无线：AppCan 企业移动技术专家

二、互联网思维

在 AppCan 的推广运营上，正益无线团队走的是要为开发者降低开发门槛和投入成本、向广大开发者免费提供移动应用开发工具的互联网思维路线，“我的梦想就是要免费帮开发者做移动应用。”当时王国春的这种前瞻性做法被行业内人士、投资者们认为是几近疯狂，不可理喻。然而，正是他独特的互联网战略思维运作，AppCan 继承了互联网的开放、免费精神，迅速在互联网上吸引了 20 万人次的开发者，开发出了如税务通、新华时讯通、在丽水、华山论剑、饭统网等近 20 万款的移动 App，AppCan 一跃成为迄今为止中国最大的移动开发社区与交流平台，为随之而来的企业级移动市场形成了扎实的技术积累和良好的口碑传播。

三、市场契机

前期正益无线用互联网模式推广 AppCan，为正益无线积累了大量的开发者资源，实现了产品策略的不断优化升级。但是，开发者这条线的商业模式始终是一个长远的、战略性的布局，短期内无法实现商业利润价值的增长。随着互联网的发展，企业的管理模式与业务模式也将从信息化时代向移动信息化迈进，移动化管理将会在 IT 产业中掀起一轮创新性的变革。正益无线牢牢地抓住了这一发展契机，提出了自己的移动平台战略定位——AppCan MEAP 面向未来的标准化企业移动应用平台。

自2012年下半年起，正益无线正式推出AppCan MEAP面向未来的标准化企业移动应用平台，在三家市场主流的移动平台厂商中，AppCan MEAP作为本土移动技术的代表，同时也是中国混合模式移动应用技术的倡导者和领导者，其接受程度高，使用用户广，牢牢把控企业市场领先地位。对比依赖国外技术的IBM和SAP，AppCan MEAP更适合本土企业的市场需求和选择。其提供的企业移动整体解决方案AppCan MEAP能综合解决企业面临的移动化难题，包括移动应用的开发问题、移动应用的管理问题、与企业后端系统集成的问题以及移动互联网可能给企业带来的安全风险和隐患管控问题，可以最大限度地减少企业移动化的投入，具有良好的扩展性和向后兼容的能力。

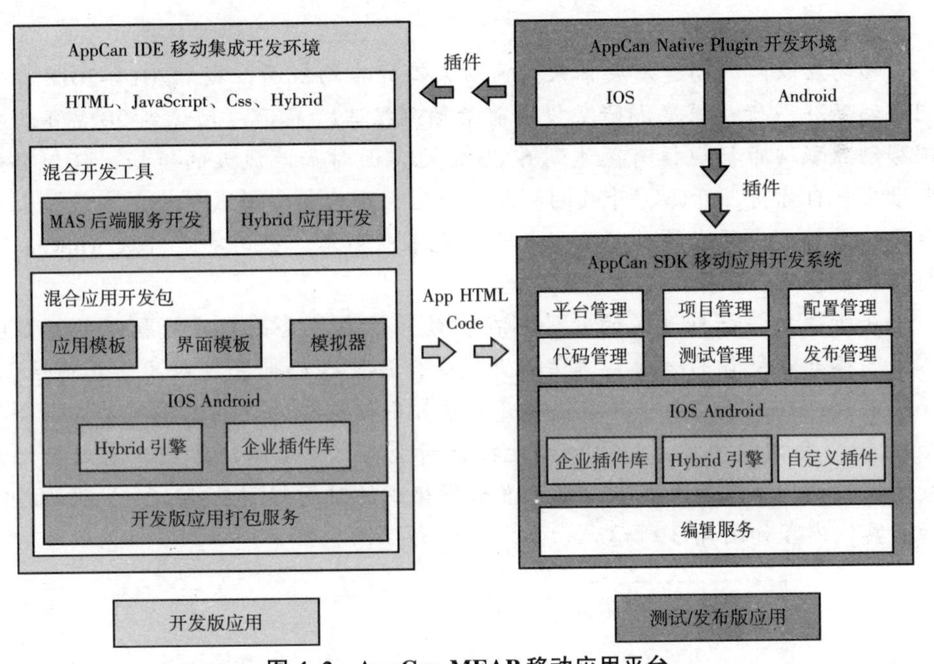

图4-2 AppCan MEAP移动应用平台

AppCan MEAP移动平台（见图4-2）在时机上恰到好处，从商业模式上则可以很好地借鉴原有的信息化模式。这套AppCan一体化企业移动平台能帮助企业从移动化战略上整体规划布局，“一站式”解决企业在移动应用开发、管理、运维、安全等方面面临的一系列问题。AppCan MEAP目前已经成功应用于金融、航空、政府、石化、传媒、物流等部门和行业，并且与政府、运营商和大型央企建立了良好的合作关系，帮助国内企业走在移动信息化的前列。

四、标准化移动平台

正益无线“一个移动信息化战略”的实施，造成了各种移动应用开发商、移动平台技术提供商、移动安全提供商、终端厂商、企业移动应用商店等供应链的壮大，导致企业对供应商的管理难度加大，系统运维管理更加复杂，技术标准不统一，从而产生一系列的安全风险与管理隐患，直至被供应商“绑架”，甚至迫不得已推倒重来。针对这种情况，王国春提出了“标准化移动平台战略”，新一代的标准化移动平台思路可以帮助企业提前进行规划部署，提前对意外的突发状况或业务经营上的扩展需求进行处理，这样不仅可以大大地帮助企业 IT 部门降低成本，还能方便企业后续管理需求上的迭代更新、功能的无限扩展，以及运营与维护的灵活进行。

五、AppCan 升级

移动互联网的高速发展带来了前所未有的市场机遇，据《2014~2018 年中国移动互联网行业深度调研及投资前景预测报告》显示，预计到 2017 年，中国移动互联网市场规模有望达到 6000 亿元。面对如此庞大的市场，任何公司都很难独自称霸，开源、开放的机制是社区、平台抑或是软件公司发展壮大的前提。面对时代的发展趋势，正益无线也不敢懈怠，公司决定升级 AppCan 来打造基于移动云服务的开源开放平台。

众所周知，标榜开源的软件不在少数，但多数企业只开放粗糙的基础版本，高举开源免费的大旗“绑架”开发者，致使代码部署成本高、复用性低。而在未来，AppCan 3.0 将要提供的开源服务则使包含的样例源码库不仅融合了 AppCan 多年的技术积累，更创新地提出新型富客户端解决方案，有效简化开发调试流程，降低部署成本，让开发者用极少的时间辨别功能、源代码的适用性。具体内容如图 4-3 所示。

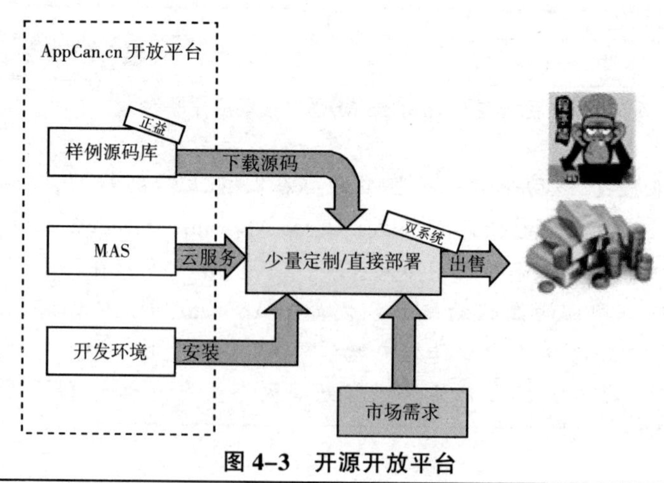

图 4-3 开源开放平台

开源、开放将是 AppCan 的重要标签之一，全面开放插件资源并支持开发者自定义插件的上传、扩展只是 AppCan 的第一步，接下来将打造云生态的移动 PaaS 平台，形成针对开发者的插件资源交互、云推送、云打包的应用商城，并且将聚合微信、云存储等一系列互联网能力资源服务开发者。AppCan 的终极目标是打造移动应用开发生态圈，为开发者提供一个完整的移动应用开发生态系统，而 2014 年 4 月初携手阿里云聚无线只是一个开始。

总之，选择一个能引领业务、稳如磐石的平台，实际上是选择了一个帮助企业发展创新的可靠伙伴。所以说，企业布局移动化战略顺应了信息化发展的趋势，而标准化的移动平台则是企业跑赢趋势、跑赢市场的关键。

资料来源：作者根据多方资料整理而成。

商业模式是企业经营的根本，而企业定位是构建企业商业模式的起点。为此，企业商业模式首先要解决的就是企业如何定位的问题。当前，企业所处的环境越来越动态多变，企业竞争日趋激烈，这就要求企业在所处的产业环境中找到自己的合适定位。

第一节 新形势下的产业选择

城市化、工业化以及由此引起的消费升级和产业结构演化，是我们当前考虑投资的主要背景，而这种升级和演化必然促使中国向大国经济路径迈进。实体经济的繁荣必然会导致一定阶段内的本币重估，以此缓解中国内外经济的不平衡；与此同时，经济的工业化、城市化适应性调整也会造成资源要素价格的重估，这是我们考虑产业选择的两个短期性因素。

第一，各产业发展将出现分化。从产业层面考察，不同行业应对通胀上升和本币币值走强的能力是不同的。在国民经济中处于不同领域的行业，如上游、中游和下游，其应对能力显著不同。上游行业在通胀过程中处于相对有利的地位，而中下游行业则明显处于弱势，当然，如果中下游行业能够通过产业并购重组实现产业链的横向和纵向整合，将大大增强其竞争力。或者，如果上市公司能够通过技术创新提高产品质量或实现成本节约，也能够在通胀上升和本币升值走强的背景下获得持续增长。

第二，明确价值链与企业竞争的关系。一件产品的价值是由整条价值链所创造的，因此产品的竞争力实质上体现了整条价值链上各个环节的整体竞争力，也就是企业的竞争力。通过对企业活动价值链的分析可以看出，企业的价值活动中，并不是每一环节都创造价值，实际上，只有某些特定的价值活动才创造价值。这些真正创造价值的活动就是价值链上的战略环节，即形成企业竞争优势的环节。企业要保持竞争优势，就是要保持价值链上这些特定战略环节的优势。企业对战略环节的控制可以采取许多形式。既可以是控制关键原材料、控制关键人才，也可以是控制关键的销售渠道、关键的市场等。例如，在很多靠特殊技能竞争的行业，如表演业、体育业等，竞争优势通常来自于对若干关键人才的控制；在很多靠产品特色竞争的行业，竞争优势往往来自于对关键技术或原料配方的垄断；而在高科技产品行业，竞争优势则来自于对若干关键生产技术的控制。

第三，关注不确定性因素。当然，在产业选择的过程中，我们需要关注宏观调控政策，特别是货币政策变化对各个行业带来的持续影响。尤其是在各种资产价格处于相对高位的情况下，波动性将更为频繁，这就要求我们对各个行业的安全边际有足够的认识。

第二节 企业定位

对企业而言，明确自身定位才是构造大厦的根基，可是现实的情况却是很多企业只要什么赚钱就做什么，或者不管是什么都做。殊不知什么都做的企业反而什么都做不好，因为它们没有给自己一个准确的定位。人们生活水平的提高导致人们的需求呈现出多元化的特点，市场不断饱和，产品愈加细分化，从而使得企业的竞争环境日益激烈，这就要求企业在市场环境中找到自己的合适定位。

一、企业定位的定义

“定位”这一术语最早出现于《产业营销》(Industrial Marketing) 杂志 1969 年 6 月号的一篇论文。1972 年，美国《广告时代》杂志约请年轻的营销专家 A.里斯 (Al Ries) 和 J. 特劳特 (Jack Trout) 撰写了一系列有关营销和广告新思维的文章，总标题就是《定位的时代》，并提出了定位理论。系列文章刊载之后，引起全行业的轰动，开创了一种新的营销思维和理念，被评为有史以来对美国营销影响最大的观念。里斯和特劳特认为，定位是指要针对潜在顾客的心理采取行动，即要将产品在潜在顾客的心目中定一个适当的位置。定位理论的最大贡献在于指出潜在顾客的心智是市场竞争的终极战场，进入心智远比进入市场重要，由此开创了营销理论全面创新的时代。40 多年来，定位理论随着市场环境的演变在不断升级和发展。1976 年，John P. Maggard 分析了内部定位、外部定位、迎头定位以及社会责任定位等概念范畴，并借助大量案例证明定位是与营销战略相关的一种指导方法或手段。菲利普·科特勒在 1980 年为《定位》一书撰写前言时，即申明了“定位”的意义，即定位是存在于 4P 组合之前的环节，影响着所有后续步骤，包括营销、传播、广告，定位是一种战略性的营销活动。他认为定位是对公司的产品进行设计，从而使其能够在目标顾客心中占有一个独特的有价值的位置的行动。之后的数年，学术界关于定位的理论日趋深入，2001 年，定位被美国营销协会（AMA）评为有史以来对美国营销影响最大的营销理念。定位理论也在企业界和学术界得到了前所未有的追捧，学者们在这一时期采用实证研究的方法对企业定位的具体操作程序进行了验证，一些学者还将企业定位与其他新兴的营销理念相结合，取得了新的研究成果。

企业定位（Positioning of Enterprise）是基于客户需求与自身的客户价值能力，通过企业自身产品与品牌塑造，希望自身或品牌在消费者心目中占据的形象、特征、意识反馈及价值定位。例如，丰田汽车公司以一系列高端、中端、低端品牌产品和卓越的品质与服务，在消费者心中形成了实力强大的高端、中端、低端世界级卓越品牌汽车生产提供商的形象。又如，宝洁公司通过其一系列、多品牌的清洁洗护用品，在消费者心中形成了实力强大的世界级卓越日用工业品生产制造商的形象。

我们正处在一个变革却对变革的走向捉摸不定的关口，所有行业和企业都面临着商业模式的重新定位，为了企业的生存，跨界往往是无奈之举，尽管这其中也有主动的成分。

企业定位专栏 1　　去哪儿网：定位搜索平台

图片来源：www.Qunar.com.

一、公司介绍

去哪儿网（www.Qunar.com）总部位于北京，于 2005 年 5 月由庄辰超与戴福瑞（Fritz Demopoulos）、道格拉斯（Douglas Khoo）共同创立。作为中国第一个旅游搜索引擎，去哪儿网首次使中国旅行者能够在线比较国内航班和酒店的价格及服务。2009 年 10 月艾瑞咨询的报告称，去哪儿网的季度总访问次数以 33.7%的份额在同业排名第一。此外，根据 2013 年 1 月艾瑞监测数据，去哪儿网以 7474 万人次/月高居旅行类网站榜首，移动客户端“去哪儿旅行”更是拥有超过 3400 万的激活用户量。

互联网能让人们在出行前完成行程检索，但移动互联网的出现却给旅行者带来了深刻变化。有调查显示，40%的商务旅行者使用移动设备来获取在线旅游信息，且同比增加了25%。过去几年里，已经出现了许多与旅游相关的信息服务，一些航空、酒店及其他旅游产品可以在无线互联网上被检索到，并可以直接预订。美国在线旅游公司Priceline的CEO Jeffery Boyd表示，手机应用是目前旅游业最好的发展机会。旅行的移动性和随机性决定了手机无线应用在旅行途中必不可少的作用，而随着3G市场的不断膨胀，预计未来三年内将有30%的中国手机用户利用无线互联网获取旅行信息服务。移动旅游搜索、预订业务正在成为旅行预订网站的又一个资源争夺点和利润增长点。

二、去哪儿网与百度的“联姻”

既然在线旅游已经成了互联网巨头们觊觎的是非之地，去哪儿网凭什么吸引投资人呢？首先不得不提去哪儿网本身就背靠着中国的搜索巨头百度。

2011年6月24日，中国领先的旅游搜索引擎去哪儿网与领先的中文搜索服务提供商百度共同宣布，双方达成一项深度战略合作协议，去哪儿网获得百度战略投资3.06亿美元，百度将成为去哪儿网第一大机构股东。去哪儿网将和百度在全线产品线和品牌方面保持紧密合作，共同推动在线旅游的蓬勃发展。

3.06亿美元投资可以说是在线旅游领域最大的一笔战略投资，也是百度投资历史上最大的一笔战略投资。据悉，除了现金投资外，深度战略合作还包括各项很有价值的商务框架。获得投资后，去哪儿网仍保持独立运营，维持原有的战略方向，继续大力开拓中国在线旅游市场，加大对酒店、酒店团购及重塑酒店在线营销格局的投入。

与百度通用搜索采用的全文搜索技术不同，去哪儿网的机票、酒店价格等信息采用了实时搜索技术，是目前世界上实时搜索应用最优秀的旅游网站。此外，去哪儿网酒店搜索结合了地理位置搜索、房型搜索，甚至混合了关键词意图识别、全文搜索、混合排序等手段，也是目前最智能的旅游搜索技术。

去哪儿网与百度在某种意义上非常相似，都是媒体平台类型的网站。百度是通用搜索，是网民上网的入口，而去哪儿网在旅游领域提供更精准的搜索结果，是通用搜索的有力补充。去哪儿网和百度的合作能够为网民提供更加便捷、精准的旅游服务和旅游产品。

图4-4 去哪儿网与百度的搜索合作

目前，去哪儿网的无线 WAP 网站（m.qunar.com）推出了目的地搜索功能。去哪儿网无线业务副总裁谌振宇表示，手机去哪儿网目的地搜索功能可提供多达 2.4 万个国内、国外目的地景点搜索，覆盖了最全面的景点信息，并可按照出行方式、休闲方式、景点类型、适宜人群、季节月份等条件进行筛选，使移动旅游搜索更加人性化和个性化。去哪儿网还提供了丰富的目的地点评，实现信息透明化，并给出行人以参考。同时还提供了基于位置的目的地搜索，方便用户实时查询景区。用户通过手机可享受与 Web 版同样品质的服务，并体会不一样的移动感受。此外，此次新增功能还实现了机票、酒店、目的地搜索与行程管理的结合，用户在搜索机票、酒店、目的地后可以直接添加到“我的行程”中。这是国内第一家提供基于地理位置（LBS）的景点搜索功能以及行程管理功能的手机网站。

去哪儿网是国内最早开展无线业务的在线旅行网站之一，手机版去哪儿网整合了旗下所有优势产品，向手机用户实时、全面、准确地提供特价机票、酒店、火车等比价搜索，用户可以轻松搜索到自己所需报价和预订信息。从 2010 年开始，去哪儿网开始加大无线业务的投入力度，铺设了一条“电话+网络+无线产品”三网融合的机票、酒店查询预订渠道，满足不同用户的需求。目前，除了拥有自己的 WAP 网站外，去哪儿网手机客户端已经全面覆盖三大职能手机操作系统 Symbiam S60、Android、iPhone OS。

资料来源：作者根据多方资料整理而成。

二、企业定位的意义

企业定位是一个相当艰巨的任务。众所周知，市场经常处于变动之中，同时市场又有各种类型，有近似完全竞争的市场，也有垄断型的市场，介于两者之间的市场类型更是林林总总、数不胜数。公司也是活的，随着规模、实力的变化，公司的市场地位也在不断地斗转星移，昨日市场的追随者经过几年的卧薪尝胆可能成长为市场中的领袖，以前市场中的领跑者经历了几年的萎靡不振后也会成为明日黄花。因此，如何让公司的经营、战略和市场状况完美地匹配起来，是成功的企业定位的关键所在。

企业管理者最关注的问题之一是明确哪些是真正需要去做的事，从而正确定位企业以使之在市场上取得成功。他们还感到有必要学会如何更好地利用稀缺资源和如何在一定程度上减少日常面对的管理的复杂性和不可预测性。虽然他们对思考和行动的新方法感兴趣，但其主要关注的却是找到那些真正能够起作用的方法以及帮助他们理解现存的复杂性和解决难题的方法。

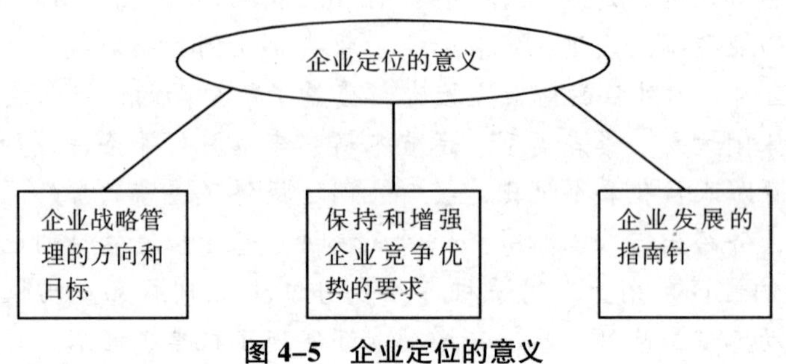

图 4–5　企业定位的意义

企业定位的意义如下（见图 4–5）：

第一，企业定位是企业战略管理的方向和目标。明确的企业定位将有利于企业进行战略管理，同时，企业定位还为企业管理者在企业决策过程中提供了一个目标，使企业不至于在纷乱的市场中迷失自己。因此，企业需要理性地表达自己的发展方向和经营宗旨。如果企业在发展过程中放弃了自己的定位，那么企业的战略管理就会漫无目的，最终会使企业无所适从，一事无成。所以，制定明确、符合企业实际情况的定位是保证企业可持续发展的需要。

第二，在动态的竞争环境中，企业定位是保持和增强企业竞争优势的要求。在动态竞争环境中，企业处于一个周期渐短的经济环境，这要求企业强化定位，扎实企业战略管理的基础。目前，我国企业的竞争手段还十分低下，战略趋同严重，最常见的就是价格战和产品同化，这种策略不但压缩了行业利润，降低了企业产品创新能力，更可怕的是将行业的蛋糕越做越小，使得处于企业价值链中的所有企业受到伤害，恶化了企业的生存环境。在这种情况下，企业应当根据企业的核心能力和市场变化进行战略定位，推行差异化战略，避开战略趋同和恶性竞争，使自己在市场中能有独立的发展思路，减少短期环境变化对企业战略的影响，进而保持和提高企业的竞争优势。

第三，企业定位是企业发展的指南针。目前，经济环境的变化使我国许多企业面临着二次创业的问题。企业的二次创业要求企业重新审视自我，明确自己的战略定位，这是现阶段我国许多战略管理的重点。企业只有找准了方向，才能让企业最大限度地集中资源，高效利用资源，从重点突破，有所为有所不为，使企业在发展中不断突破。

企业定位专栏 2　　东阿阿胶的崛起之道

图片来源：www.dongeejiao.com.

一、公司介绍

山东东阿阿胶股份有限公司前身为山东东阿阿胶厂，1952 年建厂，1993 年由国有企业改组为股份制企业。1996 年成为上市公司，同年 7 月 29 日“东阿阿胶”A 股股票在深交所挂牌上市，是国内最大的阿胶及系列产品生产企业。东阿阿胶隶属央企华润集团，现有员工 5666 人，总资产 59.80 亿元（截至 2013 年底），生产经营中成药、保健品、生物药等产业门类的产品百余种，远销东南亚各国及欧美市场。

二、东阿阿胶的清晰定位

作为阿胶制造业的领军品牌，东阿阿胶是定位理论的受益者之一。2006 年开始启动的定位计划，帮助东阿阿胶从市值 20 亿元发展到 200 亿元。东阿阿胶聚焦阿胶主业，做大阿胶品类，实施主业导向型的单焦点、多品牌发展战略，塑造阿胶高端品牌形象，回归阿胶上品价值，回归主流人群，延伸产业链条，通过继承、创新、引领阿胶行业发展，推进阿胶现代化、国际化进程，实现从优秀到卓越的跨越。

2006 年秦玉峰接任了东阿阿胶总经理的职位，摆在他面前的东阿阿胶，战略不清，资源分散。企业的实力毋庸置疑，业务范围涉及阿胶系列中药、保健品、生物药啤酒、药用辅料、医疗器械、印刷包装、医药商业，当时东阿阿胶是全世界第一大体温计生产商，药用辅料在全国也是前三位，但正因为要顾及的业务种类多，企业的精力分散，导致了增长乏力。作为企业最核心的阿胶产品线，也因为品类纷杂，没有代表性，而使得消费者对其产品认知产生模糊和混乱。

面对这样的情况，东阿阿胶与克劳特定位团队进行合作，并制定了一系列的新企业战略，包括聚焦阿胶主业，剥离辅业，做大阿胶品类，实施主业导向型的单焦点、多品牌发展战略，塑造阿胶高端品牌形象，回归阿胶上品价值，回归主流人群，回归滋补养生价值。这一套计划中，最核心的部分即聚焦阿胶主业，回归滋补养生价值。这里的回归，不仅仅是要重建“滋养”的产品价值，更重要的是，要在消费者认知领域明确树立起这样的认知。

东阿阿胶从前动辄几十个产品同时上线的做法显然无法高效地在消费者心目中树立起一个明确的品牌形象。通过以上战略的实施，东阿阿胶成功地将主打产品大刀阔斧砍到三个，并且三个产品针对不同的需求和消费层次，包括复方阿胶浆，是最有效的气血双补的产品；桃花姬阿胶糕，作为新品牌谋求未来发展；九朝贡胶，定位高端，作为一个有影响力的标杆。这三个主打产品加上配套的文化营销，将阿胶的历史源头、功效等进行了有效传播，包括在热播的电视剧中植入广告，从而做活了整个阿胶行业，而东阿阿胶作为这场文化营销的发起者，自然也成为了阿胶品类的第一品牌。提起阿胶，消费者自然想到东阿阿胶。

随着定位的清晰，东阿阿胶开始打造一条全产业链，上游围绕原料，这是第一产业，中游培育多个品牌，做大补血滋补市场，下游以药店、医院、商超、健康连锁为终端平台。市场方面，东阿阿胶也顺应了“聚焦”的战略，选择主打三大市场，即补血、滋补、保健，地域选择也有其重点，只做山东、广东、江苏、浙江、上海、北京四省两市，达到资源聚焦，这样对消费者心智的“控制”更容易深入，认知做得更好。

经历这一系列战略革新，东阿阿胶所取得的成绩有目共睹，即在总产量下降了25%的前提下，仍然稳居阿胶制造业第一的位置。秦玉峰曾经如此评价定位理论给他带来的认识：“定位是给品牌精确制导，能有效或者高效地获得消费者的心智。再一个，定位也是聚焦——业务聚焦、产品聚焦、功能聚焦、传播聚焦以及销售区域聚焦。”

资料来源：作者根据多方资料整理而成。

三、企业定位的形成

菲利普·科特勒认为，市场定位的形成主要经过三个环节。一是识别可能存在的竞争优势问题，在进行调查时，应该将竞争者的差异罗列出来。二是应该从这些竞争优势中选择出对自我有利的优势，如需要选择出感知性优势、盈利性优势以及独特性优势。三是利用相同的营销组合方式，将这些优势进行组合，从而准确地选定出市场定位。

市场定位战略，应该是在陌生的市场中不断地寻找战略点，选择合适的位置，再进行定位的过程。目标市场确定之后，还需要确定目标客户，这个时候会对客户的心理需求进行分析，对目标客户的心理忧虑点、利益点进行分析，从而确定出市场目标的价值定位以及属性定位，更好地开发市场，这个过程就完成了选位过程。基于4P策略组合进行深入研究，可以使企业在定位过程中做到准确无误。

四、企业定位如何避免错位

为避免错位，企业定位需要注意如下几点，具体如图 4–6 所示。

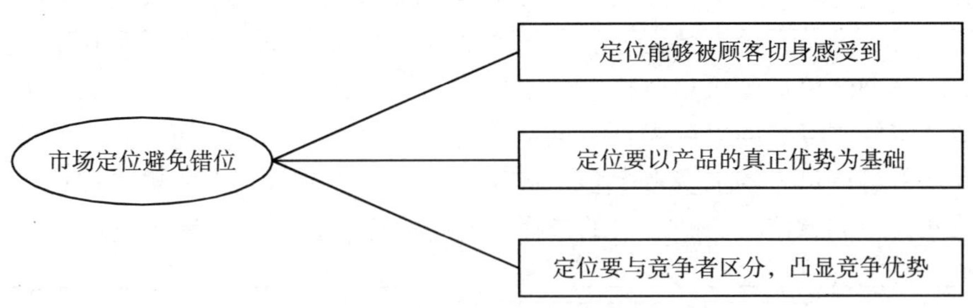

图 4–6　市场定位避免错位

第一，定位能够被顾客切身感受到。定位不是做给老板看的东西，而是向目标顾客保证的一种承诺。因此，你的定位必须要让目标顾客切身感受到，如麦当劳的快乐、海飞丝的去屑、宝马的驾驶乐趣等。如果你的目标顾客无法感受到你的定位，那么意味着与目标顾客利益不相关，可能成为空中楼阁，中看不中用。因此，在定位过程中，一定要反复提两个问题：是否与目标顾客的利益相关？目标顾客是否能够切身感受到？如果答案是否定的，就必须更换定位。比如宝马定位为驾驶乐趣之后，它所提供的轿车让人无法感受到驾驶的乐趣，那就麻烦了，这个定位肯定是有问题的。所以，多年来，宝马为了信守这个承诺，在产品上真是下足了功夫，尤其在汽车的动力和驾驶舱的设计上绞尽了脑汁。在那些豪华轿车品牌里（非跑车），只有宝马给顾客表演高速行驶中正反 180 度转弯的高难度驾驶动作。为什么这么做呢？目的就是让顾客切身感受到其定位的真实性。

第二，定位要以产品的真正优势为基础。人们谈论品牌的时候，往往天马行空，漫无边际，很容易脱离产品的真正优势。尤其在你邀请广告公司做这件事情时，这种现象尤为突出。它们可能给你讲些动听的故事，也可能讲些国际上成功的案例。你听上去，很有道理，也很有趣。但遗憾的是，给你拿出来的定位离你的产品优势相距太远。早在 2002 年，有家广告公司给伊利奶粉做过品牌规划。当时把伊利奶粉定位为关爱，其逻辑推理是这样的：伊利奶粉给全家人带来营养→从此全家人感受到一种家的温暖→实际上这是伊利奶粉给顾客带来的关爱→所以伊利奶粉是一种有心的奶粉。听上去多么动人的推理，但现在再看这个定位就会清晰地感受到，它的逻辑推理是荒谬的、牵强的，没有以伊利奶粉的真正优势为基础。后来在这个定位里多加了一个概念“天然”，目的就是把产品的真正优势带出来。因此，做品牌定位时一定要以产品的真正优势为基础，反复问自己这个定位能否长期推动品牌业绩，如果不能，必须继续寻找更有效的定位。

第三，定位要与竞争者区分，凸显竞争优势。其实，真正的品牌就是要与你的竞争对手背道而驰，这样才能凸显自己的竞争优势，而跟随定位肯定没有好的下场。因此，企业相关负责人进行品牌定位时，一定要注意独特性，反复问自己：我们的定位与竞争对手相比是否足够独特？这种独特虽然不是独一无二的，但必须能够和竞争对手有效区分。这方面的案例很多，如可口可乐和百事可乐就是典型。早期的可口可乐是以正宗为定位的。意思就是你想喝可乐，只有可口可乐是最正宗的、经典的。后来百事可乐要进入这个市场，该如何定位呢？他们分析后发现，可口可乐的消费者大多是成年人，因为只有成年人才更喜欢正宗的东西。因此，他们就定位到新生代的选择，并把品牌个性锁定在反传统。

企业定位专栏 3　分享通信的差异化定位：聚焦集客市场

图片来源：www.10039.cc.

位于北京的分享通信公司，近几个月来增添了100多号新面孔，使得原本宽敞的办公室变得有些拥挤。“从2013年底获得移动转售业务牌照以来，公司全面加快人员招聘进度，现在几乎每天都有新人入职报到。”分享通信执行总裁康志斌介绍，“很快公司将搬迁到分享信息大厦，以容纳未来更多的新员工。”

自从获得移动转售业务牌照以来，分享通信一直在紧锣密鼓地进行业务开通前的准备工作，从支撑服务系统建设、品牌形象设计、业务资费规划、目标客户发展、渠道体系建设等各个方面为虚拟运营放号进行全方位的准备。

一、全新VI，确立运营商品牌形象

公司名称从分享在线改为分享通信，是分享通信想让公司品牌迅速为用户理解和接受的一个做法。康志斌介绍，将“在线”改为“通信”，是希望公众能从字面了解公司的业务范围，将其定位为一家运营商，并建立起一种质量可靠、值得信赖的形象。

为了在目标用户中迅速建立品牌认知，分享通信在客服号码上也花费了一番心思。经过一番选择，分享通信最终确定了10039的客服号，其中3和9在键盘上对应字母F和X，恰好是“分享”的声母字头，记住分享就可以记下客服号码；而3和9恰好在九宫键盘的右上角和右下角，也有很强的助记性。“分享通信要从点滴做起，给用户建立清晰、明确的认知。”康志斌表示。

二、招兵买马，建立服务支撑能力

在激烈竞争的虚拟运营市场上，易于辨别的 VI 标识是虚拟运营商竞争的第一步；在确立运营商形象之后，还需要用可靠的运营服务能力支撑其运营商品牌形象。

对于运营商而言，确保用户满意的第一要务就是保证计费准确，过去用户针对基础运营商的投诉和不满主要集中在计费方面，借鉴基础运营商的前车之鉴，虚拟运营商必须要确保计费系统的万无一失。

康志斌坦言，对于分享通信而言，运营支撑和计费系统的建设也是目前阶段最为重要的工作内容之一，分享通信已经在此领域投入了巨大的人力、财力和物力。

对于获牌的虚拟运营商而言，虽然基础网络可以从运营商处租用，但是运营支撑系统方面，中国电信要求租用，中国联通要求自建，而即便是与中国电信合作可以租用，也应该从建立公司核心业务能力、确保运营的灵活性角度出发，考虑拥有自己的支撑体系。因此，分享通信提出，在计费支撑系统方面要稳步发展，首先在租用网络的基础上确保建立计费支撑能力，其次再建立属于自己的计费支撑能力。

三、差异化定位，瞄准集客市场

根据目前三大运营商已经公布的虚拟运营商名单，全国共有 19 家民企获得了虚拟运营牌照，而据业内专家预计，虚拟运营商的牌照申请截至 2014 年 7 月底结束，届时会有更多企业进入虚拟运营市场。从过去的三家运营商，到未来的三四十家运营商，电信市场迅速从寡头垄断进入了充分竞争的格局，这些新获牌企业将八仙过海，各显神通。

对于未来市场竞争的激烈程度，分享通信早已有预见，为了在众多的竞争者中以差异化优势取胜，分享通信的策略是结合自身传统优势，集中力量于集客市场。

伴随着对细分领域的拓展，分享通信计划未来在总体品牌之下，推出独具个性的四个品牌及相应的产品线，面向教育、集团客户、公众用户和时尚人士等。

当面向公众用户的时候，运营商把所有用户当作目标客户，其差异化服务就很难建立，最终运营商之间的竞争难免落脚到价格竞争上。而当面向集客市场时，不同行业的需求千差万别，虚拟运营商通过定位不同的行业，其竞争程度自然会弱化，并且行业用户除了基础的语音和数据外，还会有更多的与行业相结合的特色服务需求，这些都为虚拟运营商提供了提升服务价值、避免恶性竞争的可能。

四、开拓 B2B2C 模式，建立全新业务模式

伴随着集客市场的开拓，分享通信还提出了 B2B2C 的业务模式。传统的运营商业务模式是 B2C 模式，即面向公众客户提供业务。而分享通信的业务不会直接面对公众客户，中间增添了 B 这个环节，即和 B 结合，推出一款面向 C 的服务。

具体来看，不同的行业细分市场具有不同的业务需求，分享通信计划在基础通信业务之上提供增值业务，并且将服务重点放在增值业务上。在分享通信看来，随着电信业务的发展，基础业务将逐渐作为一种基础能力而存在，体现运营商服务能力，也是可以用来收费的。对游戏业务来说，可以针对整体的游戏增值业务收费，其所产生的流量费用则可以包含在游戏费用中。用户感受到的更多的是增值业务，而并非基础电信业务，这将是未来电信服务的发展趋势。

资料来源：作者根据多方资料整理而成。

第三节　用户思维

从新闻传播学的角度看，用户思维这个概念带有浓厚的市场学色彩，或者说有着强烈的技术学倾向。这个概念进入新闻传播学视野的时间并不长，它之所以受到媒体人的关注，很大程度上是由于新媒体的发展。用户思维作为互联网时代的重要基石，涵盖了用户需求与用户体验两个基本层次。用户思维的第一个层次是用户是谁，用户在哪儿，用户的需求是什么，从而满足用户的需求。用户是产品的使用者，他们可能是产品当前的使用者，也可能是未来的甚至是潜在的使用者。第二个层次是用户参与度如何，有没有得到极致的用户体验，具体如图 4–7 所示。

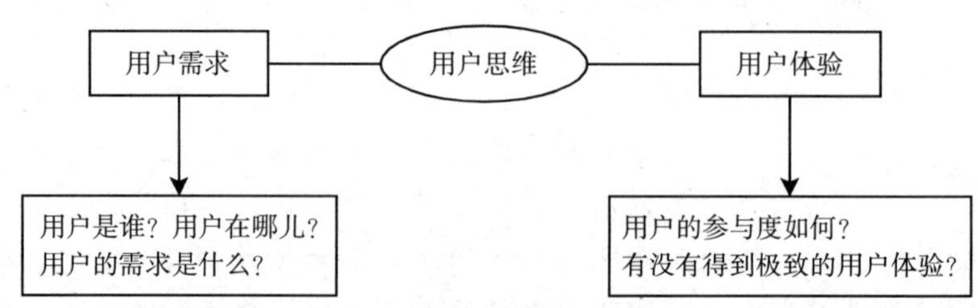

图 4–7　用户思维示意图

一提到用户思维，很多人立刻联想到互联网思维。的确，在互联网思维中，

针对用户方面强调的就是以用户为中心。在互联网市场中，掌握了用户就是占据了主动权。在互联网产品的设计中，用户研究也是相当重要的，任何一个产品的设计不可能也没有必要使每一个人都完全满意。但是产品设计必须努力使大多数用户达到相当的满意度。运营商对用户思维的贯彻即在市场定位、产品研发、生产销售、售后服务、整个产业价值链的环节都以用户为中心，通过免费甚至补贴等方式有效地满足用户的各种需求。大数据时代下的用户思维包含互联网“以用户为中心”的思维内容，但是其所强调的不是用户获取方式，而是用户的挖掘方式，即借助大数据的技术手段和分析工具，更深入地了解用户，进而形成对用户全面、详细、精准的认知，并在认知的基础上对用户进行精准营销或者获取。也就是说，大数据时代下的用户思维让互联网思维下的以用户为中心更为精准。

传统企业如果拥有互联网思维，就可以搭上网络这班快车，利用网络社交媒体营销、网络品牌塑造等手段迅速地赚到大钱。为什么传统零售商一直自认为受制于所谓传统思维，就是因为没有这种免费、补贴的魄力，所以多数情况下只能望洋兴叹。用户至上的说法由来已久，但传统企业这样的自我标榜更多出自于道德以及法律的压力。在互联网时代，消费者的传播权利对企业的生存形成一种真实的压力。当网店客服打出“客户虐我千百遍，我待客户如初恋”的签名时，他们已经将用户高高地捧在了头顶，而传统企业怎还可以无动于衷？企业要将以用户为中心做得更深入，不仅仅是听取他们的需求，解决他们的问题，而是要像黄太吉那样煽动他们的情绪，给他们提供一种生活体验，甚至打造一种文化。所以并不属于互联网行业的黄太吉坚定地宣称：我们就是互联网企业！格力董事长董明珠和小米董事长雷军之间的千亿赌局曾让业界哗然，董明珠在谈到互联网思维时说，大家把互联网的概念搞错了，把它当成了单纯的线上买卖。互联网是用在实处，用在为消费者服务上，而不是营销，不是一个简单的买卖。鉴于此，用户思维是这个时代的主旋律。当瑞卡租车的产品设计、组织架构以至整个管理模式等都以用户为中心来设计时，它其实拥有了很深的互联网思维。默多克曾说，我们都不是数字世界的原住民，当我们看到数字浪潮袭来时，都希望它快点过去、快点消失。当下，包括互联网创业者在内的许多人其实都不是互联网世界的原住民，都要努力习得新的思维方式。这种思维方式便是用户思维。大数据时代的来临，让更多的碎片化数据有了使用的价值，也让传统零售商具备了互联网时代下“以用户为中心”的思维方式。随着互联网和大数据的发展，未来的“以用户为中心”将会被演绎得更加完美。

对于用户思维的实质，我们可以归纳为如下几点，如图 4–8 所示。

首先，用户思维有明确的受众群概念。这里的受众群和过去的概念有很大的区别，以往是自然人群的观念，如今则是伴随着媒介产品产生的分化群体。例如，过去我们说《人民日报》的读者群体以干部为主，这种群体划分是典型的

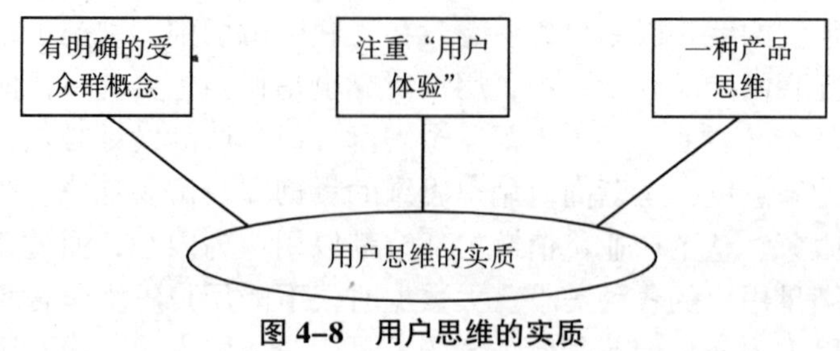

图 4-8　用户思维的实质

社会学分割，有社会阶层的差异。而现在的受众群体，则是围绕产品的使用而形成的。

其次，用户思维注重“用户体验”。我们应该思考的是，传者是如何向受者转变的。过去很长时间内，我们更多的是关注受者怎样变成了传者，也就是所谓的自媒体。但是，我们可能忽视了一个有意思的细节，就是传者也会向受者转变。在微博和微信上，这一点似乎很明显，如记者来这里不仅仅为发新闻，他还有一个目的，就是进入受者的管道，不是传统新闻学意义上的体验生活，而是一种用户体验。例如，新闻采访一般来说是主张减少情感介入的，但体验式采访是一个例外，因为它鼓励采访者和被采访对象在情感上有认同感，在这种情况下，我们不能确定没有情感的存在。

在这里，我们可以把体验分为直接体验和间接体验，新闻记者做的事情经常是一种间接体验。如今文化的体验成分越来越大，启动体验文化的开关似乎就是触觉。从听觉到视觉再到触觉，媒介的体验感好像在增强。从别人替我们体验，到自我体验，媒介的体验性越来越突出。

最后，用户思维也是一种产品思维。因此，很多用户经理摇身一变成了产品经理。过去，我们说的产品往往指的是生产线上的产品，是流水线的产物，常常让人联想到的是一个个没有生命的东西。而今天的产品是消费意义上的产品，甚至可以说，产品即媒介。有产品，才有用户。媒介不再是大一统的概念，它变成了许许多多的分媒介。所谓分媒介，并不等同于分众媒介，它可能也是统一的，如微信和微博。

第四节　产品极致

企业把产品做到极致是一种对客户负责的思想，是真心从客户价值出发的结果，如产品经理在产品设计之初就想得透彻一点。产品经理需要投入更多的关注度，若关注度不一样，则出来的结果也很不一样。做产品要做到极致，就要关注高端用户、意见领袖关注的方向。

一、客户成为产品经理

产品经理制度一般认为最早出现于美国的宝洁公司，随着宝洁公司的成功，这种管理模式迅速在各种行业中得到推广。从营销的角度看，产品经理制度通过设立某种产品的专门负责人，可以有效地对该产品的市场调研、设计以及最后的发布等各个流程进行有效的管理。目前各个优秀的互联网企业，如阿里巴巴、腾讯等，它们出色的表现与优秀的产品经理是分不开的。

作为一个好的产品经理，最重要的就是倾听、发现和激活客户的需求，客户购买的不是产品或服务本身，而是附加于产品或服务之上的各种产品体验。因此对于互联网企业的产品经理来说，就要让客户参与到产品的研发以及发布上来，让客户成为企业的产品经理，以客户的思维去做好产品，直接通过客户的体验来对产品进行各项性能的开发设计。客户作为产品的实际体验者，只有迅速抓住客户的相关需求，并且从他的角度出发，才更能发现企业产品的优点和缺点，进而做出更有效的判断。

二、产品做到极致

与传统市场相比，互联网市场中产品的更新换代更快，这主要是因为互联网信息传播的速度极快，当客户发现产品好或者坏的时候，信息迅速地传播放大，因而企业在做产品时需要具备追求极致的精神，以消费者的角度对产品进行要求，以专注和专业的精神将产品做好，以达到或超越客户的预期。

以小米公司为例，其创始人雷军对于产品的细节要求达到了极致，其在做产品细节时以“逼疯”自己与员工的架势把产品的每一个细节打磨到极致，进而使小米手机获得了市场的认同。从某种意义上讲，将产品进行精细化，将各个细节做到极致，这本身就是创新的极高境界。

企业定位专栏 4　好想你：全面突出健康零食的产品定位

图片来源：www.midea.com.

好想你枣业股份有限公司前身为 1997 年成立的河南省新郑奥星实业有限公司。2008 年 9 月，深圳市创新投资集团、郑州百瑞创新资本、北京秉原创投与河南省新郑奥星实业有限公司展开全面合作。2009 年 8 月 18 日，好想你枣业股份有限公司由河南省新郑奥星实业有限公司整体变更而来。好想你枣业股份有限公司凭借技术最先进、产品种类最多等优势，已经发展成为国内红枣行业规模最大、销售网络覆盖最全的企业。

公司现阶段的重点推广产品是无核即食枣，同时还储备了红枣脆片、香心枣、熟化枣等产品，严格控制质量，全面突出“健康零食”的产品定位。那么好想你红枣到底有哪些与众不同之处呢？好想你红枣又为什么果形这么漂亮、色泽这么鲜亮、口感这么香甜呢？原来，好想你产品层层把关，严格保证了产品质量：

第一，原料关。为保证产品质量，公司从源头抓起，在红枣原料方面通过在全国各优质红枣产区自建原料基地、合建原料基地等方式，牢牢控制了原料供应。公司在全国建有自建种植基地近万亩，合建原料基地十余万亩。对原料基地严格按照有机食品标准进行管理，统一使用农家肥作为肥料，并且通过了国家有机食品认证，从源头上保证了红枣的安全、品质和营养价值。

第二，储运关。红枣一次成熟，全年销售，而红枣又由于水分大、含糖量高，极其不易储存。因此，储存和运输是影响红枣品质的一项重要因素。公司在主要原料基地均就近建有冷库，冷库按照红枣特点专门设计。红枣采摘后根据不同红枣的特点，以最短时间入库保存。20 多年来，好想你以自建工程技术中心为依托，外联红枣行业顶级专家，通过上千次试验，总结了 20 多万个数据，形成了科学、标准的储藏流程。什么品种的红枣，储存在什么样的温度、湿度下，什么阶段用什么温度，什么时候保持什么样的库内空气成分，什么样的情况进行通风，都有标准的操作流程。高技术的储存设施和专业化的操作流程保证了红枣储存过程中最大限度地保持了原有的营养成分和活性成分，甚至有些红枣特性还通过好想你特有的储藏手段得到了提升。

第三，生产关。公司通过了 ISO9001：2008 国际质量管理体系认证、ISO22000 食品卫生安全管理体系认证、HACCP 食品安全体系认证，并按医药行业 GMP 要求建立了十万级净化车间，制定了标准的 GMP 制度。红枣原料出库后，经过大小、光泽、颜色、外形 4 道筛选工序进入十万级的净化车间，进入车间以后再经过以冷水、热水通过波浪，喷淋，针刺，毛刷 4 道清洗工序，烘干工序，冷冻、臭氧等 3 道灭菌工序，然后再经过分拣、精选等共 16 道生产工序。通过一系列的清洗和灭菌，颗颗红枣绿色天然，完全符合健康要求。好想你专注红枣 20 年，经过上百万个数据总结，根据红枣本身的固有特性设计生产工艺，利用纯物理工艺，将红枣的口感发挥到极致，使营养更容易被人体吸收。

第四，质检关。好想你在原料种植前就对土壤成分进行检测，种植过程中无论是自建基地还是合作基地都定期抽检，红枣采购现场、原料入库前、储存过程中、进入车间前、整个生产过程关键控制点、入成品库前等环节都严格把关。公司红枣工程技术中心有世界最先进的红枣检测设备，关键质检人员经过严格专业培训，严格的质检程序保证了好想你红枣颗颗珍品、粒粒健康。严格的质量控制使得公司连续获得了“新郑市市长质量奖”和“郑州市市长质量奖”，“河南省省长质量奖”已经通过了专家评审团的现场评审。

第五，销售关。公司产品销售通过全国2000余家专卖店，从公司直接配送到专卖店，中间无延误、无中转，以最快的速度配送全国，保证了产品免受二次污染，最大限度降低了周转期，使产品以最佳状态面对消费者。

第六，研发关。公司拥有红枣行业唯一1家国家级企业技术中心，是《免洗红枣》国家标准的起草者。公司创立了以“好想你”、“枣博士”为中国驰名商标的200多个商标和100多项专利的知识产权集群，是第一家由科技部认定的红枣产业技术创新联盟盟主的龙头企业，也是第一家拥有由国家农业部认定的八个有机食品的红枣龙头企业。公司与全国几十所大专院校、科研院所建立了合作关系，百名知名红枣专家、营养专家、中医学家成为公司顾问。

好想你视质量如生命，向管理要效益，靠科技求发展，以诚信赢市场。诚信有多少，消费者就有多少。未来，好想你将继续坚持品牌经营之路，努力以品质、创新、服务打造好想你核心竞争力，实现销售收入持续高速增长、品牌影响力不断增强、消费者口碑不断增长，让好想你产品走入更多的家庭，让好想你带给更多人健康和真情，真正打造一个“良心工程，道德产业”，一个环境、生态、低碳、循环、营养、健康、富民、强国的朝阳产业。

资料来源：作者根据多方资料整理而成。

第五节　客户体验

客户体验，也叫用户体验，顾名思义，就是用户使用商品后最直接的感受，这种感受包括操作习惯、使用后的心理想法等。客户体验是一种在用户使用产品过程中建立起来的纯主观感受，是公司为客户提供的产品及服务，是如何管理自己的业务以及你的品牌代表着什么，是在客户试图了解你的产品并进行评估、考虑购买产品、尝试使用以及遇到问题时所产生的思考。此外，客户体验也是他们与你互动时的感受，如激动、高兴、安心，或紧张、失望、沮丧。

那么，你的客户又是谁呢？他们既包括那些购买了你的商品或选择了你的服务的人群，也包括那些潜在的消费者。而互动的好坏又该如何评判呢？我们对于互动的认识是：它是相互作用的。从客户发出的行为诸如访问你的网站开始，你的公司就会以相同的方式进行反馈，或许是一位市场调查员的积极回应，或许是网站弹出的对话邀请窗口，进而客户会对来自贵公司的反馈进行回复——回答调查员的问题或接受对话邀请。这种互动会持续至这位客户达成他的目的或决定放弃你们之间的业务往来。这一连串的互动就构成了客户体验历程，良好的用户体验有助于公司不断完善产品或服务。让客户对服务有一定的期望值，并提供相应的、能达到该期望值的服务，这一点很重要，因为这能建立客户对企业的信任感。Harris Interactive 公司在 2011 年的研究中发现，89%的消费者在经历了糟糕的客户体验后，开始尝试到现有服务提供商的竞争对手那里购买业务。同时研究还发现，86%的消费者愿意为更好的客户体验增加 25%的支出。

客户体验管理是近年来兴起的一种崭新的客户管理方法和技术。最早是由美国学者贝恩特·施密特（Bend H. Schmitt）提出的，他在自己的《客户体验管理》一书中定义客户体验管理（Customer Experience Management，CEM）是战略性地管理客户对产品或公司全面体验的过程，它是以提高客户整体体验为出发点，注重与客户的每一次接触，通过协调整合售前、售中和售后等各个阶段、各种接触渠道，有目的、无缝隙地为客户创造差异化的客户体验，强化客户感知价值，最终达到吸引客户并不断提高客户保持率，进而增加企业收入与资产价值的目的。

在竞争激烈的互联网市场，客户体验分析变得日益重要。客户越来越多地受到产品价格竞争和营销方式变化的影响。为了能够获得真正的竞争优势，服务提供商需要能够提供令人满意的客户体验保障技术，从而提升自身品牌价值。新型网络经济的迅速崛起正在许多方面改变着人们沟通、互动和工作的方式，而这种持续的变化也向互联网服务提供商提出了巨大的挑战。这种挑战包括客户流失率的上升、日益复杂的技术、客户的期望，以及提供更个性化、更有针对性、更完善的客户体验保障。因此，网络客户体验管理方案已经成为应对挑战、在竞争中脱颖而出，并提高客户忠诚度的利器。

传统的经济模式是，制造电视的企业把电视卖给顾客，就完成了销售任务。电视是耐用消费品，企业巴不得顾客从此再也不来麻烦自己，这样它可以用广告和其他手段吸引新顾客。但是，零售业本来利润率就低，它必须依靠顾客持续购买才能产生规模收入。这就意味着像沃尔玛、亚马逊这样的零售企业必须得产生好的客户体验，让顾客在购物过程中感觉舒服，这样顾客以后才能再来购物。任何企业都应该像零售企业一样，用户使用产品的过程，是企业与用户对话的过程。用户买到产品，并不意味着销售任务结束，而是体验之旅才刚刚开始。企业应该积极主动地为客户提供服务，如主动发送服务提醒和解决常见问题的方法，让客户自己确认在哪些情况下他们希望被告知，这种沟通能让客户群更稳定。

一、与客户零距离沟通

任何企业都要靠销售来实现收入，任何业务人员都要靠销售来实现自己的销售业绩，而决定销售结果的，除了产品的优劣、政策的有效与否、客户的多少等因素外，企业以及销售人员与客户的沟通是否有效是非常重要的。因此，很多企业都非常重视与客户的沟通。从工作实践结果看，与客户沟通顺畅有效的企业，其销售客户网络就会稳定发展，销售量就会提升，否则客户群体就会萎缩，销售量就会下降。由于网络市场中主导者角色发生了变化，市场的主导者变成了用户，因此，在这种环境下，企业必然要拉近与用户的距离，进而实现企业的目标。同样的营销业务，沟通顺畅，往往会进展得相当顺利，即使遇到问题也能通过良好的沟通圆满解决；而沟通遇到障碍，就会和客户产生种种误解或者关系僵持，使业务难以继续开展，影响销售业绩。企业拉近用户距离有两种方法，一种是零距离沟通，另一种是双向沟通。

零距离沟通是指企业在与用户的沟通中关注其自身的亲和力，通过让消费者说出自己的真实感受，进而了解用户的实际情况，以建立起良性的沟通关系。寻求亲和力的标准是找到共鸣之处，这就要求企业做好客户信息的收集，通过各种网络手段了解用户真实的需要，进而通过满足用户真实的需要来增强顾客对企业的好感。一旦用户对企业的好感增加到一定程度，成为刚性需求，企业与用户间的关系就会更加密切，用户也会主动地通过自身示范等手段为企业做更好的宣传。

双向沟通是指企业与客户的沟通应该注意沟通是双向的。企业不能仅仅重视自己对于用户的宣传和介绍，而忽视用户的反馈。企业必须关注用户对于产品使用过程中的种种问题和情况的反馈，只有企业与用户之间的双向沟通建立以后才会让消费者感觉受到重视，进而拉近企业与用户的距离。企业可以通过微信、微博等手段建立交互平台，为用户提供良性沟通的条件。

二、客户价值及客户认知

企业在拉近了与用户的距离之后，是否就能提高客户的满意度并获得客户价值呢？在网络经济时代，所谓客户价值指的是客户在评价、购买和使用企业所生产的产品或者服务的过程中感知到的产品价值的总和，这种认知是贯穿于客户购买全过程的整体价值体验，它具有以下几个方面的特征：首先，任何客户的认知价值都不是孤立的，都与客户的购买期望、客户的满意度、客户对产品或者服务的抱怨以及客户的忠诚紧密相关；其次，影响客户认知价值的因素是多方面的，客户认知价值具有动态性的特征；最后，不同消费者或消费群体对同一产品或者服务的价值感知一般存在较大差异。获得客户价值需要获得用户的认可，而获得用户认可，一般企业要通过用户的参与来实现。只有让用户参与到产品的各个环节，获得强烈的卷入感，才能更主动地帮助企业，为产品提供建议，并进行必要的宣传行为。

用户参与到企业的方式主要包括两个，一是参与到产品的前端，二是参与到产品的后端。参与到产品的前端主要是指让用户参与产品的研发阶段。在网络经济中，这种参与方式被称为 C2B 模式。传统市场中，往往是企业主动地宣传和推广，用户只能被动地接受产品，用户无法满足自己的需求。而 C2B 模式中，用户可以在试用的过程中提出自己的需求特性，进而使企业满足用户特定的需求，这样也有效地提升了用户的忠诚度和满意度。

而参与到产品的后端是指企业不仅仅通过企业的商业活动进行宣传，而是要让用户通过其口碑进行营销，进而参与到企业品牌的推广过程中。用户可以在一定的网络平台上将产品的使用体验等品牌相关信息传播开来，利用其可信性强的特点，通过用户与用户之间的信息传播来推广企业的品牌。而由于网络节点数量的迅速提升，网络规模扩大，使得网络信息传播更加快捷，这就使得企业品牌的传播能有更大的功效和价值。

【章末案例】 **湘鄂情公司的新选择**

图片来源：www.xeq.com.cn.

一、公司介绍

北京湘鄂情集团股份有限公司（简称湘鄂情）是一家集餐饮服务与管理、食品工业、环保科技、网络新媒体及大数据处理研究开发与应用推广等产业于一体的综合性集团公司。公司总部位于北京市，于 2009 年 11 月 11 日在深圳证券交易所挂牌上市（证券代码：002306），目前公司注册资本为 8 亿元。

近年来，湘鄂情为应对市场变化，积极转变经营模式，公司大胆探索、锐意进取、创新发展，已由原来单一的餐饮服务商转变为多元化的控股集团。2013 年，公司通过并购进入环保科技及生物质能领域。继发力环保业务之后，湘鄂情再度通过并购涉足影视文化产业。在此基础上，2014 年 5 月湘鄂情与中国领先的大数据研究机构中科院计算技术研究所签署合作建立网络新媒体及大数据联合实验室的协议，双方优势互补，将技术推动和市场需求的拉动相结合，围绕新一代视频搜索、云搜索平台以及新媒体社交三个方向，展开产业模式创新、关键技术攻关和产业应用推广等全方位合作。通过跨界与融合，湘鄂情建立的以新媒体、大数据、环保产业为主业结构的战略组合，已为公司实现跨越式发展、再创辉煌奠定了坚实的基础。基于对大数据产业链价值的充分挖掘，公司未来将会产生巨大的经济效益。

二、湘鄂情为什么放弃原有产业

2012 年底，限制“三公”消费相关政策出台，酒行业、茶叶、高端餐饮业首当其冲。作为高端餐饮业的代表，湘鄂情的日子并不好过。在中央“八项规定”的影响下，2013 年湘鄂情客人骤减。在业内人士看来，湘鄂情受益于“三公”消费的红利不断壮大，当限制“三公”消费政策来临后，自然也逃脱不掉政策的打压。查阅湘鄂情 2012 年全年业绩可以看到，公司营业额在当年前三季度依然保持了快速的增长，其中，第一季度的营收为 3.76 亿元，净利润为 4623 万元；中期业绩显示，公司实现营收 6.88 亿元，净利润为 7648 万元；前三季度实现营收 10.35 亿元，净利润为 1.1 亿元；而到了第四季度，也就是国家出台限制“三公”消费的政策后，湘鄂情的业绩立马变色。据湘鄂情 2012 年年报显示，公司当年实现营收 13 亿元，净利润为 8192 万元，“三公”消费政策对高端餐饮业的影响在公司身上立竿见影地体现了出来。然而，2012 年全年业绩的下滑仅仅是个开始。2013 年，湘鄂情的餐饮业务进一步走向了亏损。湘鄂情 2013 年年报显示，公司在第一季度就开始亏损，中报期间，亏损额达到了 2.2 亿元，到了年底，湘鄂情亏损 5.6 亿元，同比大降 788.86%。湘鄂情业绩出现“过山车”，与公司过度依赖“三公”消费客户有直接的关系。而随后，湘鄂情也迅速采取了应对措施，开始布局转型。

在逐步放弃餐饮主业，历经环保、影视、大数据等转型之后，A 股首家私营餐饮企业湘鄂情这回连名字也要放弃了。近两三年，虽然业绩惨淡，但湘鄂情也曾极力想扭转乾坤。集团董事长孟凯频频出手投资酒楼以外的其他餐饮业态，如收购上海齐鼎餐饮发展有限公司 90%的股权，进军连锁中式快餐业，在京开设了低档味之都快餐门店；收购北京龙德华餐饮管理有限公司，还承包了五六十家企事业单位食堂做团膳业务。旗下湘鄂情门店更是停售 300 元以上海鲜菜品，开设平价酒水超市，取消 10%的包厢服务费等。湘鄂情 2013 年巨亏 5.64 亿元，为止损，公司陆续关闭了十几家门店。随着关停门店的增多，且尝试大众餐饮不成功后，湘鄂情开始了真正意义上的转型。从 2013 年 7 月开始，湘鄂情先后通过收购涉足环保、影视、互联网行业。公司的餐饮业务基本做到了头，已成为上市公司的拖累，未来将把餐饮逐步剥离。

三、湘鄂情的新选择

2014 年 7 月 2 日，中国上市公司餐饮第一股湘鄂情突然宣布，公司决定更名为“中科云网”，正式进军大数据和云服务行业。45岁的孟凯终于带着湘鄂情跨入互联网行业的门槛，在高端餐饮行业式微的当下，这位曾经的中国餐饮业首富，可能正迎来商业生涯中最重要的一次转型，这其中饱含扭亏为盈的决心，也难免壮士断腕的悲怆。

值得注意的是，这已是湘鄂情一年多来的第五次转型。在高端餐饮行业整体低迷的背景下，2013年成为湘鄂情历史上亏损最为严重、经营最为困难的一年，转型势在必行，湘鄂情董事长孟凯也曾对外坦言：“我在餐饮业已无路可走。”

然而，无路可走的湘鄂情为何会走上电视盒子这一领域？毕竟，以电视盒子为平台的家庭媒体终端市场近年来竞争激烈，门槛颇高，安徽广电为何会选择湘鄂情这样毫无经验的企业合作？背后推动的力量何在？

如果按图索骥，湘鄂情在2013年7月走出了跨界转型的第一步。2013年7月，湘鄂情发布拟收购江苏中昱环保科技有限公司51%股权的公告，进军处于环保行业热门分支的垃圾处理行业。

彼时，湘鄂情董事长孟凯尚未决定放弃餐饮业，而是表示公司未来要坚持餐饮和环保“双主业”发展。2013年12月16日，湘鄂情与合肥天焱绿色能源开发有限公司合作成立合肥天焱生物质能科技有限公司，湘鄂情出资5100万元持有合肥天焱51%的股权。2014年2月，湘鄂情又发布公告表示将收购合肥天焱剩余49%的股权。

2014年2月，湘鄂情发布公告称全资子公司合肥湘鄂情已与合肥天焱绿色能源签订《股权转让协议》；3月，湘鄂情一周内收购中视精彩、笛女影视两家影视文化公司；此后的5月26日，联手中科院计算技术研究所，共同举办大数据与网络新媒体联合实验室揭牌仪式；6月11日，湘鄂情称与山东广电新媒体有限责任公司合作，开拓家庭智慧云终端服务市场，共同推进山东省三网融合建设；7月1日，公司发公告称将更名为“中科云网科技集团股份有限公司”，湘鄂情经营转型后的业务方向将是网络新媒体、云服务和大数据领域，更名之后，公司的发展方向和定位将只与大数据生存环境相关。进军环保是一项比较稳定的投资，可以给公司带来稳定的现金流，两家影视公司盈利模式稳定，未来将给公司带来较好的现金流，而分期付款的方式也可以减轻公司现有的资金压力。

2014年7月29日，中国餐饮第一股湘鄂情转型动作终于明确，其发布公告：安徽广电信息网络股份有限公司将安徽省内家庭智能有线电视云终端交由湘鄂情独家投资建设，双方共同运营管理，湘鄂情初步估算投资总额为15亿~25亿元。自2014年7月初更名为“中科云网”起，国内“民营餐饮企业第一股”湘鄂情便已不复存在。

如果说收购影视公司是为了扩展内容，那么与中科院合作开展大数据研发则是为了拿到核心技术，成功拿下安徽广电市场，这意味着湘鄂情“云终端”获得了合法的终端形式。2014年5月，湘鄂情推出36亿元巨额再融资计划，主要用于投资互联网新媒体市场；同月，湘鄂情公告与中科院计算所共建网络新媒体及大数据联合实验室，公司在未来三年投入不低于1亿元的资金作为联合实验室研发运营资金，正式进军大数据领域。而中科院网络数据科学与技术重点实验室主任程学旗在当时称，湘鄂情此前对环保、影视的布局看上去很随意，但如果能将这些业务同大数据真正融合起来，同样会产生较好的前景。很快在2014年5月11日的36亿元定增方案中，“大数据”的地位开始显山露水。湘鄂情表示，本次发行完成后，公司主营业务将转型为新媒体、大数据、环保的主业结构，而餐饮业将逐步剥离。湘鄂情涉足的家庭智能有线电视云终端项目，如今属于新兴产业，具有广阔的市场前景。

曾经作为中国餐饮第一股的湘鄂情，近年来在餐饮、地产、环保等多个领域摇摆，此次转型互联网其原因如何？是否能够成功？孟凯说：“湘鄂情如果在2014年不彻底转型就是死路一条。”

四、湘鄂情的未来可能性

2013年短短一年时间内，湘鄂情进行了五次转型。2月，它坐上了两家环保公司的大股东之位；3月，它成为了两家电影公司的“准”老板；4月，它试图通过举牌三特索道（002159.SZ）控制一家旅游业上市公司；5月，通过一项36亿元再融资计划，将控制的餐饮王国变身为大数据科技公司，并将完成安徽省内500万用户的家庭智能有线电视云终端的安装、检测。

湘鄂情的转型跨度如此之大，做餐饮和大数据、云服务、网络新媒体几乎没有任何关联关系。公司所有的相关人才，包括它的体系、运营机制，甚至渠道、售后服务体系等，对于新业务领域任何一个层面的工作都是陌生的，要从头开始。

湘鄂情的频繁转型归因于董事长孟凯的“敏锐度”和其“经营上的调整”，公司转型进展比较快，紧随市场，从餐饮转型到新媒体也是迎合目前市场的热点，但一年内五次转型，这种快速且缭乱的转型已经让管理团队不安。湘鄂情的转型既迷茫又无奈，迷茫在于湘鄂情的每一次转型都快速而无头绪，背后风险重重；无奈则在于高端餐饮行业景气度快速下滑，迫使湘鄂情必须在短期内找到新谋生路径。孟凯在餐饮行业做了多年，他的判断是高端餐饮已经完全不行，大众餐饮转型又无明显起色，所以必须转型。但同时，孟凯资本运作水平不成熟，缺乏资本运作应有的经验和见识以及日常经营方面的过度“专断”也使公司的转型之路充满变数。

湘鄂情的大数据转型遇到了隔行如隔山的窘境，无法找到明确清晰的整体发展战略，不得已沿用高端餐饮老路，意图与广电这种垄断企业合作，但伴随全面改革的深入，广电系统垄断模式必然会走向竞争，湘鄂情寄望的前景并不牢靠。

根据国际数据公司（IDC）预计，全球大数据技术及服务市场2016年收入将达238亿美元，接近1500亿元人民币，中国市场规模未来五年将增长近7倍。随着大数据研究的不断深入，围绕大数据商业价值的利用，将逐渐成为行业人士竞相追捧的利润点。显而易见，虽然大数据市场潜力巨大，但湘鄂情“转型”能否成功，还是个未知数。部分业内人士认为，一方面转型需要较长时间，另一方面跨界经营成功的例子并不多，对上市公司和投资者来说，同样具备一定风险，种种转型结果需要时间检验。

资料来源：作者根据多方资料整理而成。

【本章小结】

本章通过企业定位概念的界定，对企业定位的方法及作用进行了分析，并就企业定位中出现的失误原因进行了剖析。在企业准确定位后，必须进行用户分析，发挥互联网企业获取信息方便、广泛的优势，深入了解用户，把产品做到极致，获得精准的企业定位。

【思考题】

1. 企业如何定位？互联网企业的定位如何把握？
2. 如何建立用户思维模式？
3. 产品极致的深层含义是什么？

第五章　盈利模式

【学习要点】

☆了解商业模式有关理论及其发展演变和趋势；

☆理解盈利模式的内涵、特征与作用；

☆理解并掌握盈利模式的构成要素；

☆明确盈利模式的分类以及盈利模式的设计；

☆熟悉企业常见的盈利模式。

【章首案例】　华大基因：挖据科学的商业价值

图片来源：www.genomics.cn.

一、公司介绍

华大基因自1999年成立以来，坚持“以任务带学科、带产业、带人才”，先后完成了国际人类基因组计划“中国部分”（1%，承担其中绝大部分工作）、国际人类单体型图计划（10%）、第一个亚洲人基因组图谱（“炎黄一号”）、水稻基因组计划等多项具有国际先进水平的基因组研究工作，彰显了世界领先的测序能力和生物信息分析能力，也奠定了中国在基因组学研究领域的国际领先地位。同时，华大基因在全球范围内与众多学术机构和研发企业建立了广泛的合作关系，致力于在人类健康服务事业和科技应用领域的发展。

以领先的生物技术造福人类作为宗旨，华大基因凭借自身强大的硬件平台和人才资源，为全球科研工作者提供创新型生物研究服务，为广大普通民众提供前沿生物科技在医疗、农业、环境等领域的应用服务。2013年3月18日，59岁的汪建又搞定一桩大事，他领导的深圳华大基因宣布完成对美国纳斯达克上市公司Complete Genomics（下称CG）的全额收购。美国对手惊呼：华大基因买走“可口可乐秘方”。汪建毫不掩饰收购后的野心，即打通基因测序产业链，数年内使基因诊疗成为全球医院标配。他称这是一个千亿级乃至万亿级的大市场："我为各国人民服务，各国货币会自动为我服务。"收购CG像一场赌博。"别人说你一个穷人也冒充投资人，但这个穷人'忽悠'到钱了。"汪建和他的伙伴们是一群"想干大事情"的人，他们推崇关于两弹一星的一句话：没有一声巨响，这个世界谁也不会理睬你。

二、华大基因的商业模式

15年前，华大基因落户于深圳盐田一家破旧的鞋厂；15年后，这家民营机构从参与、追赶、同步到部分引领，开创了生物经济的崭新模式。如今，其研究分支机构遍布世界50多个国家和地区，成为世界公认的"最大的基因测序航母"。可以说，华大基因之所以取得如此巨大的成功，主要还是由于其构建出了自己独特的商业模式（见图5-1）。具体来说，包括如下四大部分：

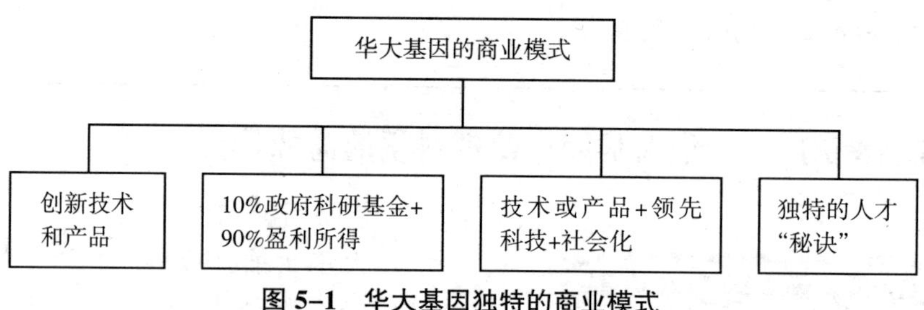

图5-1 华大基因独特的商业模式

第一，创新技术和产品。华大基因已在全国完成32万例无创产前检测，检测出3000多个唐氏综合征以及爱德华氏征等，避免了产生近5000个不幸的家庭。目前，华大基因已经与全球科学家一起合作，针对全球7000多种单基因病，深入研究了其中2000多种。华大基因在西班牙可以一次提供600个疾病的检测，在中国也将不断推出。

据了解，华大基因在与卫计委积极推动另外一种国际通行的模式，除了有药监总局许可审批，华大基因还可以申请成为试点单位，按照欧美临床实验室方式，对新的检测服务使用临床实验室许可形式。如果这种新模式可以推行，那么更多的临床检测就可以更快地推进。

华大基因作为深圳生物产业的支柱型企业，其基因测序量已经占到世界基因测序量的55%左右。以此为核心，深圳也越来越重视培育发展生物和生命健康产业，自2009年出台了《生物产业振兴发展规划》和配套政策后，2013年又出台了《生命健康产业发展规划》和《深圳国际生物谷总体发展规划》。

第二，10%政府科研基金+90%盈利所得。华大基因至今仍被不少科学界人士视为"异类"，因为从正统的眼光来看，华大基因是一个体制外的民间研究机构，没有走学院派路子，但做的却是基础科研。放眼国内科研领域，一旦从事“基础科学”，就意味着离应用、市场、产业化有一定距离。而汪建表示，华大基因之所以展现出极强的生命力，正得益于华大基因的特有体制——“科学发现、技术发明、产业发展”的有机结合。产学研一体化，以商养研、以研促产的自主发展模式，已成为华大基因独特的发展路径。华大基因目前每年有10多亿元的收入，大部分来自科技服务。这些收入除去成本，绝大部分又被用于科研。

华大基因不是国家队，但在各个关键环节，由于它的眼光、研发地位和做过的实事而不断获得政府帮助。华大基因不是纯粹的科研单位，但对商业投资却非常谨慎，业界称华大基因是“化合体”模式。

“华大基因只做学术上没有争议的东西。”汪建曾道出华大基因的巧妙策略。例如，针对宫颈癌筛查方法、乙肝耐药等都有明确的科学机理支撑。对于没有明确科学支撑的东西，华大基因仅拿来做研究。同时，对于现在具有争议性的转基因问题，华大基因在育种过程中仍采用传统杂交技术，只通过基因测序辅助提升育种速度。这与一些急功近利、脱离科学实际的基因企业有本质不同。

第三，技术或产品+领先科技+社会化。华大基因今日所取得的成就，几乎没有人会想到。如果说，在世界生命科学最尖端的基因科学领域中“摸爬滚打”，令其有了摘取桂冠的先天优势，那么，我们所要探寻的重点是，其在发展思路、人才培育、商业模式上有什么独特的秘诀。

有人说，华大基因是典型的“墙内开花墙外香”。美国前副总统戈尔的新书《未来：改变全球的六大驱动力》中，多次提及深圳华大基因，将其誉为中国崛起的代表。此外，相关领域多位诺奖得主都到访华大基因。被众多世界级的商界、政界、学界领袖公开赞扬，这在中国其他公司并不多见。人们不禁要问，作为后起之秀，华大基因为何总是被人念念不忘？我们可以发现，究其原因，一是在科学研究上真正做到了“源头引领”；二是其在发展过程中“为人服务”的理念贯穿始终，为全球提供了高质量的科技服务。

“我们不是总跟在别人后面‘捡果子’！”华大基因研究院院长王俊表示，生命科学的发展规律，必然是从科学发现开始，首先要有自己在源头形成的认识。翻开华大基因的大事记，其在诞生之日起就踏入国际基因测序行业的第一梯队。1999年9月9日，华大基因加入了人类基因组计划，负责完成人类3号染色体短臂上约占人类整个基因组1%区域的测序任务。人类基因组计划，与曼哈顿计划、阿波罗计划一起，并称为20世纪全球三大科学计划。

如果说这小小的1%让华大基因拿到了基因科学领域核心圈子的门票，那么在汪建看来，华大基因真正的高速成长期还是2007年来到深圳以后。几年来，华大基因不仅主导或参与完成国际顶尖的“千人基因组计划”、“国际大熊猫基因组计划”等，还在世界顶级科学杂志上发表了大量高质量论文。

探究华大基因的发展路径不难发现，在科技服务方面，华大基因通过“走出去”战略，利用境外资源实现了快速发展。“先为世界人民服务，世界各种货币才会为我们服务。现在很多企业把挣钱放在第一位，这不是我们的理念和价值观。”汪建也在多个场合反复说到，只要符合科学基本规律、符合人们的基本需求，最终就会得到大家的支持。

第四，独特的人才“秘诀”。如果说因研究领域处于前沿，令华大基因相比传统科研机构有了先天优势，那么在后天建设上，华大基因也有一套秘诀——独特的人才培养体系。在华大基因研究大楼，看到的都是学生模样的年轻人。华大基因技术团队平均年龄只有27岁，大学毕业就担纲重要项目的负责人，在实习期就能成为世界顶级科学杂志文章的第一作者……这种令年轻人想都不敢想的事，在华大基因不止一次发生。不唯学历，不唯资历，独特的人才培养模式令一批批优秀年轻人更快地触摸到梦想。

华大基因人才培育模式相对独特，通过围绕科研课题，立即学，立即用，干中学，培养了一大批青年才俊。华大基因前员工回忆，华大基因对年轻人从不设限，一些仪器往往价格昂贵，在一些高校，年轻学生根本没机会碰，在华大基因这些对所有人敞开。允许年轻人试错，给他们机会在学习中成长。

据统计，从1999年成立至今，华大基因与华南理工大学、哥本哈根大学等国内外优秀教育科研机构联合培养了250余名研究生（含硕士生、博士生及硕博生）、165名本科生。华大基因在Science、Nature等国际权威科学杂志发表近百篇高水平论文，作者年龄多在24~35岁。

三、华大基因的盈利模式探究

公司目前以BGISEQ1000为平台基础，以贴牌的方式，向国家CFDA申报，进行相关的基因测序服务，从中赚取收入。该产品是母公司2013年收购CG更名而来，可以进行相应的基因检测服务，主要有四大步骤：采取血样、基因测序、数据分析和最终反馈。这些步骤对实验室的稳定性和操作专业性具有较高的要求，医疗机构普遍都选择外包给公司的方式进行。

第一，在临床应用方面，华大基因战略规划委员会主任朱岩梅说：“我们近期将把无创产前基因检测价格从两三千元降至一千七八，未来三年左右将降至千元以内。2013年仅无创产前的唐氏儿检测就完成了7万多例，为公司带来了上亿元收入。”华大基因测序仪和检测试剂盒获批后，将继续技术研发，力争降低检测价格以便让更多百姓接受并承担得起费用，预计需求市场也会成倍增长，将会对未来的营收产生正向推动作用。

第二，在科研机构方面，随着华大基因测序能力的提升，一些科学家及科研机构主动寻求合作，特别是科研机构、制药公司、育种公司等相关单位。据介绍，目前既有一两万元的单子，也有上千万元甚至接近亿元规模的合作协议，在全球20大药企中，有19家与公司有业务往来。

第三，个性健康管理，华大医学最近加入母公司管理的国家基因库，与爱康国宾、迪安诊断等机构展开合作，进行健康管理。

可以通过如图5-2所示的APP，构建专业的疾病模型数据库，结合客户的基因数据、临床数据、表型数据，进行全面的健康数据分析；还可以从身体指标到生活状态，帮助客户全面改进，让客户的生活和健康都变得更好。

图5-2　华大医学APP

作为一家在民政部门注册的民间机构，华大基因今日所取得的成就让其无论是在科学界还是在企业界，都可谓一个不折不扣的异类。按照创始人、华大基因研究院院长汪建的话来说，不走现成的老路，创新的模式才是华大基因获得成功的根本。

华大基因能取得今日的成就走的是一条研、产、学融为一体，以研支撑商业科技服务，以商业科技服务支撑原创性科学发现和产业发展，以研养商，以商促研，良性循环的独特发展之路。依靠这种独特的商业模式，2007年以来，华大基因的收入每年以3倍的速度在迅猛增长，2009年收入超过4亿元，2010年突破了10亿元。而一项项高端科研成果更被比喻为“华大喷涌”。如今，华大基因已经进入产业化的新阶段，除了传统的科技合作项目之外，个人基因检测还服务于个性化医疗，这成为了华大基因未来发展的新起点。

资料来源：作者根据多方资料整理而成。

“利润最大化”、“股东权益最大化”是企业存在的本质，即企业存在的根本就是逐利。而盈利模式从根本上决定了一个企业的生存与否，决定了一个企业最终盈利的方式与结构以及利益的多少，对于一个企业来说，盈利模式是企业的战略性问题。随着互联网的发展，盈利模式的探讨逐步受到企业与学术界的欢迎。

第一节　盈利模式的基本理论

我们每天看到的是：到处是价格战、促销战、人海战、广告战、模仿战……看到的绝大多数的企业经营结局是：销量增加利润下降、新产品盈利周期越来越短、人员增加费用加大、现金流越绷越紧、亏损面不断加大……如果不能清楚地认识产生利润的盈利模式，以及如何进行服务创新设计以获取这些利润，那么企业将难以保持长久的盈利成长状态。一个铁的事实已经摆在中国市场的企业家面前：企业不重视盈利，衰败甚至死亡只是时间问题。要使企业保持盈利成长，就要选择一个适合自己的盈利模式，由于企业处于行业的微观经济与宏观经济不断变化的状态中，所以没有一个单一的、特定的盈利模式能保持持续的盈利。近年来，盈利模式越来越受到理论界和学术界的高度重视，对盈利模式问题的研究也显得很有必要。

一、盈利模式理论回顾

盈利模式出现在对互联网经济的评价和置疑中，其理论一开始是在对互联网企业业务的归纳中建立起来的。其后逐渐深入解析网络业务收益来源，盈利模式的研究由此从互联网领域蔓延到了整个商业领域。目前国内对电子商务盈利模式的研究主要集中在以下几种类别（见图5-3）：

第一，研究电子商务盈利模式的概念与要素。欧洲学者Paul Timmers（1998）从盈利模式的主要元素以及相互关系的角度出发来界定盈利模式。他把盈利模式

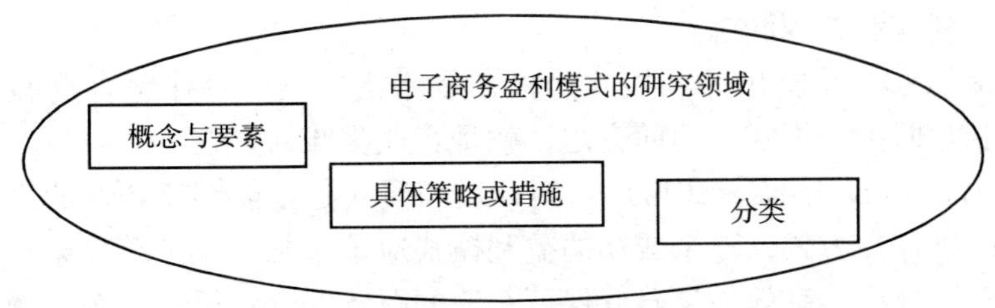

图 5-3　电子商务盈利模式的研究领域

定义为一个集合了产品、服务和信息流的体系结构，包括了对于不同商业活动参与者以及他们所扮演的角色的描述，以及对于每一个参与者能带来的潜在收益和收入源的描述。它包含三个要素：①商务参与者的状态及其作用；②企业在商务运作中获得的利益和收入来源；③企业在商务模式中创造和体现的价值。Timmers 实际是在收入基础上增加了企业角色作为盈利模式的一部分，用价值链作为工具来分析收入来源，并把这整个逻辑定义为盈利模式，这使盈利模式研究开始伸展到企业战略领域。

Dubsson Torbay 等（2001）认为盈利模式是企业为了对价值进行创造、营销和提供所形成的企业结构及其合作伙伴网络，是产生持久的有利可图的收入流的客户关系资本。这个定义清晰地延续了之前研究的脉络，盈利模式还是在企业之外，是收入流的依据。只是他将价值链或者价值网络的具体组成更清楚地在定义中表示了出来。

郑淑蓉（2003）最早在国内对电子商务的盈利模式进行了定义，她认为电子商务的盈利模式指的是商务网站如何能够用相对较少的费用实现较多收入的特定的运营方式。叶乃沂（2004）认为电子商务环境下的盈利模式是企业在价值链系统一定位置上为目标市场提供价值而盈利的方式，由 E 化市场环境、客户关系、产品创新、财务要素、企业资源和业务流程六个要素组成，这些要素之间相互联系和依赖，共同确定了商业模式的构成和特点。

Morris（2005）则分析了 30 个定义，提出："一个盈利模式就是一套相互联系的决策变量如何在特定市场中创造持续稳定的竞争优势的精简体现。这些决策变量主要是在战略、架构和经济等方面。"这些是继承了原有盈利模式主线的观点，即收入——价值创造和提供的逻辑与战略的观点。

陈朝阳、许长勇、赵学礼（2007）认为盈利模式是对企业所有经营资源的协同，企业持续盈利的关键是所有资源对盈利这个目标产生直接价值，所以企业要根据企业的产业特点、市场状况、自身实力等因素来确定自己的盈利模式。

吕赞、陈志刚（2008）认为一个好的盈利模式必须能够解决以下一系列问题：电子商务企业为客户提供的是什么样的价值；成本发生的方式是什么样的；收入如何取得以及如何在提供价值的过程中保持竞争优势等。要素为：利润点、盈利对象、利润源、利润屏障。

黄启斌（2009）指出盈利模式是指在战略指导下，企业整合资源、创造价值、获得利益回报的模式。简而言之，就是企业赚钱的方式。

美国 WiseGeek 团队（2011）认为，盈利模式是指能够使企业的投入产生持续利润的一种存在方式，一个成功的盈利模式应该包括三个环节：第一，企业的各个组成部分都应该高效地运营并保证企业的财务安全；第二，企业的产品或服务能够受到客户的关注和认可；第三，企业应该拥有有效的渠道将其产品或服务传递给客户。

韩华（2014）认为盈利模式是指对企业的经营要素进行价值识别及价值管理，在经营要素中找到盈利的机会，即探求企业利润的来源、生成的过程以及产出方式等的系统方法。简单来说，盈利模式就是指企业赚钱的一种渠道，通过怎样的模式和怎样的渠道来赚钱。盈利模式是企业在残酷的市场竞争中逐步形成的、企业特有的赖以生存盈利的商务结构和对应的业务结构。

第二，从具体策略或措施来探讨电子商务盈利模式。Schlachter（1995）提出了五种网站创造收入流的模式——订阅模式、大型购物中心模式、广告模式、计算机服务模式和商业辅助模式。在此基础上，Fedwa（1996）增加了计划使用和赞助以及公共支持模式作为收入来源，提出了七种收入创造的盈利模式。至此，盈利模式开始正式使用，并与收入密不可分。

郑淑蓉（2003）指出电子商务盈利模式超常规的运营方式包括：专业定位，特色服务；创造价值，免费与收费并举；立足增值网络业务，瞄准增值电信服务；挖掘网站生存空间，与传统企业相结合。

应若平（2003）认为目前各类电子商务网站都在创建虚拟市场和提供增值服务等方面开拓业务，力图成为专门化的信息服务平台。大而全的网上零售业缺乏竞争优势，应以信息服务为发展的突破口；门户网站靠广告收入难以维持收支平衡，必须开拓信息服务的市场；专门化的信息服务网站市场定位准确，有着确定的盈利前景。电子商务网站作为一种新型的商务模式，不只是传统商务在网络上的自然延伸，而是传统商务在网络上的升级和扩展，信息服务平台是共享信息资源与实现增值服务功能的最佳方案。

第三，研究电子商务盈利模式的分类。穆峰（2001）认为电子商务企业盈利模式主要有买方主导市场网站盈利模式（产业主导企业策略联盟）、第三方电子商务中心的盈利模式。

李常建（2004）根据利润在价值链上的来源环节，把电子商务的盈利模式分为以下几类：生产成本的降低、第三方利润、创造顾客价值、提供信息服务。

李先锋、白庆华（2004）认为电子商务基本的盈利模式为在线销售商品模式、在线销售数字内容模式、在线提供服务模式、交易费用模式四种。

杨青云（2010）认为电子商务上市企业的盈利模式有会员制收费模式、网络广告收费模式、搜索竞价收费模式、交易费用收费模式、增值服务收费模式等。

二、盈利模式理论的发展演变

人类营销发展史上，盈利模式经历了如下三个阶段（见图 5-4）：

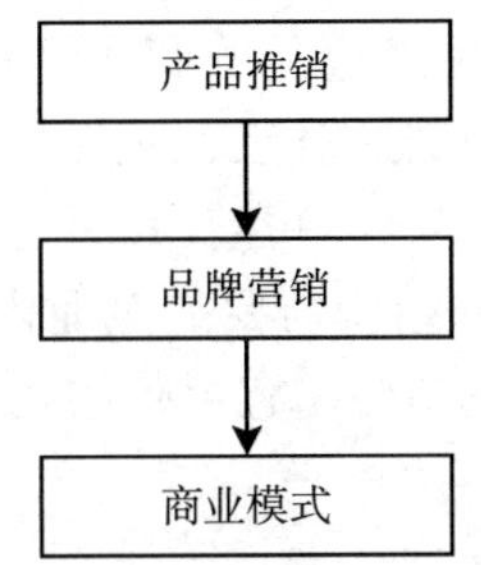

图 5-4 盈利模式的发展演变

第一，产品推销阶段：卖产品特点（USP 理论：让顾客买有特点的）。例如，“白加黑”是个了不起的创意，它看似简单，只是把感冒药分成白片和黑片，并把感冒药中的镇静剂“扑尔敏”放在黑片中，其他什么也没做；实则不简单，它不仅在品牌的外观上与竞争品牌形成很大的差别，更重要的是它与消费者的生活形态相符合，达到了引发联想的强烈传播效果。在广告公司的协助下，“白加黑”确定了干脆简练的广告口号“治疗感冒，黑白分明”，所有广告传播的核心信息是“白天服白片，不瞌睡；晚上服黑片，睡得香”，产品名称和广告信息都在清晰地传达产品概念。

第二，品牌营销阶段：卖心理附加值（定位理论：让顾客多掏钱购买）。定位理论协助中国企业打造强势品牌的案例越来越多，著名的有王老吉、江中健胃消食片、乌江榨菜、香飘飘奶茶、长城汽车、东阿阿胶、真功夫快餐、九阳豆浆机、劲霸男装、九龙斋酸梅汤、会稽山黄酒、哎呀呀、雾里青绿茶等。

第三，商业模式阶段：羊毛出在牛身上（错位理论：让顾客少掏钱购买）。真正的盈利模式都藏在表象的背后——表面上看着是 A，实际上真正盈利靠 Z。如娃哈哈儿童营养液的盈利模式：喝了娃哈哈，吃饭就是香。表层定位：强壮儿童身体，深层错位：促进孩子多吃饭的“饭引子”。作为儿童营养液，娃哈哈没有直接说“喝了娃哈哈，身体就是棒！”而是把自己的产品“错位”成一种“饭引子”，这才可谓真正知道年轻父母的心理本质：担心孩子只吃零食，不吃饭。此外，还有瑞亚的盈利模式，即表层定位：乳制品企业——卖牛奶；深层错位：高科技生物企业——卖奶牛的胚胎。

第二节　盈利模式的内容、特征与作用

一、盈利模式的内容

盈利模式包括企业特有的赖以盈利的商务结构及其对应的业务结构两大内容。前者是指企业外部所选择的交易对象、交易内容、交易规模、交易方式、交易渠道、交易环境、交易对手等商务内容及其时空结构，它反映的是企业资源配置的效率。后者主要指满足商务结构需要的企业内部从事的科研、采购、生产、储运、营销等业务内容及其时空结构，它反映的是企业内部资源配置的情况，如图 5-5 所示。

盈利模式
- 商务结构（交易对象、交易内容、交易规模、交易方式、交易渠道、交易环境、交易对手等商务内容及其时空结构）
- 业务结构（科研、采购、生产、储运、营销等业务内容及其时空结构）

图 5-5　盈利模式的内容

盈利模式专栏 1　　腾讯公司的多样化盈利模式

Tencent 腾讯 | 一切以用户价值为依归

图片来源：www.tencent.com.

很多人都很好奇，腾讯公司怎样用一个简单的通信工具 QQ 来获得丰厚的利润。从找不到合适的盈利模式到靠一个小小的 QQ 软件起家，再到成功在中国香港上市，腾讯公司一方面创造了奇迹，另一方面也面临竞争对手的种种挑战。目前，腾讯网（QQ.com）已经成为了中国浏览量第一的综合门户网站，电子商务平台拍拍网也已经成为了中国第二大电子商务交易平台。通过使用 QQ，我们不难发现，腾讯很多地方都要收取费用，虽然有些免费的体验，但一切都是为了让大家熟悉这种服务并且爱上它。下面就是腾讯常见的几种盈利模式（见图 5-6）。

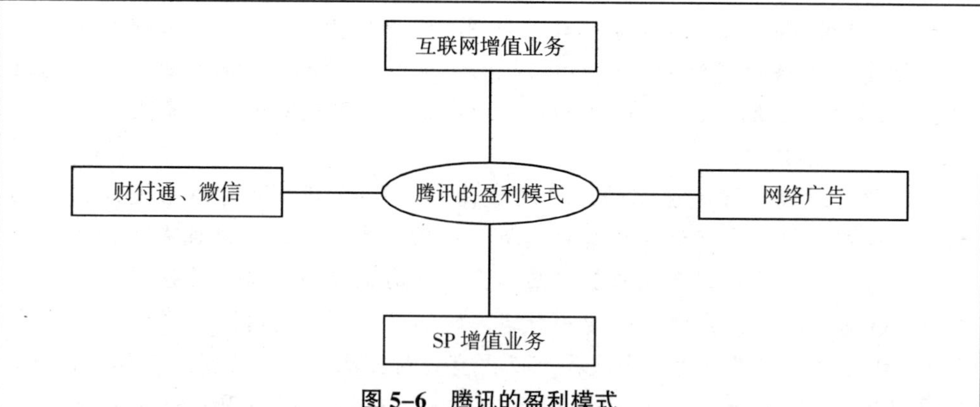

图 5-6 腾讯的盈利模式

一、以 QQ 会员、QQ 秀、Q-Zone 为代表的互联网增值业务

QQ 会员在 2000 年 11 月推出，作为高级 QQ 服务，用户在支付每月 10 元费用后，即可享有多种基本 QQ 服务以外的额外福利，这包括可自行挑选 QQ 号码、将信息储存于 QQ 服务器、享有大容量网络存储空间等。腾讯不断完善 QQ 会员服务内容，以彰显会员丰富和超值的互联网体验及尊贵身份。这样，持续提高了 QQ 老付费会员的黏度，同时吸引更多的用户加入 QQ 会员群体。现在，QQ 会员是腾讯收入最高的单项产品。

QQ 秀在 2003 年 3 月推出，用户可在网上购物中心选购虚拟时装及其他对象，自行设计自己的“网络虚拟化身”。除不收费提供个别 QQ 秀形象外，各类 QQ 秀形象收费一般介于人民币 0.5~3 元。在 2007 年第四季度，腾讯推出支持 Flash 的 QQ 2.0 版本后，Flash 技术的使用使得 QQ 秀的美观程度和表现力更加丰富，收费方式由按件收费方式向主推包月方式转变。Q-Zone 是全球为数不多能实现盈利的 Web2.0 社交网站之一。与 MySpace、Facebook 等网站依靠广告收入不同，Q-Zone 依靠销售装扮 QQspace 的虚拟道具来收费。

二、以移动 QQ、手机图片、铃声下载等为主的 SP 增值业务

移动增值业务主要为用户提供 QQ 与手机或其他终端互联互通的即时通信及增值服务。移动 QQ 是中国最早的无线短消息服务，在 2000 年 6 月正式推出，让用户通过移动电话连接 QQ 网络，与其他 QQ 用户进行实时通信。移动 QQ 服务也通过中国 2.5G 网络提供，可以在 WAP 浏览器或 K-Java、Smartphone、BREW 及原生代码等可安装客户端软件使用。

腾讯与中国移动、中国联通的若干附属公司及分支营运商订立协议，在运营商的 SIM 卡中预安装移动 QQ SMS 指示。移动 QQ 客户端软件可在中国移动的 WAP 门户网站、腾讯网站和其他 WAP 网站下载。腾讯还与中国多家手机制造商合作，直接在移动电话中预安装移动 QQ 及其他客户端软件。大部分移动

QQ 用户选用 SMS 短消息服务，每月费用介于人民币 4.5~5 元。目前，腾讯开始规划自己的移动增值业务营销渠道，利用自有营销渠道提升增值业务毛利率，同时对运营商的营销渠道依赖度有所降低，政策风险进一步降低。

三、网络广告

主要是通过在即时通信的客户端软件（登入 Flash、即时通信视窗和系统信息）及在腾讯门户网站的广告栏内提供网络广告盈利。腾讯拥有多种载体的网络广告，在广告分众定向投放、展现方式等方面具有优势。腾讯的广告载体包括 QQ 客户端、门户网站、搜索引擎、网络视频、游戏内置广告（IGA）、无线 WAP 门户等。不同的广告载体可以更有针对性地面向目标受众群体，例如，腾讯通过 QQ 客户端，可以向不同区域、不同行为特征的用户群定向投放广告，游戏内置广告可以专门面向游戏用户群，不同的广告载体可以展现图片、视频。

四、第三方支付工具——财付通

腾讯的财付通主要是为拍拍网提供支付服务，做其强有力的后盾。但从另一个角度考虑，它也相当于一个没有风险的在线银行，拍拍网的买家卖家都或多或少地注入了资金。随着拍拍网用户数的日益增长，财付通里的总资金就不是一笔小数目了，而腾讯可以用这些资金进行投资，且不用支付利息，所以也是一个融资的好办法。

五、微信

拥有 2 亿用户的微信将怎么赚钱？这已经成为时下互联网界人们最热衷讨论的话题之一。第一，商城模式，进场费。当前，部分精明的商家已经在微信上尝试推广业务，微信的初始收益模式可以参照天猫、京东等电商，虽然并不直接向用户收钱，但是却可以向入驻的商家收钱，甚至可以设定一系列分等定级的标准来确定入场费的多寡。第二，精准广告模式，定向推广费用。微信与腾讯地图搜搜相结合，以位置服务为基础，获取微信用户的位置信息，购买精准广告服务的商家可以向附近微信用户发送促销信息。这种模式与商城模式互相补充，应该说商城模式是一种相对静态的被动收益方式，而精准广告则灵活得多，理论上，签订定向推广协议的商家可以获取更多的潜在客流，就算不能带来客流的增长，区域内同业竞争还是有可能迫使商家购买定向广告。第三，微信令，个人社交延伸。比如以包月形式推出面向社交活动的、不同类型的“微信令”，持有信令的微信用户在指定的消费场所能够享受更多的优惠折扣。虽然现在团购模式也能够做到低价优惠，但是线上购买、线下预约消费的模式还是令不少人放弃了。

资料来源：作者根据多方资料整理而成。

二、盈利模式的特征

盈利模式不是苍白无力的模式，而是独特的、创新的、能赢得更多顾客的模式，它有以下几个显著特征，如图 5–7 所示：

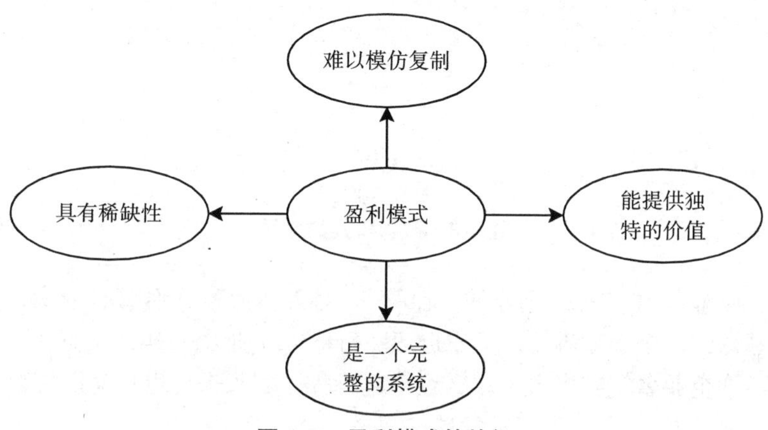

图 5–7　盈利模式的特征

第一，能提供独特的价值。盈利模式是价值活动创造过程的凝练，是独特的。这种独特的盈利模式，往往能带来与众不同的利润。当然，成功的盈利模式并不是一定在全过程盈利，但即使有一些短时的亏损，那也只是成功模式中长期战略的有机部分。

第二，是一个完整的系统。盈利模式本身并不仅仅是一个局部的创新，或者是某个技术的突破，而是企业通过投入自身经济要素，整合周围所有经济关系和利益相关者的力量及相关资源而形成的一种用来实现价值创造、获取收益并最终实现利润分配的组织机制与架构。盈利模式涉及企业内部的战略定位、人力资源及技术创新与研发等众多要素，是一个系统。

第三，具有稀缺性。这当然是相对的，对于绝大多数行业，当竞争已到了无利可图、人人都可以进入的时候，这个模式也就宣告失败了。真正的盈利模式与众不同，具有稀缺性，如“人无我有、人有我新、人新我精、人精我廉、人廉我转”，要有较高的进入门槛，相应才有较高的利润。始终保持这种相对稀缺性，才是盈利模式的根本特征。

第四，难以模仿复制。企业盈利模式的成功，是其战略定位准确、资源配备到位、内外部资源整合有效的综合作用，不是简单想复制就可以复制的。一个模式有时看似简单，但要做到极致也是不容易的。如直销模式，谁都能懂得其中的意思，但只有戴尔公司等做成了标杆，因为在其简单的直销背后，有着一套完整的、极难复制的资源和生产流程。

三、盈利模式的作用

如图 5-8 所示，盈利模式的作用有以下几点：

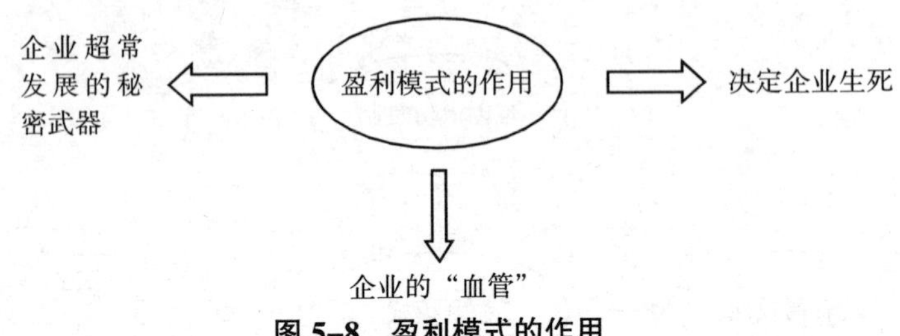

图 5-8 盈利模式的作用

第一，企业盈利模式是企业的“血管”。对人体而言，血管有毛病，血液流动就不可能顺畅，一个人就不可能活得健康、舒服。企业也一样，没有一个合适的盈利模式，不管企业名气有多大，多么经得起折腾，到头来，也只能以失败告终。

第二，盈利模式是企业超常发展的秘密武器。盈利模式之于一个企业，相当于基本国策之于一个国家。一个企业在完成技术和产品的创新之后，能否寻找到一套优秀、成熟的盈利模式，往往是这个企业能否走向成功的关键所在。因此，盈利模式是企业生存和发展的决定性因素。在短缺经济时代和市场经济初期，企业的生存和发展大多靠销售利润来实现，到了充分竞争的经济全球化时代，企业的生存和发展便要由盈利模式来决定。

第三，盈利模式决定企业生死。各行各业以盈利为核心的时代已经到来，而“为销量而销量”、“为品牌而品牌”的时代已经过去。现在与未来的几年内，盈利模式决定着企业的生死，竞争的胜利只属于“对现金流和利润近乎疯狂的家伙”。因为在经营实践中的企业领导者明白：企业是否盈利而且是否能够持续盈利才是关键，也是最终标准。

第三节 盈利模式的构成要素

盈利模式可以归结为一个动态有机的系统，系统中各个关键环节相互联系、互相作用、紧密配合，最终实现企业利润。在实施盈利模式的企业里，产品和服务是基础，品牌、技术、营销是过程，实现盈利才是根本，所以一个好的盈利模式必须是使其各个组成部分都具有持久盈利的方法的组合模式。盈利模式构成的关键要素有（见图 5-9）：

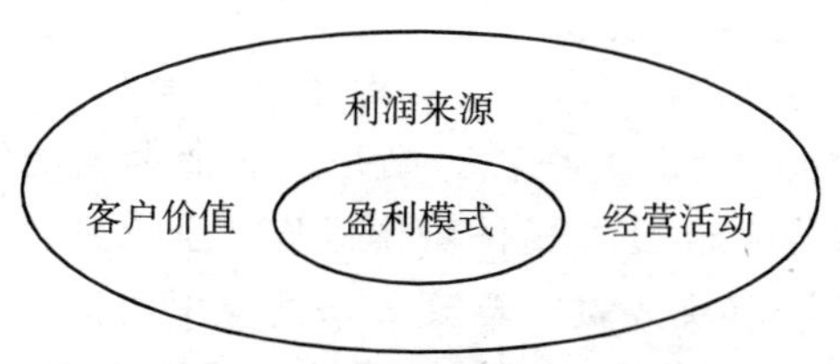

图 5-9　盈利模式的构成要素

第一，利润来源。利润来源是指企业可以从哪些业务领域获得收入和利润。企业制定整体的战略布局之前必须清楚地了解利润来源，而且企业应该从中长期发展战略角度来确定利润来源的问题，这样才有助于持久稳定地保证其利润获取。

第二，客户价值。客户价值是为目标客户提供能满足其需求并达到客户满意和忠诚的产品或服务，而且这些产品和服务是能够代表企业个性的，并对客户实现其经济价值、功能价值和心理价值。产品和服务的相关内容能体现客户价值，因为客户如果对该产品和服务产生偏好，就需要为企业支付相应的价值，从而企业也通过为其客户设计适合的产品实现客户及自身价值。

第三，经营活动。经营活动是企业生产产品和服务以及吸引客户购买和使用的一系列相关活动，是根据企业的资源状况和所处的市场竞争环境对企业长期发展进行战略性规划和部署，制定企业的远景目标和方针的战略层次活动，通过这些活动满足企业和客户双方的需要，解决的是企业的发展方向、发展战略问题，具有全局性和长远性。

综上所述，若能对上述关键环节都做出完整分析，就能够找到企业盈利模式在价值创造中所起到的作用。这样一来，对于互联网企业来说，便可以更加清晰地了解自身的盈利模式和企业价值运作规律，找到不足和有待改进的地方，保持核心竞争力，更好地创造和体现客户及自身价值，获取利润。

盈利模式专栏 2　泰康人寿养老社区商业模式的盈利分析

图片来源：www.taikang.com.

一、公司介绍

泰康人寿保险股份有限公司成立于 1996 年 8 月 22 日，总部位于北京。经过 18 年稳健、创新发展，已成长为一家以人寿保险为核心，拥有企业年金、资产管理、养老社区和健康保险等全产业链的全国性大型保险公司，连续 10 年荣登“中国企业 500 强”。泰康人寿旗下拥有泰康资产管理有限责任公司、泰康养老保险股份有限公司和泰康之家投资有限公司。

泰康资产是国内资本市场大型机构投资者之一，受托资产管理总规模近6000亿元，综合投资收益率连续11年表现优异。泰康养老是国内五大专业养老保险公司之一，为广大企业和员工提供团体保险、企业年金、个人养老保险等企业员工福利“一揽子”解决方案。泰康之家是经中国保监会批准设立的专业从事养老社区投资与管理的公司，至2013年底，泰康之家已经完成北京、上海、广州和三亚四地的养老社区战略布局。

二、泰康人寿养老社区商业模式：虚拟金融+实体医养

自2011年以来，泰康人寿连续投入150亿元，在北京昌平、上海松江、广州萝岗、海南三亚拿地共70万平方米进行养老社区布局，2014年7月16日，泰康人寿旗下的第三家养老社区粤园在广州开馆。

早在2007年，泰康人寿就已经开始考察发达国家的养老社区服务，2009年经保监会批准，泰康人寿获得中国保险行业第一个养老社区投资试点资格。事实上，对于保险公司来说，建立一个养老社区并不难，难点在于如何清晰地定位养老社区的商业模式和盈利模式。

新华保险董事长康典坦言，养老园区投入巨大，如果不走以养老为名的类似商品房模式，而是探索纯养老社区之路，在政策和规则的界限之内客户可承受、公司可盈利，确实比较难。而对于泰康人寿董事长陈东升来说，他更愿意把养老社区放在整个产业链里面，把销售虚拟的金融产品及服务和实体医养结合，从而拉长人寿保险的链条。

2012年，泰康人寿开始销售“幸福有约终身养老计划”，这款年金产品与养老社区相挂钩，也就是说，买了产品就等于拿到了一张入住养老社区的门票。按照陈东升的话说，如果这个门票供不应求，未来还可能增值，而这部分客户被泰康称为“期货客户”，与之相对的就是“现货客户”，即没有门票，只能到时排队的客户。

泰康人寿副总裁刘挺军表示，把保险与养老社区结合，一是能发挥保险资金的优势，二是能发挥客户的优势。刘挺军表示：“客观说，养老社区仅仅作为地产而言，盈利是不丰厚的，如果把养老和保险结合在一起，产生上下游协同效应，成本会因此而降低，投资的出发点是不一样的。”

三、养老社区的漫长盈利周期

陈东升说，在泰康人寿6000亿元资产里面，基础设施和不动产的投资上限是30%，也就是1800亿元的空间，“从理论上来说，我们提出来的5年投入1000亿元，还没有达到这个上限，事实上我们真正投出去的资金还不到200亿元。”

而养老社区漫长的盈利周期也是许多寿险公司望而却步的原因之一。陈东

升说，养老社区从拿地到盖房子到养老社区达到85%的入住率需要3~5年时间，一个成熟的养老社区要做到收支平衡需要6~8年的时间，真正实现盈利要8~10年的时间，30年后才能把成本收回来，这之后就是正现金流。“所以说，养老社区这种模式最适合保险，构建养老社区的主力军也一定是寿险公司，那些追求中短期投资的地产商不具备这样的条件。”刘挺军表示，一个养老社区的入住率只有达到90%以上的时候，它的年投资回报率才能达到5%~6%。

资料来源：作者根据多方资料整理而成。

第四节　盈利模式的分类

盈利模式分为自发的盈利模式和自觉的盈利模式两种，前者的盈利模式是自发形成的，企业对如何盈利、未来能否盈利缺乏清醒的认识，企业虽然盈利，但盈利模式不明确、不清晰，其盈利模式具有隐蔽性、模糊性、缺乏灵活性的特点；后者是企业通过对盈利实践的总结，对盈利模式加以自觉调整和设计而成的，它具有清晰性、针对性、相对稳定性、环境适应性和灵活性的特征。在市场竞争的初期和企业成长的不成熟阶段，企业的盈利模式大多是自发的，随着市场竞争的加剧和企业的不断成熟，企业开始重视对市场竞争和自身盈利模式的研究，即使如此，也并不是所有企业都有找到盈利模式的幸运。例如，1998年1月，马化腾与张志东合作创立腾讯，当时公司主要是为其他公司制作网页、承接一些系统集成项目，既没有核心业务更无价值主张，这时候该公司的盈利模式就是一种自发的盈利模式。但是在内外部环境变化的影响下，腾讯为提高其竞争力，以QQ业务为核心，延伸出三种收费业务：提供QQ广告服务——收取广告佣金，QQ会员服务——收取会员费，移动QQ业务——收取无线增值费，无线增值收入通过与通信运营商的利润分成实现，每月从通信运营商处领取收入，此时该公司的盈利模式就是一种自觉的盈利模式（见图5-10）。

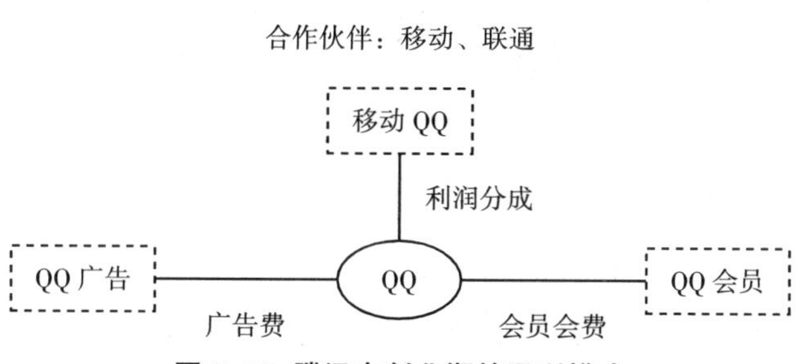

图5-10　腾讯在创业期的盈利模式

第五节　盈利模式的设计

企业存在的根本意义是创造利润。如同人的生命一样，企业寿命的长短取决于它的健康状况，盈利水平就是企业健康状况的最重要指标。人的生活方式有很多种，没有先进与落后之分，重要的是生活质量；企业的生活方式就是它的盈利模式，同样没有所谓的先进与落后之分，重要的是利润和盈利能力。企业创新竞争不再是产品、广告、促销、管理等单一要素的较量，盈利模式创新才是根本。否则，很多盈利模式同化的企业，无论技术、产品、品牌、管理等单一要素多有优势，仍然建立不了整体竞争优势，摆脱不了竞争的困扰，因为盈利模式的同化必然导致营销、管理、竞争区域的同化，可以说在起跑线上就已经输掉比赛了。所以，突破同化竞争的根本出路是盈利模式的差异化，即设计企业独特的盈利模式，一旦这种层次的创造取得突破，企业的竞争力才能持续，寿命就能长久。

一、盈利模式设计的原则

为便于盈利模式的有效实施，盈利模式设计时必须遵循以下几条原则（见图 5-11）：

第一，大道至简原则。盈利模式设计要按照“人无我有，人有我大，人大我特，人特我绝”的原则，表达要深刻凝练，形式又要朴实简洁，这也是盈利模式的精华所在。

第二，垄断为上原则。不管是什么模式，最终都是追求相对的垄断，新兴产业要先发式垄断，资源型企业要先天式垄断，行业整合型企业要竞争性垄断，品牌溢价型企业要情感式垄断，虽然道路不同，方法不同，但最终实现的主张是相同的。

第三，系统依赖原则。盈利模式涉及组织结构、财务规划、人力资源与市场营销，盈利模式是各模块的有机组合，所以是一个系统工程，必须要从系统及整体上进行设计。

二、盈利模式的设计步骤

如图 5-12 所示，盈利模式的设计步骤如下：

第一，寻找有特色的利润源。独特的利润源主要来自企业对产品和服务所面向的消费者群体的独到理解。首先，企业必须清晰地界定产品或服务的最后使用

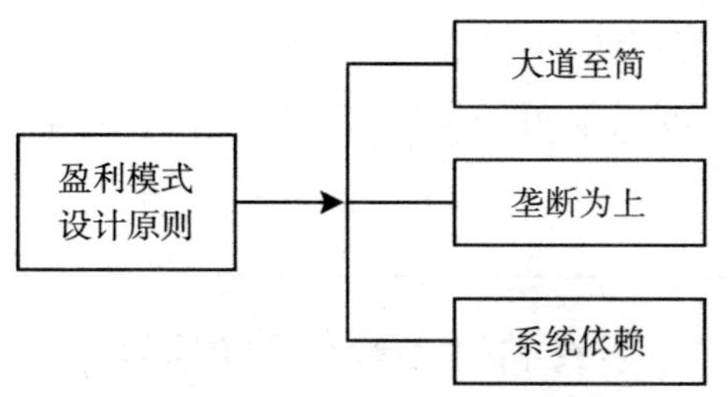

图 5-11　盈利模式设计的原则

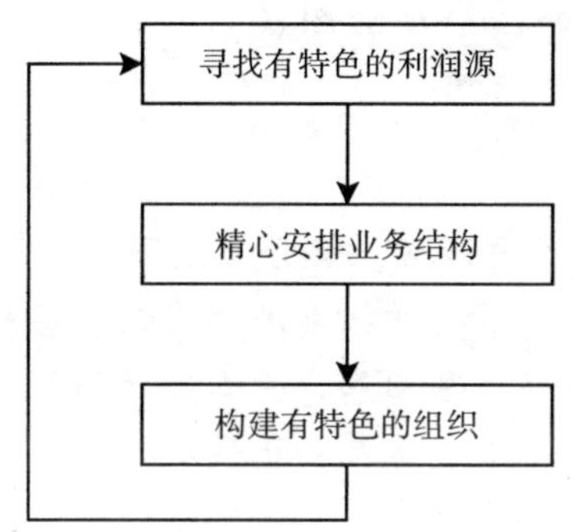

图 5-12　盈利模式的设计步骤

者——顾客；其次，企业需要对消费群体进行细分——市场细分，并针对不同细分市场顾客的偏好提供独特的产品和服务；最后，在可能的情况下，在市场细分的基础上，对消费者群体进行更进一步的细分——微型分割，微型分割可以细致到每位顾客得到的专门服务。

第二，精心安排业务结构。一个企业的业务结构可以分为三个层面，即核心业务、增长业务和种子业务，如何恰当地安排这三层业务链，关系到一个企业是长盛不衰，还是昙花一现。核心业务就是直接影响近期业绩、提供现金流、维持企业存在的那些业务；增长业务是正在崛起的新业务，具有高成长性，并且有代替核心业务的潜力，并最后代替核心业务；种子业务是需要精心培育、重点选择，为将来做准备的业务。如果企业精心构造了三层业务链，就可以说这家企业从业务安排上获得了利润持续增长的业务结构，但很多拥有三层业务链的企业并没有成功，这是因为三层业务链的平衡管理在本质上讲不仅是对业务的安排，同时也是对企业文化的挑战。

第三，构建有特色的组织。许多事情都是可以被模仿或照搬的，但是，创造一个积极高效而又难以被模仿的团队，对竞争对手来说是一种进入的壁垒。组建这样一个团队需要考虑几方面的内容：首先，创造出一种团队精神，它是在所有成员中建立信任所必不可少的；其次，要提高效率，为了使每一个人了解他的团队伙伴，要求建立一些办事的规则和程序。团队应该在细节上达成一致，诸如既定的目标、工作时间。可以采用平衡计分卡的方法，在盈利率、顾客满意度、团队精神等方面调整监控。

盈利模式专栏 3　华致酒行多样化的盈利模式

图片来源：www.vatsliquor.com.

一、公司介绍

华致酒行隶属于华泽集团旗下，成立于 2005 年 5 月 26 日，自成立以来，华致酒行已经在全国发展了数百家门店，覆盖了全国 28 个省、市、自治区。其分布范围广、区域覆盖面宽、辐射带动力强，已形成服务于全国消费者的保真酒品连锁销售网络。华致酒行的主营业务是代理、分销中国及世界优质酒品，除酒类产品外，华致酒行目前还代理裕寿堂系列的虫草、燕窝、辽参、木耳和花菇以及御米油等中、高档保健品。

二、华致酒行的商业模式

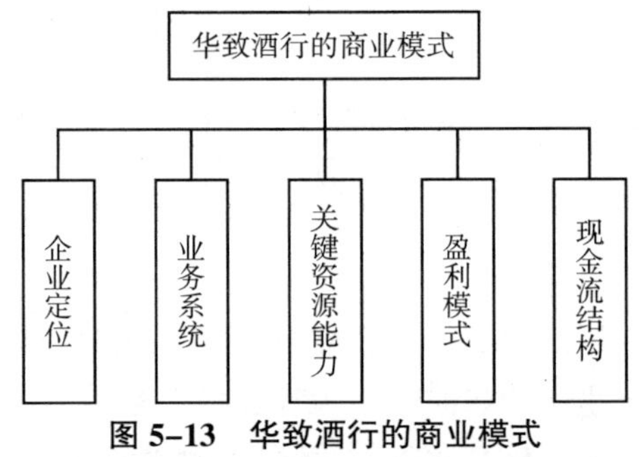

图 5-13　华致酒行的商业模式

如图 5-13 所示，华致酒行的商业模式包括以下几方面：

第一，企业定位。华致酒行的企业定位包括四个方面：①真品。打开华致酒行的官方网站一眼就可看到“中国保真酒品连锁销售第一品牌”的宣传口号，华致酒行对自己最基本的要求就是：成为不卖“假酒”的专卖店。②高端。华致酒行拥有一个由国家级白酒和葡萄酒评委、法国国家酿酒师等酒类专家组成的负责研发和产品引进的专业团队，能够确保从专业的角度挑选国内外优质的酒类品牌产品。③服务。华致酒行拥有专业的酒品顾问服务团队，能够为消费者提供全方位、一站式的酒品需求综合解决方案，专业顾问会根据客户的饮用场合、饮用习惯、消费档次等情况提供酒品选择的专业咨询服务。④环境。华致酒行门店由法国著名设计师 Franciso 先生倾力打造，完美地融合了传统与现代设计风格，既蕴含了中式的优雅尊贵，又不失简约时尚的国际风范，高雅而大气。

第二，业务系统。华致酒行依托其强大的上游资源，总能以最具性价比的价格拿到大量第一手资源。在大量资源的支持下，华致酒行主要采取"准直营"的运作模式，通过合作的方式与经营方共同管理，加强对终端的控制，快速扩大华致酒行的规模。在大力发展准直营模式的合作酒行门店的同时，华致酒行通过在各地设立直营店来完善市场网络布局，扩大品牌影响力。在华致酒行的运营体系中，依托华泽集团，华致酒行直接从酒厂进货，而其专卖店则从华致酒行直接进货，这种机制将传统酒水分销的五到八级渠道简化成两级，基本杜绝了假货进入华致酒行渠道的可能。

第三，关键资源能力。华致酒行的关键资源能力主要包括以下几个方面：①渠道能力：准直营的合伙人制度。②全国性的人脉网络：华泽集团在全国市场展开的并购浪潮为华致酒行布局全国市场提供了必要的人力和环境。③规模能力。④监控能力：专业管控系统。华致酒行为保证其真品的特色，花费了大量的人力和财力，建立了相当完善的监管系统。⑤服务能力：贴心的服务模式。⑥超低价格：华致酒行通过对资源的整合，能以第一手价格拿到大量资源并以最优惠的价格直接批发给各连锁门店，从而减少了中间环节，将传统酒水分销的五到八级渠道简化成两级，降低了经营和流通成本。

第四，盈利模式——多样化盈利模式。华致酒行盈利模式包括以下几方面内容：①批发产品差价。华致酒行通过华泽集团可以以第一手价格拿到大量资源并以最具性价比的价格批发给其合作店，这不但能最大限度地维护华泽集团在市场上的终端价格，还能获得较高的利润。②自有品牌溢价。目前，华致酒行拥有 12 家酒厂，共拥有金六福、福酒、福星、六福人家、香格里拉等 20 多个自有品牌。自有品牌的销售，其利润空间更大。③直营店经营收入。为完善市场网络布局，扩大品牌影响力，提升公司形象，华致酒行在大力发展准直营模式的合作酒行门店的同时，在各地设立直营店。通过直营店的经营，华致酒行可以更直接地了解客户需求，不断改进以满足客户各种需求，使覆盖全国的连锁销售网络能够让消费者在全国各地都购买到称心如意的产品。华致酒行将从直营店获得酒水产品销售的经营收益。

第五，现金流结构。华致酒行依托华泽集团的强大实力，从酒厂直接批量采购，由于其采购量非常大，所以其议价能力较强，往往能以最低的价格拿到产品。在准直营模式下，由合伙人投资购买或租赁酒行门店，或由华致公司租赁或购买门店，另外，华致酒行会承担 30 万~100 万元的店面装修费，按照统一标准装修后供合伙人使用，并帮助合伙人一同进行店面管理、员工培训。合伙人利用自有资金直接从华致酒行购进指定产品，任何一家华致酒行门店都没有自行采购一瓶酒的权利，但华致酒行不分享其合作店的利润，其收入仅仅是向合伙人批发产品获利。由于每家合伙人的店面被要求必须配有专门的仓储，因此，华致酒行的仓储压力减小。华致酒行拥有自己的物流配送体系，在物流这一块能节省相当一部分开支。

资料来源：作者根据多方资料整理而成。

三、盈利模式设计的要素

企业盈利模式的设计必须考虑四个关键要素（见图 5–14），它们是利润源、利润点、业务活动、组织。几乎所有企业的盈利模式都是以某一两个要素为核心的各要素不同形式的组合。利润源是接受企业产品和服务的消费者群体。好的企业利润源，一是要有清晰的界定，没有清晰界定的利润源往往是不稳定的；二是要有足够的规模，没有足够的规模，企业的业务规模必然受到局限；三是企业要对利润源的需求和偏好有比较深的认识和了解；四是企业在挖掘利润源时与竞争者相比有一定的竞争优势。利润点是企业利润源购买的本企业产品和服务，好的利润点是客户价值最大化与企业价值最大化的结合点，它要求：一要针对目标消费群的需求偏好；二要为构成利润源的客户创造价值；三要为企业创造价值。利润点反映的是企业产出。企业业务活动的结构和内容，即指企业开发、生产、吸引、供应满足利润源需要的产品或服务的一系列业务活动及其结构。企业发现利润源、界定利润源、为利润源生产产品和服务以及吸引利润源，需要实施一系列业务活动，通过这些活动，企业和客户双方的需要才能得到满足。组织是商务活动和业务活动的组织形式，企业通过组织形式将有价值的商务结构和业务结构加以固化，也是企业盈利模式的固化和组织保证。好的盈利模式必须通过一定的组织形式和组织职能加以确认，只有这样，才能保证盈利模式的稳定性。

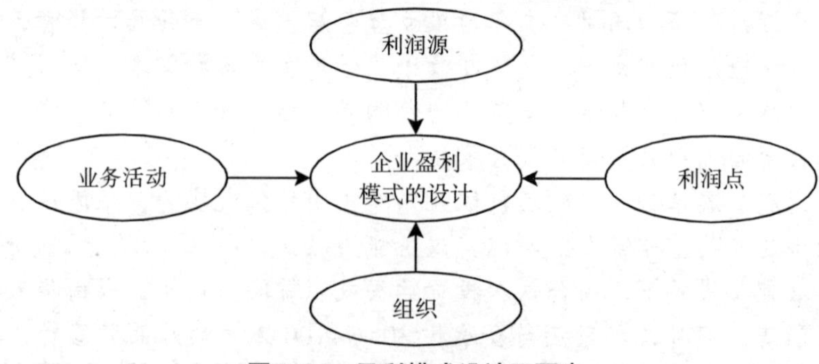

图 5–14　盈利模式设计四要素

盈利模式专栏4　　脉脉推出新的盈利模式

图片来源：www.maimai.cn.

一、公司介绍

脉脉创立于2013年10月，定位于工作版微信的社交应用，分为社交和工具两大板块，用户可管理一度人脉、发现二度人脉，或通过关键词搜索到二度人脉并建立联系，也可以通过关系链寻找所需的职位或人才。从2014年9月初开始，脉脉低调试水盈利模式。据了解，脉脉目前采用基于见面的付费、评价等模式，针对创业公司推出人才招聘、顾问咨询、辅助融资等服务。脉脉方面称，相比传统的猎头服务、财务中介，这种服务对于创业公司更高效，成本也会大大降低。2014年8月，脉脉获得了由IDG领投、晨兴创投跟投的2000万美元B轮融资，估值超过1亿美元。在此之前，脉脉以20%的股份获得了晨兴创投A轮、A+轮共计500万美元的融资。来自脉脉的数据显示，目前该产品的用户已经破百万。

二、移动职业社交APP脉脉：定位中高端人群

2014年9月，据脉脉官方透露，获得B轮2000万美元融资后，脉脉的用户数增长迅速。尤其近一个月，脉脉用户月增长超过20万，截至2014年9月23日晚，总用户数已超百万。相比其他移动应用动辄宣布用户数破1000万、2000万的情况，脉脉的用户总数显然不是最高的。不过，脉脉创始人兼CEO林凡并不担心，“成立于2003年的LinkedIn，花了500天时间，用户才达到100万。现在，它的用户数已超过3亿。”他认为，在产品运营的初期，用户质量以及对产品风格的把控才是最重要的。

据悉，目前脉脉用户以中高端人群为主。其中，65%的用户来自北上广深四个城市，54%的用户拥有经理以上的职位，86%拥有本科以上学历，24%拥有硕士以上学历，男女比例大概是3：2，互联网人群占64%。脉脉的用户大部分来自互联网、金融等行业，不少都是总监、VP、CEO级别的，这部分人群对新产品比较敏感，对人脉的诉求比较大，用户质量非常高。这也正是脉脉的单个用户估值可以达到125美元的原因。

三、脉脉对创业公司提供服务，试水盈利模式

另外，从2014年9月5日起，脉脉已经开始低调试水盈利模式。

据悉，脉脉目前采用基于见面的付费、评价等模式，针对创业公司推出人才招聘、顾问咨询、辅助融资等服务。相比传统的猎头服务、财务中介，不仅更加高效，成本也会大大降低。

脉脉表示，在招聘方面，脉脉可通过强大的数据库及先进的大数据计算方

法，帮助企业精准找到需要的人才。另外，双向评价模式也是招聘领域的一大创新。在面试后，企业可以对应聘候选人做出评价，应聘候选人也可以对企业进行点评，有利于行业信息的透明。虽然该服务还在内测阶段，但已有很多创业公司找到脉脉，希望进行合作。在未来，脉脉不排斥尝试更多商业模式。

而据脉脉透露，目前有很多投资机构表达了对脉脉的投资意愿，不过团队基于现阶段应专注产品的考虑，暂时不会接受新一轮的融资，脉脉的C轮融资可能会在2015年。

资料来源：作者根据多方资料整理而成。

四、盈利模式的评价标准

出色的盈利模式是指其业务模式中包含或部分包含了如下要素：通过深刻的洞察重新诠释顾客价值，从而重新定义了产品和服务，领导性地建立了竞争游戏规则；通过对行业结构的深刻了解，创造性地定位自己的产品和服务价值，从而实现了巨大的价值杠杆效益；把握了技术、消费发展的先机，整合了分散的顾客需求推出换代产品，一举建立市场领先地位；充分利用自身特长而构建的业务或价值链形成了自然壁垒，有效遏制了竞争对手的攻击；通过出色的战略设计让自己的企业处于一张稳定的价值网中，从而使本企业成为行业大势；展现出商业远见和敏锐的行动，把握技术突破、市场突破与矛盾背后的机会，迅速脱颖而出。

评价企业盈利模式时，首先着眼的是：一个企业经过一系列预先设定的（相对稳定的过程）活动，而获得顾客价值所展现出来的效率、效能及应对模仿与竞争的能力。在执行这种模式的过程中，凝聚着企业家的独到眼光和判断力、技术与经验积累、创造力以及敏锐的商业嗅觉。

以上仍然只是杰出企业盈利模式的某些特征，还不是业务模式本身。要把这些特征转化成为成功的业务模式还需要周密的组织和流程设计。因此，考察现实的盈利模式设计水准，我们需要进行整合三个层面的完整分析（见图5-15）：第一，模式创造者的洞察力、战略理性、市场导向的思想、价值与技术创新。这体现在上述的那些要素当中。第二，贯彻模式的战略清晰性、有效性。尽管盈利模式已经包含某些战略内涵，但盈利模式还不是战略。清晰完备的战略是指把这一杰出设想付诸实施并最终获得胜利的几条重要原则和执行计划。战略是企业对即将取得胜利的路径、步骤与阶段，即将面临的困难，资源与能力的必要配置，某些组织能力发展的前瞻安排。第三，组织保障，要取得执行的成功就必须把人、思想、过程有机地结合在一起。这对组织尤其是负责人的管理水平和领导力都是一定考验。因此，我们对现实企业盈利模式进行评价不可能只停留在商业创意阶段，还要考察连接这个创意与现实成就的两座桥梁：战略与组织能力。

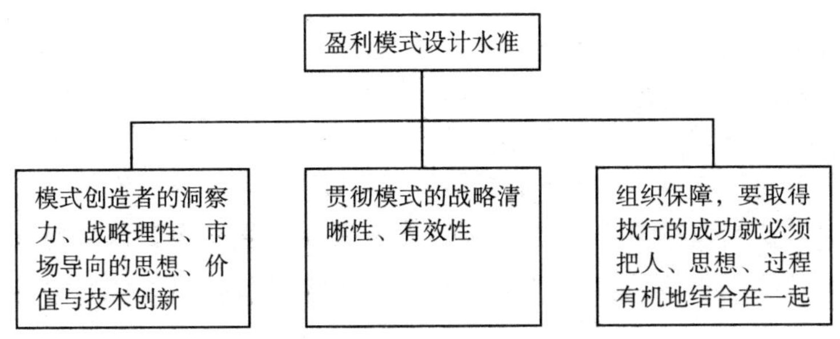

图 5-15　盈利模式设计水准评价

盈利模式专栏 5　顺丰嘿客便利店被指盈利模式不清晰

图片来源：www.sf-express.com.

2014 年 5 月，嘿客便利店在全国低调开业。与顺丰之前试水的“便利店+配送网点”模式不同，嘿客颠覆传统理念，集合了快递业务、虚拟购物、金融服务、便民服务、JIT 服务等综合社区服务功能。按照顺丰的计划，这样的嘿客便利店要在全国开到 3 万家。但经营数月以来，嘿客与其当初构想的打通线上线下、体现未来购物体验的社区服务店相去甚远。在自身模式没有探索清楚的前提下，在全国四处开店，这对于顺丰的资金链来说也是一种考验。

一、定位尴尬，模式存疑：便利店不“便利”

与传统便利店不同，顺丰嘿客门店几乎没有任何实物商品，所有的商品信息均是以打印的图像或者通过电脑浏览来获取。在商品品类上，门店虚拟陈列的商品多数是数码产品、手表、皮鞋以及一些礼品等，不超过 300 个 SKU（库存量单位）。而通过嘿客门店电脑浏览的商品信息以顺丰优选为主，并且联合了 35 家商户提供商品。

由于没有实体商品，在嘿客购物，首先得通过电脑或者扫描二维码进行下单，支付成功之后，嘿客门店人员便可根据客户需求，快递到消费者指定地址或者存放在嘿客门店，让消费者自提。据该店店员介绍，目前嘿客便利店处于推广阶段，门店下单可享受满 200 元返 20 元的优惠。尽管顺丰嘿客从门店设计、购物体验都采用全新的模式，但多数消费者认为，采用这种模式购物并不方便。

顺丰嘿客其实是把简单的事情复杂化了。到便利店买东西，图的就是方便，拿起来结完账就走，没想到在这里还要网上下单，并且不能即时得到想要的商品。很多人认为顺丰嘿客便利店既没有附近的社区超市那样品种丰富，也没有旁边的传统便利店那样购物便捷。

二、定位与实际运营有偏差

“如果按照严格的便利店业态规范来定义，嘿客连一个标准都达不到。”WOWO便利董事长汤耀华表示。在汤耀华看来，能称得上便利店至少要满足三个方面的指标：首先是24小时营业；其次是要有鲜食销售；最后是要开架陈列。但嘿客便利店不符合其中任何一条要求。顺丰嘿客是以一种颠覆传统的方式横空出世的，但恰恰这种对传统商业逻辑的完全忽视使得它陷入定位尴尬的境地。

另外，嘿客诞生的目的之一就是为了解决快递“最后一公里”难题，成为消费者的自提点或者快递收发网点。“这几年‘三通一达’已经‘宠坏了’消费者，基本上都是等待送货上门。到自提点提取的概率较小，即便有这方面的需求，也可以与便利店合作来解决。在这种情况下再设一个自提点，等于多了一道工序，意义不大。”

嘿客在官方网站的介绍中描述了其六大优势，即商品预购：门店通过海报、PAD等方式展示海量商品，客户预付货款购买所需商品，并可享用顺丰的高质物流服务；网购线下体验：客户到店体验实物商品，并通过二维码扫描、门店PAD等多种形式下单；JIT服务：客户不用支付货款即可预约商品的到店试穿（或试用）服务，体验后再决定是否购买；金融服务：门店为顾客提供ATM等金融服务，把银行服务带到家门口；便民服务：门店提供衣服干洗、飞机票预订、话费充值、缴水电费等多项便民服务，客户足不出户即可乐享轻松生活；快件自寄自取：客户可选择到店收寄快件，节省等待收派员上门的时间，保证个人隐私。但上述六大优势在实际运营中与其定位有巨大偏差。

三、盈利模式存疑

以物流为核心，整合未来的生活需求，这是顺丰总裁王卫布下的“珍珑棋局”，而嘿客便是这盘棋的关键。尽管王卫的这盘“珍珑棋局”蔚为壮观，但也不啻为一场华丽的冒险。因为嘿客便利店目前尚不成熟，而一旦将摊子铺开，将给企业带来巨大的经营压力。

据测算，嘿客门店单店租金为每年15万~20万元，装修15万元，人员工资（2~3人）10万元/年，技术投入+日常运营每年5万~10万元，粗略估计单店第一年需要50万元投入，3000家门店就是15亿元左右的投入。巨额投入并不可怕，可怕的是，在没有清晰盈利模式下进行盲目扩张。顺丰相关负责人表示，嘿客并不直接靠销售商品盈利。“盈利方面，一方面依靠合作供应商的交易佣金；另一方面店内的商品墙作为广告位，也能收取一定的费用。”

由此可以推断，嘿客的利润来源有以下几个部分：形成一个线下平台，通过向线上导流的方式获取交易佣金或者广告费用；向周边居民提供便民服务收取相关费用；作为快递自提点向顺丰快递部门收取费用。但上述收益能够有多大，与其投入的店铺租金、人员开支以及水电费等成本相比能否有盈余，甚至连顺丰自己也没考虑清楚。在这样的情况下，大范围铺设网店将给企业带来巨大风险。

资料来源：作者根据多方资料整理而成。

五、盈利模式的管理

你是拿固定、剩余还是分成？这是一个问题。全球最大电器连锁商百思买为何在中国遭遇困境？同是连锁卖场，为何百思买、沃尔玛选择价差模式，而国美、苏宁却采取“固定租金+分成佣金模式”？作为曾经创投市场的神话，ITAT急转直下，其商业模式是否存在硬伤？这些问题实质上都与企业对盈利模式的选择有关，确切地说，与它们对“固定”、“剩余”和“分成”三种盈利模式组合所做出的选择有关。企业在商业模式设计过程中，应该选择哪一种盈利模式，主要受三个因素的影响（见图 5–16）。

图 5–16　盈利模式选择的影响因素

第一，交易价值。交易价值的实现，要通过企业和利益相关者的交易才能达成。此过程中，提升交易价值、使交易收益增加有时不是企业和利益相关者单独一方能完成的，本质上是企业和利益相关者拥有的不同资源和能力的结合。

第二，交易成本。交易双方在搜寻利益相关者、订立契约和监督执行三个环节中，存在信息不对称和信息不完全，这就产生了交易成本。企业要获得剩余或分成收益，需要低成本获取相应的信息，以监督获取“固定收益”的利益相关者。

第三，风险承受能力。企业和利益相关者需要对交易做一定的投入，而收益是不确定的，这是企业和利益相关者要承担的风险。风险承受能力受到主观和客观两方面的影响：主观方面是个体的风险偏好程度和收益对个体的重要程度。客观方面，首先是“财务约束条件”，其次是“抵御风险的能力”。

第六节　企业常见的盈利模式

如图 5-17 所示，企业常见的盈利模式如下：

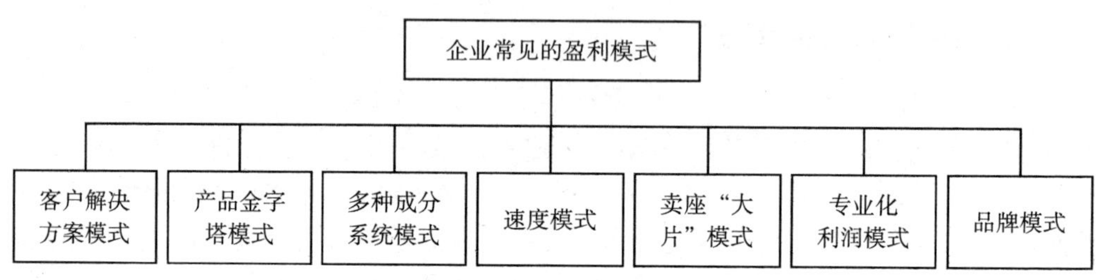

图 5-17　企业常见的盈利模式

第一，客户解决方案模式。是指为了了解客户而投资并设计解决方案，建立良好的客户关系。对供应商来说，这种做法在发展客户关系的初期是净投入，但以后会带来大量的利润。

第二，产品金字塔模式。在产品金字塔模式中，满足客户关于产品风格、颜色、价格等的偏好是最重要的。正式客户在收入和偏好上的差别形成了产品的金字塔，在塔的底部，是低价位、大批量的产品；在塔的顶部，是高价位、小批量的产品。大多数利润集中在金字塔的顶部，但塔底部的产品也具有重要的战略意义，因为这里的产品可以起到“防火墙”的作用。防火墙产品可以阻碍竞争者的进入，保护金字塔顶部产品的丰厚利润。

第三，多种成分系统模式。在多种成分系统模式中，一个供应系统应包含若干个子系统，有的子系统占有较大比重的利润，有的几乎无利可图。

第四，速度模式。在某些行业，创新业务在供应上具有先天优势，从而可以获得超额回报。随着效仿者的跟进，利润开始受到侵蚀。速度模式正是反映了创新者的先行之利。在速度模式中，利润来自于产品或服务的独特性。超额利润将随着效仿者的进入而逐渐消失。

第五，卖座“大片”模式。在创新十分重要的行业，掌握速度模式对企业十分必要。在开发商投资巨大、产品推介成本高、产品周期有限的行业，如那些制药公司、出版商（书籍、音乐 CD）、制片商、软件公司，则更应侧重于卖座“大片”模式。在产品开发成本固定（通常较高）、开发之后的边际制造成本较低时，获得高利润的最好方式是增加产品的销售数量。

第六，专业化利润模式。在许多行业，专业化厂商的盈利是“万金油”型厂商盈利的数倍。专业化厂商获利丰厚的原因是：低成本、优良的声誉、较短的销售期、更高的现金流入。

第七，品牌模式。多年来，应用品牌模式的公司投入了巨额营销投资，以增加公众对自己产品的了解、认同、信任和信誉。反过来，用户使用“品牌”公司产品和服务的经历可以增强这种无形的品牌效应。当客户愿意为这样的产品支付高价时，品牌效应便转化成有形的利润。由于品牌产品的价格大大高于同样功能其他产品的价格，因而成为品牌持有人盈利的主要来源。

【章末案例】　天虹商场电商模式的盈利模式分析

图片来源：www.szrainbow.com.cn.

一、公司介绍

天虹商场股份有限公司是中外合资连锁零售企业，控股股东是中国航空工业集团下属的中国航空技术深圳有限公司。2010 年实现营业收入近 102 亿元，比 2009 年同期增长 26%；实现利润总额逾 6 亿元，比 2009 年同期增长 36%。天虹连续多年被评为中国连锁百强企业，在中国连锁百强排名第 32 位，并持续保持稳健发展态势。自 1984 年成立以来，在人本、科学的管理，专业、高效的运营之下，天虹公司取得了卓越的业绩，实现了跨越式的发展。公司旗下拥有“天虹”与“君尚”两大零售品牌。截至 2010 年 12 月底，天虹品牌在北京、广东、福建、江西、湖南、江苏、浙江等省市开设了 41 家直营分店及以特许经营方式管理的 3 家分店，君尚品牌在深圳开设了 1 家直营分店。天虹是深圳和广东地区销售额最高、商场数量最多的连锁百货企业，也是国内最早引入精益六西格玛、平衡计分卡、卓越绩效管理模式的零售企业。

天虹在国内首创“百货+超市+X”的业态组合模式，在此基础上根据目标顾客的不同，以城市中心店和社区购物中心两种模式经营百货商场，打造“亲和、信赖、享受生活”的品牌核心价值，是深圳首家通过 ISO9000 质量认证的零售企业。

天虹积极发展电子商务业务，搭建无形零售网络，探索线上线下零售业务的有效整合，通过积分商城、跨界营销等方式，加强了网上业务对实体门店顾客的吸引力。2010 年 3 月，网上天虹正式上线，初步构建了商品、物流、客服等运营体系，并积极开展商品业务模式、物流、营销等方面的创新探索；自上线以来，网站流量呈上升趋势，实现销售额逐月快速增长。多年的潜心经营获得了消费者和各利益相关方以及社会层面的广泛赞誉，顾客满意度、供应商满意度、员工敬业度始终保持在优良水平，2007 年和 2008 年还分别获得了“深圳市市长质量奖”和“全球战略执行明星组织”的荣誉。天虹将始终坚持“有效益扩张”和“可持续发展”的原则，立志将公司塑造成全国一流的连锁零售企业，与顾客分享生活之美。

二、天虹的电商模式

一年一度的东门商战刚刚打响，而淘宝、天猫等电商也即将迎来“双十一”的疯狂促销活动。一边是通宵达旦的排队购买，一边是争分夺秒的下单订购，无论是实体店还是网络都突破不了“多点对一面”的被动局面。而深圳传统零售商天虹则在线上线下双重商战的夹击下，适时推出一对一的“微店”服务，显然是试图加大竞争的砝码。

2013 年 10 月 25 日，天虹微店在深圳国贸和东门店正式上线。从国内首个零售商电子商务平台“网上天虹”，到打造全国首款拥有“微信自定义菜单”的零售微生活服务号“天虹”，再到如今提供一对一导购服务的微店上线，天虹商场在全渠道端口布局上率先成型。

据了解，“微店”是一种手机 APP，其通过与线下商户合作，为消费者提供信息陈列和推送、会员管理、LBS（附近的店）等服务，而微店员 APP 则是面向商户用以发布促销信息、商品资讯和客服的平台。据了解，在天虹微店“一人一店”的定制化私人服务中，顾客可主动筛选和定制自己感兴趣的分类信息，可选择的范围包括商场、品牌，甚至细化到货架上的某一款商品，或者是选择自己感兴趣的品类、风格、新品到货、优惠信息、好友关注等。

此外，天虹微店还让顾客在线与实体店员沟通。天虹方面表示，天虹 60 余家门店将有上万名实体店员成为“天虹微店”上的“店小二”，实现在线一对一导购服务。据了解，微店目前已经进入北京、承德、太原、宝鸡等地，但在 APP 上并无支付购买或移动支付功能，商户除了能通过用户定制资讯、会员卡绑定和使用、优惠券使用外，不能跟踪用户的其他记录（如日常到店、消费支付等情况）。有电商研究员指出，天虹微店是定制版，支付使用的是网上天虹的渠道，可以更好地实现 O2O 闭环。

近年来，在电商企业的冲击下，实体门店节节败退。光是守着实体门店的一方阵地显然不足以赢得战争的优先权，O2O 模式无疑给了实体门店一个借助互联网重建竞争优势的机遇。而互联网庞大的用户群显然成了 O2O 模式的坚实后盾。

据工信部数据，2013 年上半年我国微信用户超过 4 亿户，微信用户拉动移动互联网流量收入同比增长 56.8%；电子商务规模达到 5.4 万亿元，增长

38.5%。许多零售企业开始“移动端”的争夺战就很好地印证了这一点。

2013 年 9 月 13 日，天虹方面发布消息称，已联手腾讯微生活打造天虹应用平台，并在天虹首个购物中心上线，全国其他 60 家门店也计划陆续上线。业内人士称，传统零售商可借助微信平台导入客流，并利用该平台提升用户的忠诚度和留存率，实现数字化用户管理、社交化精确营销。因此，在微信发布 5.0 版本后，商业百货公司纷纷与微信合作开发 O2O 业务应用平台。而紧随天虹商场，友阿股份、南京中商、红旗连锁等 A 股商超公司纷纷推出微信服务号。

尽管有业内人士分析称，百货在微信平台不大能够深度化，如单品展示等精细化服务难以完全实现，但微信平台更多是一个流量的入口，起到营销宣传的效果，腾讯和众多百货合作，目的是建立一个生态圈。

2013 年 10 月 26 日，天虹首家购物中心落户深圳宝安中心区，至此，天虹完成了对旗下“天虹”和“君尚”双品牌 60 多家门店的整合，线下以购物中心和百货店为载体，线上以 PC 端“网上天虹”、移动端“天虹微店”和“天虹微信”作为竞争利器，实现了线上线下无缝连接的全渠道营销布局。

据了解，近期有不少公司公布了全渠道战略，但基本都处于战略发布或市场策略发布阶段。如王府井已经推出微信自定义平台以及 APP 应用平台，实行全渠道战略转型。2013 年 10 月 16 日，步步高集团董事长王填在 O2O 电商战略发布会上也表示，拟推行全渠道、全业态、全品类的 O2O 和双线零售战略。而天虹商场将全渠道布局落到实处，走在了行业前端。天虹商场董事总经理高书林表示，天虹全渠道营销的目的在于“重构天虹购物的体验和便利”。

三、成功经验

自 1985 年开业以来，天虹商场股份有限公司不断发展，其成功主要取决于其独特的盈利模式：

首先，公司首创的“百货+超市+X”的经营模式，充分发挥了各业态之间的协同效应，这已经是构成其核心竞争力的一大要素。天虹商场在实际操作中通过此模式提高超市和其他相关业态在百货商场的地位和作用，将超市打造成为可与百货共享顾客群体的精致超市，并根据顾客需求和竞争对手情况灵活配置“X”部分（如电器、家居、银行、餐饮等）。弹性定制的业态组合模式强化了业态间的协同效应，有利于满足顾客“一站式”的购物需求。“这种百货为主，超市可大可小，X 可有可无的弹性定制模式可以根据所在门店所处地区客户群的实际需求，精确自身定位，强化了业态间的协调效应，有效提高了商场的整体盈利能力，并已经取得了较好的经营成果。”

其次，天虹商场作为定位于社区型购物中心的全国连锁商业零售企业，每年新开店都维持在8~10家，并且通过融入当地社区，获取了中国城镇化率和居民收入不断提高所带来的消费增量。不仅如此，这种社区型扩张模式就像当初沃尔玛在社区建立大店一样，容易形成一定的垄断优势，从而获得了溢价销售的能力。别的企业想进入，必然会预期到供应过剩而不敢贸然行动。

最后，天虹建立了一个“实体店+网店+微信合作+自有APP客户端”的盈利模式。它主要表现在：①公司联手腾讯微生活打造天虹应用平台，开通微信服务号“天虹”，在宝安中心区购物中心上线，并开通购物功能；推行个性化信息订阅，实现会员系统无缝对接、一对一互动、活动预约报名等。公司与腾讯同处深圳，是最早公告通过微信开展O2O的零售商，在时间上相比其他公司具有先发优势。②“天虹微店”APP上线后，将实体店数字化、可视化至手机端，顾客可在手机上随时随地订阅喜欢的品牌、商品，打造专属百货，可以在天虹微店中购买实体门店中的精选商品，也可以购买网上天虹的商品，通过在“天虹微店”进行注册即可获得会员资格及绑定实体店会员卡，以及获取各种优惠券，实现在线一对一导购服务和与天虹店员在线沟通、使用“天虹微店”进行网上社交互动等。与合作模式下的微信服务号相比，APP是公司完全可控的，APP短期内更多的引流是只限于原有的400万会员，而微信可得益于流量优势从而更快地开发新客户。

四、结论与启示

通过对天虹的分析我们可以得出：第一，天虹百货在国内首创的“百货+超市+X”的业态组合模式，提高了超市和其他相关业态在百货商场的地位和作用，将超市打造成为可与百货共享顾客群体的精致超市，这样其超市的提价与成本转嫁能力提高，有利于维持较高的毛利率。公司还根据顾客需求和竞争对手情况灵活配置“X”部分。弹性定制的业态组合模式强化了业态间的协同效应，有利于满足顾客“一站式”的购物需求。第二，公司联手腾讯微生活打造的天虹应用平台将商场商品、优惠和服务信息上传，让顾客通过订阅获取个性化资讯；同时，实现会员系统的无缝对接，让会员无须持会员卡即可享受会员优惠，并获取积分和消费信息；通过智能客服，实现与顾客一对一的互动、活动预约报名等功能。第三，平台还将根据顾客的需求不断优化和更新功能。该业务将突破时空限制，从而带来更多客户，提升购物体验及便利性，增强客户黏性。但考虑到与微信合作、研发过程中的相关费用，预计其对盈利的贡献是一个缓慢的过程。

资料来源：作者根据多方资料整理而成。

【本章小结】

本章首先回顾了盈利模式的一些相关理论，阐述了其发展演变，接着介绍了盈利模式的基本理论，包括盈利模式的内涵、特征、作用及其构成要素。其次，对盈利模式进行了分类，介绍了盈利模式的设计，具体包括盈利模式的设计步骤、盈利模式设计的要素以及盈利模式的评价标准，以及如何对企业已有的盈利模式进行管理。最后，在此基础上介绍了企业常见的几种盈利模式。

【思考题】

1. 如何理解盈利模式的内涵？企业应怎样树立自身的盈利模式？
2. 当前企业盈利模式的设计面临的挑战是什么？
3. 盈利模式的构成要素有哪些？
4. 树立盈利模式的意义是什么？在成长的每个阶段是否相同？
5. 在建立盈利模式时企业应该注意哪些方面？
6. 以你所在的或熟悉的组织为例，分析该组织的盈利模式有何特点。

第六章　资源整合

【学习要点】

☆了解资源整合及整合思维的相关理论；

☆理解资源整合的内容、特征及其作用；

☆掌握资源整合的几大关键要素；

☆知晓资源整合应注意的问题以及如何提升和管理资源整合。

【章首案例】　**港中旅集团的资源整合**

图片来源：www.hkcts.com.

一、公司介绍

中国港中旅集团公司是中国香港中旅（集团）有限公司的母公司，港中旅集团创立于1928年4月，其前身是由著名银行家陈光甫先生一手创办的中国旅行社，1985年，中央决定组建中国港中旅集团。港中旅集团是国务院国资委直接管理的国有大型骨干企业，并与招商局集团、华润集团、中国光大集团统称为四大驻港的中资企业。经过几代人的开拓经营，现已发展成为以旅游为主业，以实业投资（钢铁）、房地产、物流贸易为支柱产业的多元化经营的国有大型企业集团。其中，旅游业涵盖旅行社、酒店、旅游度假休闲景区、主题公园、网上旅游交易平台、旅游演艺、高尔夫球会、海陆客运等多项业务领域。2013年，实现营业收入517亿元，实现利润总额18.66亿元；资产规模达到709亿元，员工总数4.5万人。目前，港中旅集团是中国旅游产业链条和旅游要素最全的大型旅游企业，同时还是受国家公安部委托在中国香港地区唯一办理“港澳居民来往内地通行证”和“台湾居民来往大陆通行证”的指定单位。

二、港中旅的资源整合能力

如图6-1所示，港中旅的资源整合能力体现为：

第一，重点打造景区体验旅游，压缩传统旅行社业务。在2014年劲旅峰会上，港中旅酒店有限公司总经理孙武表示，国内旅游行业如果想要快速发

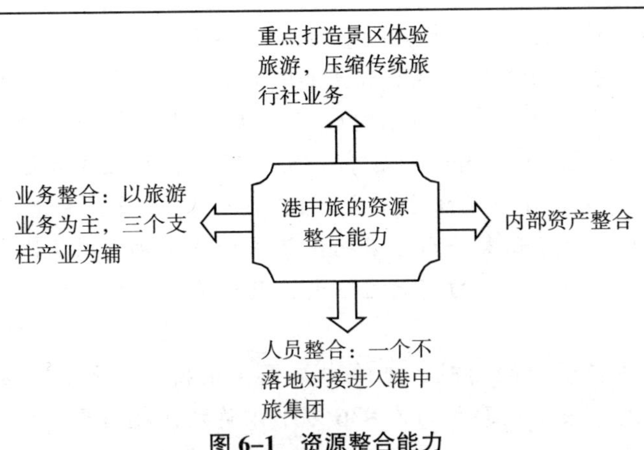

图 6–1　资源整合能力

展，一定要把传统旅行社和线上 OTA 结合起来。在这样的过程中，线上 OTA 应该借鉴传统的运作模式和操作手段，掌握线下控制权；而传统旅行社，也应该学习线上 OTA，提高运营效率，降低用户的沟通成本。孙武还指出，与 20 年前的客人相比，现在客人的体验更加多元化，因此旅游企业不能把一个客人当成一类人或者简单地当成几类人，而应该分析每个客人的需求，满足每个客人的多元化需求，"如果把每个客人分析到了、满足到了，就没有可能不赚钱。"无论是 OTA 还是酒店行业，所有的东西都是围绕本质运行，企业一定要给客户创造价值，满足客人的需求，增强客人的体验，才能将所有的概念一一落地。

第二，业务整合：以旅游业务为主，三个支柱产业为辅。拥有物流、钢铁、客运、景区景点、酒店、旅行社等多种业务的港中旅集团，在内部资源整合的同时，也确定了公司未来的发展方向，"以旅游业务为主，三个支柱产业为辅。"香港中旅总经理许慕韩说，"港中旅之前真的有十几个产业，但是现在已经收缩到了四个产业，那就是旅游、旅游地产、物流和钢铁，我们内部叫作'一主三支'。"

第三，人员整合：一个不落地对接进入港中旅集团。在中国中旅集团并入港中旅集团之后，原中旅集团人员的去留问题一直为大家所关注。在"品三国"论坛上，许慕韩透露，"中国中旅集团所管的所有的干部、所有的高级管理人员一个不落地完全对接进入港中旅集团，有很多都担任了相当重要的职务。比如说集团的两个主要部门——战略投资部、企业管理部，现在的领导都是原来中国中旅集团过来的，这是一种人员的对接。"

第四，内部资产整合。《旅游法》实施后，团队游市场萎缩令传统旅行社纷纷谋求转型。2008 年中旅总社的母公司香港中旅剥离不良资产，出售旗下亏损的芒果网及两家旅行社。与此同时，还在深圳竞拍一块“巨无霸”地皮。在业内看来，这一系列动作是香港中旅优化旗下旅游资源所致。这两家旅行社分别是港中旅（佛山）和港中旅（东莞），而挂牌公告显示，这两家公司连续亏损，截至2014年，两家公司分别负债136.42万元、729.54万元。香港中旅剥离旗下不良资产的动作并不止于此，2014年3月28日，香港中旅发布公告称，已将旗下旅游电子商务平台芒果网出售给母公司港中旅集团。对此，许慕韩称，芒果网与公司的业务协同效益不大，且已连续八年亏损，与行业龙头的差距逐年加大。

而在清理不良资产的同时，香港中旅正在竞拍深圳大鹏新区一块“巨无霸”地皮。据悉，该地皮面积约为936万平方英尺，相当于4.5个香港维多利亚公园。业内人士分析，香港中旅如成功拿下这块地皮，或将用来打造景区、旅游综合体等。中国旅游研究院副研究员杨彦锋指出，目前香港中旅的主要盈利业务是港澳游、酒店和景区，近期香港中旅更是控股宁夏沙坡头景区，景区业务俨然已经成为香港中旅的核心战略方向。不只香港中旅在整合旗下旅游业务，中国国旅、中青旅也纷纷做出动作。例如，中国国旅欲转让持有的不良资产，中青旅也计划对乌镇追加投资，加快发展景区业务。

三、结论与启示

第一，销售渠道和统筹采购的协同。同是港中旅集团下属的香港中旅社与在深圳经营的芒果网进行后台互相连接，港中旅集团借助芒果网内地的采购优势，针对港人对内地旅游产品的需求进行采购。这是通过集团内部企业协同产生的竞争优势，实现协同的管理手段是集团企业在考核指标中设立业务互动率。

第二，客户资料的协同。港中旅集团投资建立了CRM管理系统。港中旅CRM管理系统将酒店板块、旅行社板块、景区板块的消费顾客进行整合，实行消费积分互换、产品销售共享。香港中旅社向内地系统内兄弟社销售香港入境游旅游产品时，借助其内地B2B系统的延伸；位于内地的芒果网销售香港旅游产品时，其后台连接部分是香港中旅社的采购资源。

第三，市场营销的协同。香港中旅集团成立营销委，对内部资源信息共享、市场产品开发和市场营销进行推动，从2011年起举办中国香港、内地跨板块共同时间的、相同主题的推介活动，共同推出广告、产品标准化，营造了很好的公众形象，取得了很好的协同效应。维景酒店优先提供优惠价格给港中旅销售系统，在2011年度，在全港销售代理中，香港中旅社销售维景酒店产品和服务的数量位居第一。

第四，技术协同。中科公司为港中旅集团证件业务提供网络技术服务，具有很强的技术实力。借助中科的技术实力，香港中旅社很早地实现了旅行团、票务系统操作销售的标准化，技术一度领先于行业。该业务系统为后来港中旅集团在国内各个区域成立的旅行社提供了很好的技术保障，同时也减少了新公司在系统方面的投放。中科公司还为香港中旅社开发出“环旅通”同业批发（B2B）系统，并承担该系统的维护任务，为香港中旅社节省了技术开发的资金。

第五，经营协同。港中旅集团向下属的海外分社定期派送总经理和财务总监，很好地实现了总公司对海外分社的监管。港中旅集团定期对香港和内地分（子）公司的管理人员进行轮岗，并且某一区域公司的高管同时兼任其他区域公司的高管职务，很好地实现了总公司对管理理念的输送和业务板块之间的运营协同。此外，对于产品市场的互补性也因为管理和业务人员的互相调动而受益。港中旅集团还注重不同的价值链之间管理技巧或技能的关联，经常举办企业间先进管理经验的交流活动。

以上五点总结如图 6–2 所示：

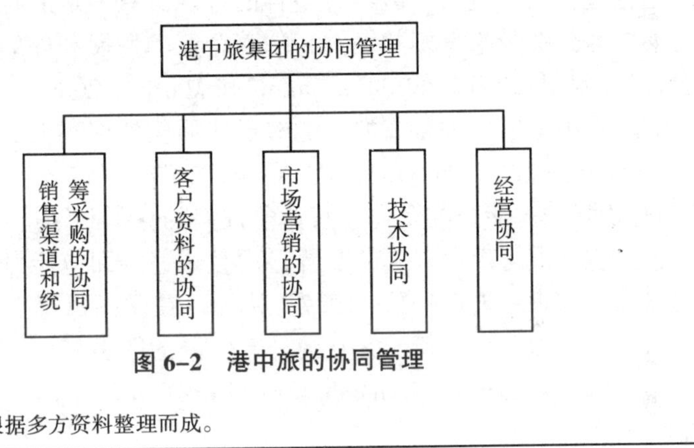

图 6–2　港中旅的协同管理

资料来源：作者根据多方资料整理而成。

“日新月异”已不足以形容当代科技的增长，也正因如此，很多事情不再是单个企业所能做到的。企业将通过各种不同的手段结合成一种生态系统，相互依存并发展壮大。因此，整合就成了核心竞争力，谁具有更好的资源整合能力，谁就拥有无可争辩的竞争力。现在世界上很多大公司已从过去纯粹的竞争对手关系走向对手加伙伴的关系。在全球化的今天，“混血儿”产品已成业界普遍现象。而网络的兴起，又打破了时间、空间的界限，为企业全方位的资源整合提供了条件。

第一节　资源整合的理论回顾

资源基础观（Resource-Based View，RBV）认为，企业如果拥有有价值的、稀缺的、不可模仿和不可替代的资源，企业就有获得持续竞争优势的潜力（Barney，1991，2001）。但是，自20世纪90年代以来，无休止的竞争已迫使企业不断地根据外部环境来重构其资源基础。而资源既可以是来自于外部的资源，也可以是企业内部已有的资源，企业需要通过一定的过程来整合资源。只有经过对资源的整合，企业才能提升其各种动态能力（Wang和Ahmed，2007），而企业的这些能力能确保企业绩效的提高，促进企业的成长（Wu，2007，2010）。可见，企业的资源整合过程极其重要。但经过整合的资源具有一定的时效性，即它们只能在一定时期内为企业带来良好的绩效，随着企业的发展和外部环境的变迁，这些资源将会被逐渐耗尽或者失效（Eisenhardt和Martin，2000），因此，企业必须在整合资源的过程中形成一种持久的、能够迅速回应外部环境变化并为企业带来持续竞争优势的独特能力，即动态能力（Wu，2010；马鸿佳、董保宝、葛宝山，2010）。拥有较强动态能力的企业，其竞争优势的获得和维持就会变得相对容易，因为动态能力能够强化现存资源的配置，而且快速的回应能力使得企业能够迅速满足市场需求。因此，Teece等（1997）认为，在模糊以及不可预测的市场环境中，企业"整合、构建、重新配置其内外部资源的能力是企业持续竞争优势的来源"。这便是动态能力观点（Dynamic Capability View，DCV）的核心内容，即动态能力是竞争优势的来源。

资源整合是一个复杂的动态过程，是指企业对不同来源、不同层次、不同结构、不同内容的资源进行选择、汲取、配置、激活和有机融合，使之具有较强的柔性、条理性、系统性和价值性，并对原有的资源体系进行重构，摒弃无价值的资源，以形成新的核心资源体系的过程。许多学者研究并提出了各种资源整合的子过程。Brush等（2001）提出了企业的资源开发路径，即识别资源、吸引资源，将个人资源转化为组织资源并加以利用，使之成为企业本身所具有的持续竞争优势（Sustainable Competitive Advantage），只有这样，企业的资源整合才有意义，才能为企业的超额业绩做出贡献。苏新宁和章成志（2005）对资源整合的概念、整合的理论基础、整合的方法和途径、整合涉及的技术、资源整合后引发的信息服务变革等进行了讲述。Sirmon等（2007）认为资源管理过程是一个综合过程，包括构建企业的资源组合、整合资源以产生能力、利用这些能力来为顾客和所有者创造并保持价值。Wang和Ahmed（2007）认为只有经过对资源的整合，企业才能提升其各种动态能力，而企业的这些能力能确保企业绩效的提高，促进企业的成长。Ge 和 Dong（2009）以及马鸿佳等（2010）以企业自身为边界，区分了其在资源整合中的内外部行为，将资源整合分为资源识取（Resources Identification and Acquisition）和资源配用（Resources Allocation and Leverage）两大过程。前者主要是企业面向外部的行为，包括识别资源和获取资源，而后者是企业内在资源组合与使用的行为，包括资源的配置和使用。牛贵茹（2014）对资源整合和创业绩效的相关研究文献进行了梳理，确定了资源整合方式、新创企业绩效以及资源整合能力这些研究变量；对变量内涵进行定义并划分了研究要素的维度；将资源整合方式分为资源内聚和资源耦合两个维度，将资源整合能力划分为资源构建能力和资源利用能力两个维度，构建了资源整合方式、资源整合能力与新创企业绩效的综合关系模型。

第二节　整合思维的观点

整合思维（Integrative Thinking）是加拿大多伦多大学罗特曼管理学院院长罗杰·马丁（Roger Martin）教授最早提出来的一种现代思维方式。这种思维的目的在于寻找事物的相同点，反对那种“一叶障目，不见泰山”、“只见树木，不见森林”的思维方式。整合思维要求决策人员在面对相互对立的矛盾问题时，要善于发现和选择多种优势要素，组合成优质系统，发挥系统的最大功能。马丁教授通过对成功企业家的观察，发现了整合思维对商业决策的重要性，并将其纳入罗特曼管理学院的教学中。马丁教授指出，生活中总是存在相互冲突的思维模式，而现实只是人自身模式的反映，模式对人的思维起了至关重要的作用。每个人的语言、选择或行为只是表象部分，而解释模式和信息则隐藏其后。每个人在做出判断时总是根据自己对信息的掌握而得到结论，而在多数情况下，人们并不知道自己所采用的信息和模式。因此，在解决冲突时就需要采用一定的方式和技巧引导人们反思自身的解释模式，发现可达成协议的空间，从而实现不同模式的整合。我们平时所谈到的整合思维，显然比马丁的概念内涵更广更多。一般来说，整合性思维人才具有三个显著思维特征（见图 6-3）：

第一，从错综复杂中发现简洁。整合思维者不是孤立地看待事物，他们不仅善于把零散的信息有机组合到一起形成新的观念，也会从整体和系统的角度，发现不同事物之间的关联，洞察事务的本质和真相。

第二，从不一致中发现和谐。“不一致”既包含相互对立观念产生的矛盾和冲突，也包含非对立的观念之间的偏差或不协调所产生的矛盾和问题。“发现和

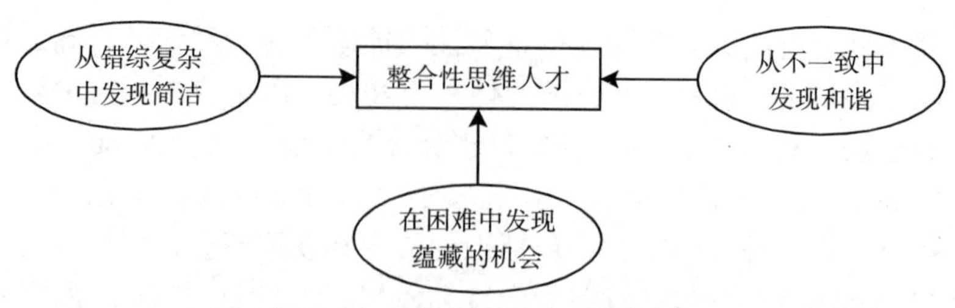

图 6-3　整合性思维人才的特征

谐”就是寻求圆满解决问题的对策，既要消除对抗或差距，又能统筹兼顾，实现鱼和熊掌兼得的局面。

第三，在困难中发现蕴藏的机会。擅长整合思维的领导者善于从整体、系统和关联的角度思考问题，因此总能在困难中发现普通人所发现不了的机会。这是所有成功领导者的思维特质。

一切领导与决策活动都与领导者的思维方式密切相关。失败的领导者和错误的决策，都是因为没有对思维活动进行正确有效的整合。例如，黄光裕当年在很多投资活动中的错误决策，是因为他对资源进行了错误的整合；柯达最终被市场淘汰，是因为没有对新技术和新知识进行有效的整合；淘宝网上交易曾经深陷信用危机，是因为没有对“店小二”进行有效的整合；等等。因此，领导者是否具备较强的整合思维能力，是领导工作成败的“分水岭”。所谓“整合”，就是把一些零散的东西通过某种方式而彼此衔接，从而实现信息系统的资源共享和协同工作。其主要的精髓在于将零散的要素组合在一起，并最终形成有价值、有效率的一个整体。“整合”在企业经营管理中的含义是相当广泛的，例如，企业并购中的“整合”，一般是指企业并购后，两家企业在营运、组织和文化等各个方面进行融合；企业经营中的资源“整合”，是把各种资源要素有机地组合在一起，形成整体功能大于部分功能之和的协同效应。

资源整合专栏 1　　国美 O2O：线上+线下整合

图片来源：www.gome.com.cn.

继 2012 年 3 月组织架构调整之后，国美于 2012 年 12 月 21 日宣布 2013~2015 年发展策略，再次进行架构调整，将在保持原有内部组织机构的基础上，整合现有线上、线下业务平台和营运体系。据了解，国美此次战略调整得到董事会的认可。

一、整合“线上线下”采购业务

2012年3月，国美经历了一次大规模的组织架构和人事调整。当时确立了以采购、销售等经营体系事业部为核心，以IT信息技术、物流、售后、财务等支持体系为服务平台的矩阵式组织机构。

此次国美战略调整延续此前的思路，主要集中于采购业务体系和营运体系，并在人事上进行了调整。据了解，曾主管营运体系的高级副总裁李俊涛将主管采购业务体系管理工作，统筹传统家电业务、生活家电业务、3C业务以及差异化商品业务、配件业务、国美在线的商品采购业务。曾主管客服、门店运营及会员事业等业务的高级副总裁何阳青将主管营运体系工作，统筹国美一级市场营运中心、二级市场营运中心、连锁发展中心、客服中心、会员经营事业部。

在总部采购业务经营体系上，国美将整合现有线上、线下业务平台，实现业务体系后台的统一管理和资源共享，将电子商务的线上采购业务纳入现有业务体系，建立线上线下采购、物流、售后、信息、会员系统平台共享模式。

业内人士分析，此次组织结构和人员调整，是配合国美线上线下同步发展战略的重要行动。

此外，国美在总部营运体系上将有所调整。原国美旗舰店事业部更名为一级市场营运中心，负责所有一级市场门店的营运管理工作；原国美标准店事业部更名为二级市场营运中心，负责所有二级市场门店的营运管理工作。

二、线上线下同发力

据悉，国美将实现线上线下采购平台的共享和物流售后平台的共享。通过平台共享，降低过去线上采购的成本和物流售后成本，以此来提高线上收入。国美总裁王俊洲表示，通过打通线上线下供应链，力争实现电商盈利，未来三年电商将占国美集团总销售额的20%~30%。

而苏宁早已将线上线下资源进行了整合。苏宁易购2012年第一季度收入19.23亿元，第二季度33.57亿元，第三季度约42.76亿元。前三季度，苏宁线上业务销售收入达95.6亿元（含税），在整体营收中占比13%。国美电商前三季度同比增长160%，但销售总额仅为31亿元。

此外，国美财报显示，国美前三季度净亏损6.87亿元，主要原因是销售下滑、人工及租金费用上升以及电商业务亏损。王俊洲表示，国美经过战略调整后，业绩转变将会在第四季度有所体现。

2012年11月，国美将旗下两大电商国美在线和库巴网进行整合，国美在线以自营为主，库巴网则作为开放平台。据了解，国美在线的产品品类将从电器单品类扩展到家居、母婴、文化体育等多品类。此外，2012年10月，国美网上商城与线下遍及全国的1700多家门店的所有会员数据已经实现正式对接。线下会员凭借自己的账号，无须注册即可登录国美网上商城购物，并且享受会员的一些服务或者购物优惠。

资料来源：作者根据多方资料整理而成。

第三节 资源整合的内容、特征与作用

激活是资源整合的核心内容，资源如果没有被激活，就难以发挥其效益和效能，更不会产生新的资源。融合并不是把单项资源简单加总，而是将经过筛选的所有企业资源有机结合，组建成一个有序的整体，使其达到“1+1>2”的放大效应。然而，这个整体必须具有柔性、条理性、系统性和价值性，柔性是指这个整体对企业所处的生产经营环境具有比较强的灵活性和适应性；条理性是指整体里面的元素排列具有层次性和秩序性；系统性则是指这个整体由多个相互联系、相互作用但又相互区别的资源元素所构成，而且这个整体具有一定的目的和功能；价值性则是指这个资源整体能够为企业和顾客创造超额价值。一般来说，企业在其发展过程中都会形成自己独特的资源体系，我们所说的重构是指当企业原来的资源体系结构已经不符合公司的发展要求时，需要对公司的资源体系结构进行重新的调整。

一、资源整合的内容

资源整合主要包括以下四个方面的内容（见图6-4）：第一，内部资源与外部资源的整合。一方面，识别、选择、汲取有价值的、与企业内部资源相适应的诸如隐性技术知识等外部稀缺资源，并将这些资源融入企业自身资源体系之中；另一方面，实现外部资源与内部资源之间的衔接融合，激活企业内外资源，从而能够充分发挥内外资源的效率和效能。第二，个体资源与组织资源的整合。一方面，对零散的个体资源进行系统化、组织化，使其不断地融入组织资源之中，转化为组织资源；另一方面，组织资源也能够被迅速地融入个体资源的载体之中，激发个体资源载体的潜能，提高个体资源的价值。第三，新资源与传统资源的整合。新资源可以提高传统资源的使用效率和效能；反过来，传统资源的合理利用又可激活新资源，促进隐性技术知识等新资源的不断涌现，如此循环反复、螺旋上升。第四，横向资源与纵向资源的整合。横向资源是指某一类资源与其他相关资源的关联程度，纵向资源是指某一门类资源的广度和深度方面的资源。它们的整合，对于建立横向资源与纵向资源的立体架构具有十分重要的意义。

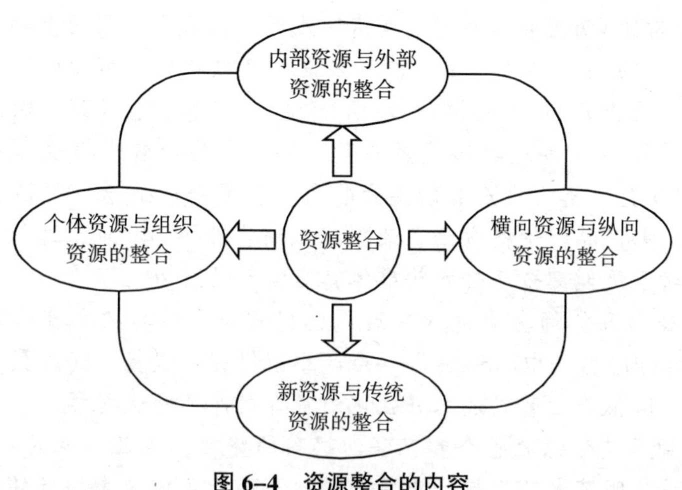

图 6-4　资源整合的内容

资源整合专栏 2　服装行业的"小米模式"　森马打造极致互联网单品

图片来源：www.semir.com.

2014 年 7 月 2 日，国信证券推荐了森马服饰，理由是看好公司资源的整合和互联网思路的突破，预期服装行业的"小米模式"将带来良好的市场效应。二级市场上，森马服饰自 2013 年初以来已经逐级突破均线压制走出上行行情，而 2014 年 4 月股价开始出现小幅度回调，提供了较好的买入价格。同时，公司的经营状况逐渐向好，并存在未来快速提升的可能。投资者可逢低逐步吸纳，作中线持股策略。森马休闲服业务经过近年的大力去库存目前已基本企稳，库存压力逐步缓解，2014 年春夏与秋冬订货会均实现 10%左右的增速，显示出终端信心逐步恢复的积极信号。

一、童装加快产业链延伸步伐，休闲服积极突破同样值得关注

受益于快速增长的童装市场，公司童装业务有望继续发力，同时加快推进儿童产业链延伸，围绕巴拉巴拉核心 VIP 客群以及资源、渠道与供应链优势构建儿童多业态组合，打造包括童装、动漫在内的儿童产业一站式服务平台，为公司打开新的想象空间。

与此同时，我们也应该重点关注公司休闲服业务所呈现的积极变化与突破。2014 年 6 月 26 日，天猫森马旗舰店上线 80 支全棉衬衫（VDP80），这从某种意义来说是公司电商策略的重大突破。低倍率背后是资源的整合和互联网

思路的突破，借助自身优质供应链、规模化优势寻求产品性价比最大化，以优质产品+高性价比+明星效应打动消费者，成为公司线上发展的重要“利器”。

二、追求极致的产品性价比，充分挖掘明星效应聚焦核心群体

公司此次推出的80支全棉衬衫（VDP80），在原料、纱线、做工、版型等方面都力求高品质，通过打造“最极致”的衬衫为消费者提供极致的产品体验，其中“80支”是此次产品的最大特色，其面料、质感、舒适度都远远领先于大部分衬衫产品。价格方面，此次线上销售价格149元，远低于行业内同类衬衫，这对于绝大部分年轻网购群体具有极大吸引力。

此外，公司在签约金秀贤代言后，也将充分利用其在主流消费群体“80后”、“90后（财苑）”中的影响力，为产品销售宣传造势，通过聚焦线上的核心购买群体，降低线上营销成本并强化消费者对产品的认同感。

低倍率背后是资源的整合和互联网思路的突破，服装行业的“小米模式”同样可行。作为服装电商发展的重要力量，公司此次以追求极致的高性价比销售80支全棉衬衫（VDP80），可看作公司在电商策略的重大突破，传统的线下库存、线上消化的模式已被逐步替代，未来服装产品的线上销售将更多体现为产品性价比与供应链能力方面的竞争，可以看出公司对于电商模式的变化趋势具有深刻的理解，通过优质供应链、规模化优势为消费者提供优质的低倍率产品，其在互联网思路的突破与转变已走在行业前列。

2014年以来，凡客也已逐步走向产品极致与性价比的互联网经营思路。与凡客不同的是，森马在线下已有较长的经营历史，长期深耕于供应链的建设与完善，拥有强大的规模化的优质供应链能力，而这也将为电商策略的转变提供关键支撑。国信证券认为，服装行业的“小米模式”同样可行，通过共享供应链资源降低中间成本，同时充分利用品牌核心客群与规模化优势提供高性价比的产品，这也是“小米模式”的核心所在。

资料来源：作者根据多方资料整理而成。

二、资源整合的特征

一些企业积极探索，采取多种方式推进内部资源整合，形成了一些很好的做法，积累了一些经验。例如，积极开展专业化整合，提高企业内部业务集中度，消除内部竞争，提升行业影响力；大力清理整顿低效无效投资，压缩管理层级，提高集团管控能力；积极推进并购重组后的整合，注重发挥协同效应等；积极推进主业资产整体上市，提升企业市场价值。企业资源整合具有以下特点（见图6-5）：

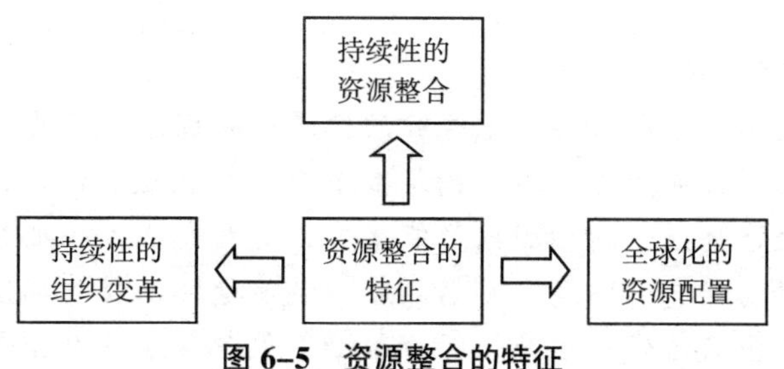

图 6–5　资源整合的特征

第一，持续性的资源整合。即资源整合是一个过程，而且是一个持续性的过程，整合作用的发挥又是长期性的、延续性的。这要求企业持续深入开展资源整合，发挥内部协同效应。对于专业化板块的整合，要深入挖掘内部协同效应。对于沿产业链方向的整合，要推动资源向产业链的关键环节和高端布局。

第二，持续性的组织变革。变革是组织实现动态平衡的发展阶段。当组织原有的稳定和平衡不能适应形势变化的要求，就要通过变革来打破它们，但打破原有的稳定和平衡本身不是目的，目的是建立适应新形势的新的稳定和平衡，所以应当把组织的变动性和稳定性有机地结合起来。

第三，全球化的资源配置。经济全球化的一个重要方面就是市场全球化和资源配置全球化。中国加入世界贸易组织后，面对更加严峻的国际竞争与挑战，国内中小企业如何更加有效地整合全球化资源，提高国际经营比较优势，已经成为培育核心竞争力的关键所在。

资源整合专栏 3　用品牌整合资源——恒源祥

图片来源：www.jshyx.com.

一、公司介绍

恒源祥是一家老字号企业，成立于 1927 年，到 1991 年为止，“恒源祥”一直是一个商店的名称，而不是产品的商标。1991 年起，恒源祥尝试性地启动了“恒源祥”品牌战略，以“恒源祥”作为合作筹码建立了战略联盟体系，从此彻底改变了命运。恒源祥用品牌资产在长三角地区建立了一个庞大的战略联盟体系，以 1200 多人的力量控制着 100 多家加盟工厂、5000 多个零售点。恒源祥没有进行任何资本投资，完全通过“恒源祥”的品牌整合社会资源就实现了上述经营奇迹。

二、恒源祥的品牌整合

在成功迈出第一步之后，有了经验的恒源祥也因此有了更加清晰的战略构思，那就是以恒源祥品牌为核心、构筑上下游战略联盟。恒源祥寻找的合作伙伴主要是一些生产企业。由于国内产能丰富，这种制造型企业数量很多，但是它们都存在同样的问题，即没有知名品牌、没有通畅的销售渠道，所以产品既不好卖，也卖不出好价钱。但是恒源祥帮助它们解决了这个难题，恒源祥有品牌、有自己的商店，后来又进一步扩大了自己的销售网络。经过一段时间的发展，恒源祥的合作伙伴更多、质量也更高，恒源祥后来发展的部分制造型企业本身也有一定的销售网络。此外，恒源祥开始发展零售店和吸纳经销商进入自己的网络，这些销售资源丰富了恒源祥原有的销售网络，恒源祥不再单纯依靠自己原来的小商店，而是逐渐建立起了一个覆盖全国的销售网络，这个网络是以“恒源祥”命名的，进一步提升了恒源祥在战略性合作中的价值和地位。

恒源祥与合作伙伴的合作是典型的“双赢”合作，如果没有合作伙伴，恒源祥的品牌就成了无源之水，无法产生价值。如果恒源祥自己直接投资办厂、进入制造业，那么，一方面，投资很大，恒源祥在20世纪90年代初期还没有这个资金实力；另一方面，生产管理也绝非易事。恒源祥在这个陌生的领域内能做成什么样子，没有人能未卜先知。而利用社会上闲置的生产能力，就可以以更低的成本、更快的速度获得实际产品，而且不需要承担投资办厂的风险。

恒源祥集中精力在品牌建设上，通过加强品牌力量使自己和合作伙伴都获得了效益。此外，恒源祥通过把销售类合作伙伴的渠道资源以及部分制造类企业固有的渠道资源集聚在一起，形成了一个更加庞大的销售渠道。这个渠道是恒源祥自己无法单独建设的，也是那些合作伙伴无法单独建设的，只能依靠恒源祥整合、恒源祥强力品牌的号召力才能做到。

对于合作伙伴来说，虽然要按比例分成给恒源祥，但是也没有吃亏。因为，如果没有恒源祥品牌，它们产品的利润会低得多，所以它们按照比例分给恒源祥的是“恒源祥”这个品牌的价值，而不是被恒源祥凭空剥夺的自己的利润。而且，恒源祥能够建立宽广的渠道，这个渠道能够分享给所有的合作伙伴，任何一个合作伙伴想依靠自己本身的力量建立起同样的渠道，这几乎是不可能的。所以，合作伙伴分给恒源祥的利润也可以看成是“渠道租金+品牌租金”。

三、恒源祥经营模式的好处

恒源祥的经营模式将制造资源、销售资源围绕“恒源祥”这个品牌核心聚集在一起，形成了一个制造和销售的网络，恒源祥与合作伙伴实现了“双赢”。由于恒源祥控制了品牌，所以其地位不可替代，处于最关键的核心位置。

恒源祥的这种模式还有一个好处就是整体的成本低。例如，当一家毛线工厂生意好的时候，一般就会增加设备、增加资金投入、继续扩大销售，但是恒源祥没有采取这种方法，而是寻找新的工厂，然后让每一家工厂都共同生产同类产品，每个工厂只做一个产品。如果一个大工厂生产四个产品，或者四个小工厂生产四个产品，其效率就不如四个小工厂分别生产一个产品的效率高。四个工厂合作以后，形成专业化的生产渠道，机器设备长年只做那一种产品，在备料、生产成本、生产周期、库存商品量等方面都可以节约很多成本。而且，恒源祥负责四个产品的销售，销售渠道得到充分利用，销售成本也会大幅度降低。

恒源祥在1998年以前做手编毛线，后来扩展为三大类主要产品，即针织、服装、家用纺织品，而且在生产和销售方面都采取了这种做法。恒源祥在扩张的过程中没有投入资金，完全依靠虚拟特许经营；恒源祥没有工厂和商店，但是把社会上的几千家商店和上百家工厂整合在一起，生产企业只做生产，销售企业只做销售，恒源祥负责产品研发、质量控制等工作，管理整个加盟体系的正常运转。

恒源祥模式的优势主要表现为以下几点：以品牌为核心，无须投入资本；运营成本低；恒源祥居于核心地位，联盟中其他企业无法对其发起挑战。

资料来源：作者根据多方资料整理而成。

三、资源整合的作用

随着市场竞争激烈性的与日俱增，对营销资源的争夺也呈现出白热化状态，可利用的资源变得越来越少，因此对于营销资源的拥有与利用就显得更加难能可贵。目前，对于资源整合的运用早已突破战术意义，上升到了战略高度。通过资源整合，不仅能使有限的资源发挥出更大的作用，而且能使企业和品牌在竞争激烈的市场环境中表现出胜人一筹的高度。

资源整合的作用如图6-6所示。

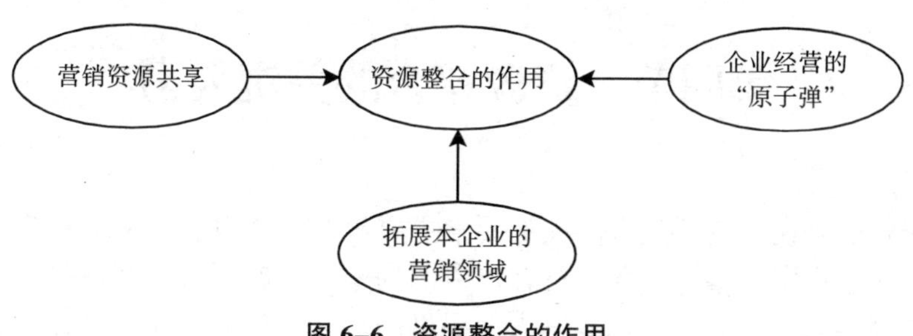

图6-6 资源整合的作用

第一，资源整合是企业和社会发展的一条捷径，是现代企业经营中的“原子弹”。“在企业经营过程当中，企业经常会感到后劲不足，缺少各种资源，例如，有好项目却缺少政府资源、银行资源、资金资源、媒体资源等高端人脉资源；想把企业做得更强、更大、更轻松却缺少优秀的人才；有好产品，却缺少营销、渠道、品牌和团队；人力资源成本、原材料成本逐年上升，人民币升值导致外贸难做，价格大战导致同行竞争加剧，利润空间大幅减少；想要解决缺资源的一系列问题，却缺少一整套的资源整合思维和方法。”周嵘表示，中国的企业，特别是中小企业，已由过去的创业时代变成整合时代。创造资源很难，整合资源很容易；创造资源很慢，整合资源很快，因此资源整合是企业和社会发展的一条捷径，是现代企业经营中的“原子弹”。

第二，达到营销资源共享的目的。可以想象，众多企业的营销人员，整日走南闯北，接触到各类信息，以他们对市场的敏感度，不难把握哪些信息是有用的，哪些信息对于自己的企业可能是一个机遇。可惜的是，因为各为其主，这些营销人员带回来的信息，往往仅供本企业专享，至于其他信息，只能白白浪费。反之，如果能将这些营销信息资源整合起来，成立一个营销中心，不仅有利于本企业发展，而且必然惠及其他企业。

第三，可以拓展本企业的营销领域。整合营销资源以后，企业营销队伍可以朝着精细化、专业化道路发展。所谓精细化，就是企业的营销队伍要分片切块，各跑一方，每个营销人员在自己的“自留地”上“精耕细作”，有所作为。所谓专业化，就是企业的营销队伍要在自己推销的产品上精益求精，力争成为专家型人才。在实际操作中，有关企业可根据营销工作的需要，针对重点地区，派出一些专业性强的营销人员前去攻关。其实，精细化与专业化是辩证统一的关系。没有精细化就难以做成专业化；没有专业化，精细化只能是个希望。只有通过营销资源的合理整合，并最终走上精细化和专业化道路，才能使企业的产品不断走向市场，使企业不断发展壮大。

第四节　资源整合的关键要素

对于企业来说，资源整合的关键要素主要包括三个内容（见图 6-7）。

第一，客户资源整合。要进行客户资源的整合，就要研究客户除了买产品之外，还有哪些需求，哪些是你能够为他提供的。如电信台 168 声信台。它们整合地区几百万的农村用户，然后构思“包打听”业务，如果你想知道在哪里买化肥、怎么离婚、天气预报、农资行情等，你就可以拿起电话问 168 台，它们会告

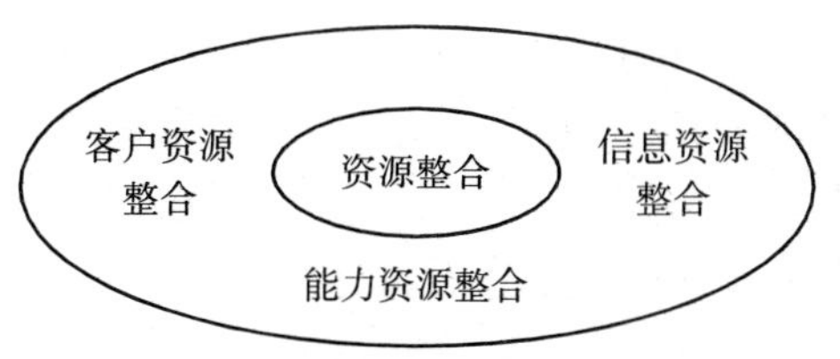

图 6-7 资源整合的关键要素

诉你怎么做。当把这个平台构建好以后，怎么让农民知道呢？于是准备印刷几十万份传单，可是印刷这么多的传单需要十几万元资金。怎么能不花钱去印刷这些传单呢？于是公司开始研究，手头上有几百万的客户资源，不能浪费，需要好好利用一下。后来发现经营农籽、化肥、地膜、农药的商家们对他们手中的几百万农民客户非常感兴趣。于是公司就在这些传单的正面印刷 168 台的广告，背面印刷这些农情广告，资金由这些想打广告的农籽、化肥、地膜、农药厂商出，这样 168 台就完全不用花钱，这就是客户资源整合。

第二，能力资源整合。目前，就物流市场发展的实际情况看，发达国家物流企业的能力资源整合方式主要表现在通过推出新的服务产品和建立广泛的战略联盟来建立和完善物流服务网络。例如，UPS 于 2002 年 8 月开始在中国和巴西针对出口到美国的产品推出名为“UPS 贸易直航”的包括海运服务在内的一体化物流解决方案。这项新的物流服务品种是 UPS 推出的运输和物流服务项目中最大的整合服务项目，旨在进一步推动全球贸易的发展和简化国际贸易程序。新的物流服务项目由 UPS 货运服务公司（UPS Freight Services）负责实施，将因减少海运货物的陆上停留环节和时间而加速海运过程。该项合同服务比较适合大的服装、体育用品和电子产品制造企业，以及其他将海运作为经济运输手段并希望将产品直接送交客户的制造商。一是直接的客户价值，即可省去若干分销或配送中心，发货人基本上可以不要仓库，因为物流过程中搬倒次数降到最少，降低了货损，也加快了交货的速度。二是间接的客户价值，包括存货周转率加快，企业现金流和应收账款周转率加快，存货维持成本下降。统一的单证也有助于减少物流动作管理的行政开支。该项新服务的推出，实际上是 UPS 把海运服务资源给整合了，UPS 借此进入了海运服务领域。

第三，信息资源整合。信息资源整合对物流企业资源整合的重要性无论怎样强调也不过分。实际上，IT 系统本身就是整合客户资源和能力资源的有效技术手段。具体来说，信息资源整合包括以下几个主要内容：①建立信息共享机制。②决策机制的变革。③物流服务知识管理。例如，2014 年 10 月福州机电工程职业技术学校与协同电子科技（福建）有限公司合作共建的“信息化教学资源研发中心”正式成立。该中心整合福建省职业学校优秀的师资力量和专业制作公司的开发优势，搭建了一个集研究、开发、推广于一体的优质信息化教学资源平台，面向全省中等职业学校，组织开展教育教学研究、课程建设和现代教学技术及手段研究，承担教学研究成果推广应用，组织开发信息化教学资源及相关仿真软件等多种形式的服务。

信息资源整合如图 6-8 所示。

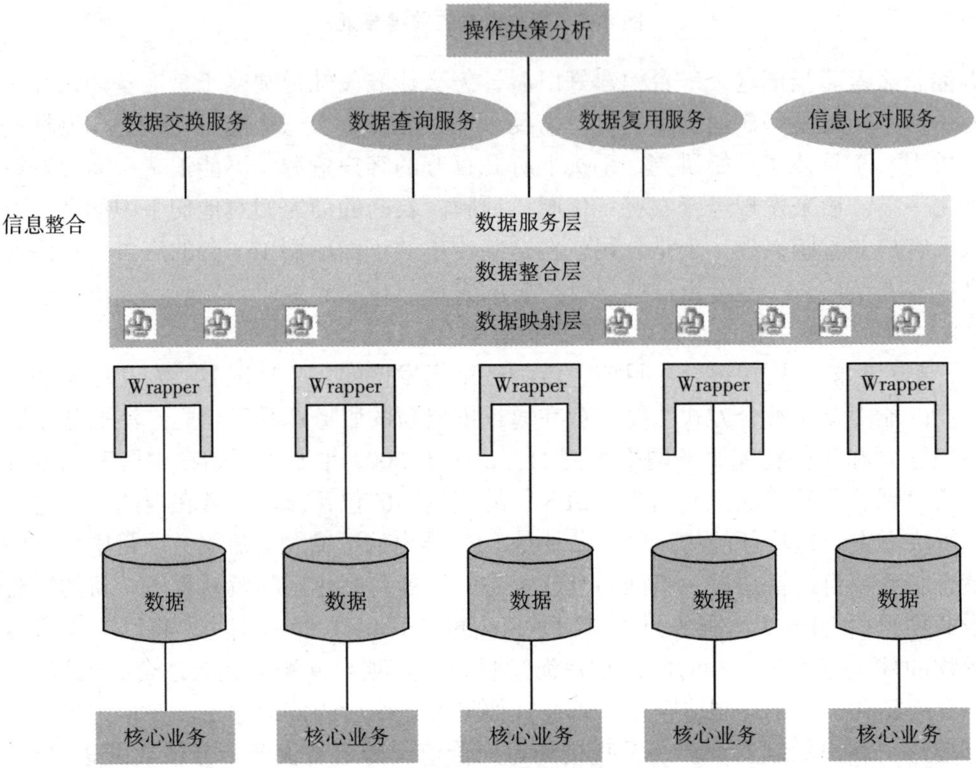

操作决策分析

数据交换服务　数据查询服务　数据复用服务　信息比对服务

信息整合

数据服务层

数据整合层

数据映射层

Wrapper　Wrapper　Wrapper　Wrapper　Wrapper

数据　数据　数据　数据　数据

核心业务　核心业务　核心业务　核心业务　核心业务

图 6-8　信息资源整合

资源整合专栏 4　　亚盟：做资源整合型企业

图片来源：www.yamtz.com.

一、公司介绍

亚盟产业集团创建于 2000 年 6 月，下属金融、社区、传媒、人才四大元素资源平台，为中小企业发展提供资金、营销通路、媒体、人才的四大核心支持，也为广大家庭提供投资理财、消费优惠、生活资讯、工作就业的四大基础服务。公司总部位于重庆市经济技术开发区，拥有重庆亚盟人力资源管理公司、重庆亚盟传媒有限公司、重庆亚盟投资管理有限公司、重庆新亚盟电子科技有限公司四大平台公司，以及

12个全资子公司及分公司。亚盟投资有限公司隶属于亚盟产业机构，借助中国金融行业改革的春风成立于2011年8月。公司立足建立中国最好的金融服务平台，专注于中小企业融资市场与中高端家庭理财，深度挖掘中国的“垄断资源投资”市场，尝试行业优质企业的私募股权投资，探索出一条更加符合中国国情的投资理财之路。

二、坚持“自主创新+资源整合”

亚盟是国内最早开始探索资源整合模式创新的企业之一，并于2012年创办了专注于为中小企业家服务的全国连锁品牌亚盟资源整合平台，旨在打造创业者的家园、企业家的会所，为缺乏资源的中小企业提供从资本到营销、从人才到技术的一站式服务，帮助中小企业降低经营风险，拓展全国市场，实现企业的财富梦想。目前，亚盟资源整合平台已整合上千种优质资源，覆盖办公产品和生活用品各方面。平台由企业顾问根据会员的需求，并结合实际调研，为中小企业家提供全程式、专业化、个性化的解决方案，指导会员从创业选项到IPO上市，不定期举办企业家会员商务会谈和小型商务活动。同时，亚盟资源整合平台将亚盟资本旗下的招贤馆、商学院、社区便利店、理财中心等项目，以及亚盟资本所有合作伙伴融入服务资源中，积极推进多方共赢的发展脚步。

亚盟十余年坚持“自主创新+资源整合”发展路线，建立了金融、人才、传媒、社区四大元素平台，已整合21个主流行业优质资源，能够为优秀人才提供资本、人才团队、销售通路、品牌传播、政府关系、媒体关系等。在亚盟，资源更丰富、资金更充足、氛围更快乐，只须做好自己专业内的事，就可以获得更高的价值回报。

资料来源：作者根据多方资料整理而成。

第五节 资源整合的管理

资源并不能自动产生竞争优势，要想让资源产生竞争优势，形成企业核心竞争力，就必须对不同类型资源进行有效整合。资源整合是一个动态的过程，对于一个企业或组织来说，必须要时刻学会将与企业战略密切相关的资源融合到企业的核心资源体系中来，这项任务伴随着企业的整个生命周期。在企业的整个资源体系中，资源整合始终处于一个非常关键的位置，它是创造新资源、提高资源使用效率和效能的前提。任何一种企业资源结构的合理与否都与特定的时期、特定的环境紧密相连，因此，企业的资源整合是长期性的，只有随着外部条件的变更，及时地对企业的内外部资源结构进行调整，才能使企业长久地保持竞争优势，更好地实施竞争战略。

一、资源整合管理的原则

企业资源整合必须围绕某一目标进行，把分散的资源和各不相同的方法，甚至是性能完全相反的方法，根据有序的原则进行调度、组合、配置，从而把许多看似零散、分割的资源予以排序、取舍，使资源发挥出最大的效能，产生最佳效果。在未经组合前，企业所具有的各种资源、方法往往是杂乱无章的，无法形成资源的有效配置，不能产生资源合力。其结果是：或漫无边际地过多投入了资源，使资源利用不经济；或无法形成资源的有效排序，不能产生资源合力；更有甚者，不顾企业现有的资源能力，盲目投入，造成不应有的损失。如此种种，都需要通过企业资源整合，把分散的、不协调的东西，纳入一个统一体中，这才是整合的作用。

资源整合的原则如图 6–9 所示。

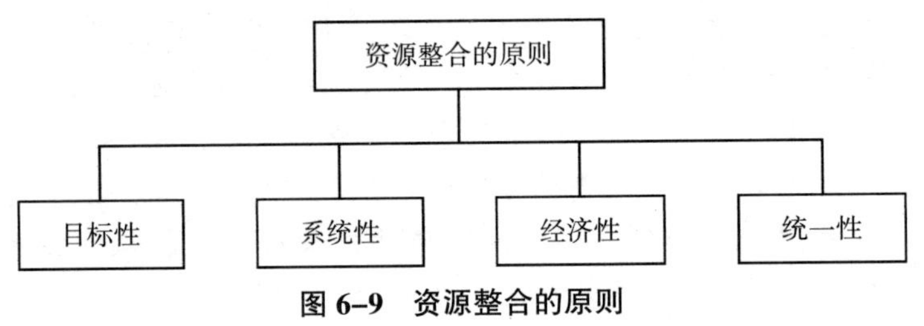

图 6–9 资源整合的原则

第一，整合的目标性。明确目标性是整合的第一原则，该原则告诉我们，企业资源整合必须围绕某一目标进行。为此，需具有以下两点认识：其一，整合过程是围绕目标而进行的一系列企业行为，没有目标的整合就没有存在的价值，整合也就失去了意义。其二，只有明确了目标是整合的第一原则，才能使资源及方法的配置有的放矢，紧紧围绕目标而进行，使整合发挥出应有的作用。企业资源整合必须集中、明晰地围绕目标而进行，只有明确了目标是什么，整合才具有部署的方向，才能取得最佳效果。若不然，资源的配置常常是顾此失彼、脉络不清，各种资源、方法未经筛选，难以达到有序整合，更谈不上产生整合的效果，其根本就是偏离了进行整合的目标，无端浪费了资源，给企业造成危害。企业资源整合体现出来的是一种多要素之间的合成能力，在整合过程中，其核心是目标，只有明确了目标，才能产生整合的效力。

第二，整合的系统性。企业各项资源往往是零散的、分离的，一旦目标锁定之后，就要把各项资源纳入一个为目标服务的统一体中。所谓资源整合的系统性，就是要把本来分散的资源有所取舍，通过有序的配置，体现出为目标所用的整体效果。整合的系统性要求把各种分离的资源纳入围绕目标而进行的一个整体来考虑，注重各项资源、方法之间的有机联系。企业资源整合不是一个部分，而是整体，一切资源、方式的取舍、配置都必须服从整体需要。基于这样的认识，我们得出整合的系统性的两个结论：其一，重视企业资源的统筹兼顾，各资源、方法之间是多元的有机联系，而不是彼此分割的，注重思维的整体和连贯性；其二，强调资源整合的有序性，避免出现错序和倒序，重视各资源、方法之间的横向有序和纵向有序，并根据目标实施的轻重缓急，予以有序调度，达到整合的效果。

第三，整合的经济性。说到整合的经济性，首先要知道，企业的资源是有限的，要使有限的资源发挥出最大的效果，就需要在整合的过程中，注重资源的可利用性。把握好整合的“度”，即“分寸”，这是整合的经济性的第一要求。在进行整合时，为提供更多的决策选择，相关的资源和信息当然越多越好，但在解决问题时，只要能够达到目的，则资源利用的成本越经济越好。

第四，整合的统一性。企业未经整合的各种资源、方法常常是分离的、不协调的，甚至是彼此抵触的，而对立面的整合是把对立的东西，通过和谐处理、有机组合，纳入一个统一体中。世界千差万别，事物不是静止的，而是在不断地发展、变化，企业追求生存、发展，就应该解放思想、放开手脚，要看到问题貌似对立实则统一的两个方面，一些乍看对立的方式往往会互为转换，如求同与求异、分析与归纳、个性与共创等。可能在这个场合用这一种方式，而在另一个场合用所谓“对立”的另一种方式，有时则两者共用。因此，企业资源和方法的整合不应该画地为牢，简单地排斥“对立”面，要善于分析事物的内在联系，用发展的眼光审时度势，容忍“亦此亦彼”的现象，根据实际需要，有选择地为我所用，从而为实现企业的某一目标提供更多的手段。

资源整合专栏 5　突破企业困局，解读盛世纵横的资源整合神话

图片来源：www.sszh.cn.

“生意越来越难做”是国内当下不少中小民营企业最大的感慨。在目前经济环境中，企业可谓缺失了很多东西，从资金到渠道、平台等，都令一些企业家一筹莫展，甚至连曾被判断为劳动力资源丰富的中国，也出现部分地区缺乏劳动力的现状。如何突破困局？当今商界出现了一种全新且行之有效的模式叫“资源整合”，正好为这场困局开出良方。按“中国资源整合第一人”、盛世纵横国际资讯集团董事长周嵘老师的话来说：“企业在不同的情况下，所缺少的资源是各不相同的。但在资源整合的平台上，不管企业处在什么发展阶段、不管缺什么，在这个世界上，所有你缺的都有。

如果使用资源整合的方法，不管缺什么都可以找到。”正是凭借这样的思维与能力，周嵘老师率盛世纵横抒写了中国的资源整合神话。

一、搭建资源整合的王者平台

2005 年 12 月，周嵘老师远赴吉隆坡听世界营销管理大师杰·亚伯拉罕的营销课程。亚伯拉罕讲到，资源整合是所有的企业经营策略中最厉害的策略。以这句话为契机，周嵘老师开始研究资源整合。首先，他把资源整合作为营销课程的一部分内容。其次，在不断的研究、学习资源整合的过程中，他发现资源整合的内容越来越多，于是将资源整合提炼成了一门课程。在资源整合的课程开办一两年后，周嵘老师发现在资源整合课程上，同学之间在现场和后续的资源对接当中，会碰撞出很多商机。于是，周嵘老师做了一个大胆的改革，他砍掉了公司的其他所有课程，只保留了资源整合的课程，也就是现在的《整合天下赢》课程，并以《整合天下赢》课程作为前端，后端就做资源对接，创建了资源整合平台。

二、全国高效团队，实现整合效应

人是资源整合的第一要素。因为一切资源都掌握在人手里，一切的结果都是人创造出来的。因此，拥有一支优秀的团队，给企业创造的财富是巨大的，所以在此基础上，要爱惜人才，善用人才。

由周嵘老师挂帅领导的盛世纵横还构建有一支精良的全国队伍，数十几家分公司联合一心，得到了中国金融投资、保险、咨询、房地产、零售、快消、美容保健、包装印刷、建筑设计、互联网、广告传媒、化工、机械、服装加工、家具制造、工程设备、物流、旅游、医药、高新科技、新能源等几十个行业领域企业的支持与信赖。

盛世纵横高效的团队保证了服务的一流，因而每一期《整合天下赢》的现场合作金额都达到 5 亿元以上，这在中国经营模式中实属了得。不仅如此，许多企业家都直接受益于《整合天下赢》课程，有的企业能在课程中拿到大笔订单，也有的企业能通过现场学习和对接解决一些困扰已久的问题，还有的企业更是把理念应用到自己企业的经营之中，在仅仅数月内突破了几年的业绩目标。更神奇的是，《整合天下赢》让一些濒临灭绝的企业在课程中得到启示，陆续接到订单，最终让企业起死回生。这就是《整合天下赢》所达到的效果，他们做到了。

三、资源整合神话，打造甜蜜的生意

“有的人不是珍珠，他是一条线，能把珍珠串起来，做出一条光彩夺目的珍珠项链。”中国著名企业家柳传志先生的这句话着重阐释了一个道理，即一个再美丽的东西，如果没有固定的东西串联，或许只能是一个单一而并非夺目耀眼的物品，若能为其穿针引线，那么它或许就能成为一个瞩目的奢侈品。

《整合天下赢》开课以来，取得了不同程度的效果，周嵘老师针对“人脉、资金、项目、人才、渠道、团队、媒体资源、营销、品牌”等20个中小企业资源整合的需求点，展开相应的资源整合和资源对接。在每一次的对接整合中，都会有企业表现出极大的整合热情和行动力，在课程结束当天，均有半数以上参会企业整合到自己所需的资源，现场签署合作意向数百份，而且在会后这些整合和对接仍在继续当中。

资料来源：作者根据多方资料整理而成。

二、资源整合管理中应注意的问题

企业能否成功地开发出机会，进而推动企业活动向前发展，通常取决于管理者所掌握和能整合到的资源，以及对资源的利用能力。许多企业早期所能获取与利用的资源都相当匮乏，而优秀的管理者在创业过程中所体现出的卓越创业技能之一，就是创造性地整合和运用资源，尤其是那种能够创造竞争优势并带来持续竞争优势的战略资源。一般来说，企业在进行资源整合时需注意以下六点（见图6-10）：认识企业自身能力、合作双赢的态度、确定整合目标、整合的可操作性、整合的系统性以及整合的经济性，如荣事达在并购后对人力资源的成功整合。1998年9月，合肥荣事达集团公司正式兼并重庆洗衣机总厂。荣事达在兼并前充分认识了自身的优势和劣势，提高了整合的可操作性，有效地整合了两个企业的资源。探究其成功之路，正是得益于兼并后荣事达集团的有效人力资源整合管理。兼并之初，集团公司秉着合作双赢和经济性的态度，不减人员、不动班子，集团只派3人出任公司副总经理、总工程师和财务总监助理，并决定把当年利润用于增加员工工资和奖励管理者。一段时间后，集团公司组建了新班子，并由新班子对公司进行管理和机构改革，新机构将原来的16个处室、3个车间调整为6处1室、4个车间，精简中层和机关管理人员63人。这些措施把荣事达引上了成功之路。

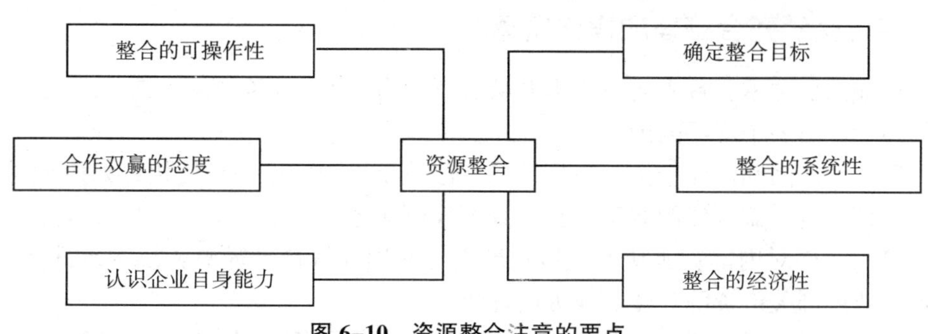

图6-10　资源整合注意的要点

三、资源整合管理的提升

企业的资源整合是一项坚定而复杂的系统工程，关于如何进行资源整合，从而更好地实施公司战略，企业应该从以下几个方面着手（见图 6-11）：第一，要重视战略管理，企业的资源整合是一个实现长远利益的战略决策，随着市场的变化与发展，企业的各种资源必须随之整合与优化，这需要极强的战略协调能力，因此企业必须设立动态战略综合指标，及时调控企业的资源能力，从而完善企业的战略。第二，完善企业的核心业务和核心竞争力，资源整合必须围绕核心业务和核心竞争力来进行，同时企业的资源整合又将促进核心事业和核心竞争力的提高。第三，以打造企业信息化平台为基础，提高运营效率和管理透明度。第四，要不断改进和优化企业内外资源结构以及一些关系。任何一个企业的结构合理与否与特定的时期、特定的环境是相连的，因此企业的资源整合是长期性的，要对外部环境的变化保持敏感。

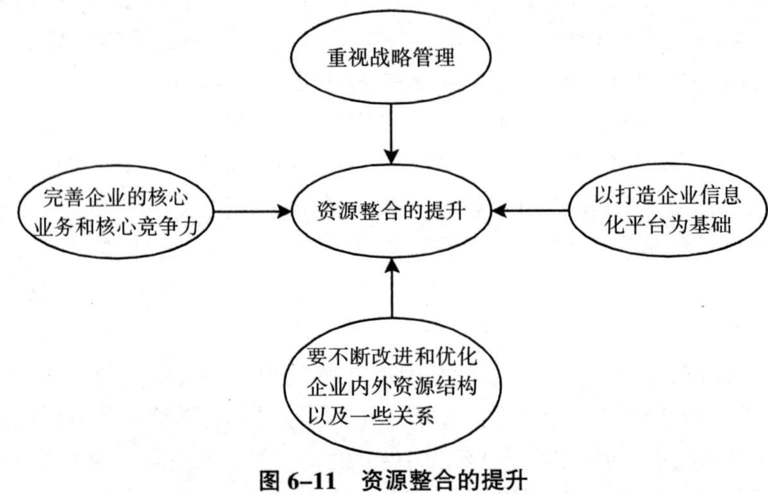

图 6-11　资源整合的提升

四、资源整合管理的操作策略

企业的资源整合首先要围绕提升核心竞争力，推进业务结构调整与优化。它主要包括以下三个方面的内容：

第一，产品和产业结构、市场结构和区域布局如何进一步优化，如何建立统一的管理平台，做到资源共享，真正发挥规模优势。

第二，要对内部资源从产业链角度进行梳理，从自身资源和技术条件出发，突出企业内部关键资源和核心业务的优势。

第三，只有对战略、管理、品牌、业务、文化等各个因素实施有效整合，才能出现协同效应。首先，企业资源的全面整合以及优化应该围绕着企业的竞争力来进行，同时企业的资源整合以及优化又可以促进竞争力的提高。这种整合，不同于以企业环境为中心、片面追求效率这种传统意义上的整合，也不同于只强调控制、只追求上下游稳定的整合，而是从整个企业的环境出发，强调分工合作，提高整体效率。其次，要持续深入开展资源整合，发挥内部协同效应。对于专业化板块的整合，要深入挖掘内部协同效应；对于沿产业链方向的整合，要推动资源向产业链的关键环节和高端布局。再次，企业还要稳步开展国际化经营，锻炼和提升全球资源配置和整合能力，不断进行组织结构调整和创新，不断优化资源配置。最后，要加强集团公司总部资源整合，增强管控能力。

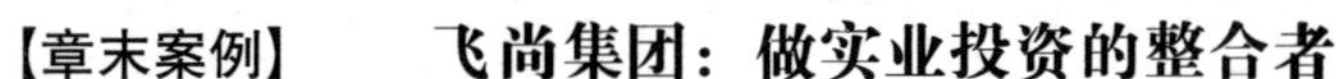

【章末案例】　飞尚集团：做实业投资的整合者

图片来源：www.feishang.cn.

一、公司介绍

飞尚集团创建于2000年，以“实业兴邦，产业报国”为企业的神圣使命，通过在全球范围进行实业投资及运营管理，与更多合作伙伴在产业经营领域实现增值共赢，成为具有高度竞争力和美誉度的国际化投资控股集团。其发展历程如图6-12所示。

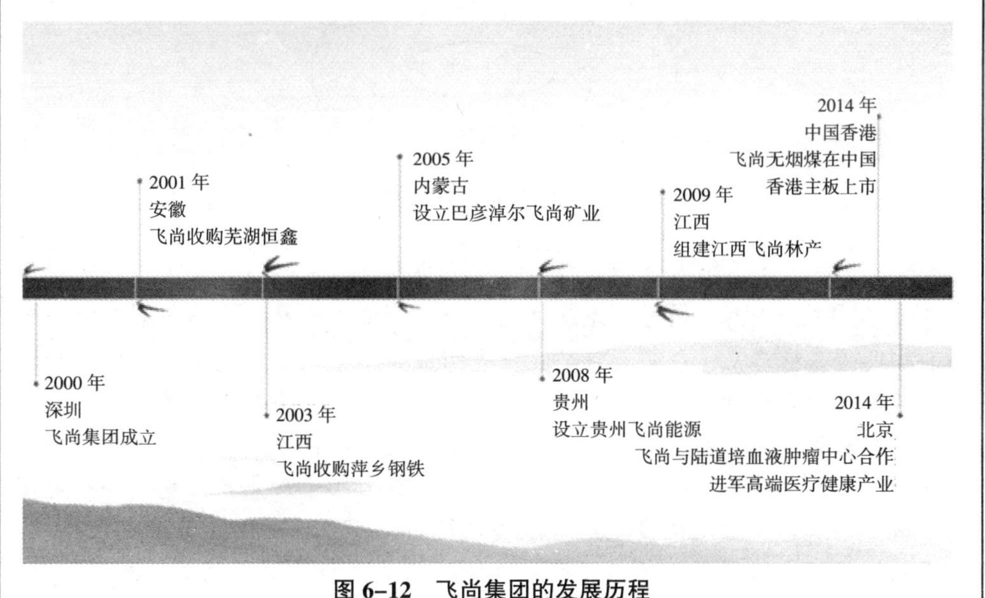

图6-12　飞尚集团的发展历程

飞尚集团以不断发展完善的商业模式——投资并购、整合再造、资本证券化、产业经营和价值最大化，建立了独具特色的产业经营体系。在安徽、江西、内蒙古、贵州建立了实业基地，形成了有色金属及矿山、煤炭能源、钢铁、交通物流、林业五大支柱产业，并积极推进高端医疗健康、节能环保、信息化与智能化等战略性新兴产业的开拓和建设。截至2013年底，飞尚集团在国内直接或间接控股、参股上市公司三家（鑫科材料600255，芜湖港600575，新大洲000571），在中国香港主板市场拥有飞尚无烟煤公司（上市代码：1738），同时控股美国纳斯达克上市公司——中国天然资源有限公司（上市代码：CHNR），所控企业总资产400亿元，年销售收入达500多亿元，累计上交利润100多亿元，拥有员工3万多人。

二、产业布局

经过多年发展，飞尚逐步形成了以有色金属及矿山、钢铁、交通物流、煤炭、生态林业五大产业为支柱的主营业务，以旅游、能源、商业地产三大产业为重点的培育业务和以化工、农业开发、教育投资为种子的新兴业务（见图6-13）。为此，飞尚集团所涉及的产业分为三大梯度，即飞尚最核心的支柱性产业、中间的培育性产业及其外在的新兴产业。

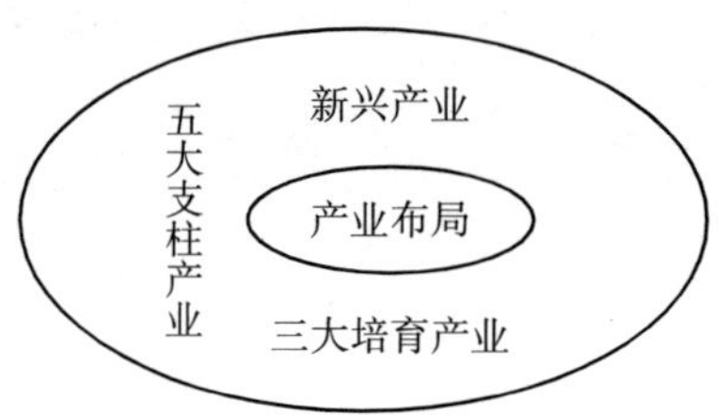

图6-13　飞尚的产业布局

飞尚围绕矿山、港口等垄断性资源，主要涉足有色金属及矿山、钢铁、交通物流、煤炭、生态林业五大支柱产业。第一，有色金属及矿山产业是飞尚目前最重要的支柱产业，分两大布局：一是形成了一条从铜矿勘探、开采、初加工到深加工的完整铜产业链，以鑫科材料为龙头和整合平台；二是其他有色金属及矿产资源，包括中国天然资源（CHNR）、芜湖飞尚矿业、芜湖飞尚非金属材料等。第二，钢铁产业是飞尚目前资产规模最大的主营业务，龙头企业是萍钢公司。钢铁产业涉及萍乡钢铁有限责任公司、萍乡安源钢铁有限责任公司、江西九江钢厂有限公司。第三，交通物流产业是飞尚集团四大支柱产业之一，芜湖港是飞尚交通物流产业的龙头企业。飞尚集团目前已形成了以煤炭、外贸集装箱为核心的港口业务和以钢铁、液体化工产品网上交易为核心的电子商务。交通物流产业旗下也有安徽芜湖港储运股份有限公司、上海大宗钢铁电子交易中心、宁波都普特液体化工电子交易中心有限公司等。第四，煤炭产业是飞尚集团新兴的支柱产业之一，目前已先后收购了贵州省金沙县白坪、永晟、大运、竹林寨、六家坝、大圆六个煤矿，拥有的煤炭资源储量超过3亿吨，全部建成投产后年产能达300万吨，年产值超过10亿元，煤炭产业主要公司有白坪煤矿、永晟煤矿、大运煤矿、林家岙煤业、新松煤业、大圆煤矿。第五，生态林业是飞尚集团最新建设的一大支柱产业。以林业大省江西为基地，以江西飞尚林产有限公司为整合平台，飞尚目前已拥有近20万亩湿地松林地，资产规模已经成为江西省松香林产领域的前列，具备在松香林化、木材加工等林业领域快速扩张和高效整合的有利条件。

飞尚适时进入并培育旅游、能源和商业地产三大产业。第一，旅游产业。旅游产业是中国未来20年内最具爆发力的行业，稀缺的旅游资源与飞尚以资源为主线的经营战略相契合。飞尚集团利用资本市场的优势，以实业运营的眼光，筛选、收购并整合中国境内的旅游资源，打造独具飞尚特色的旅游资源产业。第二，能源产业。作为一家有着高度社会责任感的民族企业，飞尚集团计划在未来斥巨资进入煤矿的勘探与开采业务，并积极开发石油与油页岩资源。第三，商业地产。未来10~20年，随着中国经济发展，地产的市场需求将十分旺盛，房地产行业在未来20年将维持较强的爆发力。飞尚集团计划在抓好现有主营业务的同时，积极进军商业地产领域。

为响应国家产业振兴和发展政策，并结合政策的东风，飞尚集团积极寻求新的经济增长点，还涉足电子商务、农业开发、林业资源等业务。医疗健康产业是飞尚集团新的战略性新兴产业之一。2014年，飞尚成功收购陆道培血液肿瘤中心。未来一段时间内，飞尚将致力于与国际一流医学研究机构合作，并投资收购高端血液、骨科和康复等专科医院，收购多家综合三级医院，收购专业医疗器械企业等机构，以打造飞尚高端医疗健康产业。

三、基于资源综合开发的产业整合能力

今天的市场竞争不再是单个企业之间的竞争，而是供应链（或产业链）之间的竞争。飞尚集团从2000年开始从国家资源危机的角度进行战略布局，紧紧围绕矿山、港口等不可再生性稀缺资源，相继投入巨额资金进行储备，打造自然资源产业链。这些年，飞尚集团投资控股了一系列以自然资源为主业的公司，包括芜湖恒鑫铜业集团、鑫科材料、芜湖港、内蒙古巴彦淖尔市飞尚矿业和铜业公司等。为此，飞尚集团对实业投资发展战略细化为：飞尚集团要打造成以自然资源为依托，从勘探、开采、冶炼、初加工到深加工的一条完整的资源综合开发产业链。

为此，李非列董事长不仅提出矿山资源综合开发的产业链，即矿产开发、冶炼和产品精加工的产业链运作模式，而且一直在不断实施中。目前，芜湖已成为飞尚集团重要的铜加工基地，已拥有5万吨的电解铜冶炼能力、10万吨铜加工能力，形成年工业产值30多亿元的规模。对于飞尚铜产业链，一般来说可分为四个阶段（见图6-14），即铜矿开发、初铜冶炼、电解铜（铜加工）和铜原料精加工。第一，铜矿开发阶段。即铜加工产业链源头。飞尚不断在内蒙古、新疆、云南等地寻找可开发的铜矿产资源。第二，初铜冶炼阶段。即铜加工产业链的铜精砂、初铜冶炼环节。2005年，飞尚相继在内蒙古巴彦淖尔市成立了飞尚矿业和铜业公司，投资4.5亿元兴建10万吨/年铜冶炼项目，同时投资4.5亿元在恒鑫集团新上10万吨/年锌冶炼项目，为芜湖恒鑫铜业集团和鑫科材料进行产业配套。第三，电解铜阶段。即铜加工产业链的铜精炼和铜加工环节。该环节主要是由芜湖恒鑫铜业完成，通过恒鑫铜业生产电解铜，并将电解铜全部供应飞尚控股的上市公司——鑫科材料。第四，铜原料精加工阶段。即铜加工产业链的末端，主要是由鑫科材料来负责铜原料的精加工。

目前飞尚已形成了以鑫科材料为龙头和整合平台，包括巴彦淖尔市飞尚矿业有限公司、巴彦淖尔市飞尚铜业有限公司、芜湖恒鑫铜业（集团）等在内的从铜矿勘探、开采、初加工到深加工的一条完整铜产业链。

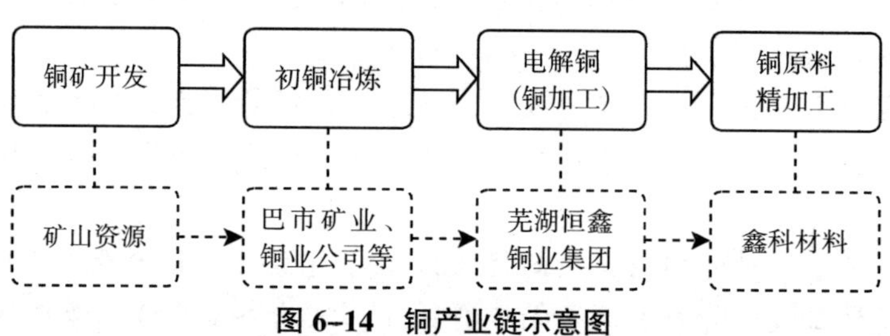

图6-14　铜产业链示意图

除铜矿开发这一产业链之外，飞尚开始储备煤炭资源，目前已先后收购了贵州省金沙县白坪、永晟、大运、竹林寨、六家坝、大圆六个煤矿，拥有的煤炭资源储量超过3亿吨。作为飞尚新兴的支柱产业之一，飞尚煤炭产业链也在酝酿和构建中。另外，飞尚集团以萍乡钢铁集团公司为平台，试图把煤炭资源与钢铁产业和交通产业进行产业链整合。上游主要涉及煤矿，开采煤炭资源，中下游则为钢铁产业，利用煤炭资源进行炼钢，而上下游之间又靠物流产业进行协调，从而飞尚煤炭产业链渐已形成。

四、成功经验与特点

近几年的实业投资，使飞尚成功地由单纯的资本市场投资转变为以“实业兴邦，产业报国”为使命的实业投资集团公司。飞尚之所以能打造出如此庞大的产业帝国，与其竭力培育的产业整合能力密不可分。对于飞尚而言，其产业整合能力可从如下三个维度进行分析（见图 6-15）。

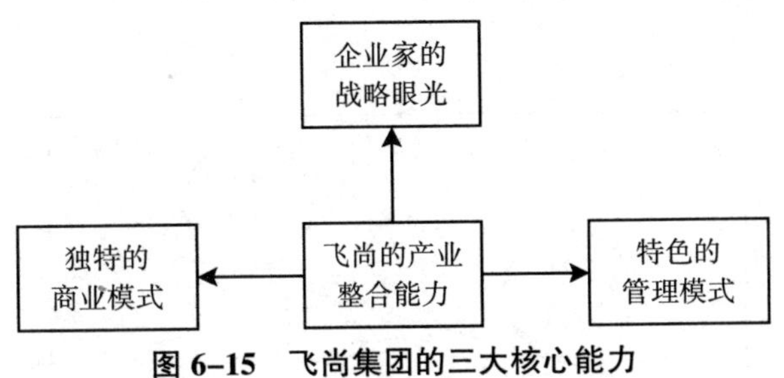

图 6-15　飞尚集团的三大核心能力

第一，企业家的战略眼光。在中国，每个成功企业的背后一般都站着一个具有战略眼光的企业家，作为一名将产业与资本有机结合的成功企业家，飞尚集团创始人李非列董事长所具备的企业家战略眼光是毋庸置疑的。

首先，1993~2000 年，飞尚靠资本市场起家，李非列通过收购琼能源股票，获利几千万元，积累了人生第一桶金。之后，在国内证券、期货市场投资得心应手，资本获利丰厚。正是李非列超前的投资眼光，飞尚在国内外资本市场、期货市场完场了最初的原始资本积累过程。

其次，2000 年后，撤离资本市场，进入实业投资。即在 2000 年中期，李非列及飞尚几个股东决定，全面从国内的资本市场迅速撤退。当时上证指数高居1900 多点，距离大盘最高点仅有 200 多点，但由于李非列已嗅出了一些趋势性的东西，认为股票市场是虚拟经济，企业真正的价值创造在于实体经济，所以李非列在股市如日中天的时候撤离资本市场，转而进行实业投资的战略大转移。

再次，飞尚进入实业，融入国企改革大潮。20 世纪 90 年代末是“国退民进”的大高潮，各级政府鼓励民企、外企参与国企改革。正是在“国退民进”这一大政策背景下，李非列抓住了国企改制这一大好机会，利用控股方式，收购了如芜湖恒鑫、萍乡钢铁等多家国有企业。

最后，飞尚立足实业投资，完善产业链。依托大资源发展的思路进行产业整合与经营，飞尚欲打造从勘探到开采、冶炼、加工、深加工的一条完整的矿山开发产业链。

可以说，企业家的战略眼光，不仅确保了飞尚在资本市场的进与退，而且见证了飞尚在实业投资上的一个又一个成功。

第二，独特的商业模式。对于飞尚，独特的商业模式更是其必胜的不二法宝。飞尚商业模式主要以实业投资为主，以资本运营为辅，且把产业与资本有机结合。2000~2006 年，飞尚集团在实业投资高达 30 多亿元，目前的总资产近百亿元，不仅完成了从资本市场到实业投资的顺利战略转移，而且也彻底实现了以实业投资为主、资本运作为辅，把产业与资本有机结合的盈利模式，如图 6-16 所示。

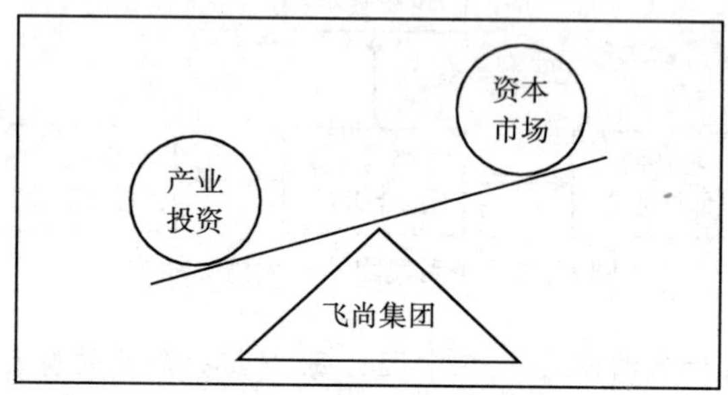

图 6-16 飞尚独特的商业模式

飞尚通过商业模式创新，实现了资本与产业的有效结合，形成企业自身的产业竞争能力，从而达到商业模式创造价值、实现盈利这一根本目的。对于资本与产业的有效结合，一方面，实业投资需要大量的资金投入；另一方面，资金也必须考虑是否有值得回报的实业投资项目。飞尚的现实做法就是通过企业整合上市，利用资本上市运作为实业投资融入资金，进而实现产业与资本的有效结合。不仅如此，飞尚还以借壳或公开招股（IPO）的方式，把飞尚国内优质企业资产推介到美国及中国香港证券市场上市，利用飞尚在海外资本市场的资源，为实业投资融入资金。飞尚独特的商业模式在于商业模式的创新，即通过实业投资，辅助资本上市运作，实现资本与产业的有效结合。

第三，特色的管理模式。飞尚管理理念强调资源整合，战略制胜。其特点为战略管理与精细管理有机结合，即集团总部进行战略管理，负责整体战略的制定，把握下属企业的发展方向，建立与企业战略相适应的业绩评价、激励、内审体系等，而下属各企业则在具体经营管理上，充分发挥经营团队的创造性、能动性，实行精细化管理。

飞尚致力于在选定的子行业中“成为优秀的产业经营者和优秀的产业整合者”。自 2000 年飞尚开始实业投资以来，飞尚集团通过直接或间接控股、参股方式收购 10 多家企业，包括多家上市公司。对于这些收购企业，飞尚只负责宏观把控，重点把握投资企业的发展方向与发展战略，重在建立完善的激励、约束机制，企业的具体经营管理实行“本土化”，委托重组企业原管理团队进行精细化管理。此外，对于被收购的企业或产业，飞尚遵循的标准为：一看企业的管理层；二看企业的财务指标；三看产业的未来前景。可见，飞尚集团就是通过不断收购财务优良、回报颇丰的企业，进一步完善其自身的产业链条。在具体经营管理上，由企业原有管理团队进行精细管理，而飞尚仅仅提供发展方向方面的战略管理。

五、结论与启示

目前，飞尚集团依托大资源，通过一系列战略举措，构建了一个飞尚产业帝国，将涉及的众多产业按照集团发展战略在横向上分为三大梯度，即支柱性产业、培育性产业和其他新兴产业。从飞尚的发展历程我们可以知道，一个企业要想有好的发展必须具备以下几个能力：

第一，企业家的战略眼光。在中国，每个成功企业的背后一般都站着一个具有战略眼光的企业家，如海尔有张瑞敏，联想有柳传志，华为有任正非。所谓企业家的战略眼光是指企业家通过以往的知识、资源、经验所积累成的能力，对现在能力的改造、更新与超越，并且与企业家具有的前瞻性思维、全局性和长远性的投资眼光有机结合。战略眼光是企业家知识和智慧的综合体现，对企业家的能力素质要求相对比较高。

第二，产业链整合能力。今天的市场竞争不再是单个企业之间的竞争，而是供应链（或产业链）之间的竞争。可以说，企业之间所形成的产业链甚至在某种程度上关系到企业的成败。

第三，特色的管理模式。一般而言，管理模式是指在总结企业管理实践及其经验的基础上，针对企业管理具体实际活动而提炼出来的。

第四，独特的商业模式。所谓商业模式是指企业采用什么途径或方式来赚钱。一般而言，好的商业模式是企业成功的一半。独特的商业模式是企业取得持续竞争优势的不二法宝。

资料来源：作者根据多方资料整理而成。

【本章小结】

本章首先阐述了整合思维的含义；其次，论述了资源整合的内涵、特征与作用；再次，介绍了资源整合的一些关键要素，包括客户资源整合、能力资源整合、信息资源整合；最后，在此基础上介绍了企业应该怎样进行资源管理，具体包括资源整合时企业应该注意的一些问题、管理者如何提升企业的资源整合、管理者如何实施企业的相关资源整合策略并进行相关管理。希望创业者、管理者及相关读者通过对本章的学习，可以掌握有关资源整合的基本理论。

【思考题】

1. 如何理解整合思维的内涵?
2. 资源整合包括哪些关键要素?
3. 为什么说整合思维对企业提升竞争力很重要?
4. 如何提升和管理资源整合?
5. 企业在进行资源整合时应注意哪些问题?
6. 选择一个企业，分析其如何利用整合思维创造和提高其竞争力。

第七章　平台战略

【学习要点】

☆ 理解企业为什么要实施平台战略；

☆ 熟悉平台战略的定义以及平台商业模式的特点；

☆ 了解平台商业模式构建的程序以及在构建过程中所需注意的细节；

☆ 理解平台模式的作用；

☆ 掌握平台企业如何进行管理企业的平台模式。

【章首案例】　　奇虎360的平台战略

图片来源：open.360.cn.

一、公司介绍

奇虎360，于2005年9月创立，2011年3月30日正式在纽约证券交易所挂牌交易（证券代码为“QIHU”），是中国领先的互联网安全软件与互联网服务公司，曾先后获得过鼎晖创投、红杉资本、高原资本、红点投资、Matrix、IDG等风险投资商总额高达数千万美元的联合投资，据统计，奇虎360在2013年第四季度的总营业收入为2.2亿美元，环比增长17.9%，同比增长115.3%，净利润为1660万美元，较2012年同期增长30%，截至2013年12月底，奇虎360产品的用户渗透率高达94.6%，占据强势的互联网入口地位。目前奇虎已基本形成四大业务板块：客户端产品、平台类产品、移动类产品以及创新类产品，其中平台类产品是奇虎近年来的发展重心。

二、奇虎360的平台战略进程

2011年2月23日奇虎360公司在北京宣布推出360团购开放平台，通过审核将符合资质的团购网站接入平台，并获得团购导航、用户流量导入、防盗号钓鱼等服务，用户只要注册一个360账号，就可以在所有开通一站通服务的团购网站上购物消费，让团购网站共享360的用户资源，就像淘宝B2C、C2C的一个大卖场，360团购平台则是一个团购的大卖场，在360团购开放平台上可以衍生出很多生意模式。此平台的发布也标志着奇虎360公司正式启动了2011年开放平台战略。2011年4月7日，360极速浏览器应用开放平台正式发布。在上市前后，奇虎不断发布开放平台产品，就是想向投资者证明，开放平台才是奇虎未来真正的生意。

“开放平台是奇虎的商业逻辑，更是竞争逻辑。”奇虎内部人告诉记者，虽然开放平台的具体商业模式还没有设计清晰，但这是奇虎的方向。边做边看，不断调整，奇虎360的领头人周鸿祎用他最擅长的微创新去慢慢摸索。

2012年3月，奇虎360与芬兰Rovio娱乐公司宣布正式签约，奇虎360获得中国地区《愤怒的小鸟（太空版）》首发权，该游戏于2012年3月22日通过360安全桌面全球同步登场。同时，官方授权的壁纸、皮肤、视频等相关产品，也通过360安全桌面、360安全卫士、360浏览器、360网址导航等平台先行推出。

2012年3月，凤凰网与奇虎360宣布正式签订战略合作协议。双方将在内容以及平台方面展开深入合作。凤凰网将把大量的独家资讯、稀缺资源推送到360的多元化平台渠道上，两者将在合作中实现内容资源和渠道资源的互换，从而为用户提供更好的用户体验。

2012年4月，国美网上商城与奇虎360达成战略合作，国美电器正式入驻360开放平台，双方将联手打造国内顶级专业家电零售网络平台。

2013年11月，奇虎360科技有限公司与安徽科大讯飞信息科技股份有限公司签订《战略合作协议》。根据《战略合作协议》，奇虎360与该公司按照平等、自愿的原则，发展长期、稳定、互惠的合作关系，进一步推动讯飞智能语音技术与奇虎360在移动互联网产品及客户服务、网络导航等业务的对接，提升奇虎360移动互联网产品和服务的用户体验，为奇虎360平台的发展奠定技术基础。

2014年5月，据国外媒体报道，奇虎360正式宣布，成功收购MediaV公司控股股权的交易签署最终协议。MediaV成立于2009年，是中国一家精准广告和数字营销平台服务商，MediaV基于云端的大数据分析服务能帮助客户针对特定观众群体投放精准广告。奇虎360董事长兼CEO周鸿祎表示：“将奇虎360庞大的用户基数，和在PC及移动互联网市场上巨大的流量，与MediaV领先的数字广告平台及精准广告技术相结合，我们相信，我们将能够打造出一个更强大更有效率的在线广告生态系统，并极大地增强我们平台产品的货币化效率。”

三、基于微创新的 360 大平台战略

奇虎 360 将互联网企业的营销策略由传统的产品“先买后用”模式颠覆性地过渡到产品的“免费”使用模式。奇虎的不同之处在于，它在赢得用户和客户的认同之后，采用广告模式或者交叉补贴模式获得盈利。这被周鸿祎总结为奇虎 360 特有的“Freemium”商业模式，即 Free（免费）+Premium（增值服务）。免费的安全和杀毒服务是推广手段，用来培养用户忠诚度，在此基础上推出互联网增值服务。这就是奇虎对营销商业模式的创新。

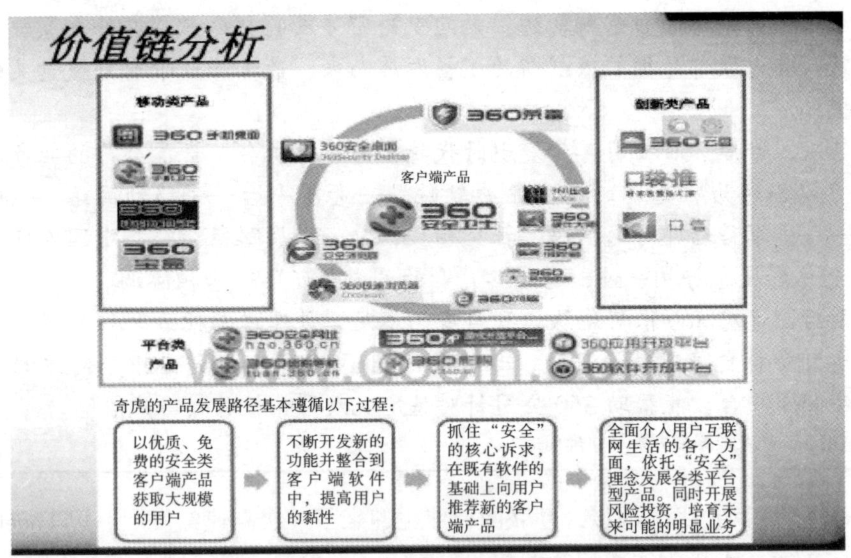

图 7–1 奇虎 360 的价值链分析图

奇虎 360 的商业模式为典型的互联网商业模式，通过开放免费的平台服务战略吸引用户，在此基础上实现增值收入。在具体实现形式上，奇虎 360 利用免费和安全的杀毒服务作为推广手段，快速获得用户并逐渐培养用户忠诚度，再将海量 360 杀毒服务用户转换为其互联网平台 360 浏览器用户，通过占领互联网的入口实现将用户流量变现，其互联网增值服务收入主要来源于以下几个渠道：①传统互联网企业收入模式即互联网广告收入；②利用 360 浏览器 360 手机卫士和 360 软件管家等产品，掌握互联网 PC 端和移动端的 App 入口；③借助其开放的互联网应用平台，与第三方企业合作，通过其互联网平台产生的流量获取收益。

奇虎 360 商业模式为四层结构：第一层为免费核心产品服务，主要为 360 安全卫士、360 杀毒、360 手机卫士等公司赖以起家的产品，这些产品为其带来庞大的用户群；第二层为两大基础平台——浏览器平台与应用开放平台，将核心产品层用户顺势导入这两大平台；第三层为细分服务，在两大平台的基础上，提供网址导航（hao360.cn）、团购导航（tuan.360.com）、游戏导航、应用商店等服务；第四层为最终盈利变现，变现方式主要为广告与互联网增值服务，总之，奇虎360的主要盈利渠道来自浏览器平台与应用开发平台。

四、结论与启示

奇虎360企业在自身创新发展中的特点是什么？首先，简要归结为"微创新"，从最早的"360网盾"进化到未来的"推荐引擎"，奇虎围绕着360浏览器演进出一条完整的微创新轨迹，期间无论所涉及的具体产品在外在表现上如何跳跃，其内在都是循着微创新的逻辑发展而来，最终形成带有颠覆意义的产品与模式。

其次，奇虎360公司善于发现时代特征并抓住机会。奇虎公司的业务发展路径可以描述为：免费的安全杀毒软件——奇虎平台——移动网络（360口信）——进军移动即时通信——社交领域，这一发展路径，既与中国互联网近10年总体发展态势相一致，也与其自身的"微创新"理念相协调。

最后，奇虎360很好地认识到自身的不足，并通过与他方合作或者收购对方来达到弥补自身不足的目的，如收购MediaV公司，就是看中了对方的广告和数字营销平台，能帮助360公司针对特定观众群体投放精准广告。

资料来源：作者根据多方资料整理而成。

随着互联网技术的进步，互联网行业也迎来了一次高速的发展，以Facebook、Twitter、淘宝、天猫为代表的新的商业模式——平台商业模式创造了令人咂舌的成绩，如2014年阿里巴巴在"双十一"当天创造了571亿元的成交额，一举打败了众多传统大鳄，对此，平台商业模式引起了国内外学者和商业人士的关注。

第一节　平台战略的概念

盛大文学首席执行官侯小强曾说："我们正处于一个迈向平台战略的引爆时代，在这个时代里，在人们生活中不可或缺的元素里，我希望盛大文学能够给更多的人提供精神产品服务。"阿里巴巴集团副总裁梁春晓认为电子商务正在催生以小前端、大平台、富生态为特征的新商业格局，平台既是支撑小前端的基础，也是衍生富生态的土壤。现如今，互联网技术发展的重点已经从信息处理逐步过渡到了信息服务，打造信息服务平台已经变成互联网和移动互联网时代的主旋律。

一、平台商业模式的本质

近年来，有关平台模式的研究获得了理论界和实业界人士的普遍关注，以平台模式为主题的研究项目也越来越多，哈默（Hamel）等把商业模式描述为包括顾客界面、核心战略、战略资源、价值网络的四元组合，江森（Johnson）对商业模式的研究涉及顾客价值主张、核心资源、关键流程、利润模式四个方面，但是平台模式到底是什么却没有统一的认识。国内学者王生金通过构思“平台模式的构成要素—各要素之间的关系结构—表达形式—平台模式”的本质逻辑思路，对平台模式构成要素的研究利用扎根理论这一实证分析方法，得出平台模式是一种基于价值创造、价值传递与价值实现的商业逻辑。

王生金认为这种价值逻辑具体体现为（如图 7-2 所示）：首先，平台企业为平台的两边即供应商和终端顾客提供各种形式的服务的过程，就是平台模式价值创造的过程；其次，平台企业还为供应商传递产品以及服务给终端顾客，这一过程就是价值传递过程，也是平台模式的重要功能；最后，平台企业对来自终端顾客的货币支付以某种契约形式与供应商进行分成，这一过程就是价值分配与价值实现过程。这与商业模式研究领域内达成的为数不多的共识是相吻合的——商业模式本质上是一种价值逻辑。

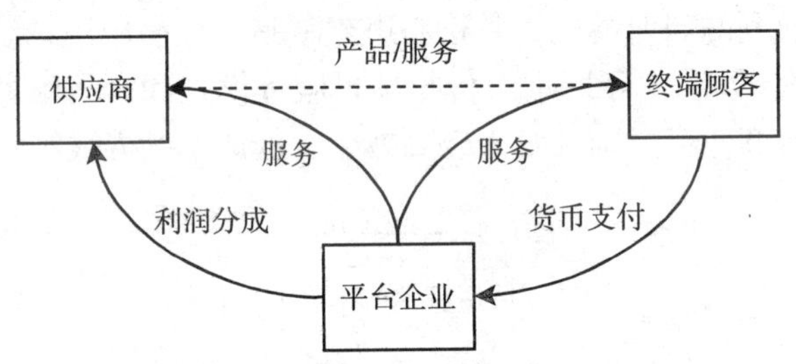

图 7-2　平台商业模式的价值逻辑

正如一些学者所言，过去十多年商业模式研究领域取得的最大贡献，在于构建了商业模式与价值逻辑之间的联系。以苹果为例来说明平台模式的这种商业价值逻辑，在苹果的平台上，存在着三种类型的角色：作为中介平台的苹果公司，终端顾客主要包括 iPad 用户、iMac 用户、iPhone 用户及 iPod 用户，以及各种内容提供商，主要包括数字媒体（音频和视频）提供商、手机和电脑应用软件开发商以及为数不多的广告商。苹果公司为终端顾客提供电子设备和部分软件的过程，就是其创造价值的过程；同时，苹果公司还为软件开发商和广告商提供各种形式的服务，这也是一种创造价值的过程；大量数字媒体和通信电子设备的应用软件，通过苹果这一平台向终端顾客传输的过程，就是苹果完成媒体供应商、软件开发商与终端顾客之间价值传递的过程；苹果公司对来自终端顾客的货币支付与媒体供应商、软件开发商之间按照一定比例进行分成（如与软件开发商就顾客的付费下载以 3：7 的比例进行分成）的过程，就是价值分配过程，同时也是价值实现过程。

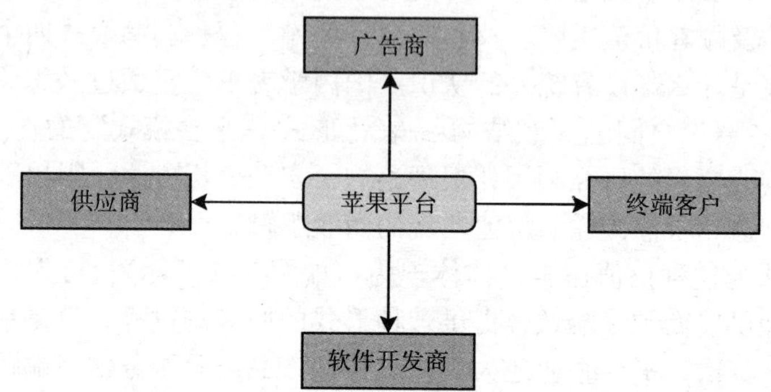

图 7–3 基于苹果平台的商业模式与价值创造图

二、平台商业模式的核心思想

平台商业模式是指连接两个或更多特定群体，为他们提供互动机制，满足所有群体需求，借此盈利的商业模式，其核心思想就是“统一应用，统一平台，统一数据，个性化服务”，如图 7–4 所示。传统项目服务模式和产品服务模式主要着眼于信息处理，而平台商业模式则着眼于以高效率、低成本的方式提供信息服务。

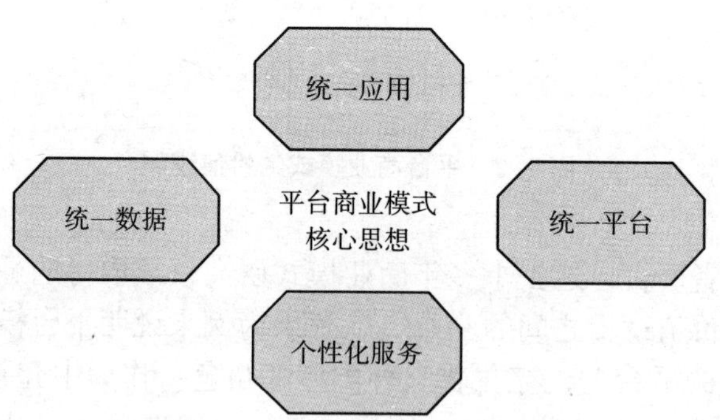

图 7–4 平台商业模式的核心思想

第一，统一应用有两层意思。首先是所有客户共享一套应用系统，这样开发成本由所有客户来分担，有效减少了客户的开发成本；其次是在平台内部，各功能模块应该既是相互独立又是相互协作的服务单元，中间没有功能层面的重叠，这样就减少了平台的开发和运营成本。

第二，统一平台有两层意思。首先是业务信息服务平台应该和客户内部的核心系统进行整合，采用统一的消息交换标准、数据交换标准和服务整合标准；其次在平台内部采用统一的技术平台，根据功能服务对技术的要求来选择技术平台，还不是按项目选择技术，这样能够有效地降低整个平台的技术运营成本。

第三，统一数据也有两层意思。首先是业务信息服务平台应该是一个数据交换和整合的中心，一些行业共用的数据应该做到一次采集大家共享；其次是在平台内部，各种数据应该做到高度统一，物理上可以分布在不同的系统中，但逻辑上应该是一个有机的整体，应该有统一的入口和出口。

第四，个性化服务就是业务信息服务平台在统一的基础上应该满足客户的个性化服务的需求。一般采用三种手段来实现个性化服务：一是在系统构造中坚持规则驱动，通过规则的灵活设置来实现客户业务的可配置性；二是把业务信息服务平台从架构上划分为前端系统和核心系统，前端系统用来满足个性化需求，其开发部署的方式可以根据需求情况灵活设置，核心系统用来满足共性的需求，可以保持系统的相对稳定；三是开放服务，就是提供 OPEN API，把核心服务在可管理、可控制的前提下开放出去，由客户来定制自己的相关信息处理系统。

平台战略专栏 1　　东方财富网推进财经大平台战略

图片来源：cp.eastmoney.com.

阿里巴巴推出余额宝之后，引起市场强烈关注，概念股金证股份、内蒙君正等走出多个涨停板，2013 年上半年，东方财富在推出“活期宝”的消息曝光之后，也复制了这两只个股的走势，股价连续走出四根阳线，涨幅 38.62%。与连续飙涨的股价形成强烈反差的是，东方财富交出了一份“难看”的中报预告成绩单。东方财富日前公告，公司预计上半年净利润为亏损 1600 万~2000 万元。而东方财富此前披露的 2014 年的第一季报显示，公司实现营业收入 3286.8 万元，同比下降 51.54%；净利润为−1485 万元，同比下降 161.49%，这显示东方财富的业绩亏损延续到了第二季度。

为了应对市场低迷带来的不利影响，东方财富近年来积极致力于推进财经大平台战略。公司将紧紧围绕战略定位，紧密跟踪政策变化，进一步完善互联网财经大平台建设，并且着眼于实现构建一站式金融服务平台，继续加大战略性投入，提升服务质量，提高用户黏性，在实现企业内生增长的同时，寻求外延式增长机会，为公司实现长期可持续健康发展奠定坚实基础。

第一，加强和完善互联网财经大平台建设，着眼于实现构建一站式金融服务平台。首先，东方财富网将加强互联网网站平台、互动社区平台的技术升级改造，加强金融数据终端平台的核心技术升级与无线终端平台新技术的研发投入，建设和完善海量财经资讯库和海量金融数据库，进一步扩大财经资讯和金融数据库的覆盖面，满足用户对海量财经资讯和金融数据的及时性和个性化需求；其次，进一步加强各平台、社区之间互通互融的研发创新工作，深度加强互联网金融电商基金销售平台的建设、完善和提升工作，拓展平台服务范围，提升平台服务能力，着眼于实现构建一站式金融服务平台，增强平台资讯和数据的可读性、可检索性和相关性，为未来提供更大范围互联网金融服务打下平台基础；最后，通过强化股吧等互动平台的优化、创新和完善，提升多媒体财经视频服务，丰富财经信息平台的内容和表现方式，改善和提升用户的使用体验，进一步加强研发和创新工作，提升用户体验，提高用户黏性。

第二，从战略高度全面推进基金第三方销售服务业务，力争实现规模和效益再上新台阶。东方财富网将积极抓住互联网金融未来大发展的历史机遇，坚持以“客户为中心”，积极适应市场和用户需求的变化，逐步加大金融终端的研发和创新力度，不断丰富终端产品，完善终端平台，相继推出了基于量化投资的金融数据服务终端产品“投资大师”，基于 Level-2 行情数据、具有深市千档委托数据等特色功能的金融数据服务终端产品“东方财富通 Level-2 极速版”，受到市场广泛欢迎。推出了面向机构的金融数据服务终端产品“Choice 资讯”，更好地满足个人用户和机构用户对金融数据全平台、多终端、24 小时的个性化需求，进一步提升公司整体金融数据服务业务的服务能力和竞争力。

第三，进一步做好金融数据服务业务和互联网广告服务业务。公司从战略层面进一步推动金融电子商务服务业务的发展，全力推进基金第三方销售服务业务的发展，积极丰富基金产品线，不断提升平台交易功能，完善用户体验，提升服务质量和水平，截至 2013 年 12 月底，共上线 67 家基金公司，1578 只基金产品。报告期内，公司金融电子商务平台共计实现基金认申购及定期定额申购交易 2162136 笔，基金销售额为 360.89 亿元。另外，公司还积极进行产品和服务创新，如公司全资子公司“上海天天基金销售有限公司”于 2013 年 5 月推出“天天现金宝”业务，2013 年 6 月 26 日完善并正式更名为“活期宝”业务。“活期宝”一经推出，即受到了市场关注和投资者的广泛欢迎，截至 2013 年 12 月底，“活期宝”共计实现申购交易 1188099 笔，销售额累计为 262.85 亿元。东方财经网实施的财经大平台战略是否真的能改善该公司盈利持续亏损的惨境，目前我们还无从得知，但有一点，我们应该看到，东方财经网在与时俱进。

资料来源：作者根据多方资料整理而成。

第二节 平台战略的内容、特征与作用

互联网为平台的概念提供了前所未有的契机，让其以令人难以置信的速度和规模席卷全球，平台模式深入群众的生活，出现在各种产业中，包括社交网络、电子商务、快递行业、信用卡、第三方支付、在线游戏、房地产开发等，目前在全球最大的100家企业中，有一半以上企业的主要收入源自平台商业模式。

一、平台战略的内容

平台战略一般有四大构成要素，即价值模块、交易模块、服务模块和基础模块，具体分析如图7-5所示。

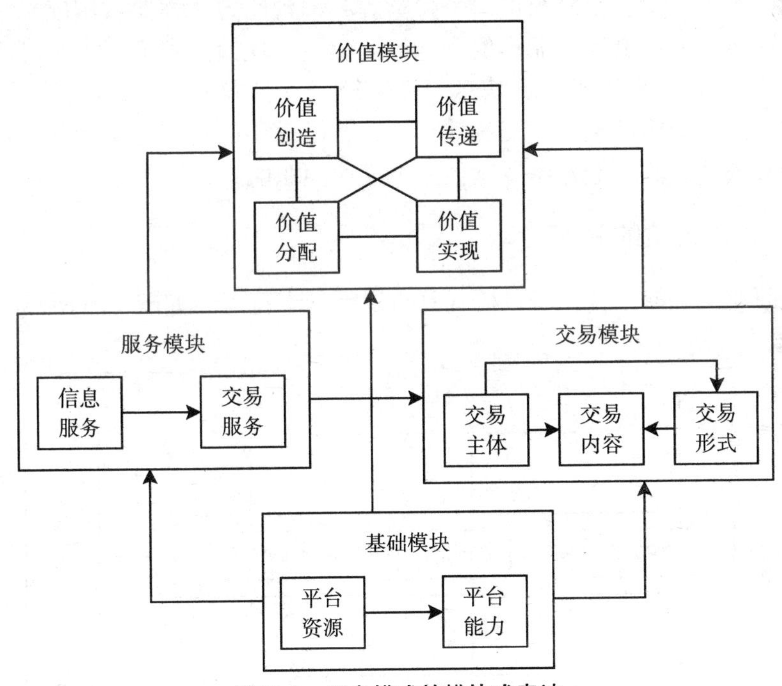

图7-5 平台模式的模块式表达

第一，价值模块。价值模块包括为终端顾客创造价值、平台企业的价值获取、供应商的价值获取以及价值在这些主体间的传递和分配。平台企业不仅为终端顾客提供各种中间服务，而且为平台两边的交易提供各种服务，这些服务成为顾客价值的来源和供应商价值中介，平台企业从双方买卖中以分成、佣金等形式获得自身利润来源，企业价值也因此得以实现。因此，从价值角度而言，平台模式就是终端顾客、供应商与平台企业之间一种基于价值创造、价值传递、价值分配、价值实现的四位一体的价值逻辑。

第二，交易模块。交易模块主要由交易主体、交易内容以及交易形式三大要素构成，交易主体涉及终端顾客或买家、充当中介的平台企业、供应商和厂商以及广告商等众多角色，交易内容主要是实体产品或是服务，目前平台企业的交易方式主要有付费交易、顾客补贴以及捆绑销售等。

第三，服务模块。服务模块是为促进交易而存在的，同时也是价值逻辑的承载体，对平台模式的价值逻辑具有非常重要的作用。服务模块主要由信息服务和交易服务两要素构成，信息服务包括计算能力、内容分析、网络互通、网络覆盖、中间服务、交易平台、信息收集、数据分析、风险控制、协调和客户挖掘等方面，交易服务包括支付方式、知名度、持续性、管理水平、服务差异化、交易保障等方面。

第四，基础模块。基础模块由平台资源和平台能力两大要素构成，平台资源包括目标顾客、人力资源、无形资产、行业位置、规模、服务能力、品牌、组织效率、核心技术以及 IT 平台和信息管理系统，平台能力包括顾客需求识别、沟通、客户定制、价值链整合、资源共享等，基础模块的功能在于为服务和交易模块提供基础条件，其功能是诱发其他三个模块的职能。

二、平台战略的特征

作为商业模式的一种，平台模式具有以下基本特点（如图 7–6 所示）：

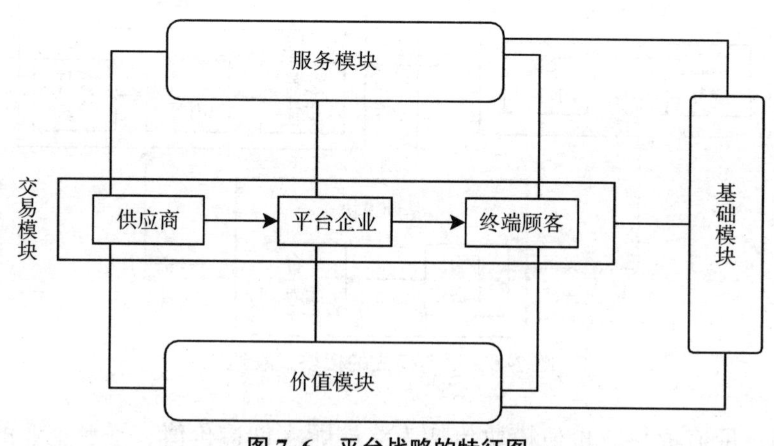

图 7–6　平台战略的特征图

第一，平台模式的系统性和复杂性。一般而言，平台模式具有系统性和复杂性特点。平台模式的系统性体现为，平台模式由价值模块、交易模块、服务模块、基础模块之间的相互协同构成一个有机整体，共同完成顾客价值创造和企业价值实现，其中任何一个模块都是平台模式价值逻辑中必不可少的要件。平台模式的复杂性不仅表现在有关构念的多样性方面，且表现在平台模式参与主体多样性、价值逻辑复杂性等方面。平台模式的这种系统性和复杂性，要求研究者从全局角度审视平台模式的整体秩序，关注这些构成模块和构成要素，以及它们之间的连接关系与动态平衡形成过程，而不能独立甚至割裂各要素之间的内在关系。

第二，平台模式的终端顾客、供应商与平台企业之间的三位一体的价值逻辑。商业模式体现的是顾客与企业之间的价值逻辑关系。企业为顾客提供产品和服务的过程就是为顾客创造价值的过程，顾客的购买成为企业价值实现的重要手段。企业为顾客提供新产品或新服务的过程，也就成了商业模式创新的重要途径，这一点对平台模式同样适用。平台企业不仅为终端顾客提供各种中间服务，而且为平台两边的交易提供各种服务，这些服务成为顾客的价值来源，平台企业从双方买卖中以分成、佣金等形式获得自身利润来源，企业价值也因此得以实现。因此，从价值角度而言，平台模式就是终端顾客、供应商与平台企业之间的一种基于价值创造、价值传递、价值分配、价值实现的三位一体的价值逻辑。

第三，平台模式的要素及模块之间的逻辑对应关系。有学者发现平台模式是一种由众多模块和要素构成的逻辑架构。每个模块内包含属性相近的若干要素，这些要素共同完成某一功能，如交易模块涉及交易主体的平台企业、终端顾客和供应商等众多角色，价值模块包括为终端顾客创造价值、平台企业的价值获取、供应商的价值获取以及价值在这些主体间的传递和分配。只有实现了各模块内构成要素的有效组合与模块之间的动态平衡，平台模式才趋于稳定；任何要素或模块之间关系的变动，都必须有新的商业模式与之匹配，商业模式创新也由此而生。平台模式的模块、要素及其相互之间的内在关系，为平台模式创新指明了方向。

平台战略专栏 2　康佳：打造首个智能电视互联网运营平台

2013 年被定义为智能电视元年，也是互联网技术向电视机行业渗透最强有力的一年。对于从事电视机制造和生产、内容制作和播出以及电视营销的所有人来说，互联网给这个行业带来了一次难得的历史发展机遇。

在这次互联网浪潮中，康佳在行业内首家发声，提出打造中国首个智能电视互联网运营平台，并对战略进行了系统性部署，成功完成一次自我颠覆式革命。基于打造中国首个智能电视互联网运营平台的战略目标，康佳提出“易统天下”的战略口号，并首次发布集团“易战略”。康佳的“易战略”由两个核

图片来源：www.konka.com.

心组成，一个叫“易终端”，另一个叫“易平台”，简称为“1+1”战略，康佳的“易战略”发力建设互联网运营平台，拉动国内优秀企业进行战略合作，实现传统整机服务厂商增值服务扩大化。

第一，康佳的“易终端”。康佳的“易终端”是以简单易用为核心的智能电视终端，具备领先的 10 核平台、极智 4Ks 等技术，具有易联、易控、易 U I 等功能。据康佳集团多媒体事业部林洪藩介绍，“易控”遥控器不仅可以实现“五键盲操”，通过内置的云计算 360 度红外功能，可对其他电器进行操控，使智能电视成为家庭互联互控的核心。

康佳董事长吴斯远表示，康佳“易终端”是将互联网思维导入，通过上下游资源的整合，进一步完善 CPM/FPM 产品全生命周期管理，通过信息化建设和大数据管理以及产品技术的不断升级，为广大用户提供源源不断的产品及片源。另外，据吴斯远透露，康佳将在两年内停止非智能电视开发和推广，并加大智能电视推广力度，提升智能电视销售规模。康佳还将投入 1. 5 亿元进行信息系统建设，打造基于物流、服务、调试一体化平台。

第二，康佳的“易平台”。“易终端”是“易平台”的技术支持和硬件基础，“易平台”则是“易终端”的聚合化、平台化和网络化，易平台是康佳这个企业的未来，也是康佳未来最核心的产品。康佳“易平台”是一个完全开放式的平台，即对内容和应用供应商的纵向开放、对同行之间互通的横向开放。在纵向开放方面，“易平台”是一个信息再生的平台，通过“易平台”上用户的交互信息，可以进行数据分析和整合，进行信息再生，从而开拓新的产品功能、应用内容和商业模式，形成上下游产业的利共体。在横向开放方面，通过电视产业的整体把握，推动行业互联互通标准的建立，进而打通藩篱和障碍，打造一个更便捷、更迅速、更强大的操作平台，使它成为一个内容和应用最为丰富的集散地和价值增加高地。“易平台”开放的理念，使用户通过智能电视这个最重要的终端入口，可以在“易平台”上享用更全面、更开放的互联网资讯和体验。

据介绍，康佳建立“易平台”的出发点是要经营用户。通过“易平台”的构建，康佳要把消费者从个人移动小屏终端拉回到客厅大屏终端中来，从“私享”转到“分享”上来，让用户重新回归家庭。另外，康佳将与优酷共同研发内容平台，通过庞大的版权、UGC以及自制剧内容来激活、吸引更多的用户。不仅如此，平台在内容、供应商以及同行之间完全开放，通过分析和整合用户的交互信息，完成信息再生，从而开拓出新的产品功能、应用内容以及商业模式，达到增值服务扩大化。

资料来源：作者根据多方资料整理而成。

三、平台商业模式的作用

平台商业模式之所以成为新兴的商业模式，主要还是基于这一平台选择的结果。这是时代的选择，更孕育了新的商业机会，同时还是关系网增值、产业价值链重组的必然抉择。平台商业模式的作用如图 7–7 所示。

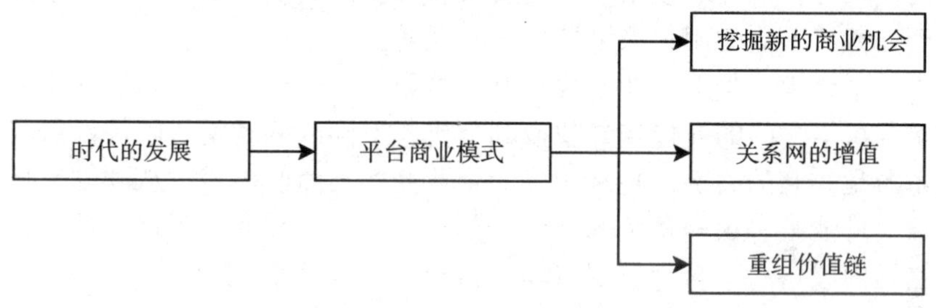

图 7–7　平台商业模式的作用

第一，平台商业模式是时代的选择。互联网的通信模式和新能源带来对社会性的需求与集体性的寻求，对当前的经济运作模式和资源配置模式产生新的变革，借用平台模式发展的平台企业将顺应这种变革。互联网网络的高固定成本、低复制成本的特点，意味着互联网产品的平均成本随着用户数量的增加而下降，未来将是用户平台和海量垂直化应用联合的互联网生态，平台拥有的客户与主导流量，是决定能否在互联网领域长期可持续发展的关键，这对于平台企业而言非常具有启示意义。

第二，平台战略可以发掘新的商业机会。大多数人认为传统产业与平台商业模式毫不相关，然而实际上，在 20 世纪通过各种加工和劳力致富的传统企业，至今都在被迫转型，平台商业模式是这一转型的助推手。发现商业机会的方式如图 7–8 所示。

首先，平台商业模式帮助人们摆脱传统思维模式，摒弃产业链是单项垂直流

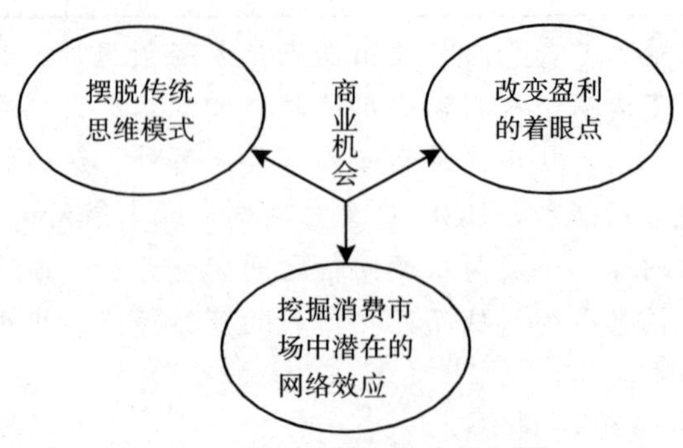

图 7-8 发现商业机会的方式

向的看法。波特的产业结构分析构架是传统思维模式的经典，然而随着平台商业模式的普及，这样的思维模式已不再适用于所有的产业，如百度，有信息搜索需求的网民看似是下游消费者，却无须付费就能享受到百度所提供的便捷服务，广告商供应商品信息，却必须承担付费者的角色。平台视角认为，网民与广告商都是百度的使用者，双方对搜索平台的发展有等量的贡献，因此，平台企业必须同时吸引两方截然不同的用户来维持事业的发展。

其次，平台模式帮助企业改变盈利的着眼点——由传统的制造加工转变为从产业需求与供给之间的连接点寻找盈利契机。不同以往的是，硬件设备与有形的产品已不再是获利的关键，越来越多的企业变换其商业模式，从硬件销售转而将自己打造成扮演某种媒介角色的平台。如苹果公司，它的盈利点已从早期硬件产品的贩卖转向以搭建平台生态圈（如 App Store）来赚取佣金。

最后，挖掘消费市场中潜在的网络效应是转型和盈利的关键。平台企业不仅是提供渠道的媒介、提供机会的中间商，它的核心利益是建立起一个完善的生态系统，让有利益相关性的诸多群体彼此交流互动，实现价值的飞跃，从而达到“1+1=10，2+2=100”的效果。

第三，关系网的增值。传统的经济现象将消费时所获得的价值视为个人层面的东西，与他人无关，随着科技的进步，在现实中却存在着这样一些产品与服务，当使用者越来越多时，每一位用户所得到的消费价值都会呈现跳跃式的增加，如 QQ，若全世界只有你一个人使用时，它没有产生很大的价值，但当第二位、第三位顾客加入时，QQ 的使用价值会越来越高，这便是网络外部性（也可称为网络效应）——利用群众关系来建立无限增值可能性的现象。

网络效应在平台商业模式中可以发挥极大的作用，同时平台商业模式也需要利用网络效应来持续增强竞争力，QQ 从开始发布使用到目前，注册用户已有 10 多亿人，QQ 能够快速增长的关键原因在于它捕捉到了网络效应，通过人与人之间的关系网络不断增值，最终变成中国人社会生活的必需品。然而这种增值力量是自然产生的，每个人在使用这些平台产品或服务时，都并非怀着为他人创造价值的心态，但实际结果却是整体价值的提升。

第四，产业价值链的重组——从单边到多边。平台连接了生产者和消费者，弯曲了原本垂直的价值链条，使得多样化的供给正好与多元化的需求匹配，许多平台企业的本质都是一个轻资产公司，无需进行自我研发和囤积产品，他们不需要拓展自己的生产力，仅需将多边不同群体的供给和需求拉拢起来并对其进行投资，建立一个相当于互动媒介的体系，来达到共赢的目标。

平台战略专栏 3　微信：公众平台引领企业网络营销的潮流

图片来源：www.weixin.qq.com.

一、微信公众平台

微信是腾讯公司于2011年初推出的一款APP软件，可以快速发送文字和照片、支持多人语音对讲的手机聊天软件。2012年3月底，微信用户突破1亿人，耗时433天，2012年9月17日，微信用户突破2亿人，耗时缩短至不到6个月，截至2013年1月15日，微信用户达3亿人，时间进一步缩短至5个月以内，截至2013年11月注册用户量已经突破6亿人，是亚洲地区最大用户群体的移动即时通讯软件。微信提倡的是一种生活方式。

二、微信公众平台的营销模式

微信公众平台是腾讯公司在微信的基础上新增的功能模块，通过这一平台，个人和企业都可以打造一个微信的公众号，并实现和特定群体的文字、图片、语音的全方位沟通、互动。目前，微信公众平台已经形成了一种主流的线上线下微信互动营销方式，至2014年开通的微信公众平台账户已经超过500万个。

微信公众平台分订阅号和服务号两类，利用公众账号平台进行自媒体活动，简单来说就是进行一对多的媒体性行为活动，如商家通过申请公众微信服务号利用平台二次开发接入后台数据实现展示商家微官网、微会员、微推送、微支付、微活动、微报名、微分享、微名片等，还可以实现部分轻应用功能。微信公众平台的营销模式如下：

第一，内容推送。该模式是注册微信公众平台企业的基本且常见的模式。企业通过申请自己的微信公众平台，向客户推送有价值的资讯，最常见的就是通过自动回复功能。当客户关注企业的公众号时，该企业的微信公众平台会向客户发送欢迎词，把向客户表示感谢、关键词引导、官方网站链接嵌入、企业相关客服信息、品牌特点等方面的内容组合成简练的欢迎词，表达对新粉丝们的欢迎，留下首次接触对企业品牌的良好第一印象。企业的微信公众平台还会定期围绕品牌新闻、产品信息、行业热点、活动内容及常识小提示等内容给粉丝定期推送，在让客户了解行业资讯的同时，加强对企业的了解和认识。

第二，沟通服务。微信公众平台的重要价值体现在提升企业的服务意识。在微信公众平台上，企业可以更好地提供服务。企业在运营方案上面有多种选择方式，可以是第三方开发者模式，也可以是简单的编辑模式，企业可根据自己的实际情况进行运用。招商银行是运营微信公众平台的成功范例之一，招商银行在早期就希望能搭建一个基于互联网的沟通渠道平台的招行卡中心，于是决定尝试把客户服务搬上微信平台，包括传统的电话呼叫中心，招行卡中心还有短信、网站、网银专业版、手机银行等渠道，为用户提供优质轻便的服务，方便客户的同时，也提升了为客户服务的质量。如今，微信公众平台已成为招行客服的“轻渠道”，是招商银行谋求客服转型的重要方式和途径。

第三，营销活动。企业可以借助微信公众平台来开展相关的互动活动，有利于增强客户对公众平台的关注度，提升客户黏合度，形成雪球效应。常见的微信公众平台互动内容有测试题类、有奖问答类等。企业通过在企业微信公众平台发布测试类活动，引导客户对品牌文化、产品信息进行深入了解，同时利用测试内容的趣味性增进客户对品牌的好感。企业还可在新品上市、线下活动预热、热点事件等阶段在微信公众平台上进行有奖问答类活动，目的在于通过奖品刺激用户进行活动详情的了解和互动。总体来讲，公众平台可以开展各式各样的互动活动，只要能抓准客户的兴趣爱好，一定可以与客户进行深度的互动交流。如广东移动就成功策划了“关注微信送话费活动”，只要移动用户关注了“广东移动 10086 微信营业厅”，并完成号码登记的广东移动用户，即赠送 5 元话费。同时，广东移动在公众平台为用户提供了“查话费”、“查流量”等体验服务。此次活动，获得众多移动用户的响应和支持，取得良好的营销效果。

资料来源：作者根据多方资料整理而成。

第三节　平台战略的设计

新浪网执行副总裁陈彤曾说，未来商业模式的竞争，主要是平台的竞争。平台商业模式是指连接两个（或更多）特定群体，为他们提供互动机制，来满足所有群体的需求，并巧妙地从中盈利的商业模式。然而一个成功的平台企业并非仅提供简单的渠道或中介服务，平台战略的精髓在于打造一个完善的、成长潜能强大的“商业圈”。

一、设计的原则

表 7–1　平台生态圈的设计原则

原则	作用
安全性原则	最重要原则之一，是保证平台生态圈正常运行的基本条件
高效性原则	为顾客提供高效率服务的保证
技术先进性原则	使得整个系统具有更长的技术生命周期，从而保护系统的开发投资
可扩展性原则	为适应企业内外部环境变化而存在，以便于在今后业务情况发展、变化时，可以根据应用需求的改变而方便地扩充和调整平台的功能
易维护性和易使用性原则	方便顾客的操作，便于安装、升级和维护，尽可能减少因系统维护问题对平台的管理服务产生影响

第一，安全性原则：系统安全性和保密性对于平台商业模式而言是至关重要的，系统中的任何数据丢失、数据错误以及数据泄露都有可能给公司和相应的业务客户带来巨大的经济损失，所以在方案设计中要充分考虑系统的安全和保密因素，保证系统数据不会被非法修改、窃取、破坏。

第二，高效性原则：由于平台商业模式随时都可能需要处理并发的业务请求，所以要求平台设计要尽可能紧凑、高效，尽量加快每次业务请求的响应时间，避免出现用户需要长时间等待系统进行数据处理的情况。

第三，技术先进性原则：平台上的系统方案设计和软件开发的实现应采用先进、成熟的软件设计技术，所采用的开发和实现技术应符合今后的技术发展潮流，使得整个系统具有更长的技术生命周期，从而保护系统的开发投资。

第四，可扩展性原则：平台模式要充分考虑今后平台业务的发展、运营管理体制的改变等因素，平台模式的设计要具有高度的灵活性和可扩展性，以便于在今后业务情况发展、变化时，可以根据应用需求的改变而方便地扩充和调整平台的功能，从而满足新的应用需求。

第五，易维护性和易使用性原则：平台模式的设计应该便于安装、升级和维护，尽可能减少因系统维护问题对平台的管理服务产生影响，系统的用户接口界面设计应符合用户已有的操作习惯，系统操作应易学易用。

平台战略专栏 4　决胜网：用平台战略做中间页渠道商

图片来源：www.juesheng.com.

根据德勤研究数据显示，2013 年，中国平均每天有 2.3 个在线教育公司成立。不仅仅是众多新型公司在在线教育这个领域中“跑马圈地”，就连百度、腾讯、阿里巴巴这些互联网巨头也纷纷抢滩在线教育，而成立于 2012 年的决胜网作为国内首家国际教育搜索匹配平台，早已在在线教育领域占有一席之地。

决胜网是中国首家国际教育产品搜索匹配平台，成立于 2012 年 11 月，总部位于北京，在美国波士顿、加拿大多伦多都设有分部。截止到 2014 年 4 月，决胜网已经与全球范围内的 6000 余家机构和 8000 余所院校达成合作，共有 2000 余名业内顶级专家进驻决胜网。

决胜网自 2012 年底成立至今，日均 IP 已超 8 万，Alex 全球国际排名 8000 位左右，在国际教育行业内遥遥领先。在百度发布的《2013 中国在线教育市场报告》中，决胜网是唯一被定位为“中间页渠道商”的国际教育平台。

一、开启平台

2013 年 4 月，国内首家 O2O 教育在线平台决胜网在京正式启动决胜网营销中国行推介会，宣布搭建留学行业在线大平台。来自全国的 30 余家留学行业知名渠道企业聚集北京，通过决胜网搭建的营销平台与决胜网平台金牌留学产品品类合作伙伴——美国纽约州立大学（简称 SUNY）和美国强生威尔士大学的校方代表开展深入的合作，从而开启了实现大平台战略共赢的第一步。决胜网搭建的在线大平台不仅会为国内的留学代理商搭建一个获取优质教育资源的桥梁，同时也会帮助学生和家长在留学的道路上节省时间、节省金钱，使学生在留学计划阶段起就拥有一套完善的规划。

二、深耕平台

现在身处在线教育领域的戴政，对于“平台”这一概念的热情，一点不亚于当年在去哪儿网期间的探索。在他看来，“先模仿，后超越”是在创业过程中的制胜法宝。正是如此，他凭借在去哪儿网对旅游相关信息进行分发的经验，专注于决胜网的平台开发。与此同时，决胜网也与58同城展开了合作。据戴政介绍，“目前大概拥有10多万家教育企业名录的58同城比较擅长家政、IT培训和职业培训等方面的品类，而决胜网则较为擅长素质特长、出国留学等品类的输出。”他指出，决胜网可以将商家展示输出到58同城，既丰富了58同城的内容，又服务了其消费者，“两者之间可以产生一个战略级的合作”。

对于决胜网的具体业务，戴政表示，决胜网要做国际化教育中的“去哪儿网”。“决胜网的教育推荐引擎，通过互联网的技术优势获得用户，再通过把教育资源研发的产品进行分类，最终将用户和产品背后的教师或者机构匹配起来，完成流量的变现。”戴政说。目前决胜网的产品共分为六类：素质特长、比赛实践、考试培训、出国留学、留学实习和移民生活。“其中素质特长能够拉近中国孩子与国际教育之间的距离。”戴政说，决胜网如今更像一个介质，一端连接所有的产品线，另一端则连接消费者，如此将匹配的产品更好地推荐给消费者。

资料来源：作者根据多方资料整理而成。

二、平台战略的设计步骤

平台企业的关键在于打造一个完善的、成长潜能强大的平台商业圈，它应该拥有独树一帜的精密规范和机制系统，能有效激励多方群体之间互动，达成平台企业的愿景，平台商业圈构建的具体步骤如图7–9所示：

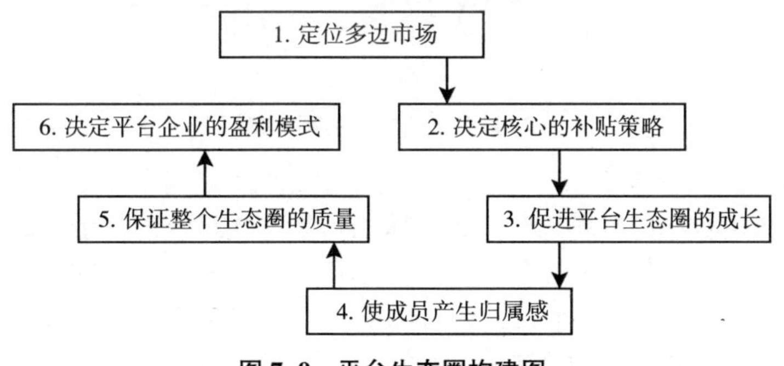

图7–9　平台生态圈构建图

第一，定位多边市场。平台商业圈构建的首要步骤是定义双边（或多边）使用群体。性质不同的平台企业连接的群体也会不同，如淘宝网的买家与卖家、前程无忧网的招聘方与求职者等，也有平台企业涉足三方不同的群体，如淘宝原本只连接买方与卖方两个群体，后来又吸收软件开发商为第三方等，除此之外，还有更为复杂的平台，其搭建的生态圈包含了四五个群体甚至更多。由平台模式搭建而起的生态圈，不再是单向流动的价值链，也不再是仅有一方供应成本、另一方获取收入的简单运营模式，而是更为复杂的运营模式，平台中的每一方都可能同时代表着收入与成本，都可能在等待另一方先来报到，因此平台企业需要同时制定能够纳入多边群体的策略，讨好每一方的使用者，这样才能真正有效地壮大其市场规模。双边模式、三边模式的基本构架如图 7-10、图 7-11 所示。

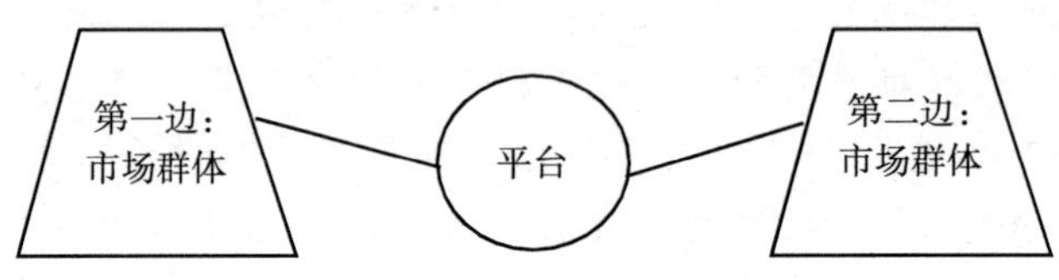

图 7-10　双边模式基本构架

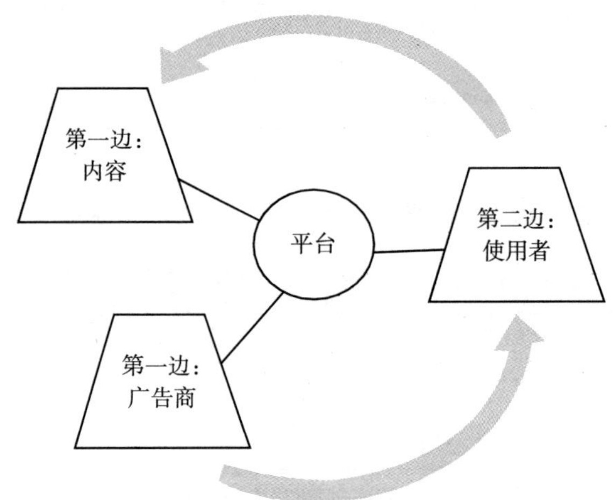

图 7-11　三边模式的基本构架

第二，决定核心的补贴策略。为了吸引市场群体进入到这个生态圈，平台企业为一边市场群体提供费用上的补贴，激起该群体进驻生态圈的兴趣，此群体被称为“被补贴方”；反之，平台另一边的群体若能带来持续的收入以支撑平台的运营，这类群体被称为“付费方”，如淘宝网与 eBay 等电子商务平台的卖家就是付费方，买家则是被补贴方，无须付钱便能登录电子商务平台的庞大数据库。简单来说，补贴就是平台企业对于一方群体提供免费（或者普遍低于市场价格）的服务来吸引该群体的成员入驻企业的生态圈。但在企业的初创期，如何定义哪一方为“付费方”，哪一方为“被补贴方”呢？经过前学者的总结，有以下原则可供参考，如表 7-2 所示。

表 7–2　补贴模式的五项原则

原则	被补贴方	付费方
价格弹性反应	高	低
成长时的边际成本	低	高
同边网络效应	正向	负向
多地栖息的可能性	高	低
现金流汇集的方便度	困难	容易

第三，促进平台生态圈的生长。群体搭建成功以及核心的补贴策略制定后，如何让平台这个商业圈成长起来是门艰辛任务，这其中的成败关键便是如何运用网络效应，平台模式中的网络效应包括两大类：同边网络效应和跨边网络效应，如图 7–12 所示。同边网络效应是指当某一边市场群体的用户规模增长时，将会影响同一边群体内的其他使用者所得到的效应，如开心网，开心网在初创时，仅拥有将近 300 名种子用户，经过约一年的时间，它通过照片上传、日记发表、留言板互动等功能所产生的涟漪式分享，使得更多的人参与其中；而跨边网络效应是指一边用户的规模增长将影响到另一边群体使用该平台所得到的效应，如开心网壮大以后，正式开放其平台，允许第三方应用程序的开发商入驻，为此平台的会员用户提供各种功能的使用软件。建立足以激发同边网络效应与跨边网络效应的功能机制，将对平台企业的成败产生决定性影响。

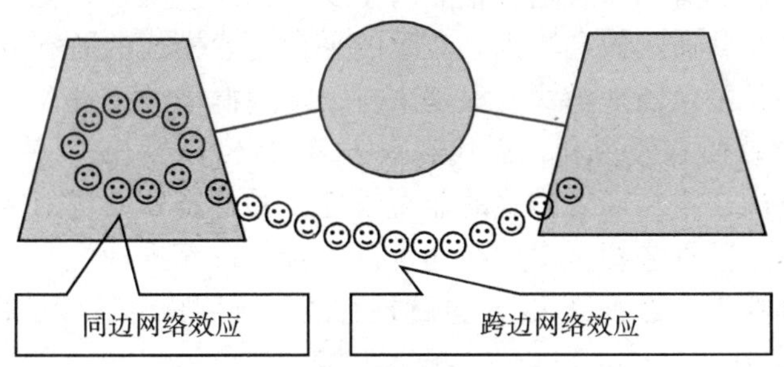

图 7–12　平台商业模式中的网络效应

促使平台生态圈成长的网络效应也可能呈现负向，这意味着某些成员的加入会降低其他使用者的效用和意愿，因此平台企业必须抑制类似情况的出现，避免对平台的声誉、形象造成负面影响。最基本的方式就是用户身份的鉴定，身份鉴定的目的有多重：提升用户本身声誉的同时也诱导他们更深地陷入平台生态圈，如新浪微博需要绑定手机号码才能正常使用各项功能，避免有人发表不负责任的言论。还有一种方式是让用户成为彼此的监督者，往往比其他方式都有效，因为集合大众意见的结构最具有公信力，如 Facebook 将现实社交状况直接转往线上社群的平台，借助用户间彼此的了解来监控所刊登的信息是否属实。

第四，使成员产生归属感。企业的平台生态圈成长起来后，为避免成员的流失，平台企业应凝聚各方成员的互动，使他们产生归属感。一旦平台企业成功唤起用户的归属感，用户黏性在无形中会大幅提升，而且效果往往比强制性的捆绑有效，另外，这些拥有强大归属感的用户，很有可能成为所谓的“意见领袖”，自发地表达自己对该平台的钟爱之情，为生态圈带来更多的新用户，如起点中文网通过设置催更机制，让享受故事到欲罢不能的读者得以对作者传达自己的心愿。

第五，保证整个生态圈的质量。前文中，我们已经提到，网络效应也可能呈现负向，这也意味着，某些成员的加入会降低其他使用者的效用与意愿，因此平台企业在建立平台生态圈的初期就应筑起完善的配套机制，预防用户群体规模大幅度增大所带来的一些负面影响，一般来说，通过机制体系来过滤用户有以下两种方式：一种最根本的方式，就是用户身份的鉴定，有些平台企业强制要求用户必须以真实身份注册账号，如网上购票系统、阿里巴巴等互联网贸易平台，均设置了类似的实名制机制，有效地提升了平台服务的可靠度；另外一种方式就是让用户成为彼此的监督者，如淘宝的宝贝评价，让用户彼此评分的机制往往比其他方式更为有效，因为集合大众意见的结果是最有公信力的。

第六，决定平台企业的盈利模式。那么，平台企业该如何盈利？平台商业模式有趣的地方在于，不仅它的商业模式千变万化，连盈利的方式也逐步走向多元化，虽然平台企业的盈利模式随着企业的千变万化而呈现多元化趋势，但是，平台商业模式也存在共通的盈利法则。有效的平台商业模式的盈利方式通常具有以下两大原则：一是平台商业模式的根基来自于多边群体的互补需求所激发出来的网络效应，因此若要有效盈利，需找到双方需求引力之间的“关键环节”，设置获利关卡；二是由于平台商业模式的非直线性，并且是单向价值链中的一环，它主要通过挖掘多方数据来拟定多层级的价值主张，进而推动盈利，所以平台商业模式盈利的关键在于“数据开采”，也就是有效挖掘用户的行为数据。

平台战略专栏 5　美团网：构建企业的平台商业模式

图片来源：www.meituan.com.

美团网是中国大陆地区第一个精品团购形式的类Groupon电子商务网站，网站由人人网（原校内网）、饭否等网站的创始人王兴于2010年1月建立，2010年3月4日正式上线。目前，美团已经在北京、上海、广州、深圳等近300个城市开站，除西藏和中国港、澳、台外，已经覆盖全国所有省份、自治区和直辖市，超过50万合作商家，拥有近8000名员工。2013年5月31日，美团网CEO王兴宣布，美团网单月成交额已突破10亿元，2014年8月，美团网当月交易额突破45亿元，创历史新高，在仅仅一年多的时间中，增长了四倍多，如今，美团网是国内最大的在线电影票分销平台、最大的酒店团购平台、第二大酒店分销平台、最大的移动端酒店预订平台，以及最大的餐饮O2O平台。

美团网的创始人王兴认为，美国的团购网站Groupon成功的关键在于线上网站最大限度地带动线下实际消费，释放人们的消费需求，虽然现代社会人们不缺少选择的机会，但是人们为了节省时间和精力，需要专门的人为他们提供最具生活品位的消费场所，而美团就是消费顾问的角色。

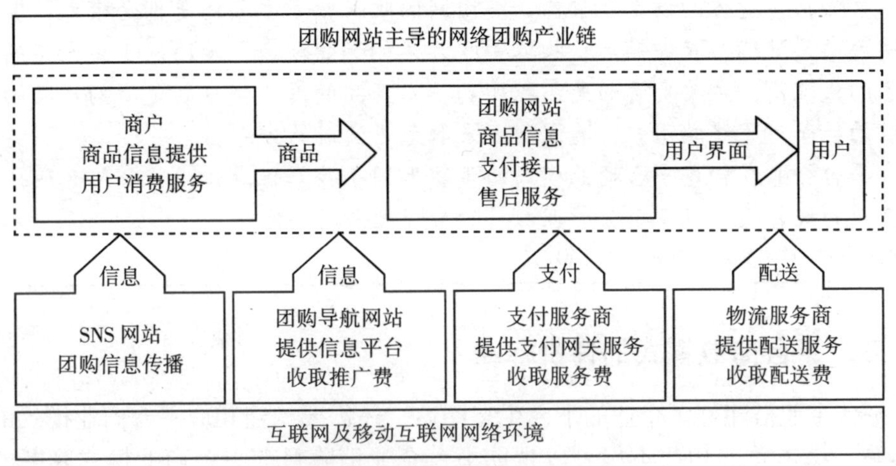

图 7-13 美团网的团购平台图

第一，平台群体。美团网搭建的平台模式主要包括以下几个群体：用户界面，供用户查看相关的团购信息；团购网站，主要发布相关商品信息；商户界面，供用户提供相关团购产品信息；物流服务商，提供配送物流服务；支付服务商，提供支付服务，如支付宝提供网上支付服务等。

第二，扩大目标群体。美团网将顾客细分成两种：线上顾客和线下顾客。而线上顾客又分为已消费线上顾客和未消费线上顾客，线下顾客和线上尚未进行消费的顾客构成美团网的潜在顾客群体，对于这类顾客，美团充分利用现有顾客网络进行顾客关系营销，推出返利活动进行市场推广，如邀请好友购买返还10元现金等，人们可以通过这些平台把美团介绍给更多的人，然后再通过这些人扩散下去。老会员每成功介绍一位新会员将自动获得10元奖励，这种模式给美团网带来了巨大的潜在客户。

第三，提高顾客的忠诚度——客户关系管理。美团网的客户关系管理主要是通过网络平台来进行的。首先，美团网通过使用EDM软件向目标客户发送EDM邮件，建立同目标客户的沟通渠道，向其直接发送电子广告、产品信息、销售信息、市场调查、市场推广活动信息等来进行促进销售。其次，美团网利用新浪、QQ、搜狐等网站的微博与广大客户进行互动，以了解顾客的需求。再次，美团网通过SNS网站将爱好相同的人聚集在一起，然后推出这个相同爱好群体所共同喜爱的产品，组织他们进行团购。最后，美团网通过在官网首页投放相关广告，让顾客充分了解每日商品的变化与折扣，同时建立反馈系统，及时将顾客的意见有效地解决，不断对产品及服务进行改进和提高来满足顾客的需求。

第四，付费方的设定。目前，美团网的收入模式主要还是佣金模式，即美团网为商家进行折扣促销后，收取10%左右的销售租金，美团网主要充当的还是团购代理商，主要负责的是组织团购，而产品的真正供应则是团购产品的商家做的，而对于终端用户，美团网则采取免费注册的方式。

平台企业在构建平台商业模式的步骤大同小异，但具体步骤如何开展，则由企业的经营模式以及企业管理人员的管理理念所决定。

资料来源：作者根据多方资料整理而成。

三、平台商业模式的评价标准

平台企业搭建好了企业的平台生态圈后，还需要构建相应平台商业模式的评价体系，该体系的构建不仅可以帮助平台企业消除目前平台商业模式隐匿的隐患，还能指导平台企业的发展方向。

近年来，国内外的学者对于商业模式评价的研究取得了一定的成果。国外学者Kaplan和Norton（1992）在哈佛商业评论上提出了平衡计分卡，结合企业的财务指标和非财务指标，从财务、客户、内部流程和学习及成长四个层面对企业的经营业绩进行全面系统的评估。国内学者李曼（2007）从运营方式和战略选择两个方面定义商业模式创新，并将平衡计分卡引入商业模式的评价指标构建，设计了由战略目标、运营效率、产品和服务以及财务价值四个方面组成的商业模式平衡计分卡评价指标体系。传统的计分卡评价模式主要关注的是企业内部和其外部客户的平衡，但是没有关注诸如供应商、联盟伙伴、竞争者等其他利益相关方，这些市场主体在企业的日常运营中有着重要的作用，因此有效的评价模型应当合理地体现这些利益相关方。

本书主要是通过总结国内外在商业模式评价研究方面有代表性学者的观点来构建平台商业模式的评价标准。

国内学者翁君奕将企业所处的内外部环境分为平台、客户、伙伴、顶板、内部五个子环境。通过交互界面的概念，把企业的各种经营活动放到不同环境之间的互换和交流过程中来考察，具体包括平台界面、客户界面、伙伴界面和顶板界面，以及与内部环境重叠的内部构造（见图 7–14）。平台环境，即构成企业经营的基本舞台或出发点，具体要素包括：基础性技术、法规政策、宏观经济和社会文化观念等；客户环境，即在特定时空条件下企业各类已有或潜在的下游客户或最终消费群体；伙伴环境，即由供应商、联盟伙伴、债权人以及专业咨询机构等技术知识的商业性提供商等构成的供给方面的状况；顶板环境，即竞争环境，由竞争对手、潜在进入者和替代品提供商构成；内部环境，即由股东、管理层和员工组织在一起运用各种资源为实现企业使命而形成的组织状态。

其中伙伴界面、内部构造和客户界面构成了企业基本经营活动的交互界面，所以称为核心界面，平台界面和顶板界面统称为关联界面。

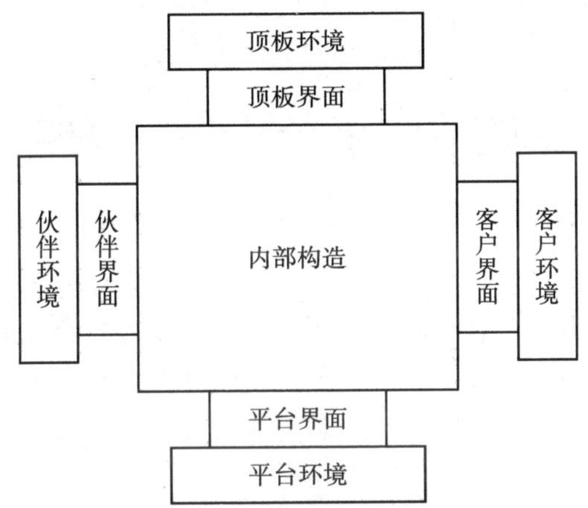

图 7–14　引入界面后的企业经营环境

根据商业模式的构成分析，伙伴界面、内部构造和客户界面是企业基本经营活动的核心界面对商业模式影响较大，因此将这三个界面作为评价层面。而平台界面和顶板界面涉及商业模式的社会环境，也会间接影响商业模式的结构，所以将这两个界面归结为社会层面。这四个层面和成长与发展、财务层面共同构成了商业模式的六维评价层面，如图 7–15 所示。

其中，伙伴层面评价的对象包括供应商、联盟伙伴、债权人以及专业咨询机构等技术知识的商业性提供商等，也就是主要生产要素的提供方。社会层面评价的对象包括国家的宏观政策、法律法规、产业环境、市场竞争状况、竞争对手等。伙伴层面、社会层面、内部流程层面和客户层面构成了客户价值的实现过程，在由左向右的变化过程中，伙伴利益、社会利益、企业利益和客户利益都得到了实现。社会层面、学习与成长层面、内部流程层面和财务层面构成了企业的

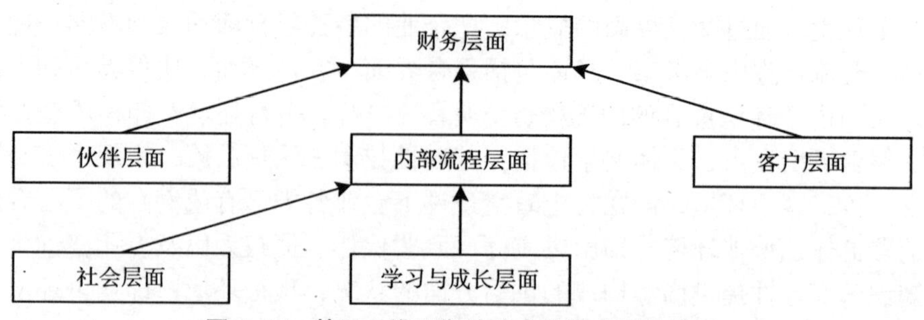

图 7-15 基于六维平衡计分卡的模式评价模型

盈利模式，在由下至上的变化过程中，企业核心能力增强，实现持续发展。因此，六维平衡计分卡的评价层面体现了商业模式的定义和要素构成，能够反映商业模式的动态演化过程，使用六维平衡计分卡更能全面反映商业模式的实际。

第四节 平台战略的管理

知识经济时代，市场环境瞬息万变，终端客户需求偏好不断发生变化，企业竞争处于动态变幻环境中，企业的商业模式在经历一个相对稳定的发展阶段之后，弊端逐渐显现，我们将如何管理企业的平台模式使之能在动荡的市场环境中持续经营和发展？本书将从用户管理和平台生态圈的战略管理两方面来进行介绍。

一、用户管理

到目前为止，我们已经了解了平台商业模式的基础构架，也了解了许多平台如何凭借网络效应来引爆平台的成长，一旦平台企业成功地引发了网络效应，它所连接的多方群体将如洪流般倾注而入，使得平台商业模式以数倍的规模增长，我们将如何管理这些庞大的用户呢？

第一，引导用户。消费者从初次发现产品的存在，到决定是否购买，通常会经历四个决策期：察觉、关注、尝试与行动（见图 7-16）。许多平台企业所使用的战略，就是为了在潜移默化的情况下让人们愿意进驻到平台模式中。

察觉。发展平台模式的第一步，无非是让潜在的客户群意识到平台所提供的价值，广告当然是一种最直接的方式——以营销预算换取平台的曝光度，事实上，传统媒体一直是人们惯用的广告渠道，而随之科技的进步，社交网站、搜索引擎、团购网站、微博、微信等能精确定位受众的广告媒介，均转变为许多平台企业提高知名度的有效渠道。

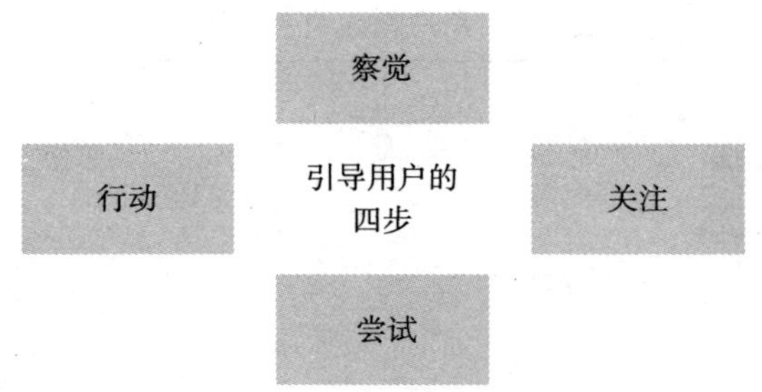

图 7-16　引导用户的四步图

关注。平台企业让人们察觉到自己的存在后，下一步便是引起当中部分群体的兴趣，而此群体正是企业的实际潜在客户，他们的需求与平台所提供的价值相吻合，平台模式能够精确地过滤出这些人。如微博，微博的生态圈里每天发布的信息数量高达数千万条，每一位用户自然只会对与本身需求或爱好有关联的人们感兴趣。

尝试。在被曝光并获得关注后，大部分的平台企业都会为客人提供免费尝试的机会，希望人们在获得良好的体验后愿意付费购买平台的服务项目或产品，尤其在如今许多平台企业都面临同质性竞争的情况下，以免费体验吸引用户似乎已成为最基本的策略。为客户提供免费尝试，可以通过许多方式进行，如时间差、依专业度划分、免费接触产品等。

行动。为使消费者心甘情愿地采取行动付费，其中的关键之一就是支付方式的便捷性与可靠度，在这关键的"临门一脚"，我们都不会希望消费者心中浮现一丝反对的声音，因为任何一点疑虑的杀伤力都是极大的，一旦用户重复考虑，先前累积起来的消费冲动都将付诸东流。一个具有可靠信誉的支付模式，能够避免消费者产生疑虑，一个方便迅速的支付模式，则能带着他们平稳地完成消费体验。这也是支付宝在中国获得空前成功的原因。

第二，留住用户。用户黏性表现为用户愿意拥护企业产品的程度，用户黏性大致可以分为两种：一种是以转换成本为核心的绑定策略；另一种则建立在用户对企业产品功能或品牌的信心之上，这种黏性让用户在不考虑转换成本的前提下，依然选择使用该平台的服务。如表 7-3 所示。

在平台模式的设计中，我们已经讨论了以转换成本为核心的绑定策略，下面我们重点讨论用户黏性。用户黏性是一种以高速周转所酝酿而成的黏性，它即使缺乏绑定用户的壁垒，却依然能够实现规模激增与品牌信誉，也就是说对于本质上不需要绑定策略的平台商业模式而言，高度的便捷性是关键。人们循口碑而来，希望立即达成目的，并在需求满足之后悄然离开，如百度搜索引擎，百度的用户规模在 2005 年以后成功达到临界数量，并且长时间享有市场口碑，到目前为止，它的市场份额还在一直增加。

表 7-3 用户黏性的两种分类

用户黏性	转换成本	绑定策略	归属感 硬件设备 时间、金钱投注 感情、精力投注 契约协议 社交人脉
	非转换成本	高度周转策略	品牌口碑 使用速度 使用方便性 使用效果

一般来说，多数平台企业的商业模式需要这两种黏性策略同时进行，达到价值的最大化，才能够在吸引新进用户的同时也保留住原有用户。

二、平台生态圈的战略管理

平台生态圈之间的竞争多是针对多边市场的竞争。传统企业的竞争局面大多是针对下游客源的生死决战，是直线式、瞄准单一市场的竞争，然而平台生态圈在启动网络效应之后，它所连接的双边市场对彼此有强大的吸引力，任何一个平台企业只聚焦于占领某一边市场都是行不通的，因为该市场成员是否选择进入你的平台，最大的决定因素往往是平台生态圈在另一边市场拥有多强大的实力（或是你的竞争对手的平台在另一边市场的实力）。因此，平台生态圈之间的竞争态势既复杂又混乱，只依赖单一的解决方案难以保持持续的竞争优势，即使如此，清晰的平台生态圈定位还是会为平台企业带来特定的优势。

平台生态圈所面临的最大挑战，则是如何启动并延续网络效应，相较于传统企业的竞争方式——将目光集中在抢夺下游买方市场，平台企业的竞争格局牵扯到多边群体中的每一方，每当网络效应被启动，平台生态圈里的各方群体自然产生复杂的连接关系，这是典型的牵一发而动全身的情况。根据平台企业的竞争情况，目前平台生态圈的管理面临着两个主要的战略考虑点：

第一，在竞争过程中，平台企业应该集中力量栽培哪一边的群体使其壮大？第二，在竞争过程中，平台企业应该选择聚焦服务什么样的客户层？如图 7-17 所示。

第一个问题涵盖了整体生态圈的定位问题，可能会影响到补贴模式，甚至是盈利模式。这个问题所指的是该选择哪一边的市场群体来投入更多的成长资源，因为其结果将决定其他边的群体是否愿意踏入你的生态圈，目前大多数平台企业在企业的平台商业模式刚诞生的时候，往往由于产业边界不明确、增长和盈利模式尚不清晰，不同的平台企业可能采取不同的战略选择进行摸索，并试着取悦不同边的市场群体，甚至推出迥然不同的补贴模式与定价策略，但往往过不了多

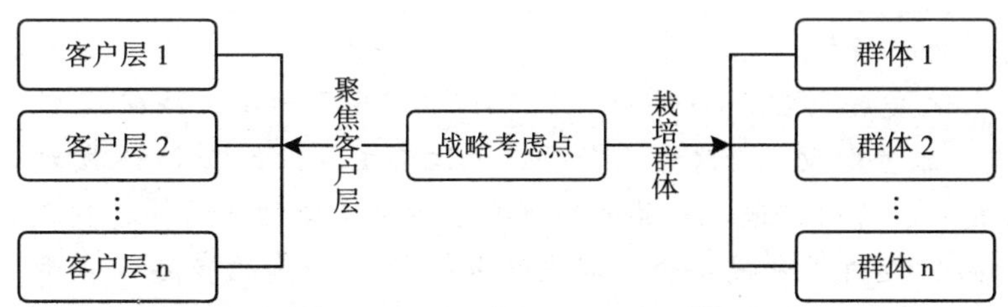

图 7-17 平台生态圈的两大战略考虑点

久，哪方市场应该集中力量栽培这一问题便迅速明朗化。

第二个问题属于细分定位的领域，能在单一市场之中（或者两个，甚至更多）定位出更为精确的客户群，平台企业以提供专属价值给此聚焦群体为策略主轴，而谁是生态圈的焦点群体，多半取决于平台企业的定位意向与手中掌握的资源，这也是平台差异化的基础。

【章末案例】 新希望六和的互联网平台战略

图片来源：www.newhopeagri.com.

曾经在普通人眼中“土得掉渣”的农牧企业新希望六和，在接连宣布将联手当下“最流行”的互联网综合服务提供商时，引起了业界广泛的关注。

一、公司介绍

新希望，于 1998 年创立，2011 年 11 月新希望农牧与山东六和集团资产重组上市获中国证监会批准，从此更名为新希望六和股份有限公司（股票代码：000876）。多年来，新希望六和取得了巨大的成功，目前，公司饲料年生产能力达 2000 万吨，年家禽屠宰能力达 7 亿只，2013 年，新希望六和实现销售收入约 700 亿元，控股的分、子公司约 500 余家，员工人数达 5.6 万人，在 2012 年《财富》杂志评选的中国企业 500 强中列第 65 位。

二、基于产业链价值创造的平台战略

2014 年上半年，国内农牧业环境在多方面因素影响下震荡前行，如 H7N9 流感的影响在一季度仍未消散、生猪价格在春节前进入下跌通道、饲料原料价格继续保持高位运行、产业链向食品端转移等，尽管近年来行业持续低迷，但产业链价值向食品端转移，消费者更加关注食品安全带来的机会也很大，新希望六和正是在这种复杂的环境中提出了自己的中长期战略规划——产品领先、服务驱动、全球经营。

针对上述发展机会，公司制定了 2014~2016 年的中期战略规划，确立了“产品领先、服务驱动、全球经营”的三大战略主轴，如图 7–18 所示。根据战略规划的指引，公司将通过产品创新致力于打造全球领先的饲料制造能力与饲料产品，同时为消费者提供全程安全可控、健康营养的食品；并通过技术服务、金融服务、数据服务在产业链各环节创造更大的价值；公司还将大力培养国际化队伍，进一步推动全球化发展。

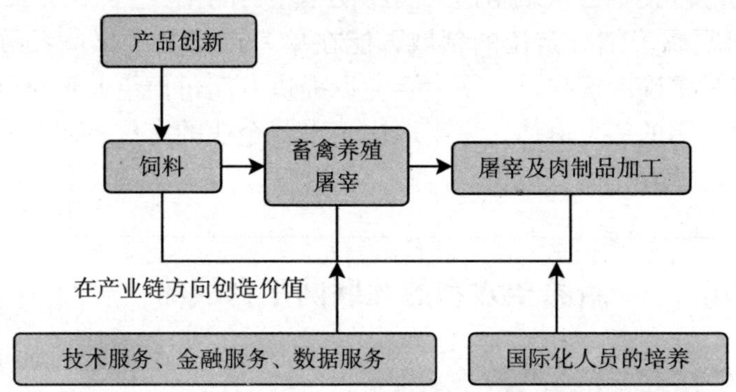

图 7–18 新希望中长期战略实现路径图

根据战略规划的指引，新希望六和公司又提出了具体的平台战略即通过技术服务、金融服务、数据服务这个平台在产业链各环节创造更大的价值。如图 7–19 所示。

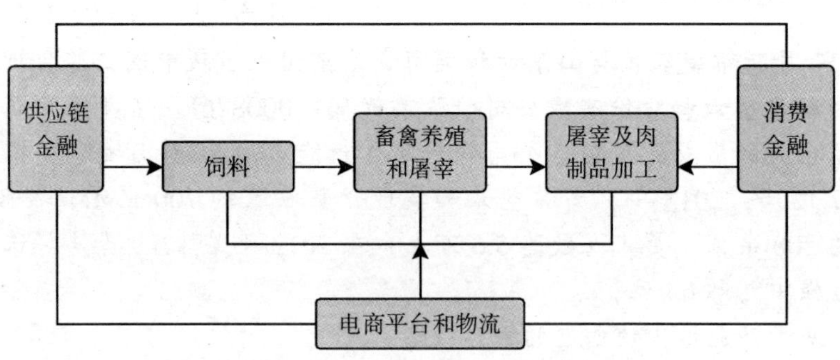

图 7–19 新希望六和的平台战略

此前，新希望六和的产业链是“饲料—畜禽养殖—屠宰—肉制品加工”。其畜产品并没有直接与消费者对接，企业只是进行生产。因此，虽然多年来保持产业龙头的地位，新希望六和却并没有在普通消费者中形成品牌效应，也压缩了企业自身的利润空间。再者 2013 年以来，中国畜牧行业产业链整体低迷，对饲料生产、畜产品养殖的打击更加严重，但在终端产品方面，尤其是在熟食领域相比上游环节而言，来自外部的风险就要小得多，为此新希望六和希望通过从生产商向服务商的转型，可以有效地延伸产业链，提高产品附加值。

开展电商平台和物流体系。新希望六和食品公司相对简单的互联网尝试，是通过依托自身特色农产品，开设遍布城市的店面，采取直营或者加盟方式，通过企业自身能力实现产品配送，并通过复合型电子商务形成线上线下全面覆盖，实现终端关联和消费延续，如新希望乳业与国内几家电商平台达成合作，利用其全球布局的采购链系统、奶源和加工优势，结合后者的电商平台和配送体系，将产业重心从生产商向服务商转移。布局终端，不仅有利于新希望食品提高利润空间，增加业绩收入，还可以分散新希望六和的经营风险，加强新希望六和与消费者的联系，除了和国内外知名的电商企业达成合作，新希望六和还准备打造自己的电商平台。

供应链金融和消费金融模式。为了解决新希望六和产业链上各商家的资金需求问题，新希望六和与银行联手将新希望六和与上下游企业联系在一起提供灵活运用的金融产品和服务。新希望六和的供应链从原材料的采购，到制成中间产品以及最终产品，最后由销售网络把产品送到消费者手中，在整个过程中，供应商、制造商、分销商、零售商以及最终用户是一个整体，而这个整体中大部分商家很难通过传统的信贷方式获得银行的资金支持，而资金短缺又会直接导致后续环节的停滞，甚至出现断链的情形，新希望六和提出的供应链金融模式则可以有效地解决这个难题，即通过新希望六和的银行金融辐射到供应链上的每一个商家。这样既可以提高新希望六和整个供应链上的资金运作的效力，又可以降低供应链整体的管理成本。

三、携手京东电商等国内外知名电商公司，推进平台战略

2014 年 4 月 29 日，新希望六和股份有限公司与国内知名的电子商务公司京东达成深度战略合作。双方协定，将在“以互联网思维对传统农牧产业进行升级改造、共同打造城乡资源无缝对接通道、探索农业电子商务综合服务解决方案”等领域形成广泛的优势互补，为农牧产业链上各方主体提供以电商为中心、物流及金融为两翼、信息和技术为支撑的综合服务平台。

根据合作协议，在战略合作层面，新希望六和与京东将开展城乡资源的整合对接，共建电商综合服务平台，探索农牧业全产业链生态系统的闭环运营；在业务发展层面，双方将根据各自拥有的城市及农村在用户、供应商、基层网点等方面的资源，开展联合营销，助力网络零售渠道的开拓，共建智慧农业综合服务平台，并以服务指导农业生产，开拓发展农牧业生产基地提升综合实力，另外，新希望六和还可以借助京东强大的购买力和品牌信任度，以及互联

网对全产业链可视化追溯，有效帮助消费者了解和认知新希望六和是如何从产业链源头打造出优质肉制品，从而使生产者与消费者实现无缝对接，最终在最大限度上提高产品和服务质量，提升用户体验。

除了与京东、天猫等线上电商合作之外，新希望六和还借助酒类供应链平台1919在全国的上百家销售终端，以及自建中的数千家美好石门一味、千喜鹤冷鲜肉终端连锁门店、海拔3000牦牛肉专卖店等渠道，这些渠道虽然是线下渠道，但其生成的数据却能电商化，这就构筑起了一个线上线下相互融合的终端平台，从而构成一个食品消费终端立体体系。这样，整个肉食产业链便可与消费者多点接触、信息互动，这是新希望六和想要构建的“互联网思维卖肉”体系。据了解，作为双方合作的第一步，新希望六和旗下的“美好”肉制品将快速上线，借助京东全国34座城市建立的82个仓库和全国476座城市拥有1485个配送站及212个自提点，实现“美好”产品的全国化市场的快速布局。

四、结论与启示

新希望六和作为拥有中国最大农牧产业集群的农业产业化国家重点龙头企业，从养殖端到终端食品拥有完整的产业链布局，在饲料产业、肉食产业、养殖产业等农牧领域有着深厚的技术基础和经验积累，此次携3万余家农村基层经销网点，与京东开展城乡资源的整合对接、尝试城乡双向物流通道的建设，这并不是终点，只是一个开始，是应对时代挑战而迈出的一大步。

第一，明确的互联网平台战略方向是新希望六和取得成功的第一步，只有战略方向明确，企业才能更清楚地向前迈步。新希望六和在“产品领先、服务驱动、全球经营”三大战略主轴下，提出了具体的平台战略，即通过技术服务、金融服务、数据服务这个平台在产业链各环节创造更大的价值，每一步都是紧扣企业的发展步伐。

第二，以他人之长补己之短，新希望六和在开展电商平台时，并不急于创建自己的电商平台，而是选择与国内知名电商如京东合作，不仅减小了风险，还有助于拓宽双方的零售渠道，更能通过自身技术优势解决农业电商中普遍存在的冷链物流发展问题，绝对会取得“双赢”的战果，也为企业在未来建立自己的电商平台奠定基础。

第三，紧跟时代步伐，并善于抓住机会扩大消费者需求。新希望六和还将与京东不断打造供应链金融、消费金融、平台金融等创新金融产品，探索农村金融领域的深度合作，以期望解决价值链上生产者、经营者的资金问题和扩大消费者的消费需求。

资料来源：作者根据多方资料整理而成。

【本章小结】

互联网为平台的产生提供了前所未有的契机，并使其以令人难以置信的速度和规模席卷全球，对于众多产业而言，平台模式可以大大降低经销成本，使得平台企业所搭建的模式以前所未有的速度扩张，平台商业圈构建的首要步骤是定义双边（或多边）使用群体，平台企业在连接两边以上的群体后，必须决定核心的补贴策略，然后通过一连串系统化的机制，通过网络效应来促进整个模式的成长，凝聚各方成员的互动，并使其产生归属感，再通过用户过滤机制维持整个生态圈的质量。用户绑定策略可以通过多种形式实现，不同的平台模式有属于自己的方法，其中包括硬件设备的投资、消耗的时间与精神、长期养成的习惯、有法律依据的契约、累积的人际关系、切身感受的情感等，都有可能成为留住用户的理由。也正是这些原因，使得协助用户在平台商业模式中建立起真实的归属感成为最有效的壁垒，并在用户的潜意识中形成了巨大的转换成本。

【思考题】

1. 简述平台商业模式的定义和特点。
2. 在现实中，平台企业是如何确定付费方与被补贴方的，请举例来具体说明。
3. 平台企业一般用什么方法来吸引顾客注册企业的平台并留住？
4. 平台战略的构建一般包括哪些程序？各个程序中应注意什么？
5. 平台企业在构建了企业的平台模式后，是怎样进行管理的？

第八章　价值创造

【学习要点】

☆ 了解商业模式与价值创造之间的关系；

☆ 掌握价值创造的内容、特征以及作用；

☆ 熟悉价值创造的三种视角：产业链视角、顾客视角以及价值星系视角；

☆ 理解产业价值链的整体价值创造以及产业价值链的各环节价值创造；

☆ 理解并掌握顾客期望值以及顾客满意度。

【章首案例】　**乐普医疗价值创造**

图片来源：www.lepumedical.com.

一、公司介绍

乐普（北京）医疗器械股份有限公司成立于1999年，初始注册资本1260万元，是由中国船舶重工集团公司第七二五研究所和美国WP公司共同出资组建形成，公司目前拥有国内外八家子公司，产品临床应用覆盖全国1200家以上心脏诊疗中心，已发展成为国内领先的心血管植/介入诊疗器械与设备的高端医疗产品产业集团，截至2013年底，乐普公司的总资产高达3128247647.77元，与成立时相比，增长了接近25倍，公司旨在建立国内领先、国际一流的心血管病诊疗器械、装备及药品的制造企业。

二、打造心血管植/介入医疗器械和药品完整产业链

乐普医疗作为中国从事心血管植/介入医疗器械和设备的主要生产厂家，围绕心血管领域拓展产品的多元化发展战略，成为中国心脏植/介入高值耗材品种最齐全的龙头企业。公司传统核心产品血管内药物（雷帕霉素）洗脱支架系统（Partner）2013年度仍保持了在国内名列前茅的市场份额，新一代血管内

无载体含药（雷帕霉素）洗脱支架系统（Nano）得到进一步的推广应用，自产球囊、介入配件等 PCI 手术辅助器械销售成长较快。封堵器产品保持国内市场占有率第一，体外诊断试剂、国产单腔起搏器销售有了较大进步，DSA 设备以新的销售模式在基层医院获得推广应用并为未来快速发展奠定了基础。海外市场方面继续保持了快速增长的态势。国内硫酸氢氯吡格雷市场近几年保持了近 30%的复合增长率，乐普药业硫酸氢氯吡格雷片作为国内第二个获得批文的国产品牌，2014 年将有望为提升公司业绩做出贡献。综上所述，乐普医疗目前已打造了心血管器械和药品完整的产业链，充分的品种储备使得乐普医疗在市场中更具竞争优势。

三、乐普医疗独特的价值创造分析

在短短十几年的发展过程中，乐普医疗能够取得如此可观的成绩，与其正确的战略方向和独特的价值创造过程密不可分。乐普医疗的价值创造如图 8-1 所示。

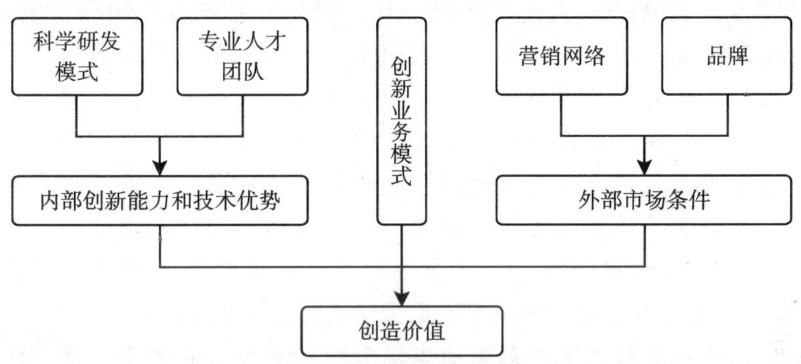

图 8-1　乐普医疗的价值创造图

第一，网络营销和品牌的优势为其创造良好的市场条件。2010 年以前，乐普的营销模式还是传统的营销模式，随着公司的发展，公司授权代理商增多、代理商所处地域分散、组织之间沟通不易、客户反映信息和市场反馈信息时效性弱化等缺点逐渐暴露出来，为了使公司能在激烈的竞争环境中脱颖而出，公司管理层决定在上海等 12 个大中城市投资 10950 万元来建立营销分部以及 3000 万元建立公司的海外营销分部，且配置办公、物流分区管理系统及专业培训设备建设 PCI 模拟培训中心来建立现代化的营销管理系统。

随着市场竞争环境的加剧，乐普医疗不断推出新技术产品，产品多元化日渐凸显，多样化的发展战略并没有削弱企业产品质量，反而督促公司更加坚持产品质量第一、服务至上的品牌战略，使公司在国内心血管植/介入医疗器械和药品领域处于领先地位，具备较强的市场竞争力。

第二，专业的人才团队和科学的研发模式使企业更具创新能力和技术优势。在人才方面，乐普医疗通过多年的人才培养和人才引进机制引进和培养人才，现已汇聚了一大批从事医药学、电子技术、金属材料、高分子材料、微生物学、病理学、机械制造和综合管理等多学科的优秀专业技术人才，2013年，该公司新增硕士以上学历20余人，涵盖了材料学、生物医学工程、药学等专业技术人才，为公司的产品研发、工艺技术、临床注册等重要岗位补充了新鲜血液。此外，近年来通过新产品研发、生产质量和技术营销等工作的开展，乐普医疗培养了一支优秀的技术研发、生产管理、质量控制、市场营销等领域的复合型专业人才队伍，这支优秀而稳定的专业人才队伍确保公司在研发、销售等诸多方面取得了领先于国内同行的竞争优势，形成了公司可持续发展的核心竞争力。

乐普医疗在研发方面从来都是不遗余力的，公司遵循“准确、领先、快速”的技术创新方针，坚持“产、学、研、医”、紧密结合市场需求的研发模式，依托“生产销售一代、研制注册一代、预先研究一代”的研发创新体系，汇聚和打造了一支具有更高效率、更高研发能力的管理与技术团队，持续加大研发投入力度，相对于其他公司研发资金的不足，该公司不仅在资金投入上加大研发投入力度，在管控方面也采取相关的措施如优化科研方法和产品试制工艺、加大设备国产化及自主开发比例、合理控制装修成本来缩减研发成本，到目前为止，乐普医疗已建成支架、导丝、导管与辅助器械三条试制生产线和药物释放分析、理化检测分析、生化分析等共六大实验室，项目计划投入资金6641万元，实际使用资金5984.64万元，结余资金656.36万元。

第三，创新业务模式来开创新的市场和抵御竞争者的竞争。乐普医疗借助卫生部允许二级医院开展心脏介入手术的契机，充分发挥心血管治疗领域产品覆盖全面、产业布局领先的优势，率先提出“心血管疾病医疗服务基层行”的创新模式，通过提供血管造影机等诊疗设备，帮助基层二级医院建立介入导管治疗室并牵线三甲医院对口培养当地医疗队伍，同时提供介入导管治疗室运行所需的医疗器械耗材、药品和服务，为高效占据基层心血管医疗器械耗材及诊疗设备市场奠定了基础。

资料来源：作者根据多方资料整理而成。

随着网络经济与知识经济的快速发展，企业的经营模式和环境发生了巨大的变革，面临的客户需求日益多样化和个性化，越来越多的企业家和学者将目光关注在企业的价值创造模式上，他们认为独特的价值创造模式能给企业带来竞争优势，并能将这种优势持续地保持下去。

第一节　价值创造的理论回顾

全球化打开了世界市场的大门，新市场不断涌现，技术发展更是推动了这一现象的快速变化，大量的机会诱惑摆在了企业面前，但与之同时而来的是日益增长的竞争，就中国企业而言，在国内外市场，不仅面临本国企业的竞争，而且要对付跨国企业以及他国市场本地企业的竞争，另外，不同产业的竞争关键点有所不同，并且随着价值资源在不同产业及产业链条中的流动，竞争关键点在不断地发生转移，更为严重的是，在竞争过程中，时有发生传统业务或商业模式受到新技术的新商业模式的冲击或者破坏等，给企业提出了强大挑战，这种挑战使得企业经营的复杂性程度不断被提高，企业不仅要应对因为环境变化导致的不确定性带来的生存危机，更要面对核心竞争力的打造以及持续发展的问题，我们认为，解决问题的有效方法是打造核心动态竞争力，其本质是扩大价值创造空间，进行价值创新。

国内外很多学者从不同的角度来研究价值创造并取得一定的成果，表 8–1 是基于生产要素的角度、投入与产出过程的角度、顾客的角度以及财务等不同的角度对价值创造的理解。

表 8–1　基于不同的角度对价值创造的理解

基于生产要素的角度	企业价值是由生产要素创造的，不同的生产要素可以提供不同的价值形态和价值数量
基于投入与产出过程的角度	企业的价值并不等于它所拥有的全部生产要素的价值之和，同样的生产要素以不同的方式结合，企业价值会产生很大的差异
基于顾客的角度	随着企业之间竞争的加剧，企业价值创造的方式发生了改变，顾客成为企业价值的重要来源，企业要通过创造顾客价值来实现自身价值
基于财务的角度	在现实经济活动中，随着企业兼并、收购、股权重组等交易行为的增多，创造价值也成为财务管理活动的核心

首先，可以从生产要素的角度分析。商品价值来自于生产过程实现于交换过程，交易下企业让渡生产产品的使用价值最终实现企业的价值创造，由此企业的价值创造者是可供企业支配的生产要素，不同的生产要素可以提供不同的价值形态和价值数量。在不同的历史条件下，要素的地位和作用也不一样，劳动、资本、土地、管理、知识、信息、技术都曾经成为或正在成为首要的生产要素，但是不管其作用怎样变化，它们都是商品价值创造与企业价值实现不可或缺的部分。

其次，可以从投入与产出过程的角度分析。企业的价值并不等于它所拥有的全部生产要素的价值之和，同样的生产要素以不同的方式结合，企业价值可能会有很大差异。企业价值不仅取决于生产要素的种类和数量，而且取决于生产要素的结合方式，不同量不同类生产要素组合下企业价值固然存在差异，而相同生产要素不同组合方式下企业价值也可能存在很大差别，所以企业生产要素的种类、数量以及它们的组合方式共同影响着企业的价值。

再次，可以从顾客的角度分析。随着企业之间竞争的加剧，企业经营的重点从物质资本投资和大规模生产转变为营销渠道的建立和客户定制化生产，企业价值创造的方式发生了改变，顾客在产品及服务选择中取得更多的自主权，产品及服务往往是由顾客决定其价值。因此在产品及服务的价值创造与价值实现过程中主观的顾客感受价值高于客观的企业生产价值，也就是说客户的主观感受高于产品和服务的客观存在，成为企业价值的主要来源。

最后，可以从财务的角度分析。财务学上的企业价值衡量了企业被社会接受和认可的效果和程度。在现实经济活动中，随着企业兼并、收购、股权重组等交易行为的增多，企业价值理论应用越来越广泛，创造价值成为企业财务管理活动的核心。

第二节　价值创造的内容、特征与作用

互联网时代，探讨商业模式的话题尤为热门。顾客需求越发动态多变，个性十足，而组织架构也越来越扁平化，层级模糊，企业战略管理反应有些滞后。商业模式却是很多企业成功的关键。关于对商业模式的探讨，其中最为核心的一点就是价值创造。那么，价值创造到底包括什么内容，有什么重大特征，又有什么巨大作用呢？

一、价值创造的内容

价值创造是一个动态连续的过程。从一般意义上讲，它是指给予价值的追求，通过企业制度、结构和资源的优化与整合，实现的企业整体价值增量，价值创造并不是简单的价值转移、加和，而是价值战略整合的结果。价值创造的系统主要包括价值发现、价值转移、价值传递、价值控制和价值创造的基石——资源、结构及能力，如图 8-2 所示。

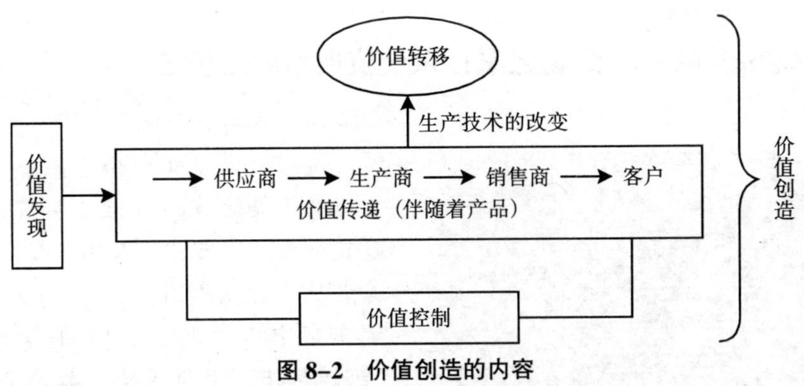

图 8-2　价值创造的内容

第一，价值发现包括价值机会的发现和价值过程的发现两个方面。如果将企业的性质视为一个价值过程，首先需要对经济中尚未被发现或未被完全发现、未被满足或尚未被完全满足的需要的发现，以及对满足该需要的资产的发现，这些称为价值机会的发现；如果要实际满足该需要，还必须能够发现资产的生产过程即价值创造过程以及价值交换、分配过程，这些称为价值过程的发现。价值机会的发现是起点，而只有在发现价值过程之后，才能实现价值创造。

第二，价值转移是指某一产业的价值链战略环节随着产业技术的进步和消费需求结构的变化而变化。价值转移通常有三个阶段：价值流入、价值稳定和价值流出。一般来说，任何企业的经营策略处于价值转移的何种阶段将反映出这一策略的市场创造力，即在满足顾客不同层次的需求方面，该企业是否更具竞争力、是否能获取更大的收益。

第三，价值传递是围绕企业，通过对信息流、物流、资金流的控制，从采购原材料、制成中间产品到最终产品，借助销售网络并通过物流把产品和服务送到消费者手中的过程的价值转移。在这个过程中，价值从供应商采购原材料开始，传递到制造商、仓库、配送中心到零售商，甚至是供应商的供应商及客户的客户身上，价值的传递是随着商品或服务的传递而传递。

第四，价值控制是对价值运动过程进行管控、控制，该控制的对象就是价值运动过程，企业应该根据企业的目标建立相应的价值控制系统来控制企业的价值运动。

第五，价值创造要求企业让整套系统都朝着为顾客、企业自身实现价值飞跃而运转，并且价值创造是一个过程的循环，这个循环就是企业通过整合自身内部和外部供应链的资源为顾客创造价值，实现的顾客价值减去产生的成本，企业获得了收益也得到了自身价值的提升。

价值创造专栏 1　海澜之家：以价值网络创造价值

图片来源：www.hailanhome.com.

一、公司介绍

海澜之家服饰股份有限公司（以下简称海澜之家）专注于男装的大型服装企业，素有“男人的衣柜”美誉。其隶属于海澜集团，2002 年 9 月创建于南京中山北路，2013 年 9 月借壳“凯诺科技”上市成功。截至 2012 年底，海澜之家已有 2154 家加盟店、2 家直营店和 75 家联营店，覆盖北京、江苏、上海、山东、安徽、四川、辽宁、河南等省、市，自创立以来，海澜之家定位于高品质、中价位，以“全国连锁、统一形象、超大规模、男装自选”的营销模式打开市场，提倡“一站式”的购物方式，专注于男装，以休闲商务装为主，致力于打造青春、健康的品牌形象。

海澜之家定位于高档男性服装。其目标顾客为中等收入的男性消费者，提出“男人的衣柜”、“一年进两次海澜之家”的价值陈述。其以全国连锁、超大规模、男装自选的全新营销模式引发了中国服装市场的新一轮革命，其高品位、中低价位的市场定位，款式多、品种全的货品选择，无干扰、自由自在的一站式选购方式迅速赢得了广大消费者的欢迎。

二、海澜之家基于价值网络的价值创造

海澜之家的价值创造源于自身企业的价值网络，其价值网络如图 8-3 所示。

首先是供应商。供应商在价值网络中的角色是为海澜之家提供所销售的产品，又为其分担了部分库存成本和风险。第一，海澜之家坚持尽可能地外购产品而非自己制造，丰富产品的种类。每家企业的设计与生产能力都具有一定的局限性，多供应商供货则能够多方位地满足消费者需求。第二，海澜之家坚持将供应商转化为联营商，形成战略联盟。2012 年底，联营店占到了门店总数的 3%。而且要求供应商百分之百退货，因此，供应商承担了大部分的库存成本和相应的风险。

其次是加盟商。海澜之家采用的是麦当劳式的加盟连锁经营方式，其加盟店占到了门店总数的 97%，加盟商成为其发展的主要动力。海澜之家对加盟商的经济基础、经营能力提出相应规定，旗舰店、小型分店的店铺面积、位置做出量化要求；店铺租金、水电、人员、装修等日常经营的税费由加盟商承担；同时加盟商还需缴纳一定的保证金。海澜之家对所有的门店经营、产品摆放等

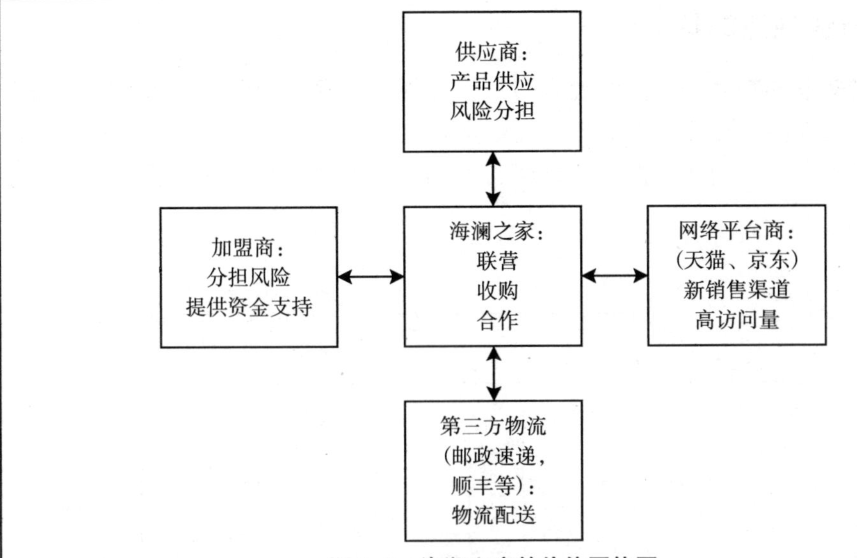

图 8–3　海澜之家的价值网络图

工作实施标准化管理，统一设计和施工加盟店的店铺设计。其为加盟商提供所有百分之百退换货服务，降低加盟商的库存成本和风险，实现加盟商的零库存，并向加盟商提供销售收入 30%的日结算。

再次是网络平台商。在电子商务环境下，海澜之家也开拓了线上业务。不同于苏宁电器仅开拓自有网络平台，也不同于上海第一食品仅依托网络平台商，海澜之家开发了自有购物网站，也依托于天猫商城、京东商城等电商。天猫商城和京东商城都向所有企业开放，只需缴纳定额的平台使用费、技术服务费及企业相关资料文件即可在天猫商城开设线上商店。天猫是拥有平均每秒 10 个点击量的全国最大的网络平台商，占中国电子商务市场的 60%，京东商城位居第二，占到了 20%左右，通过与电商平台的合作，海澜之家为自己开拓了新的销售渠道。

最后是第三方物流。海澜之家线上线下的物流外包给第三方物流公司。基于成熟的剔选机制和严格的程序，海澜之家按照不同地区，以及线上线下不同运输量的要求剔选相应的第三方物流公司，例如，按照数量的多少在快递公司和物流公司之间做出选择。其中天猫旗舰店的物流配送由顺丰物流承担，海澜之家官方购物网站的物流及配送则外包给邮政速递，邮政速递建立“海澜之家”物流项目，各省邮政速递物流与海澜之家相互配合，做到全国范围的物流配送覆盖。

资料来源：作者根据多方资料整理而成。

二、价值创造的特征

通过诸多世界知名公司的发展表明，价值创造表现为产生新技术、新方法的创新行为，而创新的更深层次的支持性要素则是企业掌握的知识，基于知识的价值创造在现实中表现出契约性、生产性、累积性、不确定性四种特征，具体如图8–4所示。

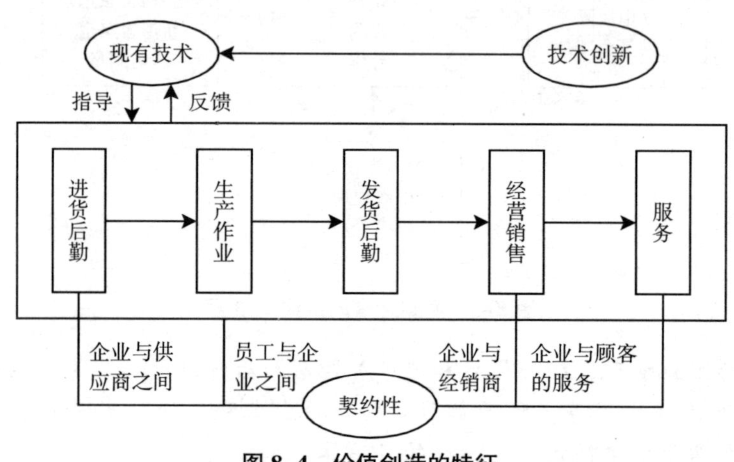

图 8–4　价值创造的特征

第一，价值创造的契约性。企业最初的产生靠的就是与不同利益相关者缔结各种不同的契约，如与股东订立股权契约，与员工（包括职业经理人）签订雇佣契约，与债权人订立债务契约，与供应商签订采购契约，与经销商订立销售契约，与政府订立税收契约，与顾客订立服务契约，与其他利益相关者订立各种非正式的契约。企业的不同利益相关者为了使其自身的经济和社会欲求得到满足，会积极地参与到企业的价值创造过程中来，从而导致价值创造不再是单个主体的行为，而是不同利益相关者合作、集体学习与创新的结果，其基础正是利益相关者与企业之间的缔约行为，由此决定了价值创造具有一定的契约性。

第二，价值创造的生产性。企业自创立之日开始就通过缔约—生产—再缔约—再生产这一循环过程与各种利益相关者建立联系。在这个循环过程中，企业通过有效配置承载各类知识的资本（人力资本和非人力资本），把创新思想（如有关新产品、新管理制度的想法）付诸实施，并转化为具有执行力的产品、技术等，最终实现企业可持续竞争优势的获取与维系。就此而言，价值创造具有一定的生产性，这一特性表明了价值创造的实现方式或手段。

第三，价值创造的累积性。价值创造总是始于既有知识，通过干中学和用中学来积累新的知识，然后再创造新的知识（既可以是隐性知识，也可以是显性知识）。新的知识以组织中各类资源为载体，继续参与到价值创造的活动中去，如此循环往复逐步走向更为复杂、高级的创造价值新阶段。

第四，价值创造的不确定性。价值创造的核心是创新，创新必然要面对不确定性，因此，价值创造活动并不一定都能够转化为现实的生产能力，也可能在投入了大量的资源之后不能取得预期的效果。现实中，价值创造的不确定性不但表现为创造新知识的不确定性（即不一定能够创造新知识）和新知识对旧知识的颠覆可能引发的不确定性，而且还表现为竞争方面的不确定性。

三、价值创造的作用

价值创造，原本就是为企业创造价值的过程，然后实际并非如此，还为企业带来诸多好处，如构建企业竞争优势，应对一切挑战的“利刃”，具体如图 8–5 所示。

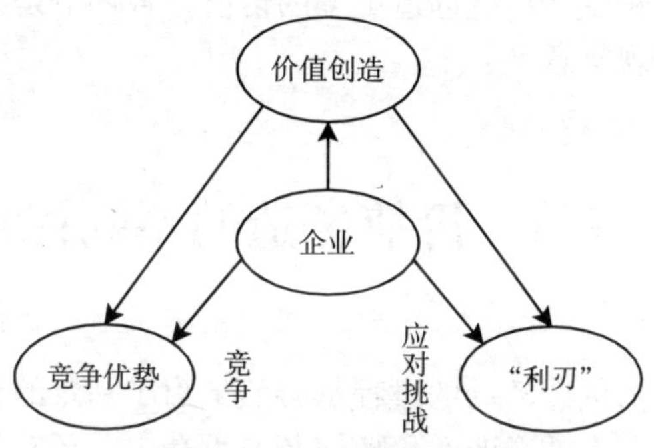

图 8–5　价值创造的作用

第一，价值创造是企业存在的根本。企业经营生存的重要目的之一是价值创造，如果不能实现价值创造，企业就失去了存在的意义，绝大部分企业存在世上的目的就是为了盈利，只有绝少部分企业是不以盈利为目的，如红十字会（本书所论述的价值创造是指商业企业的价值创造），要有盈利，就必须创造价值。

第二，价值创造是企业获得竞争优势的关键，是企业通过整合知识活动中的不同资源并使其内在价值外化的过程。一个企业要取得竞争优势，必须在创造价值方面比竞争对手做得更好，且必须创造正的价值。为了超过同行的一般水平，获得竞争优势，企业不仅要创造正的价值，而且要创造比竞争对手更多的价值，这样，企业就能通过比对手提供更多的消费者价值而超过它们，即使竞争对手通过某些手段能提供相等的消费者价值，企业仍然比竞争对手获取更多的价值，从而取得竞争优势。

第三，价值创造是应对新经济时代挑战的一把“利刃”。经济全球化的到来，使得产业间的竞争正逐步地演变为国与国之间、地区与地区间经济竞争的焦点。从产业层面上来说，不同产业之间的竞争其实质是产业价值链之间的竞争。产业结构优化和升级、产业布局和发展等问题上升到一个前所未有的战略高度，大到一个国家或地区，小到一个产业的发展在很大程度上取决于产业整体竞争能力所带来的优势。在这种情况下，一个产业如何应对新经济时代的挑战，在日趋激烈和复杂的国际化环境中如何实现持续平稳的发展，简单地讲，一个产业要想得到持续平稳的发展，归根结底，要看它自身是否有创造价值的能力、是否能够在其发展过程中不断创造出新的价值。只有具备价值创造上的优势才能更好地巩固其市场地位，保持竞争优势。然而，在全球化经济和分工进一步细化的格局下，特别是嵌入全球价值链的产业竞争中，产业间的竞争已不再局限于单个企业之间的竞争，而是表现为整个产业链的整体竞争。通常控制整条产业链的企业成为整个产业的指挥者，它们通过控制产业链对整个产业产生影响，从而实现了对市场的控制。就此而言，通过对产业价值链价值体系的分析，理清产业价值链中的经济活动是如何展开的、哪些活动能创造更多的价值、各环节是如何创造价值的等问题就有着十分重要的现实意义。

第三节　价值创造的不同视角

每个企业完成价值创造活动的过程都必然依附于一定的价值创造要点，有的企业依附于顾客方面，有的企业在价值链环节下功夫，还有的企业着眼于价值星系，不同的价值创造要点其价值创造能力的大小是不同的。

一、基于顾客价值的价值创造

基于顾客价值的价值创造将顾客价值置于战略思维的中心，从本质上来说是一个连续不断的管理过程，具有三层含义：一是价值的提高，指提高企业为顾客提供的产品和服务的价值或价值类别；二是创造的形式有新的成分，而不是原来价值活动基础上的简单增加，只要这些创造成果对顾客来说是有意义的和新颖的；三是提升顾客对消费利益的评价。而到目前为止，学术界对顾客价值的概念还没有达成一致，因此，对于顾客价值的类别和分类方法，理论界尚没有统一的认识。

表 8-2　顾客价值

帕克 (Park)	依据顾客的三种基本需求将顾客价值划分为三类，依次对应为功能价值、象征性价值和体验价值
格鲁斯 (Gross)	依照顾客选择行为的价值将顾客价值区分为功能性价值、社会性价值、情感性价值、知识性价值和条件性价值

续表

伍德沃 (Woodall)	将顾客价值区分为五种形式：净价值（对利益与成本的权衡）、实受价值（使用和体验的结果）、营销价值（感知到的产品品质）、销售价值（成本或付出上的缩减）以及理性价值（通过比较利得和利失而对公平的感知）
胡尔伯克 (Holbrook)	依据价值评价的动机来源（内生的与外生的价值）、价值评价的导向（自我导向的与他人导向的价值）和价值评价的本质（主动的和反映的价值）这三个标准把顾客价值划分为八种类型
贾薇、张明立等	认为顾客价值可分为四类：功能价值、体验价值、品牌价值和成本价值，顾客的选择行为实际上是上述四个不同价值类别的函数

帕克（Park）根据顾客的三种基本需求——功能性需求、象征性需求和体验性需求将顾客价值划分为三类，依次对应为功能价值、象征性价值和体验价值；伍德沃（Woodall）从不同的角度将顾客价值区分为五种形式：净价值（对利益与成本的权衡）、实受价值（使用和体验的结果）、营销价值（感知到的产品品质）、销售价值（成本或付出上的缩减）以及理性价值（通过比较利得和利失而对公平的感知）；贾薇、张明立等学者从功能、体验、品牌和成本方面将顾客价值分成四类：功能价值、体验价值、品牌价值和成本价值，并且顾客的选择行为实际上是上述四种不同价值类别的函数。具体如表 8-2 所示。

顾客是价值的仲裁者，为顾客创造价值就需要站在顾客立场上考虑企业战略同驱动顾客支付意愿的策略之间的关系。当企业创造了被顾客认可的价值，顾客才会愿意为全新的收益付费，愿意为所感知到的改进利益支付更多费用，或是以更低的成本选择当前企业提供的利益组合。由于精力有限，在下文中，我们将主要从顾客的让渡价值、顾客的价值分类和顾客的消费决策过程等方面来分析价值创造。

第一，顾客让渡价值的价值创造。顾客让渡价值（Customer Delivered Value）是指整体顾客价值与整体顾客成本之间的差额部分，如图 8-6 所示。顾客让渡价值不仅明确了顾客价值形成的基本等式，即价值=收益-成本，还进一步指出了企业创造和提升顾客价值的途径，一方面，企业可以通过增加产品、服务、人员和形象利益来增加整体顾客价值；另一方面，企业还可以通过降低顾客的货币、时间、体力和精力成本来削减整体顾客成本，进而让顾客获得最大的让渡价值。企业为顾客让渡的价值越大，顾客就越有可能购买企业的产品或服务。基于顾客让渡价值的价值创造模式从价值与成本构成的角度来探讨如何提升顾客价值，其出发点脱离了顾客的需求和感知，与顾客价值的定义和内涵存在内在的逻辑不一致。由此可能给企业实施顾客价值创造造成误导。

第二，基于顾客价值分类的价值创造。企业存在的目的在于为顾客着想，从顾客需求开始，也就是从顾客所追求的价值为着眼点来为顾客创造、提供优异的顾客价值。只有从顾客需求出发，企业才能准确地把握为顾客创造价值的方向，

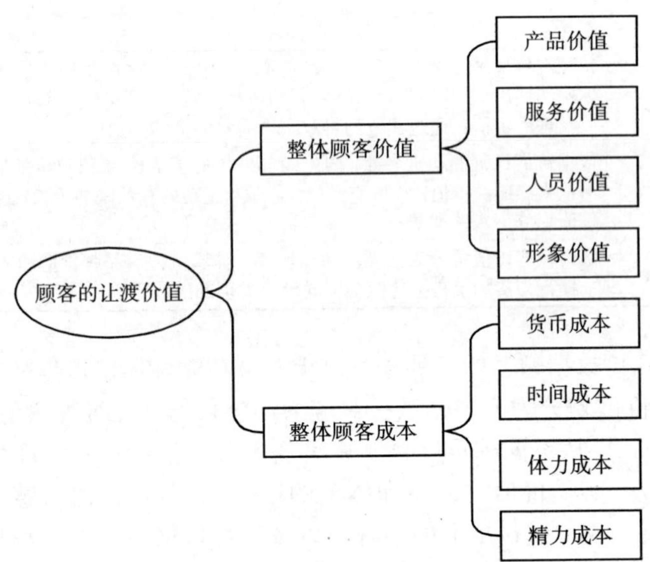

图 8-6　顾客让渡价值的价值创造模型

这是价值创造的根本，而顾客价值的全部内容都是为了满足顾客需求。图 8-7 的理论框架将识别顾客需求作为起点，将顾客价值的类别作为价值创造活动前企业要识别的价值内容，围绕顾客价值的类别运用组织能力和顾客的参与进行顾客价值创造。

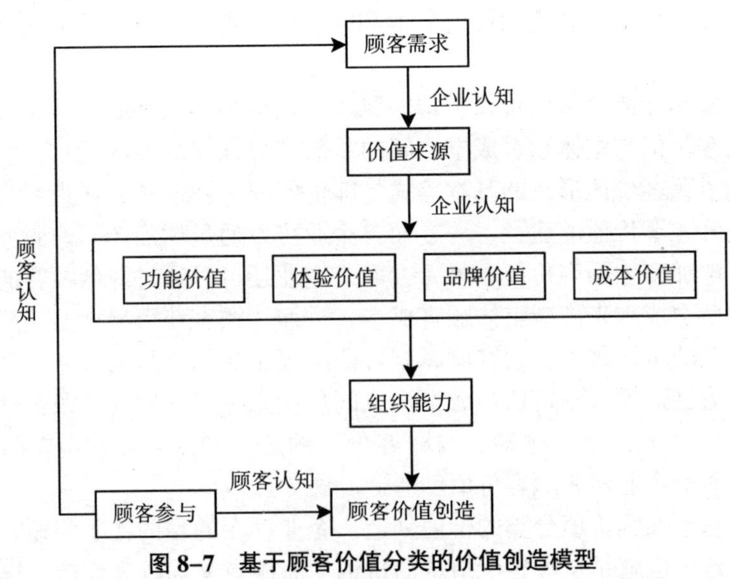

图 8-7　基于顾客价值分类的价值创造模型

第三，基于顾客的消费决策过程的价值创造。顾客需求的识别是企业不断寻求竞争优势的合理和必然结果，其内在原因在于顾客需求与顾客消费行为之间的关系。根据消费者行为学理论，顾客需求形成后，顾客的消费决策过程就开始了。消费决策过程实际上是顾客与企业由浅入深的互动过程，企业必须通过对顾客需求的深入理解及与顾客的持续互动，识别顾客价值创造的来源。当识别了顾客需求之后，企业根据功能价值、体验价值、象征价值和成本价值识别其价值的来源。以前的价值创造途径是将企业内部的各项活动（价值链）和企业交易点（顾客让渡价值）作为价值创造的来源，而图 8-8 的创造模式将企业与顾客之间的所有互动点视为可能的价值创造源泉，从顾客的消费决策过程角度出发，可以将信息、产品、购买/使用情境、顾客与企业的直接交互和交付流程作为价值创造的来源。

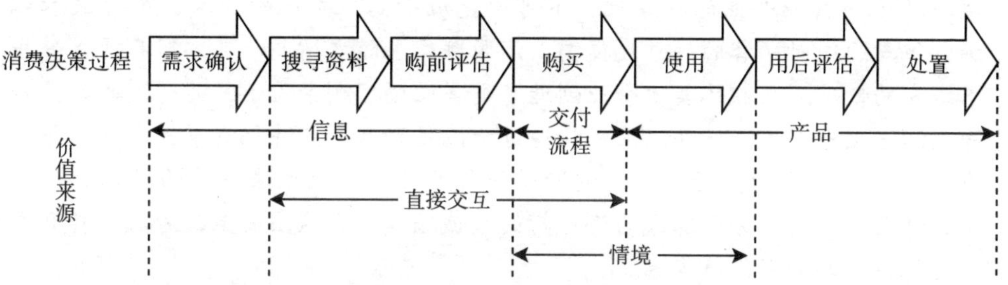

图 8-8　价值创造来源：基于顾客的消费决策过程

价值创造专栏 2　四川海底捞：基于顾客价值创造竞争优势

图片来源：www.haidilao.com.

四川海底捞餐饮股份有限公司成立于 1994 年 3 月 20 日，是一家以经营川味火锅为主、融汇各地火锅特色于一体的大型直营连锁企业，20 年来，该公司在北京、上海、西安、郑州、天津、南京、杭州、深圳、厦门、广州、武汉、成都等国内 26 个城市有 97 家直营餐厅，在新加坡和美国分别有 2 家、1 家直营店。从成立以来，海底捞始终秉承“服务至上、顾客至上”的理念，以创新为核心，改变传统的标准化、单一化的服务，提倡个性化的特色服务，致力于为顾客提供愉悦的用餐服务。

海底捞作为一家普通的火锅餐饮企业，从四川起家，后进军中国北方，现在深深扎根于全国各地，创造了火锅餐饮业的传奇。公司致力于用亲情服务留住顾客，以产品和服务创新留住顾客，以优良的菜品和服务质量留住顾客，用先进的企业文化来树立企业的良好形象，以此提高对顾客的吸引力，增加顾客的回头率。

第一，以优良的菜品和服务质量留住顾客。作为火锅行业，锅底、菜式上同质化现象严重且难以创新，这使得各个企业之间进行差异化竞争的难度很大，而海底捞则令辟蓝海，采取多元化的经营策略，开发多种锅底、菜式以及糕点类食品。经营品种多样化的同时，保证菜品的新鲜度及口味的独特性，使消费者可以享用多种不同品种的产品，使简单的火锅饮食丰富化。

第二，以亲情服务留住顾客。在保证消费者的基本需求之后，海底捞利用在细节上的周到服务打动了消费者的心，如吃火锅时给没有梳辫子的顾客提供头绳等，这些附加的服务使得顾客的附加价值增高。海底捞为顾客着想，为实现与其他同行业企业的差异化，不可避免地提高了企业的投入，虽然成本增加，但与此同时顾客的满意度提高，消费频率也随之增高，在顾客花费成本基本不变的情况下，相比其他企业创造了更多的顾客剩余价值，其得到的回报和净利润当然也在不断增高。海底捞通过既满足顾客的差异化需求，也使消费者有受到尊重之感的良好体验，创造了同行业其他企业无法给予的顾客剩余价值，进而会使这部分顾客成为海底捞的忠诚顾客。在这层面上，海底捞具有高于其他企业的顾客价值优势。

第三，以先进的企业文化来提高对顾客的吸引力。海底捞除了通过差异化经营和提供更周到的服务之外，还采用独特的管理机制进行人员管理。海底捞致力于提高员工满意度，采用关怀式管理策略。树立员工与企业是一体的概念，采取人性化的管理。而它的晋升制度也是采取内部晋升制，因此，每一位员工都全心投入于如何能更好地满足顾客需求，为企业的发展献计献策。这些策略的结合，使得企业投入转化为顾客价值的效率相对于同行业其他企业更高，即不仅具有顾客价值优势，更具有顾客价值提供优势效率，这更加为海底捞取得竞争优势提供了依据。

海底捞之所以如此成功，不仅是因为它在顾客差异化服务体验和自身商业价值转换之间找到了一个平衡点，而且成功地实现了顾客价值优势和顾客价值提供的优势效率。

资料来源：作者根据多方资料整理而成。

二、基于价值链模式的价值创造

基于价值链模式的价值创造是以企业的价值链为基石来探讨企业的价值创造，其本质是将企业的价值活动分割出来，找到企业的核心竞争优势，价值链理论的发展经历了传统价值链模式、价值分层和价值链的重构与价值创造等阶段。

第一，传统价值链模式。波特在其《Competitive Advantage》一书中指出，企业是设计、生产、营销、交货以及对产品起辅助作用的各种活动的集合，所有这些活动都可以用价值链表现出来，一个企业的价值链和它从事单个活动的方式反映了其战略、推行战略的途径以及这些活动本身的根本经济效益。波特在书中给出了制造业的基本价值链，如图 8-9 所示。

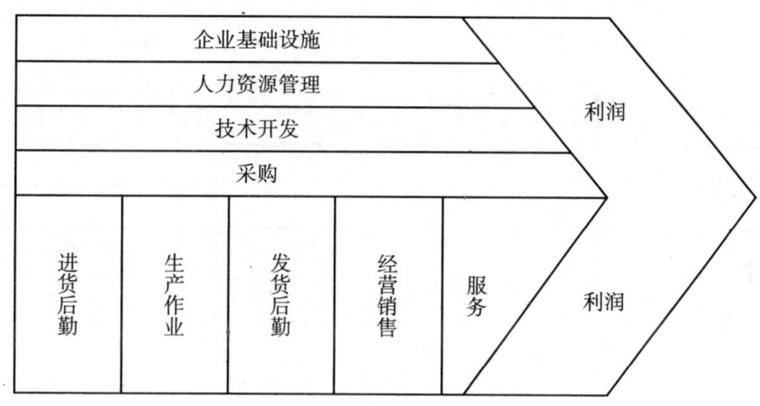

图 8-9 波特的价值链图

在波特的理论中产品才是核心，直到产品送交给顾客前服务才出现。服务在波特的基本价值链中通常意味着交易的结束，即企业完成货物的出售或者保证安装的设备能正常开始工作。在波特提出价值链模式以后的 25 年里，产品是最重要的核心，成为管理者们的思想倾向。波特的价值链主要基于产品来构思企业商业模式，这一模型显然不适用于高技术服务业。

第二，价值分层。约翰·C.奥瑞克等将企业的价值链分解为三个层次（如图 8-10 所示）：①物质价值链——价值链的实物形态反映，包括物流供应和生产制造环节，物质价值链是企业内部或企业之间实物的位移或变形。因此，“致力于物质商品生产销售的企业呈现出资本密集型特征……其结果是，规模经济和资本效率成为此类企业的主要驱动因素”。②交易价值链——企业与供应商或客户由于供需而发生的交换活动，具体指为获得原材料或出售商品而产生的信息流动。随着近年来网络技术的飞速发展，“企业可以考虑建立基于互联网的交易平台，进行超越企业边界的信息资源整合，以增强信息的规模效益”。③知识价值链——企业通过无形的知识过程，提升产品价值，并通过产品溢价销售使企业从市场中赚取额外的利润。“为提高投资回报，很多企业已经开始考虑以知识资产来代替物质资产……企业可以将更多的信息与物质产品打包在一起销售给顾客，以实现企业经营的差异化”。

在价值链的三个层次中，特别值得关注的是知识层与交易层，因为在大多数情况下，能够形成企业核心能力（Core Competence）、维持企业持续竞争优势的关键不是土地、劳动、资本等传统要素，而是知识、技术、社会资本等无形资源。其中，企业掌握的知识特别是隐形知识（Tacit Knowledge）尤为关键，企业对知识的吸收、传递、转化和应用的能力，是其竞争差异的根本所在。通过对企业价值链的分层，还有利于找出对企业最具有价值增值潜力的环节，并把该环节作为企业的核心环节而加以发扬光大，甚至将该环节从企业中独立出去，形成价值模块。

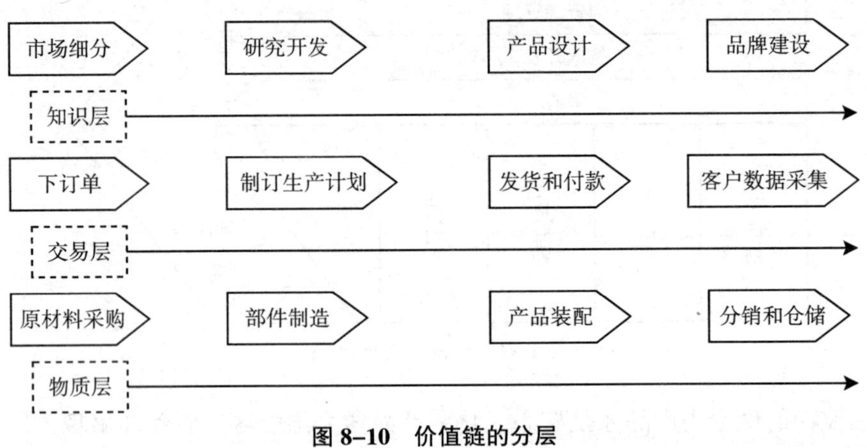

图 8-10　价值链的分层

第三，价值链的重构与价值创造。任何企业都处于特定的产业链中，产业链具有前后业务交替关系和价值传递关系。传统的价值链开始于公司的资产和核心能力，然后逐步转向投入要素、产品生产、销售渠道，最后才是客户。这种分析思路存在以下缺陷：该方法实际上是以企业为中心，否定了企业价值的获取最终取决于客户要求的事实，容易造成企业对业务的选择不当；该方法往往将增加销售收入和扩展市场份额作为企业的主要目标，忽视了总收入增长并不必然导致利润的增长；该方法有时会过分关注企业内部价值链的分析，而不能站在更高的角度审视应为客户服务的范围。

事实上，对企业价值链的分析思路采取反向的方式往往更好（如图 8-11 所示）。这是因为：①对企业价值链的分析应以满足顾客的需要为出发点，分析顾客购买企业产品主要是为了获取什么利益，在此基础上考虑如何组织生产，如何选择分销渠道，并最终确定企业应该配备的资产特征和核心专长。②价值链分析的范围不应局限于行业内部，而应跨越行业来看待价值链的重构过程。

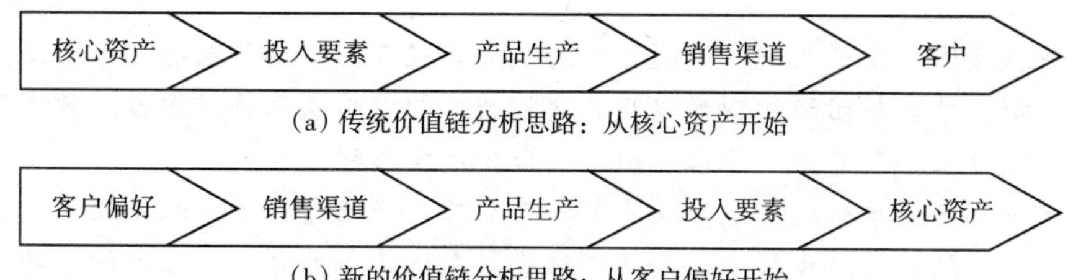

（a）传统价值链分析思路：从核心资产开始

（b）新的价值链分析思路：从客户偏好开始

图 8–11　价值链的重构图

基于能力要素的重构。随着科技进步及网络经济时代的来临，企业面临的产业环境越来越复杂，对企业各项能力的要求也越来越高，在这种情况下企业很难完全依靠自身将整个价值链的各个环节都做到最优。企业对价值链管理的重心就逐步由企业内部价值链延伸至企业外部价值链，通过依靠与其他企业的合作来获得竞争优势。一般而言，通常企业会先对处于同一价值链的其他企业进行优化组合，然后再考虑进行跨链合作。

价值创造专栏 3　中粮集团：基于全产业链战略的企业价值创造

图片来源：www.cofco.com.

一、公司介绍

中粮集团成立于 1949 年，经过多年的发展，已从最初的粮油食品贸易公司发展为我国领先的农产品、食品领域多元化产品和服务供应商，致力于打造“从田间到餐桌”的全产业链粮油食品企业。中粮集团从粮油食品加工、贸易起步，产业链条不断延伸到养殖、种植、食品原料加工、物流储运、品牌食品销售以及酒店地产、金融服务等多个领域，中粮集团已形成了多个品牌产品，如福临门食用油、家佳康肉制品、金帝巧克力、蒙牛乳制品等。目前，中粮集团已居中国食品工业百强之首，持续位列美国《财富》杂志全球企业 500 强。

二、中粮集团的全产业链战略

进入 20 世纪以来，一方面，中粮集团逐渐出现内部的业务交叉重叠和子公司相互争夺资源等问题；另一方面，国际四大粮商纷纷实现全球范围内的“全产业链”生产和销售，面对国内消费者的期盼和国际激烈的竞争，中粮集团不得不寻找新的出路，试图寻找一个全能的解决方案——“全产业链”模式。2009 年，中粮集团董事长宁高宁正式提出了“全产业链”模式的计划，“全产业链”战略的实施已五年有余，并初显成效。

中粮集团"全产业链"战略具体的战略路径可以主要归结为三个方面：集聚产业群、整合集团组织制度以及品牌创新，即中粮集团将资源投入放在了与价值创造紧密联动的产业平台、制度平台和市场权利平台上。

第一，产业平台。实现产业集聚，建立综合产业群，是中粮集团实现"全产业链"布局的首要步伐。为此，中粮集团在近几年展开了一系列的并购、重组和业务渠道重建行动，这也是实现产业链在纵向和横向上扩张的必经步骤。在 2009 年正式提出"全产业链"模式之前，中粮集团在一定程度上已经做了准备，2004~2008 年，中粮集团为此做了充足准备，如 2004 年 11 月，中粮集团将中土畜收购，此外，在具体实施全产业链的过程中，中粮集团也在陆续收购其他公司，如表 8-3 所示。

表 8-3　中粮集团推进全产业链的并购重组行动

2010 年 2 月	签订西部农业基地建设协议，并收购陕西白水杜康	粮油、酒业
2010 年 2 月	启动位于成都的西南地区最大的粮油加工基地项目	粮油、酒业
2010 年 8 月	在浙江海宁建立首个国内投资最大、技术最先进的粮食加工项目	粮油
2010 年 10 月	中粮集团粮油 1000（吨/日）菜籽加工项目（九江）投入运营	粮油
2011 年 1 月	成立中英人寿第十二家分公司	金融业
2011 年 2 月	收购法国酒庄	葡萄酒
2011 年 4 月	联手 Keystone 成立中粮集团世通供应链投资有限公司	供应链、物流
2011 年 4 月	投入 32 亿元成功打造中粮集团营养健康研究院	研究开发
2011 年 7 月	收购 Tully Sugar 近 99%的股份	制糖业
2012 年 1 月	与天津一商集团签订战略合作协议	饮料、食品
2012 年 6 月	与欧洲最大乳企 Arla Foods 合作，为蒙牛引进丹麦牧场管理体系	乳业

第二，制度平台。中粮集团在全面推进"全产业链"模式的同时，也加快了对其组织制度和集团架构的重组步伐，以期适应新的业务管理需求。2005年以前，中粮集团是以业务群为主导进行管理；2007 年，中粮集团进行了一次较大的组织结构调整，将冗杂的业务单元压缩为中国粮油、中国食品、中粮集团贸易、中国土畜、中粮包装、中粮发展、中粮屯河、地产酒店和金融事业部九大项业务。而自 2009 年，中粮集团"全产业链"发展模式确定之后，中粮集团在组织结构上更是进行了颠覆性的改革，现已形成了直线职能式的组织架构。如图 8-12 所示。

第三，市场权利平台。在"全产业链"模式下，中粮集团利用其集团大品牌的知名度，逐渐开发出了一系列的分支品牌，并逐渐被消费者认知和接受。中粮集团在实施"全产业链"战略的过程中，充分利用了自身拥有的市场权利

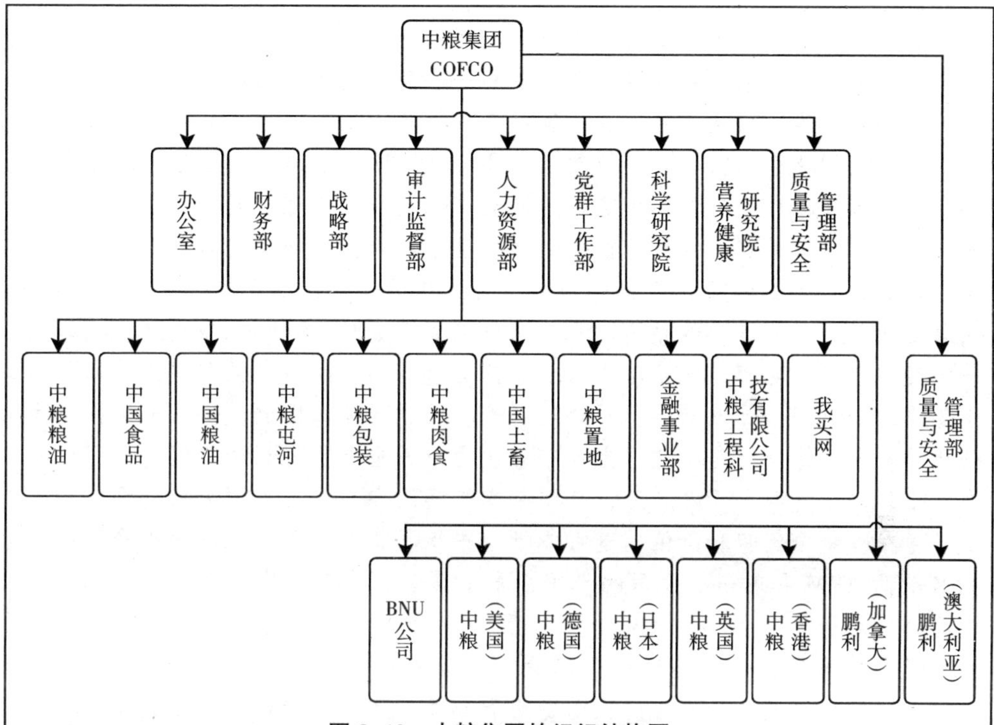

图 8-12　中粮集团的组织结构图

平台，在粮油食品类市场上采用了多品牌策略路线，利用中粮集团大品牌的优势，大力开发了粮油食品产业的各个细分市场，并在细分市场上针对消费者的特性，同时推广多个品牌。这些品牌都针对不同的目标市场，具有相对独立性，但又存在一定的关联。笔者认为多品牌策略与中粮集团“全产业链”战略下的一系列产业群具有充分的匹配度，是提升中粮集团可持续发展营销能力的根基。

表 8-4　中粮集团食品粮油产业品牌系列表

食品类别	品牌
米	福临门、滋采、五湖、红枫、东方明珠
食用油	福临门、滋采
面粉和方便面	香雪、五谷道场
肉食	家佳康
食糖、糖果和林果	福临门、美滋滋、屯河
杂粮	福临门、滋采
调味品	福临门、品香阁、香和正

三、中粮集团全产业链的价值创造

中粮集团的集聚并非是诸多企业在某一地理空间集中的现象，相反中粮集团的这种集聚体现的是多样化主体集中在一个集团下、地理分散的、开放式互动成长的一种现象，同时其价值创造效果与集团的管理控制能力有很大关系。

战略活动源自于对外部环境的短期或长期反应，作为“国字号”的中粮集团，由于其在粮油贸易领域的特殊地位、角色和规模，转型也必须面向长期导向。但是每个企业都有其优势和局限，关键在于能否在自身短板上得到补充，企业之间在此也是持续博弈的过程。从中粮集团2004年的并购和重组过程看，一些类似于新疆屯河、中谷粮油的企业具有很好的产品市场盈利能力，只是由于其他方面（例如管理不善、资金短缺等）的原因陷入困境，恰恰是中粮集团强大的资本支撑使得其恢复了生产经营能力，并重新获得利润。同时，引致的多样化知识、资源和开发潜力，令整个中粮集团在多点竞争中如鱼得水，即形成了多核心竞争优势和价值创造可能性。中粮集团利润率在短期内已接近国际知名粮商ADM和Bunge公司的水平，本书认为其背后的战略活动起到了至关重要的作用。

通过中粮集团的战略过程可以看出，集聚对价值的创造具有明显的动态性，由集聚规模效应所产生的交易费用和物流费用减少使得集团在整体上提高了盈利水平。同时，由于带来了知识、人才、业务领域等诸多关联点，子公司之间可在总部的调节下进行组织学习、知识共享，最终导致创新的生成，同时借助集团已经搭建起来的“全产业链”系统，这些创新成果也会在短期内迅速占领市场（“中粮米业旗下福临门、五湖、东海明珠、红枫等品牌荣列2011年度大米类产品市场综合占有率第一位”恰恰证明了这一点）。此外，集聚所产生的融资优势也使本来在资本上就占有优势的中粮集团更具竞争力，因此比其他企业在创造公共价值上更加突出，这些也有利于企业获得政府多方面的政策倾斜。

就中粮集团为自身创造的价值而论，其在实施“全产业链”之后，经营业绩表现出了明显变化，中国粮油控股公司（中粮集团是通过控股子公司实现上市，所以本案例选取中粮集团具有代表性的中国粮油控股公司的财报进行分析）2013年底的营业额达到94543.0220万元，较2009年的营业额43828万元，增长了接近两倍。

资料来源：作者根据多方资料整理而成。

三、基于价值星系的价值创造

随着网络经济的发展，价值创造的基本思维逻辑发生了改变，企业创造价值的方式已经突破了传统线性结构，陷入了一种结构更为复杂的模式——价值星系

(Value-Constellation)。一般来说，价值星系主要有以下几个特点（见表 8-5）：

表 8-5　价值星系的特点

特点	描述
集合体	价值星系是由生产企业、供应商、经销商、合伙人、顾客等构成的一个引力集合体
动态关系	每个价值星系的成员企业根据实际的交易状况以及他们所能提供的增加值，在产品的价值创造中扮演不同的角色并占有不同的空间
商业模式	价值星系是一种与新的顾客选择装置相连接，并受其驱动的快速可靠的系统
柔性契约网络	价值星系是全社会各行各业的价值链交织在一起的一种结构更为复杂的、包含多个产业的价值网络
中间组织形式	价值星系是介于市场与企业之间的一种中间组织形式

第一，价值星系是由生产企业、供应商、经销商、合伙人、顾客等构成的一个引力集合体。这些引力包括了价值观念引力（有大家认同的价值观）、价值尺度引力（可以提供适当的价值实现机制）和价值共享引力（利益链会形成价值星系各成员价值共享体系）。

第二，价值星系是一组动态的关系。这种关系的创建是为了确保产品能以最佳的方式送达终端客户的手上。每个价值星系的成员企业根据实际的交易状况以及他们所能提供的增加值，在产品的价值创造中扮演不同的角色并占有不同的空间。

第三，价值星系是一种商业模式。它采用数字化供应链概念，达成高水平的顾客满意度和超常的公司盈利率。它是一种与新的顾客选择装置相连接，并受其驱动的快速可靠的系统。价值星系成员之间的连接并不是简单的买卖关系，买卖关系只跨越价值链中的两个层面；而价值星系涉及价值链中多个层面的众多市场交易主体，需要对它们的资源进行统筹调度。每一个价值星系成员都可以扮演资源调度员的角色，使整个合作群体创造的产品或服务满足某一客户或者某一客户群体的具体要求。而它自己则因为扮演了知识经纪人（Knowledge Broker）的角色而获得利益。担任资源调度员的价值星系成员之所以成功，靠的是对客户和资源所有者双方经济状况的深入了解。

第四，价值星系是一种柔性契约网络，是全社会各行各业的价值链交织在一起的一种结构更为复杂的、包含多个产业的价值网络。

第五，价值星系是介于市场与企业之间的一种中间组织形式。在现实生活中，价值星系不仅仅是商品的供应者与购买者双方讨价还价进行价值交换的场所，更是市场交易主体之间进行多元交流、实现知识互换与价值增值的对话论坛；顾客是实实在在的价值星系的成员，他们已经被纳入了知识创造的价值星系之中。

价值链模型和价值星系模型不同，价值链模型的价值主要是由价值生产方和销售方决定，且价值大小取决于为增值所付出的成本，平均利润、创新和差异化等带来的超额利润，而价值星系模型的价值是由企业的顾客决定，价值的大小取决于企业的产品和服务能为顾客带来什么效用。价值链模型与价值星系模型要点的比较如表 8-6 所示。

表 8-6　价值链模型与价值星系模型比较

类别	价值链模型	价值星系模型
价值由谁决定	生产和销售方	客户
价值大小取决因素	为增值所付出的成本，平均利润、创新和差异化等带来的超额利润	产品和服务能为客户带来什么（生活上、业务上等）
价值如何产生	产业链各环节线性、连续、单向的增值活动累积价值	多成员并行聚合运作提供产品或服务，在客户消费的过程中产生价值
客户是谁以及价值如何流动	在产业链下游的人或组织，价值从上游向下游流动	在价值星系任何关联节点上的，以企业自身的资源能力可以帮助其实现自身价值的人或组织，价值双向循环流动
理论产生和适应的时代	工业社会（规模经济）	信息社会（范围经济）

价值星系创造价值的出发点和归宿点都是顾客。价值星系深深地根植于包括顾客在内的所有利益相关者之中，与顾客保持一致是价值星系最突出的特点之一。价值星系强调，价值创造的出发点和归宿点是顾客，构建价值星系的目的在于强调供应商、商业伙伴、同盟者、顾客等一起共同创造价值。这就是说，价值星系必须发展吸纳所有利益相关者（包括顾客）的技术和网络，而顾客是所有利益相关者中最重要、最核心的因素。事实上，正是顾客的选择引发价值星系内部的采购、生产和交货活动，或者说是顾客指挥了价值星系，顾客不再是企业产品的被动接受者。价值星系是围绕处于中心位置的顾客而构成的。价值星系能及时捕捉顾客的真实需求，并将其用数字化方式传递给其他网络伙伴；信息流与物质流的路径是与不同顾客群的服务需求和优先权相连的。

第四节　争夺产业价值链

在知识、技术等因素决定产出的知识经济时代，知识的产生、传递和使用对改进产品的设计、生产、分销活动，降低企业成本消耗起到了决定性的作用。由于产业价值链的存在，链上成员企业在实现效用价值的增加或耗费价值的减少上要比单个企业更具优势，从而能够形成正的价值创造，其实质是产业价值链整体的价值创造。

一、基于产业价值链的价值创造

要理解透彻产业价值链中的价值创造，更好地为实践服务，我们必须解决两个问题：一是要弄清产业价值链的价值创造过程，找出产业价值链中价值创造的构成；二是要找出产业价值链中价值创造优势，即产业价值链中的企业为什么比单个企业在价值创造上具有优势。

产业价值链中的价值创造过程是按照整条链上的价值活动顺序展开的：从原料的供应开始，经过生产加工直到产品销售为止。从产业价值链的形成过程来看，整个价值创造过程是企业价值链的内部价值创造活动向企业外部价值创造活动的延伸和拓展，其价值创造过程对应于企业价值链中各环节的价值创造过程，即与企业效用价值和耗费价值的形成过程相一致。

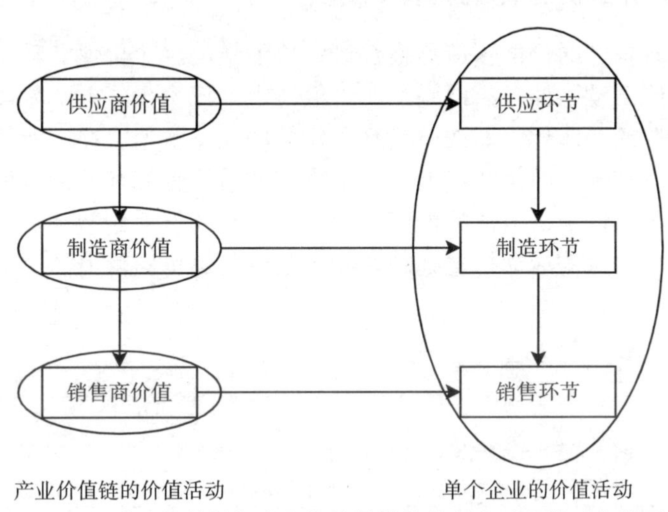

图 8–13　产业价值链与企业价值链的价值创造过程的对应关系

如图 8–13 所示，产业价值链的价值创造过程反映了企业价值链的价值活动过程，其包含了供应商价值链的价值创造（与企业的供应环节相对应）、制造商价值链的价值创造（与企业的制造环节相对应）以及销售商价值链的价值创造（与企业的销售环节相对应）三个价值创造活动环节（阶段）。三个价值活动阶段体现了价值创造所经历的实物转移过程，产业价值链在实物转移的同时完成了链上的价值创造。而企业内部价值活动向外部延伸形成的供应商价值链、制造商企业价值链及销售商价值链中的价值创造过程，将在下文中论述，无论是不同环节间纵向的价值增值还是同一环节上的共同创造价值，整个过程都是与产业价值链中的一系列价值活动同时进行的，并统一于整个价值创造过程之中。

从产业价值链和企业价值链的关系来看，当企业生产经营活动中的价值创造活动延伸到产业价值链中时，对单个企业而言其价值创造的能力得到了加强，而这种价值创造能力的加强，离不开产业价值链的存在，既与产业价值链的价值活动相联系，又与企业价值链的价值活动有关，主要体现在以下两个方面：①价值活动管理的协调机制，企业价值活动向外扩展的过程中，如果这种价值活动的扩展表现出一定的顺序性即价值活动向外扩展不影响原有价值活动的进行，那么企业会因这种价值活动的扩展获得好处；②企业间组织关系的优化，随着企业价值活动的延伸和拓展，企业的生产经营活动不再局限于企业内部，企业与企业之间的价值活动变得越来越频繁，促使企业之间的各种关系得到优化，关系的优化意味着企业会由此受益，同时产业价值链中的价值活动会推动企业之间各种关系的优化。

二、产业价值链整体的价值创造

产业价值链整体的价值创造是指在产业价值链的整个价值活动过程中，企业三个环节的价值活动延伸、扩展到产业价值链上，三个价值创造阶段基于整体优势形成价值创造的一体化，即彼此相互合作共同创造价值，在产业价值链的整个价值创造过程中表现在两个节点上：一是供应环节与生产环节的价值活动延伸到供应商价值链与制造商价值链的价值活动中形成新的价值创造节点；二是生产环节与销售环节中的价值活动扩展到制造商价值链与销售商价值链中形成新的价值创造节点。

表 8–7　两个节点价值创造的比较

节点	价值创造方面
供应商与制造商价值创造节点	采购规模化和速度效应带来的价值增值
制造商与销售商价值创造节点	主要表现为创造产品或服务的新价值即价值增值和创造关系价值两个方面

在供应环节和制造环节的节点上，单个企业相较供应商而言在采购量、采购次数及运输方面难以形成规模化的集中管理，这就使得单个企业无法实现供应商在采购中所具有的购买优势，进而无法实现这种优势带来的好处，而对于产业价值链中的生产企业而言，却恰恰相反，其通过与上游供应商之间的一系列价值活动形成一种密切的战略联盟关系，并由此分享到供应商通过规模化采购带来的好处。其实质是在供应商与制造商价值节点上实现的价值创造，使供求双方都能实现效用价值的增加和耗费价值的降低，并且这种价值节点带来的价值增值在单个企业的供应采购环节和生产环节中是不明显的、弱化的。其主要特点是采购规模化和速度效应带来的价值增值。

生产环节是产业价值链中价值创造的核心，是效用价值的主要来源。销售商价值链是销售环节中价值活动向外扩展的结果，包括销售商耗费价值的形成过程，其价值创造是通过影响整条产业价值链中的投入价值而影响净价值。制造商与销售商价值节点的价值创造是指通过两者之间的相互协作产生的生产企业效用价值的增加或生产企业、销售商耗费价值的减少带来的价值增值，主要表现为创造产品或服务的新价值即价值增值和创造关系价值两个方面。

三、产业价值链各环节的价值创造

首先，供应商价值链环节的价值创造。供应商价值链中的价值创造主要是指供应环节中供应商企业和下游制造商企业的价值增值。供应商价值链的价值创造过程反映了上下游成员企业间的供给与需求关系，其价值创造实际上是围绕着“供求关系”的优化展开的，通过对产业价值链中核心能力突出的企业的价值活动进行优化选择，使采购环节和生产环节实现纵向一体化，从而实现整条链上耗费价值的降低。供应商价值链的价值创造主要包含以下两个方面的内容：第一，产业价值链上游供应商为下游生产企业创造价值即为下游生产企业带来的效用价值增加；第二，供应商价值链中的价值活动为链上供应商企业和下游生产加工企业在充分利用财务资本、实现财物价值增值方面提供了可能性。

表 8–8　产业链中各环节的价值创造比较分析

环节	价值创造
供应商价值链的价值创造	为下游生产企业带来的效用价值增加；充分利用财务资本，为实现财物价值增值提供了可能性
制造商价值链的价值创造	模块化生产中的价值创造即知识分工带来的价值增值；成员企业之间价值链的创新联结实现价值创造
销售商价值链的价值创造	战略合作提高了上下游企业价值活动的同步化和一致化程度，加快产品在上下游环节间的转移速度及交易速度；提高产品的附加价值；降低成员企业的渠道成本

其次，制造商价值链环节的价值创造。生产企业价值链中的价值创造主要是指生产加工过程的价值创造即某一项价值活动的价值创造，也就是说其价值增值的实质是生产过程中效用价值的增量与耗费价值的增量之差。在标准化生产下，同一产品或产品的某部分是被分解成不同的模块单元的，并由不同成员企业完成生产，这些模块产品按照确定的标准组合就变成了最终产品，这样在生产过程中就可以更大程度地利用“小而细”的优势集中自身资源和技术优势实现某一模块产品单元的规模生产，进而实现价值增值的目的。生产商价值链的价值创造主要包含以下两个方面的内容：第一，从价值的产生过程来看，模块化生产中的价值创造实质是知识分工带来的价值增值；第二，在价值模块生产中，利用成员企业之间价值链的创新联结实现价值创造。

最后，销售商价值链环节的价值创造。从整个价值创造过程来看，销售过程本身不会使产品自身的价值增值，只是在流通过程中通过改善服务质量使产品附加值提高即增加产品的使用价值，就最终顾客来看，通过销售商价值链提高了产品的附加价值，降低了顾客的耗费价值，使顾客消费商品得到的满足大于预期，进而让顾客愿意付出更多的额外代价，也就是说，销售商价值链中的价值活动在很大程度上降低了顾客的耗费价值，相对实现了价值增值。从价值创造的方式来看，销售商价值链中的价值创造主要体现在以下三个方面：第一，在销售商价值链中，生产加工环节的制造企业与下游销售企业形成的战略合作关系提高了上下游企业价值活动的同步化和一致化程度，加快了产品在上下游环节间的转移速度及交易速度；第二，销售商价值链中的价值活动有利于将新元素融入产品中，推动产品质量和服务的改善，进而提高产品的附加价值；第三，销售商价值链的存在降低了成员企业的渠道成本。

第五节 超越顾客期望值

近年来，企业界越来越重视顾客满意的经营理念，因为当前市场的竞争主要表现在对顾客的全面争夺，而是否拥有顾客取决于企业与顾客的关系，取决于顾客对企业产品和服务的满意程度。顾客满意程度越高，企业竞争力越强，市场占有率就越大，企业创造的价值也就越高。

顾客满意度是指顾客对于企业提供某一产品或者服务的满意程度，要提高客户满意度，企业的首要工作应该是确定顾客满意程度的定量指标和定性描述，划分好顾客满意级度，并对顾客满意程度进行测量、分析。确定顾客满意程度的指标和顾客满意级度是对顾客满意度进行测量控制的关键问题。在这个过程中许多企业往往用自认为满意的标准来替代顾客的标准，而不是顾客的期望和感受，结果是不知不觉中使客户处于随时可能“游离”的状态。

很多企业中的管理层致力于发展高质量产品服务系统，并依据此系统已能实现的功能与顾客相联系，作为评判顾客满意的因素。但对于企业的日常业务顾客往往会不以为然，因为他们认为企业的工作本应这么做。也就是说，企业正在理所当然地履行它们应尽的职责——按部就班地发货、提供服务，做好了也就只能使客户没有“不满意”，仅仅满足了保健因素。如果要真正做到激励顾客，那就需要不断超越顾客的期望，这样才能提高客户的满意度。

“顾客期望”是指顾客在购买决策过程前期对其需求的产品或服务寄予的期待和希望。“顾客期望”产生于“顾客需求”。不同的需求决定了各种期望。从横向上来说，具有不同购买经历、不同收入水平、不同学历素养、不同判断能力的顾客期望不同；而从纵向上来说，对于同一顾客，随着时间的推移，环境的变化，他对同一产品或服务也会产生不同的期望。因此，期望的这种动态性质决定了企业仅仅满足顾客当前的期望是远远不够的，必须不断地超越顾客潜在的期望和需求。

价值创造专栏4 金陵饭店：超越顾客期望值并提高顾客满意度

图片来源：www.njhyw.com.

一、公司介绍

金陵饭店股份有限公司，于1983年创立，2007年4月在上海证券交易所上市，从开业至今，金陵饭店多次成功地接待了世界多国政要及名流巨商。截至2012年6月，集团公司控股上市公司和旅游度假区各1家，在管连锁酒店120家，已初步建成以酒店实体经营为核心，以新型旅游目的地营运为支柱，以商业地产、酒店连锁经营为支撑的大型旅游企业。2012年，金陵饭店与全球500强企业、国内大公司、世界著名旅行代理商建立了密切合作关系，已拥有南京地区最大份额的境外客源市场，商务客人比例高达95%以上。

二、金陵饭店的顾客满意和期望管理

由于一些客观的原因，金陵饭店的硬件设施和新兴的酒店相比是有一定差距的，但金陵饭店在软环境上下足了工夫，就顾客期望和顾客满意的管理和引导上，金陵饭店主要是从以下两个方面实施的：

第一，对顾客期望实行动态管理。和顾客充分的沟通，了解并发现顾客的期望。金陵饭店的大堂下设了许多GRO（宾客关系部主任），她们是由一批优雅的高素质的年轻姑娘组成的，主要任务除了迎接客户、监督饭店员工的店纪店规的执行情况外，她们还有一项最重要的程序，就是和顾客进行交流沟通，及时了解他们的需求，从第一现场发现顾客的期望。每天在大厅、客房、餐厅随处都能发现她们的身影。她们的工作为顾客满意度的保证提供了有力的支持。

正确的引导顾客期望，在一定程度上纠正顾客的期望偏差。饭店在宣传的同时也不会对饭店存在的不足加以隐瞒，例如对部分房间设施陈旧的客观现实情况要及时给客人做好解释，正确引导顾客的期望。让顾客在硬件设施上稍微降低一点期望从而实际情况和顾客期望的差距也就会缩小，并且容易让客人对饭店产生信任感，也提高了顾客对服务的关注程度更能体会到服务的专业化和个性化。

在提供标准化服务的同时大力体现个性化管家服务，超越顾客的预期期望。金陵饭店对入住行政楼层和一些有特殊需求的顾客提供个性化的管家式服务。为个别房间特别配备专业的房务管家 24 小时随叫随到，随时提供服务。另外在饭店的所有员工中提倡时时留心顾客的需求，及时满足顾客的需求，在工作的过程中留心观察顾客的需求和期望，并及时灵活地满足顾客期望的工作思想，力争在服务上超出客人的预期期望，给客人意外的惊喜，从而保证顾客较高的满意度。

第二，提高顾客满意度。提供不折不扣的服务，保证顾客的基本满意度。金陵饭店在提供服务的过程中首先保证顾客最基本的需求，并在此基础上超越顾客的期望，提高顾客的满意度。顾客基本需求的满足是对服务企业的最低要求，所以服务企业也要抓住基本服务管理，保证最基本的服务规范。只有这样才有可能提供更优质的服务。

整体营销。金陵饭店在服务经营过程中，始终坚持整体营销的观念，要求企业内部每位员工有强烈的整体意识，深入贯彻“100-1=0”的整体服务理念。旅游产品具有无形性和主观性的特点，顾客满意与否更多的是由顾客的感受决定，所以服务过程中的一点点偏差可能都会严重影响顾客的整体满意度。因此金陵饭店认真对待服务过程中的各个细节，从而保证顾客的整体满意度。

客户关系管理。金陵饭店的细节管理和客户关系管理赢得了来自世界各地的顾客的好评。如他们每年给所有住过店的顾客都邮寄生日祝福卡片；为每位客人坚持提供手工洗衣服务；站在电梯口的服务生不仅为客人按上下的电梯按钮，而且还为客人按好楼层按钮等。这些细节都体现出酒店出色的客户关系管理。

保证优质的售后服务。饭店产品有别于其他行业的产品，当顾客的住宿完成时，他的体验也在客观上结束，但在住宿过程中的感受或体验还在持续影响着顾客。金陵饭店在加大售后服务力度的同时及时客观地了解顾客的旅行经历和需求，这样不仅可以弥补工作中的失误，挽回顾客，培养顾客的忠诚度，而且有利于了解顾客的需求和期望，把握客人的第一手资料，为下次的更高层次的服务提供有力的保障。

资料来源：作者根据多方资料整理而成。

在图 8-14 可以看到顾客期望是决定顾客满意度、顾客抱怨和顾客忠诚三个结果变量的一个前提变量。顾客期望与顾客满意度之间呈负相关的关系，即期望越高，满意度越低。比如，在过去物资紧缺的年代，买各种肉、蛋、副食品都要

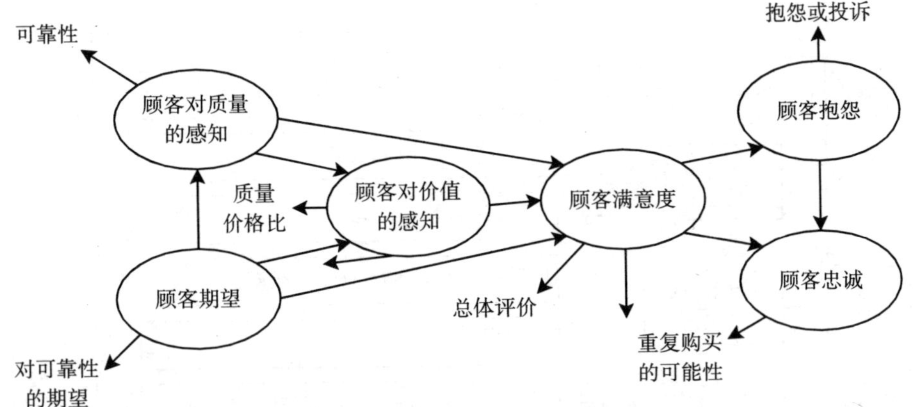

图 8-14　顾客满意度与顾客期望图

凭票供应。当时人们的期望仅仅是买到肉，无论是瘦是肥，只要买到就很满意。

但现在人们的期望是买好肉，甚至是何品牌的肉，如果只有冷冻肉可买，就马上不满意。因此顾客期望是评判后来满意不满意的重要依据。由于"顾客期望"隶属于"顾客满意度指数的理论模型"，所以企业可以直接应用顾客满意度指数测评指标体系来了解和把握顾客期望。关于此体系我们在此仅作简单介绍，它是由四个层次组成，具体见图 8-15。

其中对顾客期望可以通过三个三级指标进行测评，即首先顾客对产品或服务质量在整体印象上的期望；其次顾客对产品或服务在可靠性方面（即产品或服务可能出现问题的频率）的期望；最后顾客对产品或服务可以满足自己要求的程度的期望。企业应通过测评找出顾客真正的期望，并通过提高技术、改善流程、加强竞争等手段来达到并超越这些期望——这才是企业的最终目的。

【章末案例】　天马微电子的价值创新

图片来源：www.tianma.cn.

一、公司介绍

天马微电子股份有限公司（股票代码 000050）成立于 1983 年，1995 年在深交所上市，经过 30 多年的发展，现已成为一家集研发、设计、生产、销售和服务于一体的大型公众上市公司，天马微电子企业的成员包括深圳天马、上海天马、成都天马、武汉天马、厦门天马、上海中航光电子、日本 NLT 及海外子公司欧洲天马、

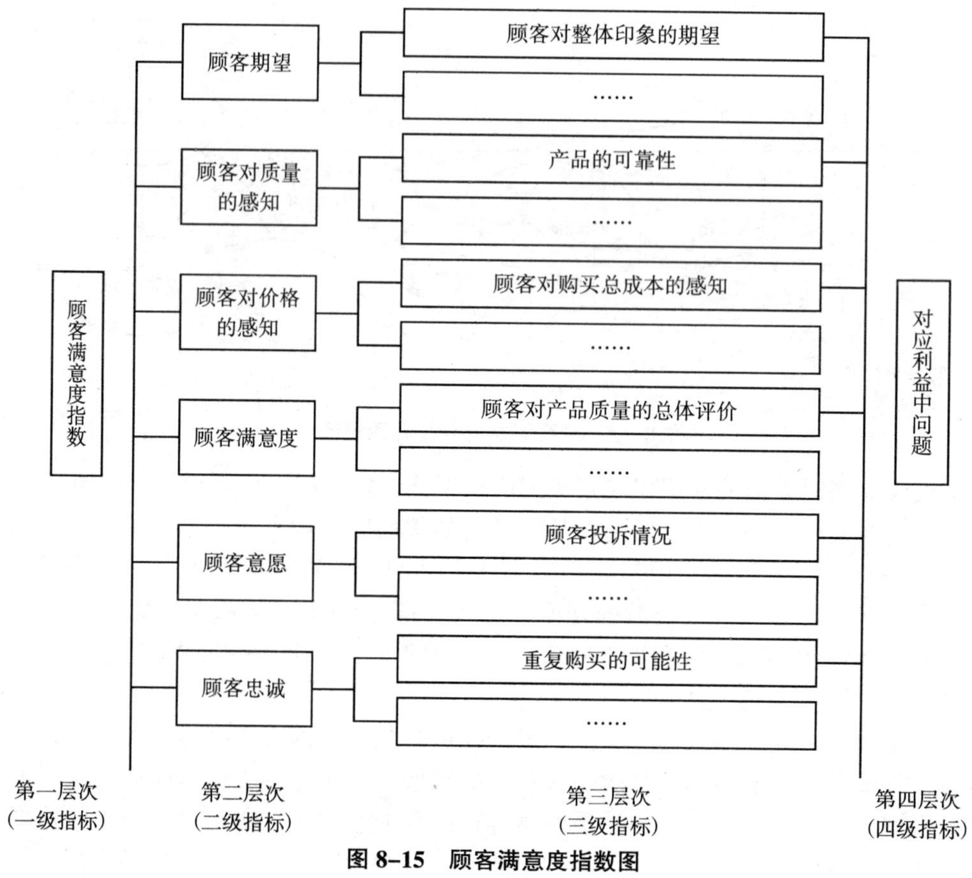

图 8-15　顾客满意度指数图

美国天马、韩国天马、驰誉电子等国内外公司。天马微电子目前拥有 STN-LCD、TFT-LCD、LTPS-LCD 及 CF 等多条生产线和模块工厂以及一条筹建中的 AM-OLED 生产线，营销网络遍布全球，产品广泛应用于移动电话、MP3/MP4、车载显示、仪器仪表、家用电器等领域，2014 年上半年，实现营业收入 248559 万元，较去年同期增长 10%；利润总额 14889 万元，同比增长 190%，天马的定位：努力建成一个高技术、高效益、国际化的现代化大型企业集团，成为全球平板显示领域的一流企业。

二、天马微电子的发展战略：大客户与产品技术领先战略

在微电子行业发展趋势一片光明的情况下，2013 年天马微电子重新将业务划分为消费品与专业显示两大类，并提出文化与人才战略、产品与技术领先战略、品质战略、品牌战略。围绕这四大战略，公司还制定了具体实施战略，如大客户策略与中高端产品策略，实现多款产品在客户端首发，增加目标客户

渗透率；坚持前沿技术研究与技术创新，领先技术研发，硕果累累；转变质量管理观念，开展 M+3+3 质量策划，在重点客户端质量排名领先，调整组织架构，优化管理流程与管理机制，打造“激情、高效、共赢”的核心价值观。

第一，大客户服务战略。截至 2014 年 8 月，天马微电子公司已成为全球智能机市场最主要的面板供货商，已配合多家国内外主流手机厂商的畅销和首发机种实现全球首发。天马微电子能取得如此成就与该公司的大客户战略有密切关系，天马微电子公司的大客户战略中的大客户不仅是指与该公司有密切长期合作的公司，更泛指该公司将在全球范围内扩大客源。天马微电子前五大客户营业收入如表 8–9 所示。

表 8–9　天马微电子前五名客户营业收入状况

客户名称	主营业务收入（元）	占公司全部营业收入的比例（%）
武汉天马微电子有限公司	413059578	17
LG Electronics Inc	168993443	7
联想移动通信有限公司	153774716	6
NOKIA DO BRASIL TECNOLOGIA LTDA	105284095	4
SAMSUNG ELECTRONICS CO., LTD.	103162555	4
合计	944274387	38

首先，天马微电子公司坚持大客户与中高端产品策略，深化大客户销售策略，采取深度合作共赢模式，率先推出多款产品，在客户端实现产品首发，抢占并赢得市场先机，优化了与大客户的产品推介模式，实现针对性产品推广，并针对不同的客户群体，搭建统一的客户分级管理体系，集中公司优势资源服务重点目标客户，积极培育发展长期战略性合作客户，在保障公司稳健经营发展的同时，实现业绩快速增长；其次，天马微电子积极参加国内外行业展会推广活动，持续提升并巩固天马品牌在产业界的知名度；再次，天马微电子公司始终专注于中小尺寸显示领域，经过 30 年的发展，已积累广泛稳定的客户资源并积极开拓海外客源，2013 年智能手机产品在国内客户端表现突出，高端优质客户占比进一步提升，在国内市场稳步增长的同时，公司大力开拓海外市场，依托美国、欧洲、韩国、中国香港等子公司，大力进军国际显示市场，营销网络辐射全球；最后，公司转变质量管理观念，开展 M+3+3 质量策划工作，建立大客户质量经理模式，梳理产品标准，使团队的质量意识由滞后的质量事件处理向提前预防质量风险的方向转变。

目前，天马微电子公司与国内外多家主流终端厂商如联想移动通信有限公司、SAMSUNG ELECTRONICS CO., LTD. 等进行了良好的业务往来，并保持了稳定的合作关系，不断优化产品结构，消费类中高端产品、车载与工控等专业显示类产品占比大幅提升；加强专业显示海内外业务的协同整合，扩大国际市场产品覆盖面，不断提升公司品牌知名度和影响力。

第二，前沿技术研究与技术创新。技术研发方面，天马微电子公司积极开展技术资源的协同利用，实现技术资源共享，技术研发能力不断攀升。天马微电子公司已开发出多项新技术，如 AMOLED、LTPS、Oxide-TFT、In-Cell、On-Cell、3D、透明显示等前沿技术，其中裸眼 3D 显示、触控一体化、AMOLED 等多项前沿技术实现国内领先；在产品转型和设计能力方面皆有多项创新，开发出十几款 QHD、HD、FHD 系列产品；新产品与技术平台项目开发取得很大进展，公司通过多年的 TFT-LCD 技术研发积累，培育了较为完整的技术平台，各项技术平台逐渐成熟完善，技术开发应用速度加快，数款前沿技术产品参加海内外展会，获得客户与社会的高度关注；专利申请实现质和量的双重突破，达到行业先进水平。

三、天马微电子的价值链管理

在供应链方面，天马微电子主要是通过提高运营效率和管理效率公司来保持企业的竞争优势，最终实现盈利目的。一方面，天马微电子充分运用 M+3+3 规划平台，加强销售预测和资源规划来提高运营效率，并通过启动集团资源成本来建设和招投标管理平台、使用新工艺和新材料及积极开展 Cost Down 项目和降低采购成本、管理创新领航员项目等措施来提升公司各系统板块的工作效率；另一方面，天马微电子公司围绕“有竞争力的供应商”、“提升成本竞争力”、“完善流程机制”三方面为业务发展提供资源保障，即建设专业显示供应链体系，有效支持专业显示业务发展，如建立供应商二级原材料备料及模具策划等相关机制，大幅提升原材料交付达成率，有力保障了公司生产要求，建立标准化材料交付管理流程及交付风险分级管理机制。

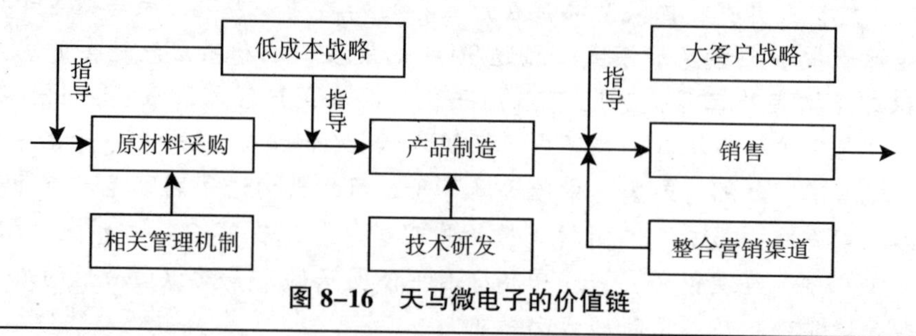

图 8-16　天马微电子的价值链

在生产制造方面，天马微电子主要通过收购来扩大规模从而发挥规模效应以及协同效应来保持企业的成本优势以及技术创新来保证企业的产品质量。天马微电子于2014年中旬，以12.69元/股的价格向中航国际控股、张江集团、上海国资等非持股方公开发行4.33亿股股份购买上海天马70%股权、成都天马40%股权、武汉天马90%股权、上海光电子100%股权、深圳光电子100%股权，并利用深圳天马在中小尺寸液晶显示行业积累的丰富经验和资源，提高市场占有率，改善生产规划，发挥规模及协同效应，降低研发、采购、生产、营销成本，最终实现深圳天马和标的公司的整体快速成长和解决作为央企中航工业旗下的面板生产企业，厦门天马、上海光电子、深圳光电子和天马微电子公司存在同业竞争问题。

在销售方面，企业通过深化大客户黏性和提高客服质量来留住老客户和吸引新客户。近年来，天马微电子试图建立大客户质量经理模式，并梳理产品标准，促使团队的质量意识由滞后的质量事件处理向提前预防质量风险的方向转变，同时通过优化与大客户的产品推介模式，实现针对性产品推广来加强大客户黏性，另外天马微电子还通过整合销售渠道来扩大产品的销售范围，如2014年11月天马全资子公司欧洲天马公司与瑞萨电子欧洲有限公司签订协议，正式宣布TME收购REE旗下的显示事业部，负责NLT产品在欧洲工业品市场的销售及市场拓展。

四、结论与启示

面对智能终端、专业显示市场需求增长及高世代线下压和技术快速革新的复杂市场环境，天马微电子能在电子行业中脱颖而出与自身的管理模式息息相关。

第一，始终坚持以顾客需求为先，提高顾客黏性，如公司实施的大客户战略，优化了与大客户的产品推介模式，针对不同的客户群体，搭建统一的客户分级管理体系，集中公司优势资源服务重点目标客户，积极培育发展长期战略性合作客户。

第二，在产品创新方面始终不遗余力。时代在进步，顾客的需求变得多样化，企业只有跟上时代的发展步伐，提供能满足顾客多样化需求的产品或服务，才能更好地生存。

第三，在保持质量的基础上，尽可能地降低成本。低成本战略是企业保持竞争优势的一大有力武器，无论企业能否满足顾客的多样化需求。

资料来源：作者根据多方资料整理而成。

【本章小结】

顾客对产品的需求是整个价值链中价值活动的起点，企业利润仅仅是完成这一目标的附属品，原材料供应和顾客需求应纳入价值链的活动之中，借此把价值活动扩展到企业外部，而不是仅仅局限于企业内部，且价值链上的价值活动具有交叉功能（如在技术开发、生产作业和市场等价值活动之间），并且沿着价值链中价值运动的路径有规律地实现价值流动，而不是只在生产加工过程中才存在这些交叉功能的价值活动，整个价值链的运动过程中应该包含信息技术等的运用，信息技术的运用对整个价值活动有着重要的影响。由信息技术带来的知识溢出的经济外部性利润，则被看作是价值链中价值活动有效完成的附属品。价值创造，不仅体现在为企业实现利润，而且更为重要的是要留住客户，实现企业的长期价值。这自然就要求超越顾客期望，让顾客满足，进而完成价值创造。

【思考题】

1. 简述价值创造的特点以及价值创造与商业模式之间的关系。
2. 在实践中，企业是如何创造顾客价值的？请举例来具体说明。
3. 基于价值链模式的价值创造过程中的价值分层是怎么一回事？
4. 价值星系模式与价值链模式的价值创造有什么共同点与不同点？
5. 怎样理解产业链价值创造？

第九章　商业模式变革

【学习要点】

☆ 了解为什么要进行商业模式变革；

☆ 理解商业模式变革的契机及其盈利模式；

☆ 掌握商业模式变革的管理；

☆ 理解商业模式变革的风险与障碍；

☆ 了解商业模式变革的趋势。

【章首案例】　传统商业模式的变革：美邦服饰的电商转型之殇

图片来源：www.banggo.com.

一、公司介绍

上海美特斯邦威服饰股份有限公司（简称美邦）成立于1995年。公司主要研发、采购和营销自主创立的Meters bonwe和Me&City两大品牌时尚休闲服饰。通过采用“生产外包、直营销售与特许加盟相结合”的经营模式，专注于品牌建设与推广、产品研发、零售网络建设和供应链管理。2008年8月，公司在深圳证券交易所上市，股票名称“美邦股份”，代码“002269”。目前，美邦拥有直营门店和特许加盟经营店近4700家。2011年公司全系统销售额突破100亿元，成为国内休闲服饰的领导品牌之一。然而，自2012年开始，美邦业绩大幅下挫，当年营收95.09亿元，下滑4.38%；净利润8.5亿元，下滑29.55%；2013年，营收更是下滑至78.9亿元；净利润跌幅则高达52.27%。寒冬还在继续，2014年1~6月，营收和净利润继续双降。

突如其来的消费市场不景气、电商对传统服装零售业的全面侵袭以及此前美邦过于激进的门店扩张，让美邦这家曾风光一时的服装明星企业陷入困境，库存最高时一度达到净资产的90%，大量门店不得不关闭。短短两年多时间，美邦市值已经缩水200多亿元。

二、美邦服饰的商业模式变革

不断恶化的财务数据显示，一心想打造成“全球裁缝”的美邦近几年似乎碰到了大麻烦。美邦怎么了？美邦怎么办？投资者、经营者、消费者甚至竞争者都纷纷发出质问这家依靠生产外包创立了“虚拟经营”模式的纯服装业新星。

摆在内忧外患的美邦面前的有四个急需解决的连环问题：一是高库存如何消化？二是渠道变革如何取胜？三是多品牌策略何以为继？四是管理如何升级？这四个问题简而言之，就是美邦为什么迫切地需要进行商业模式变革。

首先，对追求“快时尚、轻库存”的美邦而言，库存高企已是一个不争的事实，早已习惯爆发式增长的美邦由于摊子铺得太大，收缩产量并不容易，导致产能过剩、库存积压。如何消化积压的库存，一直意欲打造“快时尚”是美邦面临的第一道坎。

其次，造成高库存的原因除了疲软的宏观经济环境和服装行业不景气等原因外，销售渠道不畅是造成高库存的主要原因之一，因为尽管全球经济萧条，但我国服装行业的市场规模年平均增长仍保持在15%以上。因此，销售渠道的变革是美邦要跨越的第二道坎。在高库存问题和电子商务高速崛起的高压下，美邦意识到唯有进行渠道变革才是生路。

再次，如果说库存和销售渠道只是短暂的显性问题，那么对美邦来说，更大的挑战是品牌管理，这是美邦的第三道坎。在品牌管理上美邦一直致力于实践多品牌战略，如推广“Me&City”品牌等，并认为多品牌战略是美邦快速发展的必经之路。但美邦过分地高估自己，不仅在信息系统、供应链、资金储备量、管理模式、团队化程度等方面与国外知名品牌如“ZARA”等存在一定的差距，而且在互联网时代条件下，美邦与这些国外成功的知名品牌的生存和发展环境明显不同，是不可能复制或模仿它们的多品牌战略方式、路径和模式的。

最后，美邦的第四道坎是其薄弱的内部管理。在时尚服装业界，美邦被戏称为“中国服装界黄埔军校”。据《理财周报》报道，在2010年11月美邦服饰公布的股权激励的185人（包括7个副总裁、17个总监和161个部门经理）中，至今已离职的不少于50人，占比超过27%，其中就有跳槽到波司登任职且在美邦服务了13年之久的原副总裁程伟雄。在美邦从光鲜到暗淡的上市公司的报表背后的是其管理理念、管理模式和组织关系的激烈冲突，这是让高管们离职的主要原因。

因此，美邦如何在全球经济疲软和电子商务飞速崛起的大环境下，将“国际裁缝”梦想不断拆解成商业模式变革的具体步骤、实际路径和操作模式是其未来的最大挑战，也是其“复婚”O2O电子商务模式的主要原因。

美邦不得不谋求变革！几番思量后，它确立了一条产品升级、店铺升级并通过O2O模式进行线下体验和线上互动的转型路径。可以说，美邦的战略方向是对的，但变革之路一波三折！美邦董事长周成建坦言，美邦转型十分深刻和痛苦，“美邦近年来一直在改进，积极去应对中国零售市场全球化的挑战和机会，逐渐让自己变成一个适应全球化竞争、适应互联网化转型的新兴品牌”。

2010年12月，美邦旗下电商平台邦购网上线；2011年10月，美邦停止运营电子商务业务；2013年11月，美邦重上电子商务业务，推广O2O模式；2014年3月29日，美邦在重庆开设第一家全品牌集成体验店，标志着美邦O2O模式进入2.0时代，运营重心从线下向线上偏移。

在这个过程中，“第一折”是美邦商业模式从实体向“实体+电子商务”双轨制转型。2010年美邦旗下的邦购网上线，集合了网络购物、时尚资讯和互动社区等多个板块。当时其信心十足，非常乐观地宣称，“时尚、快乐购物就从邦购开始！”“无论您在何地，轻点鼠标，丰富多元、快速变化的时尚品款将会让您第一时间体验到惊喜和购物愉悦。”美邦希望正式从传统渠道走向传统渠道与电子商务渠道结合并行的双渠道模式，为此美邦还同时推出全新的线上品牌——AMPM。据悉，2011年1月3日，邦购网的日销售突破了30万元，日交易量超过1000单，每单平均价值超过300元。前途似乎一片光明。

“第二折”是美邦突然停止电子商务业务。不管是倒退还是无奈，总之谁也没有意料到，2011年10月，在上线短短不到一年的时间，美邦决定停止运营电子商务业务，邦购平台交由控股股东打理。邦购网只能在6000多万元白白打了水漂之后于2011年10月黯然收场。

“第三折”是美邦“复婚”电子商务，重拾O2O模式。2013年11月，美邦董事长周成建正式对外宣布启动美邦的O2O战略，宣布收回“邦购网”电子商务平台，进一步深化了他的“小裁缝”梦想：美邦要做“互联网裁缝”，利用互联网、商务电子化来颠覆信息不对称的传统商业模式。

痛定思痛，如果说2011年电商转型失败的主要原因是由于美邦还处于品牌、定位、组织战略混沌期，相应策略没有清晰地换过来的话，那么，2013年中期美邦绕了一圈后又重上O2O电商的轨道能转型成功吗？这次商业模式的变革能救得了美邦吗？市场预期和美邦的经营业绩是最好的证明。目前，美邦业绩虽然继续下滑，但与去年相比，下滑幅度已经明显收窄，上半年末应收账款、存货均出现持续下降，上半年毛利率平均提高了约2%，经营性净现金流达 6.98 亿元，同比增长 84%。而且美邦服饰在品牌体验、产品创新、渠道升级及店铺营运等方面的能力实现了持续提升。预计在 2014 年第三季度，美邦经营业绩仍然有下滑压力，但美邦目前正确的转型战略将可能在 2014 年第四季度让公司迎来转折点，并在行业回暖时抢得先机。

三、结论与启示

美邦电子商务失败的最大原因，是对电商困难估计不足，以及电子商务人才的缺乏。从美邦电商转型的曲折发展历程中，我们可以得到以下启示：

第一，互联网不等于电子商务，而是将传统商务电子化。传统行业的商业模式变革——电商转型首先要对互联网有全面的了解和理解，具备互联网思维。

第二，互联网时代传统的商业模式变革需要做好后台的互联网化，并利用大数据、云计算平台精准高效地为目标消费者提供更贴心的体验服务。而线下实体门店则可以为目标消费者创造生活情景式购物体验，创造互通、互动、互联的体验消费，成为商务电子化的引流载体。

第三，切勿急功近利。不少传统大企业做电商会犯这个错误，一上来就高举高打，自己做独立商城，往往吃了亏之后才反思。因此，传统企业电商转型较合适的路径是：先在第三方平台上做，积累经验，再考虑做自己的网上商城不迟。这就是所谓的“做你最专业，剩下的留给专业”。

资料来源：作者根据多方资料整理而成。

以信息技术和网络技术为核心的第三次科技革命，正在颠覆性地改变工业革命所形成的经济形态和增长模式，改变了人类的生活方式，也改变了商业环境。企业未来将面临许多前所未有的挑战：一是消费者权利上升的挑战；二是价值个性化的挑战；三是大规模协作的挑战；四是网络传播效应的挑战。为此，企业应该顺势而为，谋变者必生存。

第一节　为什么要进行商业模式变革

在商业生态圈里，即宏观经济环境下，变革是种适应，是生存的必然途径；变革是种进化和创新，是发展的不二法门。商业模式变革是商业生态系统主体的外部条件和内部动因共同作用的结果，总是在不断变革中循序渐进，即在生存中求发展，在发展中求生存。这是商业模式变革的基本逻辑，也是进行商业模式变革的本质原因。

一、宏观经济环境渐趋动态性

宏观经济环境是指宏观经济运行的周期性波动等规律性因素和政府实施的经济政策等政策性因素，主要是指经济的发展阶段和发展水平、经济制度与市场体系、收入水平、财政预算、贸易与国际收支状况等。宏观经济环境的动态性是指上述几个因素呈现动态变化，经过一系列的影响和作用，引起宏观经济的动态变化，最直接的反应便是经济增长速度的变化。时至今天，我国的宏观经济环境发生了根本性的变化。主要有以下三方面：

第一，物资贫乏的卖方市场发展为竞争激烈的买方市场。以我国的轻工业为例，2008 年是我国轻工业市场实现由卖方市场向买方市场转变的关键年，当年全国轻工行业规模以上工业企业累计完成工业总产值 93898 亿元，与 1949 年相比增长了 1524 倍；利润 6278 亿元，增长了 5556 倍；出口创汇实现 3092 亿美元，增长 8357 倍。从此，中国告别短缺，国际竞争力不断增强，已成为轻工产品生产和消费大国。

第二，改革进入了新阶段，政治和经济体制改革不断深入，市场化程度的不断提高对企业的生存环境和发展形态产生了巨大的影响。在“提出积极发展混合所有制经济，使市场在资源配置中起决定作用，其主旨就在于激活市场，激活民间，放开民营”，即“让一切劳动、知识、技术、管理、资本的活力竞相迸发，让一切创造社会财富的源泉充分涌流，让发展成果更多更公平地惠及全体人民”方针的指引下，截至 2014 年 6 月，全国非公企业已超过 1000 万家，个体工商户超过 4000 万户，对 GDP 的贡献率超过 60%，对税收的贡献率超过 50%，对就业的贡献率超过 80%，对每年新增就业的贡献率超过 90%，说明中国经济的市场化程度不断提高，民营企业潜力在不断地被发掘，大市场的格局已初步形成。

第三，我国对外开放程度大大提高，“走出去，请进来”，外资的涌入激发了国内市场的进一步竞争，中国企业进入国际市场不可回避。据商务部相关数据显示，2013 年，我国境内投资者共对全球 156 个国家和地区的 5090 家境外企业进行了直接投资，累计实现非金融类直接投资 901.7 亿美元，同比增长 16.8%。其中，跨国并购资金 514 亿美元，成功交易项目 397 个，并购直接投资 336 亿美元，占我国对境外企业非金融类直接投资总数的 37.2%。中国制造、中国智造、中国资造正沿着中国政府编制的“一带一路”走向世界，引领发展。

这三方面中市场供求关系的变化起着基础性推动和资源优化配置的作用，我们已深刻地感受到真实的宏观经济环境动态性对商业模式的巨大影响：一是改革开放以来高速发展的中国经济发展模式已被深深地嵌入世界经济的发展逻辑，中国经济与世界经济同时进入后金融危机时代和经济逆流时期，绝大多数企业都进入了同质竞争的时代，商业模式的趋同使得企业正遭遇生存的危机和发展“瓶颈”，亟须转型和升级，改革商业模式；二是以互联网经济为主导，以女性人群、新生代人群的消费观为核心的新经济力量正“破坏性”地进行资源迁移运动，不断改写原有的消费模式、商业运行规则及企业组织运作模式，颠覆、改良和改善传统商业模式所包含的价值生存方式和交易模式。

因此，所有商业生态系统的主体们必须回归企业经营的原点和生意本身，重新审视自己的行为，重新审视自己的生意模式，重新审视与各种利益相关者的交易关系和利益保护机制，寻求商业模式突围方向，全力创造新宏观经济环境和秩序下新的商业模式。众多企业家和经营者以及商业组织转为对现有商业模式和利益格局的反思、拷问和实践，不仅掀起了从商业模式开始突围的热潮，也使得宏观经济环境在商业模式变革中不断地转型、完善和发展。

宏观经济的动态性决定商业模式变革无止境，成败的关键不在于起点，而在于转折点。宏观经济环境演化具有动态性并遵循着一定规律，表现在新经济力量的具体演化过程迅捷、不可捉摸但总体上按生命周期规律演化。每一次环境的转变都会成就一批批商业新秀，也让一批批所谓的“巅峰企业”瞬间灰飞烟灭。

二、技术革新正在加速

技术革新也叫技术改革，是指生产技术上的改进和改良，如生产工艺规程、机器设备部件等发明、改进和改良，它与制度改革一起被认为人类社会和经济发展的动力。每一次重大的技术革新都对宏观经济环境、社会政治制度和商业模式造成了极其深刻的影响，技术革新不仅改变了国际和国内市场运行方式和节奏，同时也改变了企业的生产经营模式和管理状态，激发了商业模式不断变革。如近年来信息技术日新月异的发展，不仅带来了全球经济一体化进程的加速，推动了知识经济的迅速崛起，而且倒逼传统型企业不得不通过信息技术进行转型升级，深刻地调整了经营方式商业模式，提高了企业的生产和运作效率，以适应经济环境的不断变化。在这个过程中，技术革新既是宏观经济环境、社会政治制度和商业模式变革的原因，也是推动力量。技术革新的速度越快，宏观经济环境、社会政治制度和商业模式变革的速度就越快。因此，商业模式变革频率决定于技术革新的速度，即技术革新越频繁企业的商业模式就越不稳定。

技术革新不断催生新的商业模式，而且也颠覆或改造传统的商业模式。互联网技术的产生这场信息技术革新首先诞生了一批网络公司，这些网络公司都通过寻求自身的价值找到了合适的新商业模式。互联网的产业与传统产业的紧密结合也产生了一批超越传统产业运作方式的商业模式，如近年来涌现出的携程网、PPG以至国美、苏宁等企业通过互联网技术优化企业价值链结构，自然也造就了全新的商业模式。

现代经济社会的供求“瓶颈”已经开始慢慢消失。“实体货架”式商业模式已经随着市场供给能力的提升而越发显得苍白乏力。而利用互联网技术（云计算、物联网和大数据等）所建立的无限、全天候“虚拟上架”销售模式，最大限度整合产品资源和缩小库存的成本，适应了供给的无限性和需求的多样性。

大批量标准化生产是大工业时代最显著的标志之一。这种背景下的消费，在表面上是消费者选择了消费品，而实际上，消费者并没有充分地行使过自己的选择权，这种选择权被大众选择和商业利益最大化所绑架。长尾理论的出现就像我们展示了所谓“货架之外”、“排行榜之外”的销售前景。

互联网技术的发展，打破了原先生产者、销售者、传播者对于“主流”的定义权。无数在大工业时代被强制统一或直接忽视的“非主流的”供给和需求开始不断地涌现，例如书中所提到的“无法进入影院的电影”、“没有商业价值的图书”、“受众极其狭小的音乐”等。这种原本相对小众的需求由于其总体庞大的基数和需求时间的长久性，依然蕴藏着不错的经济价值（不过这是在解决了机会成本和库存压力的情况下）。

互联网技术的发展为重新唤醒这一需求提供了可能。原本需要实体上架的商品在互联网上仅仅是可以忽略不计的字符，原本每天都在花费库存和上架成本的商品可以几乎零成本地在网络上永远存在下去，原本对于经销商来说压力巨大的运营成本在互联网上可以降得很低等。这一切都为这种新的商业模式的出现提供了很大的竞争力。这一商业模式也重新唤起了人们多样化的需求，正是这一多样化的需求也最终激活了本已几乎坐以待毙的“长尾”中“尾”的部分。至此“头”代表大众化需求，“长尾”代表个性化需求的“长尾”结构正式形成。

“提供所有产品并且帮你找到它！”这对于所有消费者的吸引力是不言而喻的。在技术的提升下，技术的渐趋平等使得消费者拥有了越来越强大的自主选择权与自主生产权；同时不断降低的边际成本使得大规模标准化运作的成本优势不断缩小。这不得不说是原本处于劣势的“小众”对于“大众”的一次逆袭。

在大工业时代“主流垄断”下每天进行着“盲目选择”的受众有机会真正地参与生产和消费自己所感兴趣的产品，也可以说是对于选择权的回归本质的定义。多样化的生产、传播、消费，以及公开透明的信息、非排他性的选择、以市场为基础的优胜劣汰，也真正地还原了市场经济的本来面目。

三、商业文化越显突出

21世纪是商业文化的世纪，只有用那些把商业文化深入到骨髓里的人才能把事业做成功。商业文化作为一种社会文化现象，随着商品交换的产生而产生，与商业实践相适应、相始终的，是在商业实践中都必然遵循着或表现出一定的价值观念、精神风貌和思想境界。主要内容由五个层面构成：一是商业精神文化；二是商品文化；三是品牌、商号、商标文化；四是营销文化；五是商业伦理文化。

中国的商业文化核心价值观主要包含四个方面：一是诚信之道，待人以诚，处事以信，以后发展为契约、合同，现代发展成联系世界经济的信用体系；二是和合之道，“礼之用，和为贵”，用礼让来和谐和睦，作为处理解决矛盾的原则和方法，作为在商业活动中处理人际关系应有的态度；三是仁恕之道，即“推己及人”，换位思考就会形成和谐双赢的格局；四是美情之道，“美”是一种情操，一种修养，一种气质，一种品位，是真、善、美的和谐统一，是“文质文饰”的外在显现，“情”是情谊、亲情，是仁爱的一种表现，是发之内心的真正情感的流露，美情之道即美和情在商品流通过程中完美的结合汇聚到商业、商人的一切活动中的表现。对商业来说，“美”既包括物质美，如商店建筑的外观，店堂内部的布局，商品、广告宣传的陈列都有独特的风格美，商品的组合体现着企业的经营定位，商品的造型、款式、质量、功能和包装、品牌都具有相当的文化附加值，营销方式所具有特有的风格等；也包括心灵美，如对顾客与各方面的服务既有态度问题，也有质量水平问题。微笑服务、享受服务、零距离服务、方便服务和各种售后服务等。如图 9-1 所示。

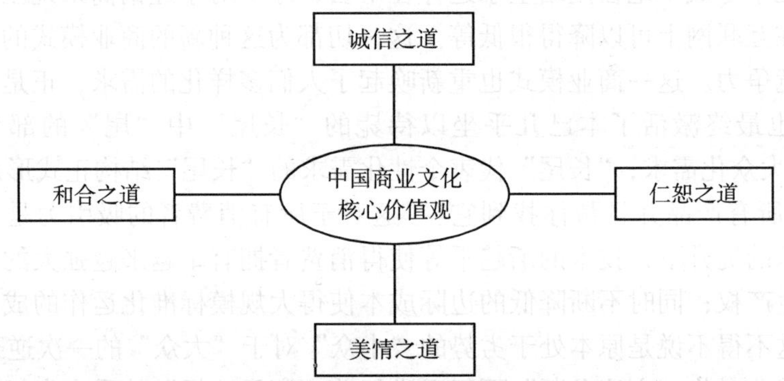

图 9-1 中国商业文化核心价值观的内涵

商业文化有五个作用：一是传导作用；二是增值作用；三是展示作用；四是创新作用；五是约束作用。商业文化对企业商业模式的变革、经济文化的交流有着积极的影响力。如表 9-1 所示。

表 9-1 商业文化的五个作用

作用	内容
传导作用	汇众聚合民族文化、地域文化、城乡文化和科技文化等通过商业文化的传播和引导深入到民族、社会、国家的各个层面发挥着沟通交流的作用
增值作用	通过商业文化“包装”具有特殊内容的文化附加值，包括艺术附加值的增值、时尚心理的增值、优质服务的增值

续表

作用	内容
展示作用	展示着优秀的传统文化与现代科技文化的融汇发展水平，呈现出物质文明与精神文明的建设状况，体现企业多种形象、内部结构、陈列摆布、软硬件设施的运作情况以及员工精神面貌、品位素质的状态
创新作用	来源于传统优秀文化的发掘应用，包括商场内外部环境的营造和企业营销艺术的创新
约束作用	商业伦理文化是商业文化的重要内容，它规范与制约着企业行为，关系到人际关系的和谐和社会秩序的安定。优秀的企业都重视培养提高职工的道德素质、行为规范与智行运作，使商业伦理文化成为一种运作力量

随着全球经济一体化进程的加速，商业文化将成为经济的驱动力、增长点。

首先，商业文化促进了文化产业在互联网时代的高速发展。据国际文化咨询公司数据显示，文化产业约占全球经济比重的7%，而且增长速度总体上超过世界经济的速度，全球市场特别是中国市场的发展潜力巨大。目前，各国政府正对“文化经济”显示出浓厚的兴趣，并对设计、网络、游戏、艺术、文化、品牌等领域做了规划。

其次，商业文化才是成就一个品牌的魂，技术不过是表。要打造一个全球知名品牌，需要对中国文化价值重新认识及对创造力的释放。这将改变“中国制造”低廉劳动力的世界形象，开启融入东方文化的“中国智造”、“中国资造”的商业文化新经济的新篇章。届时中国不仅是世界工厂，而且是东方文明、商业模式和产业资本输送中心。

最后，商业文化驱动商业模式变革成为一种趋势，成长之路必定是一个“竞争—合作—协作—协同”的演化过程。其成长的路径主要有三条：一是攫取商业模式创新的价值，即做文化产业创新商业模式推广的利益最大化者；二是打造高效增值的价值链，即通过优化文化产业资源整合，占领产业的高附加值领域，形成基金收益的价值链；三是获取全球化战略投资收益，即通过文化产业全球化战略布局，打造基金的品牌，扩大基金的影响力，形成全球化的规模效应和垄断收益。

四、消费体验开始流行

“体验式消费”在家电、手机等产品领域早已盛行。一些经营商家推出的“免费试用”、“先消费后埋单”等促销手段都是其具体的体现。实践表明“体验式消费”在推动家电、手机等产品的销售上发挥了积极的推动作用，并促进了传统行业商业模式的变革。

消费者已超出单纯实用性层次，购买行为多来自身心的感受和体验。“体验式消费模式”这一模式的含义是，现今的消费者不仅重视产品或服务给他们带来的功能利益，更重视购买和消费产品或服务过程中所获得的符合自己心理需要和情趣偏好的特定体验。在产品或服务功能相同的情况下，体验成为关键的价值决定因素，往往是消费者作出购买决策的重要依据。"体验式消费"的另一层含义是，人们对纯体验性消费的需求日增，"花钱买刺激"已经成为一种消费时尚，人们的全部收入中用于休闲、娱乐等方面的开支比例也呈不断加大之势。种种迹象表明，消费者变得越来越感性化、个性化、情感化，他们的需求重点已由追求实用转向追求体验。

由传统消费向体验型消费发展势在必行，通过增强体验度和强化与电商的差异，将消费者的线上线下消费有机结合是传统行业商业模式变革的必由之路。如上海信约商业地产运营的鼎基国际城市广场在体验式购物中心的基础上融入了艺术元素，旨在打造成一个浓缩的城市精华，打破传统意义上的购物中心，将人文艺术渗透到商业运营中，运用多元化、个性化的业态组合与资源配置，倾力构筑一个艺术、人文、时尚、自然体验之地，彻底与传统的购物中心区别开来。这种大胆的创新和变革，无论是对临朐的商业经济还是中国体验式购物中心未来的发展趋势，都有举足轻重的作用。

虽然体验式消费与传统的消费方式相比，可节约60%的运输成本、30%的运输时间、55%的营销成本和47%的渠道成本，客观上大大缩短了生产与消费的距离，对生产、流通和消费都产生巨大的促进作用，但体验式消费作为一个新兴的企业商业发展模式，没有固定的模式，很难说哪种就更标准，要看具体营销人员的创意。因此，仍存在着很多问题，未来还有很长的道路要走。目前阶段主要有以下亟须完善的四个问题：一是顾客非理性化购买的行为增多；二是顾客体验消费的营销方式单一；三是企业在对新产品进行顾客体验式消费的营销时，地域分配严重不均，各种商品的体验店纷纷设立在一二线城市，而相对落后的城镇和农村几乎没有；四是体验营销模式泛滥，体验营销充斥市场各个角落，不论什么产品似乎都要蹭一点"体验营销"的光。

这些存在的问题正是我们进行商业模式创新和变革的契机，每个问题的解决都会带来无限的商机。

商业模式变革专栏1　华润集团的产融结合新模式

2013年"华润系"动作频频：华润创业整合乐购中国，华润雪花收购金威啤酒、茅台啤酒，华润电商呼之欲出，华润停车场业务上市也进入倒计时……作为"子弟兵"的华润银行深圳分行也表现出后起之秀的姿态，实现国内供应链金融发展史上又一次里程碑式的跨越。

第一，产融结合模式：融资、融智、融商。中国金融业的商业模式正从负

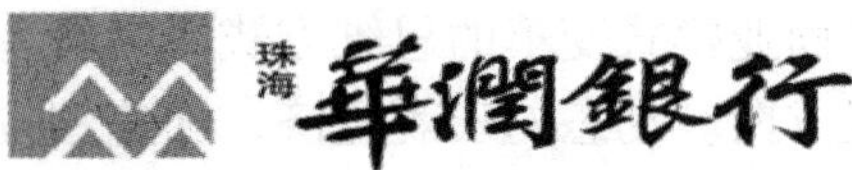

图片来源：www.21cbr.com.

债型银行向资产型银行蜕变。华润依据商业化的原则推动产融结合，通过对价值链的深刻洞察、借助金融服务的梳理，最终提高行业价值链的创造能力。这不仅是融资，也是融智、融商。根据华润的战略构想，入股银行就是要顺应宏观经济形势的要求，基于多元化实体经济的特殊优势，打造开放式的、有华润特色的金融平台。华润银行依托“华润系”延伸出来的产业链条，成为中小企业便利的融资平台。

第二，以产融协同为核心的“一轴两翼三渠道”核心路径。“一轴”是指以华润产业资源为轴心，积极推动产融结合，努力建立专业专长；“两翼”中的一翼是指建立核心客户群体，积极发展负债业务和中间业务，另一翼是指积极开拓及支持中小企业金融服务，着重发挥资产业务，实现资产负债业务均衡发展、比翼齐飞；“三渠道”是指银行物理网点、电子银行和华润集团既有的客户群体、销售网络等三种渠道，通过“三管齐下”，实现交叉销售，突破发展瓶颈。银行通过与华润集团各产业专家密切合作，产融协同已经从产品研发进入推广和营销阶段，即将开办的高级产融协同班将负责培养产融复合型专家，打造出中国第一支专业的产融协同队伍。

第三，华润基因：“产融结合+供应链金融”发展新模式。华润银行有别于其他股份制银行或者城商行，其定位于“产融结合”的差异化经营路线，并依托华润产业集群构建“一轴两翼三渠道”的战略规划，探索“产融结合+供应链金融”的差异化业务发展新模式。线上化供应链金融系统是华润实施产融结合战略的重点举措，也是华润打造核心竞争力的关键项目之一。通过供应链金融全流程“一站式”服务，实现核心企业、授信客户、物流监管方和银行的多方对接，推进银行流程优化和创新，给客户带来更优质的服务体验。

资料来源：作者根据多方资料整理而成。

第二节　商业模式变革的方式及其阶段

宏观经济的动态性是商业模式变革的外部条件，互联网技术是商业模式变革的动力源泉，商业文化是商业模式变革的思维方式，消费者的消费方式和行为习惯是商业模式变革的发展方向。动态的宏观经济，加速的技术革新，变化的商业文化以及流行的消费体验，这些外在因素发展改变自然要求企业内在的商业模式必须进行变革。那么如何对商业模式变革进行行之有效的管理也就成为我们研究的新议题。

一、商业模式变革的方式

互联网上的商业模式一直没有改变，而是我们实现商业模式的方式在变。互联网时代商业环境的变化已经广泛触发了企业商业模式的调整与变革，旧的组织结构和层级制无法产生竞争所需的灵活性、创造力和分享机制，对传统商业流程"零星的改革"已经无济于事，只有战略性的、企业级的、贯穿整个价值链的深度变革才能使企业真正获得制胜的先机，最终的获胜者将是那些创造大量知识并将知识快速转化为消费者价值的企业。

商业模式变革包括客户界面变革、企业核心战略变革、战略资源的新获与重组、价值网络的优化等，其每个维度及要素内容的变革又从属于技术变革、管理变革、市场变革、制度变革。但是，单独的一个维度或某一个要素内容的变革可能都无法构成商业模式变革。企业家只有将各种要素相结合，建立起一个新的盈利系统以及在竞争中获胜的新标准，才能被称为商业模式变革，创造竞争优势。因此它是多种传统变革相融合的系统化变革。

一般来说，商业模式有六大变革方式，即通过量的增长扩展现有商业模式；更新已有商业模式的独特性；在新领域复制成功模式；通过兼购或出售来更新商业模式；发掘现有能力，建立新的商业模式；根本改变原有的商业模式。具体如图 9-2 所示。

第一，通过量的增长扩展现有商业模式。这种方式即是在原有商业模式的基础上将业务引向新的地域、增加客户数量、调整价格、增加产品线和服务种类等，即通过量的增加，在原有商业模式基础上增加利润回报。如从 1999 年 11 月当当网（www.dangdang.com）正式开通至今，当当已从早期的在网上卖书拓展到卖各品类百货，包括图书音像、美妆、家居、母婴、服装和 3C 数码等几十个大类，其中在库图书、音像商品超过 80 万种，百货 50 余万种；目前当当网的注册

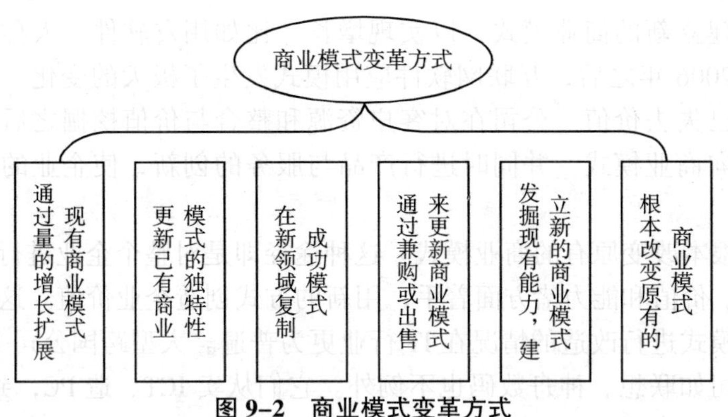

图 9-2　商业模式变革方式

用户遍及全国 32 个省、市、自治区和直辖市，每天有 450 万个独立 UV，每天要发出 20 多万个包裹；物流方面，当当在全国 11 个城市设有 21 个仓库，共 37 多万平方米，并在 21 个城市提供当日到达服务，在 158 个城市提供次日到达服务，在 11 个城市提供夜间快递服务。这些途径包括设在各地的分支机构、电话、传真、印刷目录等，现在再加上网上订货，就更强化了其以方便客户为价值诉求的商业模式，有效地实现了商品销售量的增长。

第二，更新已有商业模式的独特性。这种途径注重更新的是企业向客户提供价值的独一无二和不可替代，借以抵抗价格战带来的竞争压力。如世界最大的电商阿里巴巴集团在阿里平台中小企业卖家资源沉淀积累的基础上，相继在 2003 年上线淘宝、2004 年推出支付宝，并随着激增的业务量继续推出阿里云、中小企业融资、物流等独特的电商服务类业务。由于其独特且有预见性的战略眼光及在模式上的持续创新力，使其在成立后仅用几年的时间就由一家名不见经传的小公司成长为世界级互联网巨头。

第三，在新领域复制成功模式。有些情况下，企业用现成手法向新市场推出新产品，等于在新条件下复制自己的商业模式，在新的领域中移植原有的成功经验。如美丽说和蘑菇街的模式也不是国内外首创，美国也有一些类似的社交商业类的网站，但其经营的范围就不限于服饰、饰品，而是涉及比较具有设计感的小物品，如包、鞋、家居用品等。

第四，通过兼购或出售来更新商业模式。相当多的公司是通过购买或出售业务来重新为自己的商业模式定位，这些公司中有些曾经到了巨额亏损后破产的边缘，而兼购或出售之后，一种新的商业模式挽救了企业。如梅花伞的案例可谓典型。它历经数次转型重组，梅花伞主业从小伞做到大伞，再重组转型矿业，最终华丽转身为网页游戏，今日起股市再无“梅花伞”，横空出世的是“游族网络”。

第五，发掘现有能力，建立新的商业模式。有些公司围绕自身独特的技能、优势和能力建立新的商业模式，以实现增长。比如用友软件，人称中国软件龙头的公司，2006 年之后，互联网软件应用模式发生了极大的变化。传统的直销式商业模式已失去价值。公司在对客户资源和整合与价值挖掘之后，推出了全新的客户导向商业模式。并同时进行产品与服务的创新，使企业的盈利出现了加速增长。

第六，根本改变原有的商业模式。这种途径即是对整个企业进行改造——从组织、文化、价值和能力诸方面着手，用新的方式创造企业价值。这种从根本上对原有商业模式进行改造的情况在 IT 行业更为普遍。大型跨国公司 IBM、HP 如此，国内公司如联想、神舟数码也不例外。它们从卖 ICT、造 PC，到系统集成、电子商务，不断改变着商业模式。

商业模式变革专栏 2　用友软件打造 B2B 创新商业模式

图片来源：www.donews.com.

生态圈是指各类型企业通过某种主导产业为核心形成的具有可持续发展特征的产业链生态系统。其本质是打造一个整合各方资源的、开放的、社会化协作的平台，为用户提供更快捷、更高效的服务和体验，最终实现各方合作共赢的生态链。为了支持传统企业互联网化，构建从产品服务经营转向客户经营的生态圈，用友公司构建起了以大型企业管理与电子商务平台 NC6 为基础的企业互联网整体解决方案，该解决方案还可通过集团企业 B2B 架构，支持全渠道分销管理。

第一，用友 NC6 用互联网思维打造 B2B 创新商业模式。用友 NC6 是用友 NC 产品的全新系列，其综合利用最新的互联网技术、云计算技术、移动应用技术等，通过构建大企业私有云来全面满足集团企业管理、全产业链管控和电子商务运营，为集团企业提供了一个全新的支持合规化应用需求和创新需求，以及个性化配置、集成、实施、运维、管理一体化的大型企业管理和电子商务平台，不断帮助集团企业创新管理模式，引领商业变革，实现长期发展目标。用友 NC6 通过对渠道政策与渠道数据的管控，以及便捷的渠道门户平台，可以帮助企业实现全渠道深度分销，让企业"掌握了渠道就掌握了营销的关键"；通过 O2O 一体化营销管理，帮助企业实现电子商务和传统渠道双管齐下的营销策略，O2O 的物流整合，实现业绩增长；通过让营销费用的投放更加精准，让企业"阿米巴经营"真正落到实处；通过提高销售过程的自动化程度，帮助企业实现销售自动化，捕捉更多销售机会。

第二，大数据催生新商业模式。用友 NC6 通过有针对性的数据应用驱动企业，催生新的工作模式、商业模式、企业文化，用友和自己的合作伙伴不断上演着“旧貌换新颜”的戏码。用友 NC6 构建了一个支持大型集团企业多级集团管控体系和矩阵式多级组织管控体系一体化的信息管控平台，根据用户需求，进行数据应用数据驱动管理，发展原型客户，助力“多级集团企业”完成转型升级。

第三，用友正向基于云服务的商业模式转型。国产管理软件要实现跨越式发展，必须在商业模式上进行“革命”。而云服务的出现和应用给用友、金蝶等国产管理软件厂商带来了跨越式发展机会，加速成长为新的世界级 IT 服务提供商。云服务是商业模式创新：一是能给客户提供更多的服务；二是能提升市场扩张的速度；三是能改变管理软件厂商的商业模式，加速向互联网公司转型。用友推出用友 NC6 积极向基于云服务的商业模式转型。

资料来源：作者根据多方资料整理而成。

二、商业模式变革的阶段

从社会形态上看，商业模式经历了原始社会“以物物交换为主”的商业模式、奴隶社会和封建社会“以硬通货媒介为主、物物交换为辅”的商业模式、资本主义社会和社会主义社会“以货币为主，包括金银、纸币和虚拟货币”的市场经济型商业模式。从市场的角度分析，商业模式的变革不仅取决于消费者的消费方式和行为习惯的发展、发生和变化，也取决于科学技术的发展和应用，是一个接一个的“创新—颠覆或改良—融合或完善”的无止境的轮回，即商业模式变革的阶段可分为技术创新主导商业模式变革阶段、倒逼传统商业模式变革阶段和商业模式融合完善阶段。例如，互联网技术的“Web1.0—Web2.0—Web3.0”发展，首先催生了电子商务模式，接着倒逼传统商业模式变革（O2O 变革），再接着是电商模式和传统商业模式的融合（如众包、众筹模式），如图 9-3 所示。

第一阶段，Web1.0（1996~2003 年）：门户时代。这个阶段，互联网初步形成了以新浪、搜狐和网易为代表的三大门户网站。在 Web1.0 阶段，网站进行信息发布，还是多对一的传播。从门户这个中心点出发，基本实现的是一个单向互动。这个阶段，电子商务刚刚兴起，实体商务的商业模式依然占主流，是基于互联网的商业模式创新阶段。

第二阶段，Web2.0（2003~2011 年）：搜索/社交时代。这个阶段，出现了百度搜索、腾讯 QQ、博客中国、新浪微博、人人网等搜索和社交网站。相比较门户时代，用户可以生产信息内容，进而实现人与人之间的双向互动。在这个阶段电子商务开始盛行，并与实体商务的商业模式产生冲突与矛盾，最主要的是电子商务化已成为一种趋势，“粉丝经济”是这个阶段的主要特征。

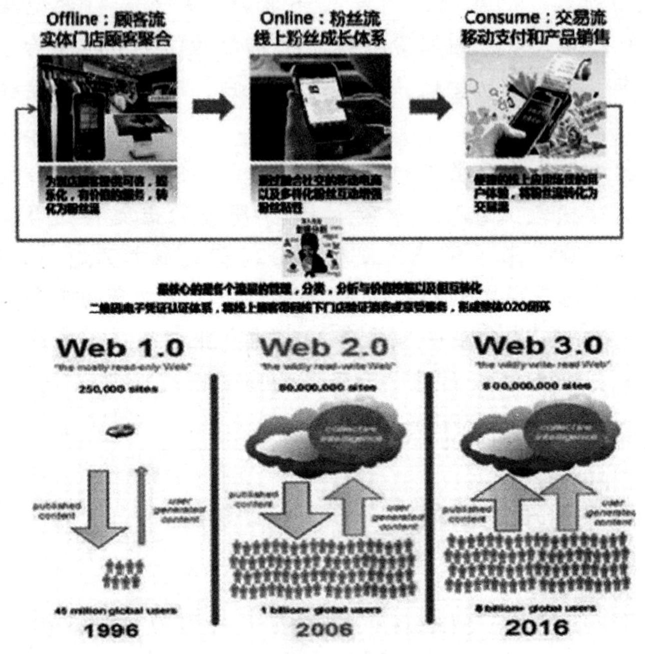

图 9–3　互联网时代的商业变革

第三阶段，Web3.0（2012 年至今）：大互联时代。该阶段是基于物联网、大数据和云计算的智能生活时代。Web3.0 时代的典型特点是多与多的交互，包括人与人、人机互动以及终端间交互。大互联是相比较传统互联而言的。传统互联网主要是指桌面互联和刚刚兴起的移动互联。而作为新一代互联网，大互联是建立在物联网基础上，是一种“任何人、任何物、任何时间、任何地点、永远在线、随时互动”的存在形式。这个阶段，线上线下逐渐协同，移动互联网商业模式成为该阶段的主流，交易流取代“人流”和“粉丝”成为这个阶段的主要特征。

商业模式变革专栏 3　汇通达的商业模式变革

汇通达网络有限公司（简称汇通达）融合互联网思维，洞察客户需求，整合多方资源，创新 O2O 模式，一直致力于中国乡镇市场和万千乡镇终端服务，是中国乡镇 O2O 服务平台的创新领袖。成立不到三年，公司年销售规模就达

图片来源：www.htd.cn.

60亿元，服务网络延伸至苏、皖、浙、鲁等多个省份，培养了4000多个优质乡镇零售网点，带动近万人创业和就业，平台价值及服务口碑为业界称道。

一、汇通达的由来：三方需求

最终形成现在汇通达的模式是汇达通创业团队在家电流通领域创业的决心、三四级市场零售商做大做强做长的需求和家电制造企业向农村市场全面深入渴求的三方需求的交集，显然不是创业团队一蹴而就的灵光闪现。最重要的是，汇通达创业团队拥有十年的家电分销和十年的家电零售基础和经验，家电是这个团队的根和魂。

国内的家电市场给了汇通达一个机会，在汇通达之前，没有哪一个平台或者是制造商给终端零售商提供过全方面的服务，国内的家电制造商难以真正全面地深入三四级市场。因此，汇通达创业团队综合三方需求，于2010年创立汇通达，设计了一个供应链服务平台的商业模式轮廓。

二、从原来的供应链服务平台向O2O网络服务平台升级

对互联网的融合是汇通达升级转型的关键点，即一个有别于传统代理商，同时又要为各个三四级市场零售网点提供物流、信息共享、资金、产品等一系列服务的平台在互联网时代该怎样去融合？汇通达的商业模式按照“四流”运营。

信息流：农村网点通过Pad、智能手机等移动终端设备直接将产品需求信息上传至区域服务商和汇通达ERP系统。汇通达的B2B平台将所有订单汇集后，直接向上游厂家订货。

商品流：汇通达通过买断、代理或经销等形式直接向生产厂家订货，而后再将货品批发给区域服务商，最后由区域服务商批发给乡村零售网点。

物流：产品出厂后直接送往汇通达区域仓库，再由第三方物流公司直接配送到乡村零售网点。由于每个网点的订量事先已知，所以配送计划、路线都能提前确定，由此做到了定时、定点、定量的有序配送。“最后一公里”配送则由乡村零售网点完成，避免了配送员不了解农村情况所导致的低效率。

资金流：订单资金由零售终端网点汇集到区域服务商，再由区域服务商汇集到汇通达B2B平台。此外，汇通达也可根据区域服务商和零售终端需求提供小额贷款服务。

三、汇通达O2O网络服务平台的三个阶段

汇通达商业模式经历了四年的探索和调整才逐渐形成和完善：上游制造商

"只管做"、下游零售商"只管卖"，而汇通达 B2B 平台可以根据上下游客户的不同需要，提供信息、商品、物流和资金等方面的多重服务。其中，思维模式的改变决定了企业商业模式的创新性结果，而移动互联网技术的发展和应用、银企合作和金融服务起到关键性作用。

第一，初创期（汇通达 1.0）。基于大城市的传统家电批发商，主要客户为大中型零售商等。大约一年后，转向乡镇和农村小商户，但主营业务仍为家电批发业务。盈利主要来自于商品购销差价。

第二，转型期（汇通达 2.0）。基于农村市场的家电产品供应链管理商，即通过 PC 端主动收集农村小商户（零售终端）的订单，由汇通达平台汇总后向上游厂家订货。通过汇通达 B2B 平台，实现了供需双方的信息对接，是汇通达商业模式的最大亮点，并由此初步实现了对家电产品供应链的整合和管理。这一阶段的主要盈利依然为商品购销差价或代理佣金。

第三，定位期（汇通达 3.0）。基于农村市场的 B2B 平台服务商。利用智能手机、Pad 等移动终端设备和 ERP 系统，根据农村用户的实际需求，进行品牌或品类组合，以及向上游厂家的直接采购。同时，对终端客户提供店面、顾客、货品管理的指导和培训，提升农村小商户的经营水平和盈利能力。

汇通达商业模式的演化过程有两点显著也是最重要的亮点：一是"产品"的主导地位逐步让位给"顾客"；二是"推销"的思路逐步转变为"服务"。

从未来发展趋势看，仅凭单一品类和有限品牌，可能还不足以支持汇通达的高速发展。未来，汇通达平台会增加哪些关联企业、提供哪些增值服务，以加强用户黏性和平台价值，值得我们继续关注和研究。

资料来源：作者根据多方资料整理而成。

第三节　商业模式变革的契机及其盈利模式

商业模式的变革不是按照生命周期规律发生、发展的，商业模式的变革有起点但没有终点，它的发展轨迹是一条射线，它是一个不断创新、传承和扬弃的过程，创新是科学技术和管理思维的进步，传承是商业文化和消费习惯的保留，扬弃是市场机制和盈利模式的选择和淘汰。商业模式的变革总在"肯定—否定—否定之否定"中不断推陈出新，关键在什么时候（When）、什么地点（Where）、什么人（Who）、用什么方式（How）、做什么事（What），即商业模式变革契机该如何把握。

一、商业模式变革的契机

在经济全球化、互联网时代背景下，商业模式变革的契机分为先机、生机和危机，如表 9–2 所示。面对互联网企业来时，他们经历了大浪淘沙、前赴后继式的电子商务模式实践，占尽了发展的先机；对于正在改造中的传统企业，面对疲软的经济形势，他们找到了生机；而剩下的坚持传统商业模式的企业，只能面对危机，如万科的舵手王石所说的，第一个倒下的可能是万科那样，深陷危机的恐慌中。

表 9–2　商业模式变革的契机

契机类型	内容	代表企业
先机	当一个新生事物出现的时候，只有 5% 的人知道时赶紧做，这就是先机	互联网企业如 IBM、亚马逊、BAT（百度、阿里巴巴、腾讯）、新浪、搜狐、网易等
生机	生存和发展的机会	互联网时代的中小企业如畅游、中华网、凡客诚品、新蛋网、搜房网等
危机	是有危险又有机会的时刻，转折点	互联网时代的传统企业如格力空调、万科、新奥燃气、优衣库、李宁等

第一，先机——网络招商平台抢占移动互联网市场。随着移动互联网的发展，中国网络招商行业出现了以 78.cn 创业商机网、3158 招商加盟网以及 28 商机网三大巨头为代表的各网络招商平台，开始抢占移动互联网市场。处于行业领袖地位的 78.cn 创业商机网凭借旗下的渠道网、78.cn 创业商机网、89178 商机网、23.cn 爱商网，坐拥渠道建设领域的半数以上份额，占据整个市场份额的 21.4%。目前 78.cn 创业商机网、3158 招商加盟网、28 商机网和 89178 商机网已经推出各自的手机应用客户端，创业者和企业用户可以随时随地通过智能终端登录，提高了线上沟通与优质项目的寻找和选择的便捷性，不仅吸引了创业者来到平台，更可以在移动互联网媒体上进行广告投放，扩大平台的市场份额和用户数量。

第二，生机——中瑞思创物联网商业模式成功路径。由于预见到物联网的巨大商机，同时发现 EAS 和 RFID 技术的融合是未来发展的一个必然趋势，中瑞思创正从传统 EAS 行业进军物联网领域，从硬件制造商迈向整体解决方案提供商。中瑞思创基于成为零售行业科技引领者的战略定位，制定了公司发展战略：坚持“做强主业、选育人才、创新发展”12 字发展方针，在巩固和发展 EAS 的前提下，深入拓展 RFID 业务，提升公司新品开发、方案设计等业务能力，并积极向自动识别商用解决方案提供商和运营服务商转型。为此，中瑞思创稳步发展 EAS，大力拓展 RFID，积极开拓国内市场，提高产品与解决方案的市场竞争力，提高产品的市场占有率。目前，中瑞思创已成为全球领先的零售商品防盗系统制造商和方案提供商。

第三，危机——传统企业转型的范本“海尔模式”。海尔不是互联网科技企业，实践的却是互联网战略。在这个互联网时代，所有传统企业都有非常严重的危机感。企业最大的危机，不是当下的利润多寡，而是对未来能否清晰把握。在15年前就意识到了企业面向互联网转型已势不可挡，于是这家拥有8万人的巨型传统制造企业率先走上了变革与自我颠覆之路。海尔以用户为核心，用扁平化、无中心化的方式重新架构网状的组织，用“人单合一”的管理模式，最大程度释放每位员工的活力，实现人人创客化。它致力于将信息网络化，搭建一个与用户零距离、对外合作无边界的平台，打通企业内外资源对接的那堵墙。创造出以互联网思维为基础，在管理模式、组织架构、流程再造、创新等方面转型的海尔模式。

二、商业模式变革的盈利分析

商业模式变革的盈利来源主要来自其价值链的结构和功能的改造或颠覆所带来的运营效率的提高和创新价值收益，如图9–4所示。

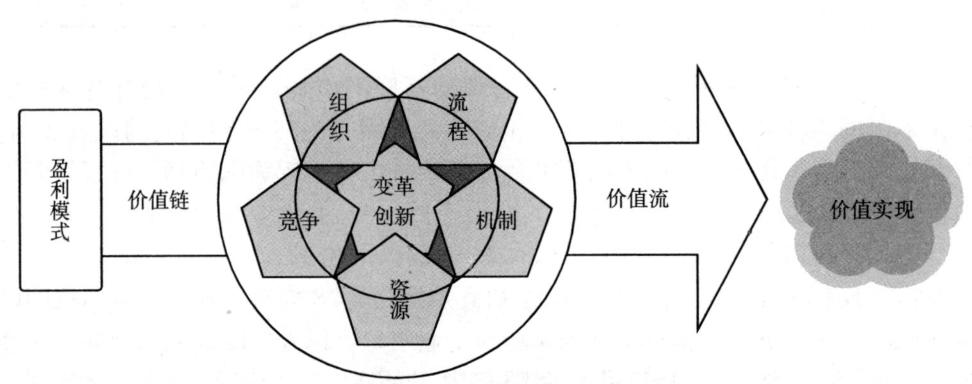

图9–4 商业模式变革的盈利来源

第一，提高运营效率、节约成本。商业模式变革的主要原因是企业本身的经营效率低下，企业的资源得不到充分的利用或因科术的进步，原生产经营模式不适应现有生产要求。企业进行商业模式变革，新模式能够避免旧模式的缺点，提高企业的生产经营效率，从而节约成本，如从实体店到网店、线下到线上的转变，避免了实体店所需要的店面费用和一部分人员的薪酬；线下商家通过线上做商品及服务的广告，薄利多销，消费者落得实惠；这样降低了经营成本，提高了企业的利润空间。

第二，通过创新提高竞争力、拓宽业务范围。创新带来价值，创新的应用创造价值。在商业模式变革后的优点是企业有更多的机会拥有更为广泛的市场，如从实体店到网店，企业可以在网上发布自己的产品或服务的相关信息，在网上，世界各地的网民都可以看到企业的产品或服务的相关信息，这样可以节约大量的广告费等营销费用，并且有机会拥有更多更广的市场范围和顾客群体，有利于商品促销、新品信息的广泛传播和顾客寻找自己需要的商品。创新带来的流量、流质的变化正是商业模式变革的盈利源泉。

第四节　商业模式变革的风险及障碍分析

关于商业模式变革的实践在各个行业层出不穷，其中有成功的经验，也有不少失败的教训。如何提高商业模式变革的成功率，合理控制商业模式变革的风险与障碍，成为管理者们日渐重视的问题，电子商务企业更为迫切。互联网技术给电子商务企业带来了迥异于传统企业的竞争力，也带来了更大的不确定性，与传统企业相异的运作方式带来了在风险的识别、评价与控制上的独特障碍，即如何识别、评价、衡量和控制商业模式变革过程中的风险问题凸显。

一、商业模式解决的问题

关于商业模式的问题我们不得不谈一下“魏朱商业模式模型”。魏炜和朱武祥两位教授认为，一个好的商业模式最终总是能够体现为获得资本和产品市场认可的独特企业价值，完整的商业模式由企业定位、业务系统、关键资源能力、盈利模式、自由资金流结构和企业价值六个方面构成有机的商业模式体系。商业模式要解决的问题不仅包括企业战略制定前的战略问题，也包括连接客户价值和企业价值的桥梁问题，如表 9–3 所示。

表 9–3　商业模式的六大问题

商业模式问题	问题内容
企业定位问题	定位是企业战略选择的结果，也是商业模式体系中其他有机部分的起点。就是企业应该做什么，它决定了企业应该提供什么特征的产品和服务来实现客户的价值
业务系统问题	企业达成定位所需要的业务环节、各合作伙伴扮演的角色以及利益相关者合作与交易的方式和内容。可以从行业价值链和企业内部价值链以及合作伙伴的角色两个层面来理解业务系统的构造。业务系统是商业模式的核心
关键资源能力问题	企业需要掌握和使用一整套复杂的有形和无形资产、技术和能力。任何一种商业模式构建的重点工作之一就是明确企业商业模式有效运作所需的资源能力，如何才能获取和建立这些资源和能力
盈利模式问题	企业如何获得收入、分配成本、赚取利润。盈利模式不仅能够为企业带来收益，更能为企业编制一张稳定共赢的价值网

续表

商业模式问题	问题内容
自由资金流结构问题	企业经营过程中产生的现金收入扣除现金投资后的状况，其贴现值反映了采用该商业模式的企业的投资价值。不同的现金流结构反映企业在定位、业务系统、关键资源能力、盈利模式等方面的差异，体现企业商业模式的不同特征
企业价值问题	就是投资价值，是企业预期未来可以产生的自由现金流的贴现值。如果说定位是商业模式的起点，那么企业的投资价值就是商业模式的归宿，这是评判商业模式优劣的标准。企业的投资价值由其成长空间、成长能力、成长效率和成长速度决定。好的商业模式可以做到事半功倍，即投入产出效率高、效果好，包括投资少、运营成本低、收入的持续成长能力强

二、商业模式变革的风险

系统化商业模式变革的秘诀就在于找出价值链上的风险，再确定是降低风险，还是转嫁风险，或者主动承担风险。进行商业模式变革的风险可以分为技术风险、运营风险、法律风险、市场风险和政策风险，如表 9–4 所示。

表 9–4　商业模式的风险指标等级划分

目标	一级风险指标	二级风险指标	三级风险指标
商业模式变革风险	非系统风险	技术风险	数据安全风险
			技术选择风险
			系统稳定性风险
			系统安全性风险
		运营风险	人力资源风险
			管理风险
			财务风险
			战略风险
			合作伙伴风险
			顾客流失风险
		法律风险	隐私风险
			知识产权风险
			交易法律风险
	系统风险	市场风险	利率风险
			汇率风险
			商品价格风险
		政策风险	监管风险
			信用风险

人们可以利用延迟制造、修改合约、精准数据、驱动创新等方法来降低商业模式风险，如图 9-5 所示。

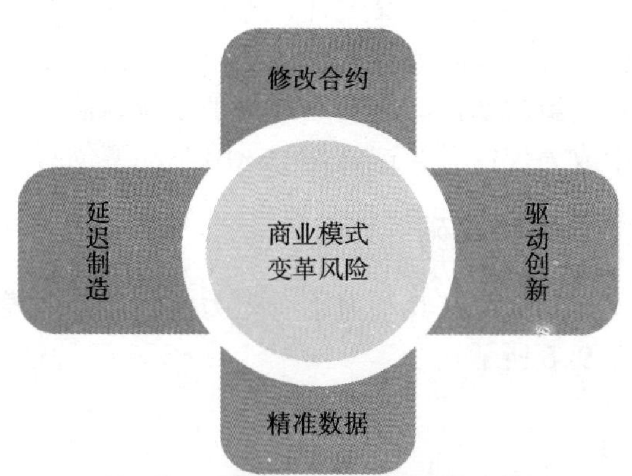

图 9-5 降低商业模式风险的方法

第一，延迟制造，降低风险。顾客偏好经常会发生变化，有没有对需求不确定性所带来的风险进行管理而降低成本的方法呢？为了满足最新的顾客需求和偏好，企业需要延迟制造，加快生产流程。所谓“延迟制造”，并非很多人理解的为推迟投产时间，而是指用一些模块化的方法，明确地将产品划分为“标配”和“选配”，标配件（共需的部分）提前生产，选配件（差异较大的部分）则尽可能地推迟到市场供应的最后，根据相对更确定的需求生产。通过这种方式，对需求更准确地了解、把握与预测，降低和控制需求的不确定性（风险），从而产生新的商业模式。

第二，修改合约，转嫁风险。所谓“修改合约”是指通过利益相关者之间的关系处理，修改利益相关者之间的合约，将风险在相关者之间进行转移。如中国家居销售连锁第一品牌红星·美凯龙“修改售后服务合约”管理消费者投诉，改变原来直接让消费者与厂商自行沟通的方式为“先付先赔”的质量保证金方式，使得消费者购物的信心大增，控制了销售风险。

第三，精准数据，让价值创造更优化。当企业无法通过降低或转嫁的方式来规避风险时，还有一种方式可供选择，即收集更加准确的信息，具体来说，就是让决策的信息更加可靠，从而让价值创造更优化。以吉盛伟邦与新浪家居的合作为例，凭借新浪家居丰富而精确的客户数据资源，两者的深度合作成功达到了“四赢”的目标，即新浪、吉盛伟邦，以及其国际城中的进驻厂商和消费者的四者共赢。

第四，增加风险，以风险驱动创新。如果一个企业管理风险的能力比对手强，那何不通过进一步增加风险，将自己在风险控制上的优势发挥到极致，让对手望尘莫及？当风险得到了有效的管理，企业便能够通过快速试验和敏捷性开发技巧，提高成功概率，创造出真正能带来收益的创新组合。敏捷性开发是指加强与客户、市场的互动，不断改进产品设计，进行产品开发的过程。

因此，如果企业本身对风险具有远超过竞争对手的把控能力，那么有意识地增加风险不失为一种创新的选择。能够通过增加系统风险实现商业模式创新的企业必定能够在行业中成为佼佼者，这就是“风险驱动型创新”的价值。

三、商业模式变革的障碍

可以说，商业模式的变革有其动力也有阻力。阻碍商业模式变革的因素主要包括五个方面，如图 9-6 所示。

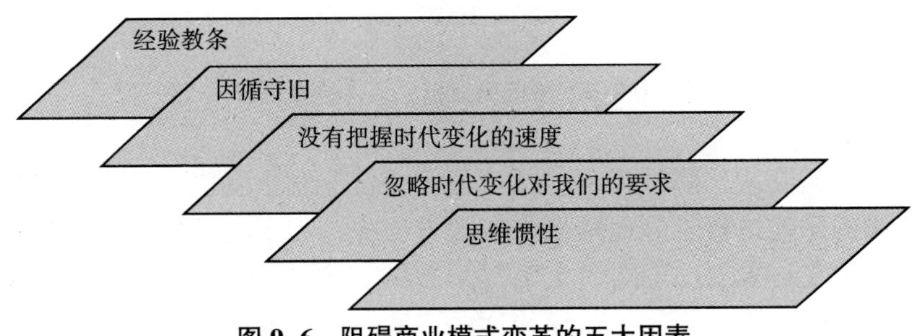

图 9-6　阻碍商业模式变革的五大因素

第一，经验教条。很多企业在原有的商业模式运营过程中，总结了很多的成功经验，形成了很多的认知，但往往是这些所谓的“无价之宝”却成为了企业发展的一个包袱、负资产，甚至构成了企业未来发展的敌人，最典型的案例莫过于柯达公司，柯达作为一个数字相机的技术发明者，反而陷入了经营的困境，它在 2005 年、2006 年，每年的亏损达到 10 亿美元以上，其致命的错误在于判断错了感光胶片向数字相机转变的速度。一项技术，如果没有商业化的应用，它是没有价值的。

第二，因循守旧。仍以柯达公司为例，柯达的商业模式变革转变落后于整个时代。柯达每年依然有 500 项的技术专利规模，是中国任何一家企业无法望其项背的，但它却陷入了亏损的泥潭，主要原因就是因循守旧，柯达的 CEO 讲过一句非常有名的话：“我左脚踩在创新的油门之上，右脚踩在传统的刹车之上，我是一会儿踩刹车，一会儿踩油门，我也不知道我该干什么了。”很多人听了觉得非常好笑、非常有趣，其实回想一下自己，我们比柯达还可悲，因为柯达还不断地在踩油门，只不过时不时又回来踩刹车，而绝大多数的中国企业，是牢牢地把那只脚踩在刹车上面，基本上不踩油门，我们的脚在刹车上已经固定了、生锈了。

第三，没有把握时代变化的速度。中国惠普公司的总裁孙振耀先生曾经说过，唯一不变的就是变化。那时候大家会说这话讲得真好，但是今天这句话已经变成家常便饭。2009 年，这是个以 X 倍数变化的时代，中国的汽车市场在 2009 年第一季度已经成为全球最大的汽车市场，而原来我们以为这个时间要到 2015~2020 年。中国各行各业都在世界级的领域扮演着越来越重要的角色，中国的企业也在走向海外。

另外，现在谁是全世界最大的数码相机公司呢？索尼？佳能？松下？都不是，现在全世界最大的数码相机公司是诺基亚，因为诺基亚全球的手机 60%已经标准配备了数码相机的功能，标准配备达到了 500 万像素到 800 万像素，而这个像素水平在两年前还被认为是高档数码相机的代表，所以手机不再是手机，它已经成为移动多媒体终端。总之，从传统的胶片到数字相机，到移动多媒体终端，在短短的五年之内，已经完成了这么大的跨越和转变。

第四，忽略时代变化对我们的要求。在这样一个快速变化的时代，如果我们不能迅速地变化，企业的利润将化为乌有。柯达公司的利润曾经被认为是像印美元一样的。当年一个彩色胶卷卖 15~16 元，高峰的时候卖到 20 元，但它的生产成本不到 1 元，柯达公司曾像抢钱一样地做生意，但现在却陷入亏损，更何况我们中国很多的企业，本来就不赚钱。所以，当环境发生变化的时候，我们的挑战是极为巨大的。我们要记住，过去所谓成功的经验，就是我们的包袱。更何况很多还不是成功的经验，只是生存的经验。我们下一步只有走创新这条道路才能发展。

第五，思维惯性。我们每个人的成见，每个人所谓的见解、惯性、理性，是创新最大的敌人，创新最大的障碍是不可能、做不到。一旦说不可能，怎么做也没有意义了，商业模式也不可能去突破。李宁公司的广告语是“一切皆有可能”，美邦是“不走寻常路”，我们只有具备这样一种开阔的胸怀来学习商业模式，才能够有收获，才会有价值。如果一开始就把这个大门关闭，我们就无法吸收到商业模式的精彩内容。

商业模式变革专栏 4 花样年调控下的商业模式变革

图片来源：www.cnfantasia.com.

房地产宏观调控带给房地产市场更多的是强者愈强、弱者转型。花样年集团（股份代码：1777.HK）已全面完成基于未来移动互联网、客户大数据时代的业务战略布局，成为中国领先的以金融为驱动、社区服务为平台、开发为工具的金融控股集团，业务涵盖社区金融服务、彩生活住宅社区服务、地产开发、国际商务物业服务、社区文化旅游、社区商业管理、社区养老、社区教育产业等八大增值服务领域。花样年的企业愿景是致力于成为有趣、有味、有料的生活空间及体验的引领者，为有价值追求的客户提供品位独特、内涵丰富的生活空间及体验。

一、宏观调控下从产品思维向平台思维“蝶变”：轻资产战略转型

花样年地产集团开始把业务分拆成地产基金和代理建设公司，开创了全新的商业发展模式。在彩生活示范效应和资本效应推动下，花样年加快全面启动从产品思维转向平台思维的轻资产转型战略，旗下八大业务板块开始加速协同与融合。构建基于住宅社区、养老社区、商业社区的多元化、立体化的新型社区服务运营平台，最终成为以金融为杠杆、以服务为平台、专注于生活空间及体验的金融控股集团。

在商业管理领域，花样年特色的轻资产商业管理模式初具雏形，实现线上线下的跨界合作，开启了全新商业合作模式。

在金融业务领域，花样年金融正在围绕社区金融不断拓展，逐步开展与花样年集团各业务板块的创新性合作。旗下的在线 P2P 贷款业务正在与彩生活开展深度合作，拓展跨境融资业务。

在养老产业领域，借助花样年平台的力量，加强与其他业务板块的资源整合和合作力度，推出“利息养老”产品，帮助老年人以更好的支付方式享受服务。

二、花样年的互联网化：社区互联网商业模式

传统的物业公司通过互联网基因重组，将实体社区变成基于大数据的互联网平台。在彩生活上市路径中，社区电商是其上市的核心利器，利用最新的移动互联网、物联网、云计算等技术，推出社区服务平台。而母公司花样年的房地产销售也只是为了把社区资源整合到花样年平台上。

在花样年的战略里，与淘宝、天猫竞争将会成为彩生活集团的发展方向。换言之就是将彩生活物业管理的社区居民变为潜在消费者，以手机 APP 的形式将商户与居民联系起来，住户可以使用 APP 等工具实现大部分的社区消费，把传统的物业公司通过互联网基因重组，将实体社区变成一个基于大数据的互联网平台。通过提供多元化服务，提升整体盈利能力及解决市场需求，扩展传统物业管理的业务范围，发挥其 O2O 平台的效益。

三、花样年的盈利模式：社区增值服务

盈利模式有两种，一是高边际利润率，二是高成交量。传统的物业管理属于高成交量的盈利模式。传统的物业管理仅是对小区内公共场所、公共设备进行管理和服务的一种模式，主要提供保洁、保安、保修等服务，依赖向

业主收取物业管理费而生存，依靠大量的人力来达成各种服务，因而，物业管理60%~70%的成本花费是在人力上，利润水平较低。

花样年“彩生活”属于高边际利润率盈利模式。其以科技、设备、智能化的手段来取代劳动力，通过打造社区电商平台为目标，构建住户、商家、彩生活的生态圈，利用海量客户资源及大数据商业平台，吸引商家提供增值服务，扩展服务内容和服务触点，利润来源已经不再是传统的物业收费，而是增值服务。

资料来源：作者根据多方资料整理而成。

第五节 商业模式变革的管理

无论是主动地进行商业模式变革，还是被动地进行商业模式变革，都是由其外部环境和内部动因共同决定的。然而，为什么商业模式变革总是失败的多成功的少呢？最核心的原因是变革过程的控制即管理出现了问题。商业模式的变革无小事，牵涉到企业错综复杂的利益关系和变革的动因、方式、路径、模式和策略方方面面的问题。因此，在商业模式变革之前必须搞清楚三个管理范畴的问题：一是为什么变革？二是变革什么？三是怎么变革？

一、价值链进行有效管理

企业为什么要进行商业模式变革？因为追求更高的利润是改革的核心，也是改革的动力。这就需要我们对价值链进行有效的管理，重新设计或改造价值链，使之更有效率地运营，产生更高的利润。对价值链进行有效管理的主要步骤：

第一，识别各项价值的驱动因素。企业价值链的内部构造如图9-7所示。价值动因多种多样，概括起来可以分为结构性价值动因和执行性价值动因两大类，结构性价值动因反映了公司的长期决策，并确立了公司在产业及市场中的地位，如规模经济、学习溢出、时机、地理位置和机构因素等。执行性价值动因可以帮助企业制定经营决策以便合理利用资源，达到既定战略目标，如技术、生产能力利用比、联系、整合、质量管理等，管理政策、企业风格、文化背景和管理人员的素质等因素决定了这类动因。

第二，识别价值链中不同价值生成过程之间的内在联系。作为竞争优势的源泉，价值链之间的关系及其联系与各种价值链本身同等重要。而且，这种联系可

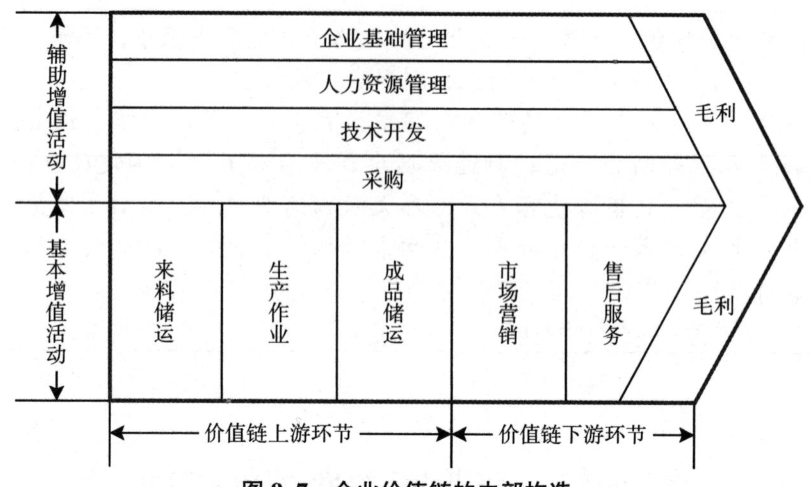

图 9–7　企业价值链的内部构造

以提供可持续的竞争优势，因为这种复杂的竞争使得竞争者难以模仿。如图 9–8 所示。

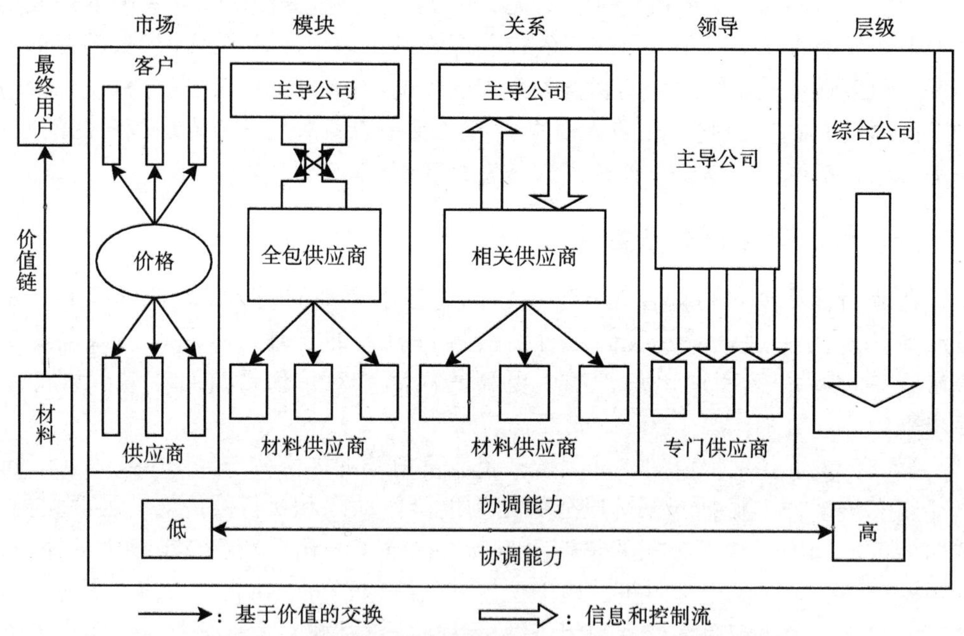

图 9–8　价值链中不同价值生成过程之间的内在联系

第三，制定价值链优化整合方案。企业对价值链进行整合等一系列活动就称为价值链优化，主要措施包括业务流程再造、组织再造和文化变革、业务外包、产业价值链整合、供应商协同、分销商协同、顾客联盟、竞合策略等内容，具体如表 9–5 所示。基于价值链的商业模式变革必须在此基础上，制定并多方论证价值链优化整合方案，建立相关反馈修正机制，稳步推进改革进程。

表 9–5　价值链优化整合管理

价值链优化整合措施	内涵
业务流程再造	包括次序改变、消除整合、自动化三个措施。次序改变是指改变组织流程的先后次序；消除整合就是废除不必要的或不具有战略意义的环节；自动化是指将流程的部分工作用信息技术自动地读取、传递、处理，从而极大地提高工作效率
组织再造和文化变革	流程再造往往伴随企业组织结构和文化的改变与适应。组织再造将通过组织结构重整以便更有效率地完成某些业务流程。流程再造若要成功，就必须培养新的企业文化，改变传统组织的本位主义并坚持以顾客需求为导向
业务外包	对企业战略环节的重新定位，即缩小经营范围，将企业资源集中于最能反映企业相对优势的领域，构筑自己的核心竞争优势
产业价值链整合	将具有竞争优势的各种资源通过它的组织结构和价值链内在联系，把供应商、零售商乃至顾客联结起来，增强产业链中各企业创造和保持竞争优势的能力
供应商协同	企业与供应商密切协作共筑价值链体系，可以缩短产品开发周期、降低开发成本，改善物料流程
分销商协同	帮助分销商改善价值链或对分销商实施兼并，促成购销双方采取最经济最有效率的价值链对接方式节约其运营成本，降低最终消费者的购买成本，促成分销商调整其盈利水平，以增强企业的成本竞争优势
顾客联盟	通过定制模式（提交最合适的解决方案）、引导模式（指引顾客走向成功）、合伙模式（创新与结合）等客户资源整合方式重塑价值链形态，实现实体或虚拟资金流、物流、信息流和商流的有效分布和高效循环
竞合策略	竞争策略是指企业一方面要相互竞争，另一方面也要讲究合作，这种合作可能是为共同对付一个更强大的竞争对手，也可能是两个竞争对手之间的相互合作，以避免过度竞争对彼此造成伤害

第四，商业模式变革的价值链效率评价。价值链效率的提高是商业模式变革的主要目标之一，也是衡量商业模式变革成功与否的关键。创新活动环节众多，过程复杂，创新效率评价要综合考虑创新的各环节特征以及不同环节的投入、产出情况。根据创新价值链思想，对我国大中型制造业创新效率进行评价，就要从科技产出、物化产出、价值产出三个环节分别进行。由于创新投入、产出的多指标特性，研究工具选择数据包络分析法（DEA）比较合适。结合我国制造业发展实际，分别从行业视角和区域视角进行深入研究，通过 DEA 效率评价，发现不同视角下各个环节的效率现状并进行归纳、分析。在此基础上，针对创新环节的不同，分析影响各个环节创新效率的因素，结合多元回归模型，验证各个影响因素的影响程度与效果，据此给出相关对策建议，以此促进我国大中型制造企业创新效率与产业竞争力的提升。如图 9–9 所示。

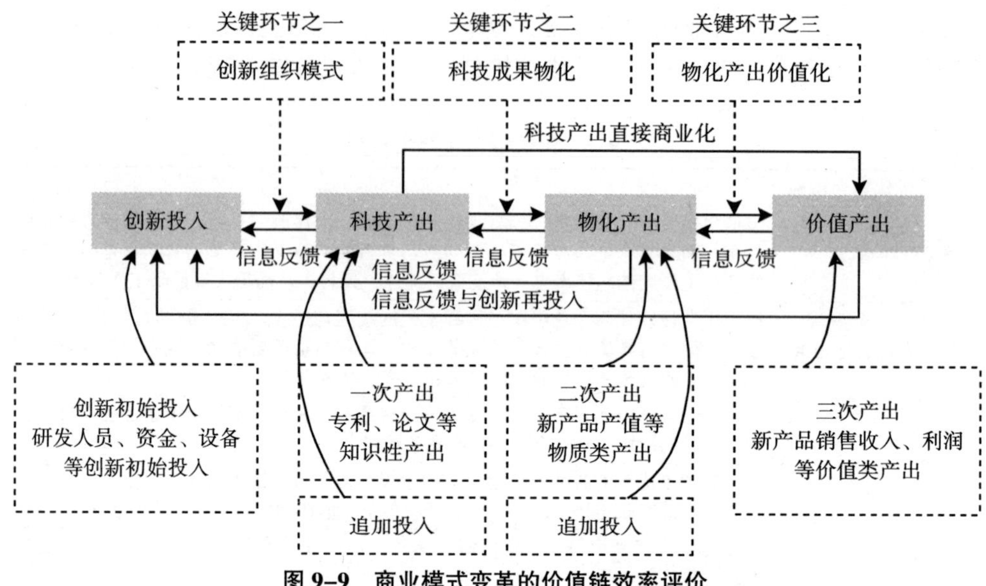

图 9–9　商业模式变革的价值链效率评价

二、用户至上的互联网思维

敲响大工业化时代丧钟的象征为什么是互联网？因为没有开始、没有结束、没有中心的网络虽令人迷惑但充满活力，在所有结构中，唯有网络结构能够包容真正的多元化。建立在互联网之上的互联网思维本质正是一种“商业民主化的思维”，它所对抗的是强调控制、标准、垄断的工业时代文明。若要为互联网思维归结出一个简单明了的商业原则，那就是“用户至上”。无论是跨界创新、产品极致、精益迭代、口碑传播，还是协同组织，归根结底都是满足用户的需求。最关键的是，这将成为企业必须遵从的法则而非可选项目。因此，基于用户至上的互联网思维有如下内涵，如图 9–10 所示。

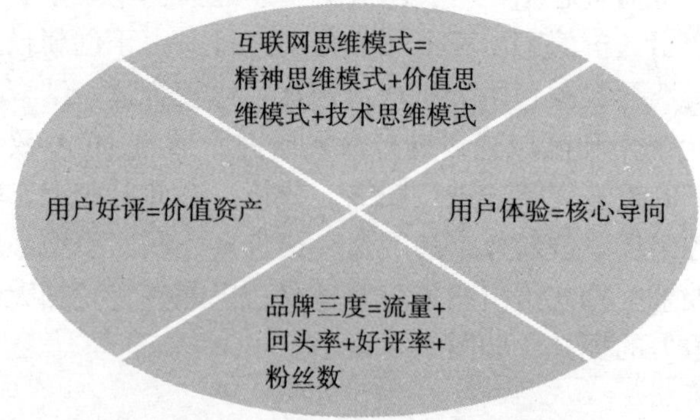

图 9–10　基于用户至上的互联网思维

第一，消费者的主权时代，用户的好评会变成有价值的资产。互联网思维，即品牌营销的用户至上原则是传统企业的救赎之路，互联网和移动互联网一切由用户定义。就像小米所云“用户不是上帝，而是兄弟”，不再如传统企业自我标榜式的营销，而是实实在在的“亲，给好评哦”的零距离服务。如果你拥抱互联网思维，需要重新思考你是否真正具备了用户至上的精神和颠覆、创新、重塑自己的行动力。

第二，用户至上的互联网思维的核心是用户体验，即最后决定谁能在市场胜出的关键用户体验，而不是我们应用 4P（产品、价格、渠道、促销）、4C（顾客、成本、便利、沟通）等营销理论的“精髓”——理性因素分析和“核心”——感性因素分析寻找营销的“灵魂”——求异战略所推导出的用户需求。

第三，互联网时代，无论是用户至上、极致体验、云计算、大数据、物联网还是粉丝经济，互联网思维是指思维模式的颠覆、创新与再造，没有传统的企业，只有传统的思想。对于一切传统制造业而言，借助移动互联网、云计算、大数据、物联网等工具实现产业链的重构，无论产品或服务的定义、研发、生产还是营销都将发生重大变化。

第四，互联网思维的营销管理与传统的营销管理在品牌知名度、品牌美誉度和品牌忠诚度三个方面是一致的，但不同的是互联网思维下品牌的“三度”是由搜索量（流量）、重复购买率（回头率）、好评率和粉丝数等来确定的。如“小米为发烧而生”的营销去除中间环节用户至上的换位思考、苹果的审美与极致用户体验和特斯拉对汽车产业的重新定义。

三、企业资源整合利用

商业模式的变革实质是资源整合。未来 5~10 年拼的是什么？就是资源整合，你能整合多少资源、多少渠道，你就会得到多少财富。趋势，无法阻挡！抉择，要有智慧！虽然交易手段不断变化且人类思维、行为也备受影响，然而，商业模式的基本逻辑是不会变化的，个人、组织都还在期待物超所值的交易，资源的获取成本与创新的价值还是商业模式天平的两端，适应外部环境变化，掌握商业模式的深度系统思维，把握商业模式变革趋势，持续创新与变革，才是不变的、不败的“王道”。

企业资源整合是一个为长远利益而实现的战略决策，随着市场的变化情况与发展，企业的各种资源必须随之整合与优化，这需要极强的战略协调能力。企业必须设立动态战略综合指标，及时调控企业的资源能力，从而完善企业的战略。按照企业之间整合资源的方式不同，可以把资源整合分为三种形式：纵向整合，横向整合和平台式整合。如表 9-6 所示。

表 9-6　资源整合的三种形式

资源整合形式	内容
纵向整合	纵向整合是处于一条价值链上的两个或者多个厂商联合在一起结成利益共同体，致力于整合产业价值链资源，创造更大的价值
横向整合	横向整合是把目光集中在价值链中的某一个环节，探讨利用哪些资源，怎样组合这些资源，才能最有效地组成这个环节，提高该环节的效用和价值
平台式整合	企业作为一个平台，在此基础上整合供应方、需求方甚至第三方的资源，同时增加双方的收益或者降低双方的交易成本，自身也因此获利

从理论上看，有纵向资源整合、横向资源整合和平台式资源整合三种方式，但在现实应用中，很难截然分开，甚至还相互交叉在一起。常见的资源整合方法有业务外包、合资、并购、联合研发产品、特许经营、资源共享、联合调查产品价值、拓宽渠道共享等。

第六节　商业模式变革的趋势

成也商业模式，败也商业模式。21 世纪企业间的竞争已经不是产品与价格之间的竞争，而是商业模式之间的竞争。那么未来 5~10 年的商业模式到底会变革成什么样子？没有现成的模板，但有一点是可以肯定的，必然是与电子商务有关的商业模式，如 O2O 模式等。

一、商业模式变革的趋势

在现在市场条件下，商业模式创新与技术创新、产品创新、服务创新同等重要或者有时更为重要，事实上真正的变革并不局限于重大的技术发明，而是与强大的商业模式相结合，如表 9-7 所示。

表 9-7　21 世纪最具竞争力的四种商业模式

商业模式	代表公司	特征
量贩式经营	家乐福、沃尔玛、易初莲花等	以量制价，以品种齐全来吸引顾客
连锁店	麦当劳、肯德基、7-11、星巴克咖啡等	以店面小、营业时间长降低成本经营的模式
人际网络	保险、房地产、银行贷款、直销等	都是通过人际网络这样的一对一服务进行销售的，它能够让顾客感到无微不至的关怀，满足顾客的情感需求，从而达到持续消费的目的
电子商务	百度、Yahoo（雅虎）、Google（谷歌）、阿里巴巴、淘宝网等电子商务平台	依靠互联网，方便消费者

以信息网络为例，其已经开始从3G向4G迁移，在这样的迁移过程当中，至少有三大技术变革，第一个是进入到大数据时代，第二个是智能化生产，第三个是无线网。在这样的背景下，从IT来看，已经移动运营转向，从运营到内容、从情景环境的感知到泛在服务的应用等转变。

在节能环保产业方面，商业模式同样非常重要，在这其中很关键的一点就是节能服务业的合同能源管理。以LED为例，LED产业在全球都属于被大家关注的新兴行业，在这个行业里不仅仅是技术的演进，如外延片技术以及芯片技术。整个LED产业不仅取决于技术的进步，同时取决于采用什么商业模式推广LED产品，一般来说，目前有三种模式，即EMC、BT管理模式及孵化模式。

在生物产业方面，现在很多人在亚洲生产投资，整个生物产业商务模式应运而生。仅仅从事药物研发，就同时出现了很多技术平台公司，为产业价值链环节提供技术解决方案，还有各种各样的合约组织，包括CRO、CMO等。

在新能源产业方面，从世界范围来看，新能源产业是各个国家的战略性产业，新能源产业面临的同样首先是技术创新的问题，如太阳能电池，需要有更高的效率、更低的成本。另外，新能源的推广又依赖于新的顶层设计和新的商业模式推广。现在从风能来看，如风光互补以及储能系统的集成，就是在新能源推广行业的一个典型模式，其实从今年的很多地区可以看到，以青海的单一电站为例，电站的新能源如果没有其他能源作为互补或者替代的模式就会受到挑战。

电动汽车行业也是一样，尽管电动汽车行业在动力电池方面取得了突飞猛进的进步，但是到目前为止，整个动力电动汽车行业尚不具备大规模的商业条件，这里首先有技术问题，同样也有很多商业模式问题，比如说租赁和电池是什么关系？哪些能够适应市场，能够迅速扩大市场的模式？这都是这个产业取得成功的关键之一。

商业模式变革专栏5　土巴兔的互联网商业模式变革

图片来源：www.to8to.com.

土巴兔，中国第一装修门户，让业主、设计师、装修公司和商家进行了更高效、更绿色、更和谐的交流方式，实现节约、共享、互助、多赢的装修平台。

一、土巴兔的创业过程

土巴兔构建装修家居行业商业模式是在不断摸索和改革发展起来的。自2009年6月第一版网站上线以来，短短的几年时间，经纬创投分别于2011年和 2013 年进行 A、B 两轮投资，红杉也于 2013 年进行投资。

2009~2010 年的初创阶段：创业艰难百战多。

土巴兔推出一个当时较流行的网站土巴兔装修网，帮助用户找设计师的商业模式。但这个模式因用户群很小且中国付费的设计师群体未形成而“流产”了。

2011~2012 年的探索阶段：心若在梦就在，只不过从头再来。

土巴兔优化改进了原有的商业模式，调整为帮助业主找装修公司的模式，这个模式在一定程度上体现出了土巴兔的用户价值，用户群体也比较大，而且装修公司作为 B 端客户也愿意付费。供应链对接、价值链理顺，土巴兔马上火了。

但是这个商业模式存在一个问题，业主面对素质参差不齐的装修公司如何保证高性价比的装修，怎么体现出用户价值？因此，2012 年土巴兔对商业模式进行的优化，要求装修公司必须支持土巴兔的装修满意后付款，且工艺质量必须接受土巴兔的监督，此举进一步提升用户的地位和价值。

2013 年以后的飞速发展阶段，不断进行商业模式变革和创新。

二、土巴兔的互联网商业模式

创业环境决定创业思维。土巴兔在装修家居这个行业活下来并处于领先地位得益于其不断创新的互联网商业模式，如图 9–11 所示。

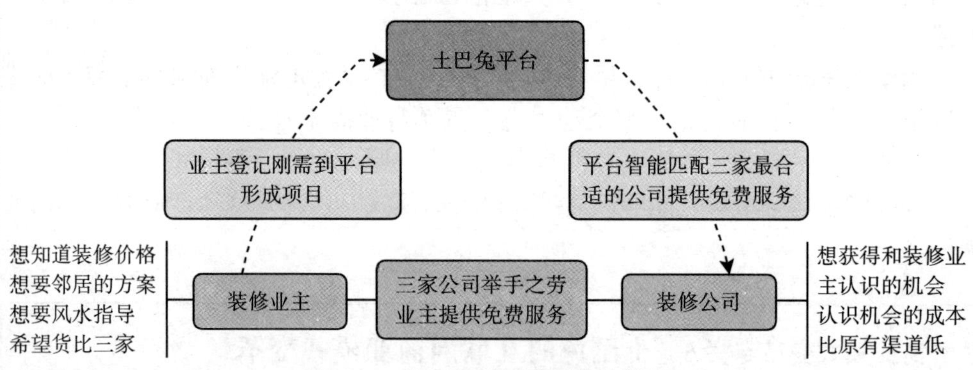

图 9–11　土巴兔的互联网商业模式

构建互联网商业模式，土巴兔考虑的主要有五个问题：一是提供什么价值；二是为哪个用户群体服务；三是在创造这些价值的过程中，如何产生收入；四是如何在不断运营中产生壁垒；五是商业模式的可延展性。土巴兔按照这五个问题经常反思自己的商业模式，不断地再优化、再改进。

三、盈利模式和创新性分析

土巴兔盈利模式主要有以下三点：一是向装修公司提供额外的线上和线下

服务，将服务打包，以会员费的方式进行收费；二是“会员费+增值服务”模式；三是“交易免费+第三方信用担保”模式。通过在自己的网站上让业主和装修公司对接并提供担保换取固定报酬，将展示和交易的信息流转变为强大的收入流并强调增值服务。

创新性主要体现在以下两个方面：一是土巴兔数据开放，为了满足土巴兔客户对于数据分析、挖掘、解读及相关资讯信息的商业需求，土巴兔开放被视为核心战略资源的相关数据，让数据为业主和装修公司服务；二是第三方信用担保土巴兔的装修满意后付款。

资料来源：作者根据多方资料整理而成。

二、建立引领变革的商业模式

商业模式变革是当今企业获得核心竞争力的关键。沃尔玛、亚马逊、Zara、Netflix、Ryanair 航空和 ARM 等企业都是因为它们独特且具有竞争力的商业模式而异军突起，在各自竞争激烈的行业成为领袖。在过去十年成功跻身于《财富》500 强的 27 家企业中，有 11 家都是通过商业模式创新而取得成功的。

虽然商业模式变革很重要，但挑战也很大。商业模式是无形的，远不如产品创新那么具体，而且它也是一个相对较新的概念。围绕商业模式的讨论缺乏统一性和准确性，造成了很多认识上的误区。比如，有人认为它就是轻资产和取代产品创新的便利方法。事实上，很多总裁对本企业的商业模式都缺乏充分的理解，更谈不上变革。本书的目的就是解释商业模式的基本概念，并探讨进行商业模式变革的四种具体方法。

按照 IBM 商业研究所和哈佛商学院克利斯坦森（Christensen）教授的观点，商业模式就是一个企业的基本经营方法（Method of Doing Business）。它包含四部分：用户价值定义（Customer Value Proposition）、利润公式（Profit Formula）、产业定位（Value Chain Location）、核心资源和流程（Key Resources and Processes）。

第一，用户价值定义是为目标用户群提供的价值，其具体表现是给用户提供的产品、服务及销售渠道等价值要素的某种组合（Product/Service/Value Mix）。利润方程包括收入来源、成本结构、利润额度等。产业定位是企业在产业链中的位置和充当的角色。关键流程包括企业的生产和管理流程，而关键资源则是企业所需的各类有形和无形的资源。

第二，商业模式变革就是对企业以上的基本经营方法进行变革。一般而言，有四种方法：改变收入模式（Revenue Model Innovation）、改变企业模式（Enterprise Model）、改变产业模式（Industry Model Innovation）和改变技术模式（Technology-driven Innovation）。

第三，改变收入模式就是改变一个企业的用户价值定义和相应的利润方程或收入模型。这就需要企业从确定用户的新需求入手。这并非是市场营销范畴中的寻找用户新需求，而是从更宏观的层面重新定义用户需求，即去深刻理解用户购买你的产品需要完成的任务或要实现的目标是什么（Consumer's Job-to-be-done）。其实，用户要完成一项任务需要的不是产品，而是一个解决方案（Solution）。一旦确认了此解决方案，也就确定了新的用户价值定义，并可依次进行商业模式变革。

第四，改变企业模式就是改变一个企业在产业链的位置和充当的角色，也就是说，改变其价值定义中"造"和"买"（Make or Buy）的搭配，一部分由自身创造（Make），其他由合作者提供（Buy）。一般而言，企业的这种变化是通过垂直整合策略（Vertical Integration）或出售及外包（Outsourcing）来实现的。如谷歌在意识到大众对信息的获得已从桌面平台向移动平台转移，自身仅作为桌面平台搜索引擎会逐渐丧失竞争力，就实施垂直整合，大手笔收购摩托罗拉手机和安卓移动平台操作系统，进入移动平台领域，从而改变了自己在产业链中的位置及商业模式，由软变硬。IBM 也是如此，它在 20 世纪 90 年代初期意识到个人电脑产业无利可寻，即出售此业务，并进入 IT 服务和咨询业，同时扩展它的软件部门，一举改变了它在产业链中的位置和它原有的商业模式，由硬变软。甲骨文（Oracle）、礼来（Eli Lilly）、香港利丰和即将推出智能手机的 Facebook 等都是采取这种思路进行商业模式变革。

第五，改变产业模式是最激进的一种商业模式变革，它要求一个企业重新定义本产业，进入或创造一个新产业。如 IBM 推动智能星球计划（Smart Planet Initiative）和云计算。它重新整合资源，进入新领域并创造新产业，如商业运营外包服务（Business Process Outsourcing）和综合商业变革服务（Business Transformation Services）等，力求成为企业总体商务运作的大管家。亚马逊也是如此，它正在进行的商业模式变革向产业链后方延伸，为各类商业用户提供如物流和信息技术管理的商务运作支持服务（Business Infrastructure Services），并向它们开放自身的 20 个全球货物配发中心，并大力进入云计算领域，成为提供相关平台、软件和服务的领袖。其他如高盛（Goldman Sachs）、富士（Fuji）和印度大企业集团 Bharti Airtel 等都在进行这类的商业模式变革。

第六，改变技术模式。企业可以通过引进激进型技术来主导自身的商业模式变革，如当年众多企业利用互联网进行商业模式变革。当今，最具潜力的一项技术是云计算，它能提供诸多崭新的用户价值，从而提供企业进行商业模式变革的契机。另一项重大的技术革新是 3D 打印技术。如果一旦成熟并能商业化，它将帮助诸多企业进行深度商业模式变革。如汽车企业可用此技术替代传统生产线来打印零件，甚至可采用戴尔的直销模式，让用户在网上订货，并在靠近用户的场所将所需汽车打印出来！

当然，无论采取何种方式，商业模式变革需要企业对自身的经营方式、用户需求、产业特征及宏观技术环境具有深刻的理解力和洞察力。这才是成功进行商业模式变革的前提条件，也是最困难之处。

【章末案例】　华为全面进军云计算

图片来源：www.hwclouds.com.

华为是全球领先的信息与通信解决方案供应商，致力于为电信运营商、企业和消费者等提供有竞争力的综合解决方案和服务，持续提升客户体验，为客户创造最大价值。目前，华为的产品和解决方案已经应用于140多个国家，服务全球1/3的人口。华为云计算战略包括了三个方面：构建云计算平台；推动业务与应用云化；构筑共赢生态链。目前，华为也已经建立了大规模的数据中心，将向企业与个人用户出售其云计算解决方案。

一、华为云服务

成立于2011年的华为云服务隶属于华为公司，立足于互联网领域，依托于华为公司雄厚的资本和强大的云计算研发实力，面向互联网增值服务运营商、大中小型企业、政府、科研院所等广大企事业用户提供包括云主机、云托管、云存储等基础云服务、超算、内容分发与加速、视频托管与发布、企业IT、云电脑、云会议、游戏托管、应用托管等服务和解决方案。目标是成为中国最大的公有云服务与解决方案供应商。

华为云服务通过基于浏览器的云管理平台，以互联网线上自助服务的方式，为用户提供云计算IT基础设施服务。华为云服务将秉承“成就客户、开放进取”和“为客户创造最大价值”的使命，围绕客户的需求持续创新，致力于为客户提供有竞争力的产品和解决方案，持续提升用户体验。华为云服务坚持开放、分享、合作、共赢的理念，愿与广大合作伙伴、开发者共同创建和谐共生的云计算生态系统。

二、华为为什么进军云计算

第一，华为云计算战略的最终目的就是充分把握“全联结”所带来的商机，向企业提供最合适的ICT技术方案，帮助企业在日益激烈的竞争中对业务进行重构，从而提高企业竞争力，降低运营成本。

第二，移动互联网的大发展，带来产业的巨变，超宽带、移动宽带特别是LTE的普及和发展，将为华为电信业务迎来新的发展机遇，据华为预计，到2025年，全球将有超过80亿部智能手机在使用，总联结数将达到1000亿个，消费者平均每天消费1.7G的数据流量。华为FusionCube技术方案处理信息能力是业界目前最高能力的两倍。

第三，华为进军云计算领域是继续其向IT转型的战略，但更主要的是为了迎合未来电信运营商在云计算方面的实际需求。目前，各国主流运营商都已经对云计算表现出了相当浓厚的兴趣，特别是在BSS等IT支撑领域，电信运营商有明显的实际需求。

第四，通信设备市场未来增长空间有限，也是促使华为加速向云计算等IT服务领域发展的一个重要原因。

三、华为进军云计算挑战了谁

过去这么多年，华为一直把自己定位成“管道工”；如今，它确确实实地向思科、IBM、谷歌、亚马逊和阿里巴巴等“亮剑”了。

一般来说，云计算从技术层到服务层可以分为四个层次，每个层次对应的主要供应商如表9-8所示。

表9-8　云计算各层次主要供应商

层次	主要供应商
SaaS，软件即服务	谷歌、Salesforce、互联网服务提供商
PaaS，平台即服务	谷歌、IBM、Facebook、华为
IaaS，基础设施即服务	谷歌、亚马逊、IBM、AT&T、华为
技术供应商	IBM、HPDELL、Vmware、Citrix、bmc、Cisco、华为

要挑战谷歌可能有两层含义：一层含义是华为与谷歌在IaaS上确实有竞争。早在2008年谷歌就推出了Google App Engine Web运行平台，使得客户的业务系统能够运行在谷歌的全球分布式基础设施上。除了在自己的云平台上推出Gmail和Google Docs等SaaS服务之外，谷歌也开放了应用接口和SDK，鼓励用户采用谷歌的云平台做更多的事情。另一层含义是合纵连横——华为与国内三大互联网运营商合作，做三大互联网运营商背后的“军火商”，通过向他们输送炮弹的方式，帮助他们追赶谷歌。

在新产品、新技术上的长期投入，给了华为一次既超越对手，又超越自己的机会。华为在2010年正式宣布进军云计算领域，启动了“云帆计划”，并在2011年华为云计算成立IT产品线。历经三年，华为在服务器、存储、分布式云数据中心以及云计算平台上收获颇丰。

四、华为云计算的未来：融合与开放是未来的方向

作为云计算的积极推动者，华为未来发展方向必定是选择融合与开放之路。

第一，坚持被集成，扎实耕耘云计算。华为面临的用户和行业越来越多，仅凭一己之力，华为已经很难为所有的用户提供服务。因此，华为携手合作伙伴，将云计算的先进技术集成到各行各业应用中去。目前，华为在全球建设了400多个数据中心，其中120个是云数据计算中心，服务于100多个国家，2013年，华为正式发布了FusionSphere 3.0版本，通过软硬件结合，硬件辅助虚拟化将网络性能提升三倍。

第二，开放融合是未来的方向。目前国内公有云的发展进程正在加速，但是在云计算的发展路径中，混合云被认为是云计算未来的前景，而且它能够集合私有云以及公有云的优势，并打破两者之间的边界，提供一种更加动态的融合IT的基础架构。

第三，坚定不移地支持OpenStack。随着对于开放性的要求达成共识，开源的框架体系越来越成为用户关注的焦点，并通过应用的迭代来不断更新，OpenStack作为一个虚拟化开放框架，逐渐成为企业构建私有云，乃至公有云服务的基础。

第四，在经过了两年多的摸索和调整之后，华为的企业业务已经基本明确了发展方向：一是执行“被集成”的策略，二是把业务聚焦在重点国家和重点企业，三是要“做品牌”。

资料来源：作者根据多方资料整理而成。

【本章小结】

本章在分析企业商业模式变革外部环境和动因的基础上，厘清了企业商业模式变革的方式及其发展阶段，从契机（先机、生机和危机）的角度论证了企业商业模式的变革不完全是按照生命周期规律发生、发展的，商业模式的变革有起点但没有终点，它的发展轨迹是一条射线，它是一个不断创新、传承和扬弃的过程，创新是科学技术和管理思维的进步，传承是商业文化和消费习惯的保留，扬弃是市场机制和盈利模式的选择和淘汰，并从价值链、企业资源整合、用户至上的互联网思维三个层面阐述了企业商业模式变革的内核——管理。

【思考题】

1. 为什么要进行商业模式变革?
2. 传统行业如何进行商业模式变革?
3. 如何把握商业模式变革的契机?
4. 企业商业模式变革如何降低风险、克服障碍?
5. 如何提高企业商业模式变革的效率?
6. 如何引领传统企业商业模式变革的趋势?

参考文献

[1] Afuah A., TucciC. Internet Business Models and Strategies: Text and Cases [M]. Boston: Mc Graw-Hill/Irwin, 2001: 32-33, 196-201.

[2] Amit R. and C. Zott.Value Creation in e-Business [J]. Strategic Management Journal, 2001, 22 (6-7): 493-520.

[3] Gordijn J. Value-based Requirements Engineering-Exploring Innovative e-Commerce Ideas [D]. VrijeUniversiteit, Amsterdam, 2002.

[4] Hamel, G. Lead the Revolution [M]. MA: Harvard Business School Press, 2000.

[5] LinderJ., Cantrell, S. Changing Business Models: Surveying the Landscape [R]. AccentureInstitute for Strategic Change, 2000.

[6] Magretta J. Why Business Models Matter [J]. Harvard Business Review, 2002, 80 (5): 86-92.

[7] Michael Morris, MinetSchindehutte and Jeffrey Allen. The Entrepreneur´s Business Model: Toward a Unified Perspective [J]. Journal of Business Research, 2003, 58 (1): 726-735.

[8] Morris, M., MinetSchindehutte. The Entrepreneur's Business Model: Toward a Unified Perspective [J]. Journalof Business Research, 2005 (58).

[9] Osterwalder A., Yves Pigneur, Christopher L. Tucci. Clarifying Business Models: Origins, Present, and Futureof the Concept [J]. Communications of the Information Systems, 2005 (15).

[10] Petrovic O, KittlTeksten R. D. Developing Business Models for eBusiness [R]. International Conference on Electronic Commerce, October31-November 4, Vienna, Austria, 2001.

[11] Thomas Powell. Competitive Advantage: Logical and Philosophical Considerations [J]. Strategic Management Journal, 2001 (22).

[12] TimmersP. Business Models for Elect RonicMarkets [J]. Journal on Electronic Market s, 1998, 8 (2): 3-81.

[13] Weill P., Vitale M.R. Place to Space: Migrating to e-Business Models

[M]. MA：Harvard Business School Press，2001：96-101.

[14] Allison Cerra，Kevin Easterwood，Jerry Power. 商业模式重构：大数据、移动化和全球化 [M]. 北京：人民邮电出版社，2014.

[15] 陈光锋. 互联网思维——商业颠覆与重构 [M]. 北京：机械工业出版社，2014.

[16] 陈建福. 居然之家家居连锁商业模式变革研究 [D]. 北京：北京交通大学，2012.

[17] 陈明，余来文. 商业模式：创业的视角 [M]. 厦门：厦门大学出版社，2011.

[18] 陈威如，余卓轩. 平台战略：正在席卷全球的商业模式革命 [M]. 北京：中信出版社，2013.

[19] 陈翔. 互联网环境下企业商业模式研究 [D]. 东南大学，2005.

[20] 杜萍. 论企业并购中的人力资源整合 [J]. 商，2014(2)：81.

[21] 方志远.我国商业模式构成要素探析 [J]. 中山大学学报（社会科学版），2012(3).

[22] 郭令文. Web2.0 条件下的我国团购网站商业模式创新研究 [D]. 济南：山东大学硕士学位论文，2011.

[23] 红乐. O2O 商业模式变革下的公关新思维 [J]. 国际公关，2014（3）：64-69.

[24] 胡世良. 移动互联网商业模式创新与变革 [M]. 北京：人民邮电出版社，2013.

[25] 华婷. 企业商业模式构成要素探讨 [J]. 商业时代，2011（33）：80-81.

[26] 贾薇，张明立，王宝. 基于顾客价值分类的顾客价值创造模式研究 [J]. 哈尔滨工业大学学报（社会科学版），2008（5）.

[27] 兰彩虹. 电商企业盈利模式研究 [D]. 大连：大连海事大学，2013.

[28] 李东. 商业模式原理 [M]. 北京：北京联合出版公司，2014.

[29] 李非列. 飞尚系的幕后成长史 [R]. 中投顾问，2008：3-25.

[30] 李佳. 百度公司盈利模式及其财务评价研究 [D]. 石家庄：河北经贸大学，2014.

[31] 李东，王翔. 基于 Meta 方法的商业模式结构与创新路径 [J]. 大连理工大学学报（社会科学版），2006（3）：7-12.

[32] 李振勇. 商业模式：企业竞争的最高形态 [J]. 北京：新华出版社，2006.

[33] 梁海宏. 连接时代：未来商业化商业模式解密 [M]. 北京：清华大学出版社，2014.

［34］林桂平等. 透析盈利模式：魏朱商业模式理论延伸［M］. 北京：机械工业出版社，2014.

［35］林健，王亚洲. 创新资源整合、团队互动与协同创新绩效（上）［J］. 中国高校科技，2013（5）：72-74.

［36］林健，王亚洲. 创新资源整合、团队互动与协同创新绩效（下）［J］. 中国高校科技，2013（5）：72-74.

［37］林伟贤. 最佳商业模式［M］. 北京：北京联合出版公司，2012.

［38］刘国涛. 携程网盈利模式研究［D］. 上海：华东理工大学，2013.

［39］刘昊. 阿里巴巴网络有限公司商业模式变革研究［D］. 北京：北京交通大学，2012.

［40］刘睿智，胥朝阳，周超. 并购整合对企业并购绩效影响的实证研究［J］. 北京交通大学学报（社会科学版），2014（2）：49-57.

［41］刘玉芹，胡汉辉. 商业模式的设计及其在企业管理中的应用［J］. 科学学与科学技术管理，2010（3）.

［42］刘志祥. 企业商业模式创新的路径与实施研究综述［J］. 商业时代，2013（31）：67-68.

［43］路宏图. 信息化环境下企业商业模式的变革与创新［J］. 中国商贸，2014（18）：76-77.

［44］罗珉，曾涛，周思伟. 企业商业模式创新：基于租金理论的解释［J］. 中国工业经济，2005（7）：73-81.

［45］孟鹰，余来文，封智勇. 商业模式创新：云计算企业的视角［M］. 北京：经济管理出版社，2014.

［46］牛贵茹. 资源整合与新创企业绩效的关系［J］. 经营与管理，2013（12）：73-76.

［47］潘启勇. 康佳集团盈利模式案例分析［D］. 广州：华南理工大学，2012.

［48］彭志强. 商业模式的力量［M］. 北京：机械工业出版社，2010.

［49］彭俊等. 商业模式创新浅析［J］. 经济论坛，2012（10）：154-157.

［50］钱志新. 新商业模式［M］. 南京：南京大学出版社，2008.

［51］任锴. 腾讯公司的盈利模式问题研究［D］. 沈阳：辽宁大学，2013.

［52］沙谟. 企业盈利模式再思考［J］. 现代商业，2014（1）：80-89.

［53］史公军. 新浪微博盈利模式的现状与拓展［J］. 青年记者，2014（2）：106-107.

［54］索利斯. 互联网思维——传统企业的终结与重塑［M］. 北京：人民邮电出版社，2014.

［55］王生金，徐明. 平台企业商业模式的本质及特殊性［J］. 中国流通经济，

2014（8）.

［56］王天. 微博盈利模式研究［D］. 长沙：湖南大学，2013.

［57］王云飞. 理解和运营商业模式［M］. 北京：经济管理出版社，2014.

［58］王波，彭亚利. 何谓商务模式［N］. 经济观察报，2002-07-01.

［59］王水莲. 商业模式概念演进及创新途径研究综述［J］. 科技进步与对策 2014(7)：154-160.

［60］危正龙，宋正权. 商业模式突围：中小企业的转型与重生［M］. 北京：中国经济出版社，2014.

［61］卫新江. 资源整合：基于互联网金融的视角［J］. 中国保险，2014（3）：26-29.

［62］魏炜，朱武祥，林桂平. 商业模式的经济解释：深度解构商业模式密码［M］. 北京：机械工业出版社，2012.

［63］魏炜，朱武祥. 发现商业模式［M］. 北京：机械工业出版社，2009.

［64］翁君奕. 商务模式创新［M］. 北京：经济管理出版社，2004.

［65］吴群. 通过资源整合提升中小微企业的竞争力［J］. 经济纵横，2013（9）：36-39.

［66］吴东立. 现代商业银行经营模式构成分析［J］. 商业时代，2011（29）：75-77.

［67］项建标，蔡华，柳荣军. 互联网思维到底是什么：移动浪潮下的商业逻辑［M］. 北京：电子工业出版社，2014.

［68］项建标等.互联网思维到底是什么：移动浪潮下的新商业逻辑［M］. 北京：人民邮电出版社，2013.

［69］徐迪. 商务模式创新复杂性研究［M］. 北京：经济管理出版社，2005.

［70］徐琦，杨丽萍. 微信盈利模式观察［J］. 传媒，2014（5）：59-61.

［71］许莉钧. 新居网商业模式对工业设计新模式研究的启发［A］. 中国工业设计协会、无锡市人民政府. 2014 中国（无锡）国际设计博览会高端论坛暨设计教育再设计系列国际会议（三）——哲学概念论文集［C］. 中国工业设计协会、无锡市人民政府，2014.

［72］亚历山大·奥斯特瓦德，伊夫·皮尼厄. 商业模式新生代［M］. 王帅，毛心宇等译. 北京：机械工业出版社，2011.

［73］杨丽，谢桂月，吉小叶. 浅谈手机微博的盈利模式［J］. 中国新通信，2014（11）：29-30.

［74］姚明明. 后发企业技术追赶机制研究：商业模式设计与技术创新战略的匹配视角［D］. 杭州：浙江大学，2014.

［75］余来文，陈吉乐，温著彬，封智勇. 大数据商业模式［M］. 北京：经济

管理出版社，2014.

［76］余来文，封智勇，林晓伟. 互联网思维：云计算、物联网、大数据［M］. 北京：经济管理出版社，2014.

［77］余来文，封智勇，孟鹰，温著彬. 物联网商业模式［M］. 北京：经济管理出版社，2014.

［78］余来文，王乔，封智勇. 云计算商业模式［M］. 福州：福建人民出版社，2014.

［79］余来文. 企业商业模式：互联网思维的颠覆与重塑［M］. 北京：经济管理出版社，2014.

［80］原磊. 国外商业模式理论研究评介［J］. 中国工业经济，2007（10）：17–25.

［81］原磊. 商业模式体系重构［J］. 中国工业经济，2007（6）：70–79.

［82］袁文宗. 创新的云计算商业模式［M］. 北京：清华大学出版社，2013.

［83］袁钰洁. 并购中的人力资源整合［J］. 新经济，2014（2）：27–28.

［84］袁新龙，吴清烈. 顾客价值下的商业模式创新分析［J］. 商场现代化，2005（30）：20–25.

［85］曾涛. 变者生存：创富时代的商业生态法则［M］. 北京：机械工业出版社，2008.

［86］张其翔. 商业模式研究理论综述［J］. 商业经济，2006（30）：14–15.

［87］张文松，郝宏兰. 商业模式再造——中国企业转型的路径选择［M］. 北京：北京交通大学出版社，2013.

［88］赵大伟. 互联网思维独孤九剑［M］. 北京：机械工业出版社，2014.

［89］钟殿舟. 互联网思维［M］. 北京：企业管理出版社，2014.

［90］朱武祥，魏炜. 发现商业模式［M］. 北京：机械工业出版社，2009.